Deusas e Adivinhas
Mulher e adivinhação na Roma Antiga

Ler os Clássicos
volume 6

Dados Internacionais da Catalogação na Publicação (CIP)
(Câmara Brasileira do Livro, SP, Brasil)

Montero, Santiago
    Deusas e adivinhas: mulher e adivinhação na Roma antiga / Santiago Montero ; tradução de Nelson Canabarro. -- São Paulo : Musa Editora, 1998. -- (Ler os clássicos ; 6)

Título original : Diosas y adivinas.
    ISBN 85-85653-22-1

1. Adivinhação – Roma 2. Mitologia romana 3. Mulheres – Mitologia 4.Mulheres – Roma – Condições sociais 5. Roma – História I. Título. II.

Série
98-3292   CDD-937

Índices para catálogo sistemático:

1. Adivinhação e mulher : Roma antiga : História   937
2. Mulheres adivinhas : Roma antiga : História   937

Santiago Montero

Deusas e Adivinhas
Mulher e adivinhação na Roma Antiga

Tradução de
Nelson Canabarro

EDITORA

Título original: *Diosas y Adivinas. Mujer y adivinación en la Roma antigua.*

© *Copyright* Santiago Montero Herrero, 1994.
© *Copyright* Editorial Trotta, S.A., Madrid, 1995.

A tradução deste livro teve o patrocínio do *Centro de las Letras Españolas, Dirección General del Libro. Archivos y Bibliotecas del Ministerio de Cultura de España.*

Capa: *Nelson Canabarro,* sobre afresco de uma jovem de Pompéia
Revisão: *Eiko Matsuura*
Consultor historiográfico: *Renan Frighetto,* da Universidade Federal do Paraná
Editoração eletrônica: *Nelson Canabarro*

Todos os direitos reservados.

EDITORA

Telefax: (011) 3862 2586
(011) 3871 5580
musaeditora@uol.com.br
Rua Monte Alegre, 1276
05014-010 São Paulo SP

Impresso no Brasil • 1999

SUMÁRIO

De Tanaquil a Lívia (616 - 38 a.C)

    1- A deusa 11
    2- A adivinha 43
    3- A mulher 73

De Lívia a Serena (38 a.C. - 384 d.C.)

    4- A deusa 143
    5- A adivinha 159
    6- A mulher 177

    Bibliografia 245
    Índice das Fontes 257
    Índice de Autores 263
    Índice Geral 269

Prólogo

Quando em 1990 concluí a monografia *Política y advinación en el Bajo Imperio Romano: emperadores y harúspices*, publicada um ano depois em Bruxelas (*coll.* Latomus, 211), me chamou a atenção nesse trabalho a quase total ausência de nomes femininos.

Depois de descobrir esse vazio bibliográfico sobre as relações da mulher romana com a adivinhação de sua época, iniciei um trabalho de investigação cujos resultados fui dando a conhecer tanto em meus últimos cursos de doutorado na Universidad Complutense (*La participación de la mujer en el calendario religioso romano, 1990-92*, e *Formas femeninas de la adivinación romana, 1992-94*) como em vários artigos publicados em diversas revistas dessa especialidade. Tudo culminando, assim, com este livro, o primeiro sobre o tema.

Meu trabalho parte, metodologicamente, de um pressuposto poucas vezes considerado: as profundas diferenças existentes entre a adivinhação grega e a romana, inclusive quando Roma, nos finais da República, submete o Mediterrâneo a seu domínio. Considero que um estudo destas caraterísticas não pode jamais abordar conjuntamente as práticas adivinhatórias da mulher grega e da romana, já que nas duas partes do Império – a greco-oriental e a ocidental – as formas de adivinhação e a condição social da mulher foram muito diferentes e inclusive, em alguns aspectos, antagônicas.

Também procurei ter presente alguns critérios que me pareciam fundamentais para uma melhor compreensão do problema: o status social da mulher, a contraposição das práticas adivinhatórias femininas com as masculinas e, sobretudo, a evolução diacrônica.

Diferentemente do que acontece com outros trabalhos meus, procurei que o presente livro chegasse ao maior número possível de leitores, pressupondo neles poucos conhecimentos e incluindo a tradução dos trechos dos textos clássicos. Não obstante, devo agradecer à Editora Trotta por

Prólogo

ter mantido o aparato crítico, o que pessoalmente considero necessário quando – como neste caso – se aborda um tema completamente inédito.

Por último, desejo fazer constar minha gratidão a meus companheiros, amigos e familiares por sua inestimável ajuda, e em particular a meu colega o professor Renan Frighetto (Universidade Federal do Paraná) por seus valiosos conselhos concernentes à tradução brasileira.

Santiago Montero

De Tanaquil a Lívia (612-38 a.C.)

1
A DEUSA

I. Introdução

Os povos latinos de finais da Idade do Bronze e das primeiras fases da Idade do Ferro (século IX a.c.), portanto antes dos tempos em que o Lácio começava a assimilar a cultura e as idéias gregas, tinham convicções religiosas muito simples, limitadas "a uma teogonia refletida animicamente pelos fenômenos da natureza e pela concreção dos conceitos do pensamento"[1].

Preocupado em reconhecer e invocar as forças misteriosas que presidiam os atos de sua vida, o homem do Lácio acreditou identificar suas vozes no rumor do vento quando as folhas das árvores balançavam na mata, no crepitar do fogo e, é claro, no movimento dos animais, capazes não só de advertir ou anunciar alguma coisa como também de guiá-los em suas empresas.

Estas forças divinas não tinham recebido ainda nenhuma configuração humana nem se erguiam templos em sua honra. Eram forças indeterminadas pelo seu caráter sobrenatural (*numina*) que, no entanto, tendiam a se localizar e a se concretizar[2].

Desde muito cedo a tradição latina — e itálica — foi se decantando por uma revelação direta que se apoiava na transmissão de sons e vozes. Foram muitas as divindades que desejavam ser ouvidas mas, aos poucos, algumas delas, com uma clara primazia das femininas (Carmenta, Parcas, Fauna, as ninfas) sobre as masculinas (Fauno, Pico), foram se tornando verdadeiras especialistas nessa função.

Bouché Lecrercq[3] recordou, já no fim do século passado, os episódios legendários ou históricos nos quais se faz referência a estas vozes sobrenaturais, como a *voz vibrante* que ordenava aos albanos fazer sacrifícios

De Tanaquil a Lívia (612-38 a.C.)

segundo seus próprios ritos durante o reinado de Túlio Hostílio (Lívio I, 34) ou, mais tarde, aquela outra *voz temível* que saiu do templo de Matuta em *Satricum* quando os latinos se dispunham a incendiá-lo (Lívio VI, 33). Durante a invasão gaulesa de 390 a.C. o misterioso *Aius Locutius* se manifestou em forma de voz – pela única vez – para anunciar a proximidade do inimigo[4]; pouco depois, no rincão setentrional do Palatino, no lugar onde suas palavras tinham sido escutadas, ao deus se erguia um pequeno santuário (*sacellum*). Mesmo assim, ao longo da história, os deuses fizeram ouvir suas palavras cada vez com menos freqüência.

Os sons sobrenaturais encerravam não poucas dificuldades interpretativas e desde tempos muito remotos teriam surgido homens e mulheres (*vates*, *casmenæ*, ou *carmentæ*) capazes de traduzir a linguagem divina que surge dos arroios, do vento, das aves ou dos animais terrestres. Com freqüência, o conteúdo de suas respostas foi revestido de uma cadência rítmica (*carmen* ou *casmen*): os romanos conheciam um tipo de verso chamado *saturnius*, que consideravam o mais antigo e com o qual, ainda nos finais da República davam forma a invocações e fórmulas mágicas ou a feitiços[5].

No entanto, com o passar do tempo, e à medida que ia se tornando manifesta a influência grega, Roma – ou aquilo que ia se configurando como a religião oficial romana – foi relegando ao olvido os mais antigos deuses oraculares do Lácio; o processo verifica-se bem em todos eles, mas particularmente nas divindades femininas. Marcos Terêncio Varrão percebeu que "os antigos oráculos, perdidos na sombra do abandono, calam-se no fundo dos bosques"[6].

A civilização romana da época monárquica e, sobretudo, da republicana, reagiu não só contra aqueles deuses (aos que, depois de um longo processo, reduziu à condição humana), como também à forma direta de se revelarem aos homens, quer dizer, a adivinhação intuitiva ou natural, que compreendia o delírio profético (*mania*, *enthousiasmós*), as práticas oraculares e os sonhos premonitórios[7].

Em seu lugar, o senado romano autorizou e praticou só as formas oficialmente reconhecidas da *divinatio:* as que – próprias da adivinhação indutiva ou artificial (*entéchnos*, *techniké*) – eram identificadas com uma fria interpretação de sinais: a observação do vôo das aves, a consulta dos livros sagrados e, pouco mais tarde, a inspeção das entranhas das vítimas sacrificais[8].

Como escreveu G. Dumézil, "Roma ignorou ou eliminou muito cedo um tipo particular de homem: o inspirado, aquele que com a própria boca, sem o filtro de uma técnica e o controle de colegas, torna-se vastamente porta-voz do pensamento de um deus"[9]. Um homem ou, com mais freqüência, uma mulher possuída temporariamente pelo espírito divino, despojado de sua iniciativa e até certo ponto de sua personalidade, era um instrumento delicado não só – como notou Bouché-Leclerq – para os deuses da Itália, como também para os grupos políticos dirigentes. Recentemente H.D. Jocelyn acentuou a *desconfiança* que os *carmina* oraculares suscitavam na aristocracia romana do século III a.C. assim como nas tentativas dos senadores de limitar os tipos de adivinhação a que os magistrados pudessem ter acesso[10].

Como resultado dessa política, as profecias dos *vates* e das divindades oraculares tiveram uma limitada influência, e foram especialmente acolhidas pela população rural. A expressão *vates* recebe em latim, por isso, um sentido claramente pejorativo, da mesma maneira que o verbo *vaticinor* é, em Cícero, sinônimo de *divagar, ter propósitos incoerentes*. Essa transformação semântica, como advertiu F. Guillaumont[11], só pode ser entendida por meio da desconfiança romana em relação ao delírio profético.

As divindades oraculares romanas foram, em sua maior parte, femininas. Isso não é senão um reflexo da maior predisposição da mulher romana (mas também grega, germânica ou gaulesa) à adivinhação natural. Essa característica, que não deve passar inadvertida, foi explicada, fundamentalmente, pela maior susceptibilidade do sexo feminino ao influxo das emoções[12], o que se percebe muito bem – como teremos ocasião de comprovar – nos momentos de perigo. São elas também que em seus lamentos acompanham o cortejo fúnebre e que realizam as *supplicationes* aos deuses.

Igualmente, o protagonismo da mulher nos nascimentos fez que fossem deusas e não deuses as mais invocadas e que, ligadas a esse acontecimento, acabassem anunciando o destino ao recém-nascido.

Examinemos, pois, por meio de alguns casos concretos, o processo pelo qual as divindades oraculares femininas não só perderam suas faculdades adivinhatórias, senão sua própria condição divina.

II. Carmenta

Carmenta era uma antiga deusa, conhecida desde a época arcaica por seus dois epítetos de *Antevorta* (ou *Prorsa, Porrima*) e *Postverta* ou *Postvorta*[13]. Sua primeira função era a de deusa das parturientes, protetora dos partos e nascimentos; daí que os calendários epigráficos dos finais da República recordarão ainda a proibição de introduzir em sua capela ou altar, *scorteum*, quer dizer, pele ou couro de animal, incompatível com a mulher que dá à luz[14].

Varrão, a grande autoridade latina em matéria religiosa, estabelece uma relação direta entre os epítetos da deusa e a posição do feto no útero da mãe:

> Quando, ao contrário do que é natural, as crianças estão com os pés para baixo, seus braços se abrem e as detêm; neste caso as mulheres dão à luz com mais dor. Para esconjurar este perigo em Roma ergueram-se altares a duas Deusas, chamando-se uma Postvera e outra Prorsa. A primeira preside o nascimento das crianças invertidas no ventre da mãe, a outra, das crianças posicionadas naturalmente[15].

Mas, ao mesmo tempo, Carmenta era uma deusa vinculada também à adivinhação e à profecia, de tal dimensão que Sérvio a considerava uma profetisa anterior às sibilas[16]. Suas profecias pertenciam à adivinhação natural ou inspirada e seus vaticínios chamavam-se *carmina*, termo latino que teve, inicialmente, o sentido de "oráculo" dado sob forma de estrutura rítmica; assim, antes de que *carmen* tivesse o sentido de "canto" ou de "poema", anunciava ou enunciava o destino do recém-nascido. Segundo o autor de *Origo gentis Romæ*, Carmenta tomou seu nome precisamente de *carmen*, já que "com perícia em letras e capaz de prever o futuro, costumava fazer previsões em versos" (*eo quod videlicet omnium litterarum peritissima futurumque prudens versibus canere sit solita*)[17].

Nesta mesma linha, Sérvio (*Ad Æeneida* VIII, 336) diz que Carmenta (ou *Carmentis*) era chamada assim porque predizia o destino: por isso os antigos chamavam *carmentes* os vates, e também os copistas que colocavam por escrito as palavras tinham o nome *carmentari*: *Carmentis appelata [...] quod divinatione fata caneret; nam antiqui vates carmentes dicebantur, unde etiam librarios, qui eorum dicta prescriberent, carmentarios nuncupatos*.

Desta forma, o epíteto de *Porrima-Antevorta* não demorou a ser explicado enquanto *Carmenta* dava a conhecer o passado, e o de *Postverta* ou *Postvorta* revelava o futuro; Ovídio (*Fasti* I, 366 ss.) diz concretamente que Porrima significa "aquela que sabe predizer o que foi antes" (*quod porro fuerat*), quer dizer, o passado, enquanto Postverta "o que será depois" (*venturum postmodo*) ou seja, o futuro.

A dupla autoridade de Carmenta, como deusa dos nascimentos mas também da profecia, explica o antigo costume de as mães solicitarem dela a previsão do futuro das crianças que traziam ao mundo. O próprio

A Deusa

Varrão diz que "aquelas deusas que cantam o *fatum* das crianças no nascimento (*quae fata nascentibus canunt*) são chamadas Carmentes"[18].

Que Carmenta era uma das divindades mais arcaicas de Roma, o demonstram dois fatos. Em primeiro lugar, a existência – entre os *flamines minores* – de um *flamen Carmentalis*, quer dizer, de um sacerdote que atendia exclusivamente a seu culto. Em segundo lugar, a inclusão de duas festas – dia 11 e 15 de janeiro – no velho calendário religioso romano: as *Carmentalia*[19].

No entanto, em época republicana, como conseqüência de um processo de helenização, Carmenta perde sua condição de deusa – e com ela a consideração oficial de que vinha sendo objeto – ficando relegada a uma categoria inferior. Acorde com este processo, a literatura latina procede a uma interpretação helenizante ou, como assinalou Pettazzoni, *evemeristizzante* * da antiga divindade.

O resultado final é que Carmenta aparece em *Fastos*, de Ovídio, como uma mortal, mãe do herói árcade Evandro, mesmo conservando no poema seus dotes proféticos:

> Esta, logo que seu espírito tinha se inflamado no fogo divino da inspiração, começou a cantar com voz sonora vaticínios verídicos da divindade. Tinha predito que desventuras ameaçavam a ela e a seu filho; além disso havia pronunciado muitos outros oráculos, cuja certeza foi corroborada pelo tempo[20].

À margem da literatura, Sérvio nos recorda que Carmenta foi enterrada no lugar onde se ergue seu altar (junto ao Capitólio, perto da P*orta Carmentalis*), sendo depois considerada deusa (*Ad Æeneida* VIII, 337: [...] *quia ibi sepulta est et post excessum dea credita*).

Virgílio, de sua parte, a apresenta como mãe de Evandro, mas relegada à condição de ninfa; de natureza, portanto, intermediária entre deuses e mortais; na *Eneida*, Evandro diz: "impeliram-me os terríveis avisos de minha mãe a Ninfa Carmenta..."; mais adiante o poeta apresenta o Carmental como

> antiga honra à Ninfa Carmenta
> vidente do porvir que foi a primeira a anunciar
> quão grandes seriam os Enéadas e nobre Palas[21].

---

* N.doT.: Everismo, em italiano, é a doutrina de *Evemero de Messina* que considerava os deuses homens beneméritos divinizados.

De Tanaquil a Lívia (612-38 a.C.)

Nesta mesma linha o grego Estrabão diz que "os romanos adoram também sob o nome de *Carmentis* a mãe de Evandro, a qual tornam uma ninfa" (*mían ton nymphon nomísantes*)²².

Não é, de qualquer maneira, a deusa das mulheres e dos nascimentos que a poesia augusta evoca, mas sim a mulher ou ninfa com poderes proféticos que era considerada anterior à chegada da Sibila à Itália²³.

As razões desta transformação, ou melhor, desta degradação, devem ser entendidas à luz do conceito romano de adivinhação. D. Sabbatucci assinalou com acerto que o Estado romano proibiu e perseguiu toda forma de adivinhação "não oficial" que não estivesse contida no exercício sacerdotal do colégio dos áugures, nos Livros Sibilinos dos decênviros ou na recepção dos presságios por parte dos magistrados²⁴. A atuação do Estado vai se concentrar na repressão da adivinhação natural ou inspirada (o *enthousiasmos* dos gregos), quer seja esta praticada por deusas (como Carmenta), por adivinhas ou por simples matronas. A inspiração dos vates, dos profetas que davam *vaticinii* em estado de transe como se o deus falasse por sua boca, foi perseguida com especial ênfase pelas autoridades romanas.

Plutarco, seguindo sem dúvida uma opinião difundida, explica o nome de Carmenta por meio de *carens mente* (carente de mente), "por motivo de seus arrebatamentos divinos"²⁵. O Senado e os colégios sacerdotais trataram, sobretudo após a instauração do regime republicano, de afastar a mulher da adivinhação, e não duvidaram em perseguir com especial dureza aquela na qual o deus ou deusa possuía a profetisa, coisa que, como vimos, considerava-se *dementia* ou privação de *mens*. Mas a sorte de Carmenta não foi um fato isolado²⁶.

III. As Parcas

O vínculo entre o nascimento e o destino aparece em todas as religiões indo-européias²⁷, e a Roma primitiva não foi uma exceção à regra.

Nas proximidades da cidade latina de Lavínio (em Tor Tignosa, perto de Zolforata) foi descoberto um santuário que M. Torelli, em um recente trabalho²⁸, identificou com o oráculo de Fauno citado na *Eneida*:

> Então o rei preocupado por estes fenômenos, de Fauno o oráculo
> seu pai clarividente busca e consulta os bosques
> ao pé da alta Albúnea, onde ressoa a maior das selvas com sua
> fonte sagrada que, sombria, exala terríveis vapores²⁹.

Neste santuário extra-urbano foram encontrados em 1947 três cipos, datados entre os séculos IV e III a.c., que têm as seguintes inscrições: NEUNA FATA (*ILLRP*, 12), NEUNA DONO (*ILLRP*,11) e PARCA MAURTIA DONO (*ILLRP*, 10)[30].

Estas inscrições colocariam em relevo a incumbência das Parcas como protetoras do nascimento e, ao mesmo tempo, como divindades da profecia. Com freqüência se aduziu, em favor da primeira incumbência, um texto de Varrão conservado por Aulo Gélio:

> Varrão nos diz que os antigos romanos não consideravam possíveis essas exceções na lei do parto, e que acreditavam que o nono ou décimo mês era a única época fixada pela natureza para que a mulher desse à luz. Acrescenta que essa convicção foi a origem dos nomes dados às *Tria Fata*. Efetivamente, esses nomes foram tirados do verbo *parire* e das palavras *nonus* e *decimus*, que marcam a época do parto. O nome de Parca, diz, se formou de *partus* e os de *Nona* e *Decima* vêm dos números que designam os meses fixados para o parto (*NA* II) 16, 9-11).

Ao testemunho de Varrão se poderia acrescentar outro mais antigo, o de Lívio Andrônico, que, em um verso de sua *Odusia*, escreve: "Quando chegará o dia predito por Morta?" (*Quando dies adveniet quem profata Morta est?*)[31].

Os antigos eruditos mantiveram ligeiras diferenças sobre os nomes das Parcas: Nona, Décima e Parca, segundo Varrão; Nona, Décima e Morta, segundo *Cæsellius Vindex*[32]. Após longa e intensa polêmica em torno ao problema, os lingüistas modernos parecem tê-la resolvido finalmente ao estabelecer a identidade entre Parca e Morta (como se recolhe em *ILLRP*, 10). Na inscrição de Tor Tignosa, Morta aparece como forma adjetiva em relação à Parca, podendo-se, portanto, estabelecer a equação Parca Maurtia = Morta[33].

As três Parcas tiveram suas estátuas no Foro Romano, perto da Cúria[34], mas entre elas só Morta parece ter tido funções propriamente oraculares, enquanto que Nona e Décima protegiam o parto[35].

Em suma, como no caso de Carmenta, é interessante assinalar que as Parcas foram, inicialmente, divindades oraculares ao mesmo tempo que protetoras dos nascimentos. Alguns autores relacionaram Nona Fata, a "deusa do nono mês" ou talvez do nono dia após o nascimento, com *Fata Scribunda*, personificação do destino citada por Tertuliano[36]. Segundo J. Champeaux, esta divindade era invocada no *dies lustricus*, quando o recém-nascido era purificado e recebia seu *præenomen*; a deusa (ou deusas) "escreveria" então os acontecimentos futuros de sua existência[37].

A associação do culto das Parcas com o santuário de Fauno, velha divindade oracular marcolina, tampouco pode ser desprezada; como adverte M. Torelli, a magia das águas, com a analogia entre parto e manancial, homologa a adivinhação das exalações[38].

No entanto, o caráter profético ou oracular das Parcas, que conhecemos tanto por testemunhos literários muito antigos como por inscrições latinas arcaicas, foi se perdendo com o passar do tempo e estas divindades adquiriram então funções de deusas do destino. Esta transformação de divindades do nascimento e da profecia em deusas da fatalidade produziu-se sem dúvida sob a influência, quem sabe calculadamente favorecida, das três *Moirai* gregas.

Tal mutação é mais profunda do que aparentemente parece; de divindades que "dão o destino aos homens" passam a ser "forças do destino". A poderosa atração que exerceram as Moiras gregas explica porque as Parcas passaram a encarnar o destino dos homens (do nascimento à morte), um *fatum* que nem sequer os deuses podiam transgredir sem que a ordem do universo fosse ameaçada. As antigas Parcas serão em época histórica as que decidirão, portanto, a sorte dos homens, sorte esta que se originariamente a davam a conhecer, reservando-a desde então[39].

IV. Fauna

Fauna aparece geralmente como esposa – mas também como companheira, irmã ou filha – de Fauno, um antigo deus romano protetor dos rebanhos e dos pastores mas que encarna também o primeiro período da civilização romana, caracterizado pela vida sedentária dos primeiros camponeses[40]. Fauno, como sua companheira, é um deus oracular que faz ouvir sua voz profética preferivelmente à noite. Varrão diz que os Faunos (quer dizer, *Faunus* e *Fauna*) costumavam predizer (*fari*) o futuro mediante os versos saturninos e que deste *fari* deriva o nome *Fauni*. Nenhum deles empregava, pois, signos visíveis para entrar em contato com os homens, mas a voz (*quod voce, non signis ostendit futura*), diz Sérvio, *Ad Æeneida* VII, 81), o que os tornava – já no período histórico – deuses muito afastados da adivinhação oficial romana.

A Deusa

Fauna tinha vários epítetos: *Fatua, Fenta Fatua* e, mais tarde assimilada a Bona Dea, *Ops* e *Maia*; o principal deles, o de Fauna, se explica pelo transe profético, ao qual alude Justino:

> Fátua, mulher de Faunus, cheia e agitada de espírito divino, como de uma espécie de furor, anunciava as coisas futuras; daí vem que, para designar este tipo de adivinhação, sirva ainda a palavra *fatuari*[42].

Lactâncio[43] nos transmite, nesse sentido, uma interessante notícia extraída da obra de Gevio Basso, um contemporâneo de Cícero; assinala que se chamava Fátua ou Hadua "porque tinha o costume de predizer os destinos das mulheres (*quod mulieres fata canere consuevisset*), como Fauno o fazia com os homens".

Tanto Fauna como Fauno tinham, segundo a tradição antiga, uma origem comum com o *fanum*, ou seja, com o templo rodeado de um território. Sérvio, em seu comentário às *Geórgicas*, de Virgílio, diz, citando dois antigos escritores de anais romanos, que "no começo foram chamadas de *faunas* as *aedes* [edifícios sagrados] que depois se chamaram *fana*; e os que prediziam o futuro, tomam o nome de fanáticos"[44]. O *fanaticus* era, então, o habitante do território de um *fanum*. A primitiva subordinação ou dependência dos habitantes do *fanum*, os *fanatici*, em relação ao templo e a seu proprietário, o deus, considerava-se de certa maneira equivalente ao entusiasmo ou transe dos adivinhos e vates possuídos pelo deus[45]. De qualquer maneira é significativo que historiadores e filósofos latinos estabeleçam etimologias tão pejorativas para Carmenta (*carens mentem*) e Fauna (ligada a *Fátua, fanática*), divindades que – como as mulheres – revelavam o futuro sob inspiração divina.

Fauna, aliás, aparece castigada, na literatura latina, por seu esposo Fauno (feito pai de Latino, pela historiografia, e um dos primeiros reis latinos anteriores a Enéias). Citando Sexto Clódio, Lactâncio dele diz:

> [...] este a golpeou [a Fauna] até dar-lhe morte com varas de mirto por ter bebido às escondidas, contra os costumes e honras régias, um jarro de vinho, e ter-se embriagado; e que depois ele, arrependido de sua ação e não podendo suportar a saudade que dela tinha, deu-lhe honras divinas (*Inst. Div.* I, 22, 11).

Temos assim a maneira pela qual, na época de Sexto Clódio (um reitor siciliano mestre do triúnvirio Marco Antônio), tinha se consolidado a idéia, talvez sob a influência de Evêmero, de que Fauna tinha sido, originariamente, uma mulher comum, a quem depois de morta se lhe rendeu culto.

A norma violada por Fauna já não é ter bebido tanto vinho a ponto de se embriagar, mas simplesmente tê-lo provado: uma lei arcaica, promulgada pelo rei Numa, impunha às mulheres abster-se completamente do vinho[46]. Teremos ocasião de comprovar a estreita vinculação entre o vinho e as práticas proféticas femininas. De qualquer maneira, D. Sabatucci, que lembra que Fauna era uma *fatua*, uma *parlatrice*, considera que o castigo de Fauna não era tanto devido ao vinho mas ao fato mesmo de ser Fauna[47].

Fauno foi perdendo seu caráter de divindade, passando a ser identificado como um dos primeiros reis do Lácio, muito antes da fundação da cidade por Rômulo, se bem que nunca chegou a perder, ao menos nos ambientes rústicos, seus dotes oraculares[48]. Caso diferente foi o de Fauna, e especialmente o de suas faculdades adivinhatórias, de que não restou nenhuma lembrança em época histórica (salvo sua eventual identificação com Bona Dea)[49]. Além disso, as mulheres recorriam com freqüência a ervas mágicas (a erva *pæonia*) para se proteger dos faunos; Plínio (*Naturalis historia* XXVII, 107) assinala que na região do Piceno as mulheres afastam com a *natrix* "os espíritos que, por uma singular crença, são chamados *fatui*", especificando que são as visões das mentes delirantes (*species lymphaticum*) que as fazem recorrer a este remédio.

V. Egéria e as ninfas

J. Gagé observou com acerto o escasso papel desempenhado pela mulher na Roma dos primeiros reis, anterior à chegada dos Tarquínios em 616 a.C., e bastará recordar, neste sentido, que a fundação de Roma foi obra de um grupo de homens, sem a presença das mulheres. Então só Egéria, companheira e conselheira do rei Numa (viúvo, depois de doze anos de matrimônio com Tatia), parece constituir uma exceção a esta norma[51].

Tudo parece indicar que Egéria era uma deusa das fontes, ligada ao culto de Diana, em Nemi. O geógrafo grego Estrabão (seguindo Artemidoro) diz que, em Nemi, uma das fontes "é chamada Egéria, do nome de alguma divindade" (*daímonós tinos eponymos*). Como Carmenta ou as Parcas, Egéria foi também protetora dos partos; segundo Dumézil, seu nome se refere à "libertação das parturientes (*egerere*)"[52] e sabemos que

A Deusa

a ela as mulheres grávidas vinham sacrificar para se assegurar um bom parto ou para que favorecesse a concepção[53].

Quando sua patrona veio a Roma, Egéria também recebeu culto nesta cidade (junto à colina Célio, próximo à porta Capena), coisa que não parece ser anterior a meados do século VI a.C. É muito possível que ao final da Idade do Bronze o borbotar das fontes fosse comumente interpretado como sendo uma "fala"; mediante um conhecido processo de antropomorfização, Egéria passou a ser pouco a pouco considerada uma das ninfas da fonte da via Ápia.

A tradição latina a conhece, sobretudo, por seus encontros com o rei Numa, a quem subministrou sua política religiosa ensinando-lhe preces e esconjuros eficazes. É por isso que alguns estudiosos modernos, como P. Boyancé, tenham insistido nas práticas hidromânticas do monarca[54] e outros, como J. Gagé, em sua "magia adivinhatória"[55].

No entanto, a historiografia romana recusava a idéia de que uma deusa ou uma ninfa pudessem se relacionar com o monarca e dar-lhe instruções, especialmente quando este era sacerdote fundador dos principais cultos nacionais. Daí que a natureza de Egéria seja apresentada de maneira confusa: deusa, ninfa, lâmia e inclusive simples mortal[56].

Lívio diz que Numa, como não podia infundir entre os homens um profundo temor aos deuses sem alguma intervenção prodigiosa, "finge que tem entrevistas noturnas com a deusa Egéria, que por conselho dela estabelece as cerimônias sagradas que fossem mais agradáveis aos deuses e nomeia os sacerdotes apropriados para cada um dos deuses"(I, 19, 5). Como a maior parte de seus contemporâneos, Lívio nega a possibilidade dessa comunicação direta (por meio da voz ou do borbotar da água) entre a deusa e o monarca latino e introduz o elemento do fingimento ou da simulação desses encontros. Mais adiante, o historiador volta a insistir nesse mesmo fato[57].

Outros autores, como Floro, seguindo Lívio mantiveram idêntico critério: "Tudo isto ele [Numa] pretendia a mando da deusa Egéria (*monitu deæ Egeriæ*) a fim de mais facilmente torná-lo mais aceitável aos bárbaros" (I, 2). Valério Máximo assinala também que "Numa, para obrigar o povo romano a tributar culto aos deuses, fingia sustentar colóquios noturnos com a ninfa Egéria e dizia que, seguindo as sugestões da referida ninfa, tinha instituído os ritos sagrados que seriam os melhor aceitos pelos deuses imortais"(I, 2, 1). Todavia no século IV d.C. Sérvio insiste no fingimento do monarca para poder assim promulgar suas leis[58]. Fica claro, então, que para a historiografia latina o poder de Numa não podia se fundamentar nas revelações de uma simples ninfa e as fontes preferem, portanto, recorrer ao "fingimento" do monarca para justificá-las.

Assim, não surpeende que, da mesma forma que outras divindades femininas de caráter oracular, Egéria tenha sido reduzida à condição de simples mortal. Lívio (incorrendo em uma contradição com o reiterado epíteto de *dea* que concede a Egéria) a menciona como esposa do monarca, mas faltam também nas sátiras do começo do Império alusões a ela como *amica* de Numa[59]. Ao contrário, os historiadores gregos, menos inclinados a esta "versão racionalista", não descartam a possibilidade de tal comunicação[60].

Mas Egéria não era uma exceção no conjunto das ninfas. Um antiquário como Marciano Capella (II, 67) dizia que "juntamente a *fatui* e *fatuæ*, as ninfas também adivinham o futuro (*quod solent divinare*)", se bem que deixa claro que – como os homens e diversamente dos deuses – elas, depois de uma longa e feliz vida, morrem. Muitas delas viviam em cavernas; por isso Plínio (*Naturalis historia* II, 208) ainda fala das "cavernas proféticas" (*fatidici specus*) onde a exalação embriaga e capacita para vaticinar o futuro (*futura præcinant*).

Ovídio narra a lenda da ninfa Lara (ou Larunda), mãe dos Lares, que pertencia ao mesmo ciclo das primitivas Camenas a que Egéria pertencia[61]. Era, portanto, uma náiade caracterizada por sua loquacidade a quem, segundo o poeta, Almo tinha diversas vezes advertido: "Filha minha, controle sua língua" (*Fasti* II, 538-616). De fato diz Ovídio que seu nome primitivo era uma duplicação da primeira sílaba, Lala ("a faladeira", nome relacionado pelo poeta com o verbo grego *laleîn*, falar).

Lara foi finalmente castigada por Júpiter por ter revelado a Juno o namoro do deus com Juturna; o deus arrancou-lhe a língua ordenando a Mercúrio que a acompanhasse aos infernos para torná-la uma ninfa da lagoa desse lugar (*inferna palus*). Privada do uso da palavra – o que foi aproveitado por Mercúrio para violá-la durante a viagem à lagoa Estige –, passou a ser conhecida por *Muta* ou *Tacita Muta*. J. Gagé considera que ela pode ser concebida como uma ninfa "reveladora" permitindo aos consultantes se comunicarem com o mundo subterrâneo, se bem que isso só acontecia sob condições mágicas excepcionais[62]. Outra das Camenas, *Canens*, mulher do rei *Picus* e personificação do canto, foi transformada depois em ninfa; tanto a fala como o canto devemos entendê-los, portanto, no sentido oracular.

Em geral, a influência das ninfas sobre os homens foi, por esta razão, mal considerada em Roma. Varrão (*LL* VII, 87) recorda que os homens com alterações mentais (*commota mente*) são chamados pelos gregos *nympholeptoi* (possuídos pelas ninfas), daí o termo latino *lynphati*. Por sua parte, Pacúvio (*Apud.* Varrão *LL* VII, 87) compara uma mulher em estado de excitação física ou delírio (*flexamina*) com uma *lymphata* (quer dizer, uma mulher possuída pelas ninfas) ou com uma bacante exaltada pelos ritos sagrados de Baco (*tamquam lymphata aut Bacchis sacris commota*).

No entanto, aos poucos, talvez sobre a influência helenística, as ninfas foram perdendo suas faculdades adivinhatórias e inclusive a capacidade de possuir as pessoas, ficando na literatura do período augusto como seres que "ditam" sua obra aos poetas e, na religião, como protetoras das águas e dos lugares[63].

VI. Juno

Além das divindades femininas que em época arcaica desempenharam no Lácio funções oraculares e que posteriormente as foram perdendo, existem algumas outras que Roma, antes de acolhê-las em seu panteão, despojou dessa finalidade; esse foi o caso, por exemplo, de Juno e, também, de Fortuna.

A tradição romana torna-se eco dos dotes oraculares – esporádicos, não institucionais – de Juno[64] em época primitiva. Ovídio recolhe na qualidade *aition* da festa das Lupercalia[65] o seguinte episódio que ambienta na época de Rômulo, durante um período em que as esposas sofriam graves problemas de esterilidade:

> Ao pé do monte Aventino, e desde longínquos tempos poupado pelo machado, havia um bosque sagrado defendido por Juno. Assim que chegaram a esse lugar, esposas e maridos prostaram-se ao mesmo tempo de joelhos em atitude de súplica. Foi quando, de repente, as copas das árvores, agitadas, começaram a estremecer, e a deusa, por meio de seu bosque sagrado, fez ouvir estas estranhas palavras: "Que o sagrado macho caprino penetre as matronas itálicas". A multidão, aterrada, ficou surpreendida pelo duvidoso significado daquelas palavras (*Fasti* II, 425-440).

Aqui novamente a deusa se manifesta de maneira pouco grata aos romanos: pela voz. Para a mentalidade religiosa da época suas palavras não podiam ser interpretadas diretamente pelas matronas romanas: um adivinho etrusco, fazendo o papel de "mediador", vai esclarecer as enigmáticas palavras da deusa:

> Estava presente um áugure... que há pouco havia chegado, exilado de terra etrusca. Este sacrifica um macho caprino. Por ordem sua as jovens oferecem as costas para serem golpeadas com fitas cortadas do couro da vítima sacrificada (*Fasti* II, 440-449).

Os versos de Ovídio[66] recriam com acerto a comunicação de Juno que, como Fauna, faz ouvir suas palavras por meio do movimento das folhas das árvores. Mas logo depois disso, rechaçando essa adivinhação, faz intervir um sacerdote masculino – um áugure ou, quem sabe, um arúspice – capaz de resolver definitivamente o enigma.

Em Roma, Juno careceu de conotações oraculares e só sob o epíteto de *Moneta* guardou um débil eco dessa função. No ano 390 a.C. aconteceu a queda desta cidade em poder dos gauleses; estes – sempre segundo a tradição – assediaram o Capitólio, onde tinha se refugiado boa parte da população[67]. O ataque teve lugar à noite, escalando o rochedo Tarpéia; os gauleses o fizeram em tal silêncio que, segundo Lívio não só iludiram a vigilância das sentinelas como conseguiram não acordar os cachorros. Mas não puderam impedir que os gansos, cujas vidas os romanos, mesmo com tanta necessidade de víveres, tinham poupado porque estavam consagrados à deusa Juno, emitissem o aviso com seus fortes grasnos dando assim imediatamente o alarme[68].

Foram, portanto, os gansos que criados no templo de Juno e que "estavam a serviço da deusa", como diz Plutarco (*De for. rom.* 12), que deram o sinal do iminente perigo que ameaçava os romanos. Roma sempre guardou lembrança deste episódio ao celebrar em seu calendário religioso, no dia 3 de agosto, uma festa chamada *supplicia canum* na qual os cachorros pagavam sua pena sendo crucificados, enquanto os gansos eram engalanados de ouro e púrpura e conduzidos em procissão[69].

Por meio deste acontecimento os antigos explicavam o epíteto de *Moneta*, de *monere*, "advertir", já que valendo-se da faculdade que seu animal sagrado tinha de "pressentir" (*anser præsentit*) o odor humano, havia avisado os romanos da presença do inimigo[70]. J. Gagé assinala neste sentido que se *Moneta* significou inicialmente *Avertisseusse*, teria de admitir que a deusa teve a função de fazer presságios úteis, coisa que acontecia preferentemente por meio do comportamento de seus gansos[71].

A Deusa

Esta intervenção providencial da deusa, e sua lembrança na historiografia romana, não teria sido possível em Roma se não tivesse sido produzida mediante sinais visíveis. Para os magistrados e sacerdotes romanos a vontade de Júpiter (e dos deuses) deveria ser entendida só por meio de sinais visíveis, quer dizer, a observação da aves (*auguratio*), a consulta às entranhas dos animais (*extispicium*) ou a leitura dos Livros Sibilinos. Os sinais escutados – as vozes sobrenaturais, os vaticínios das profetisas que, sob a inspiração do deus, comportavam-se como loucas ou embriagadas – não podiam merecer crédito.

Nesse sentido não podemos esquecer que no *arx* do Capitólio – junto ao qual encontrava-se o templo de Juno Moneta – havia um *auguraculum* do qual se observava o vôo das aves para conhecer a vontade dos deuses[72]. Tampouco é improvável que os gansos fossem empregados – ao menos em época arcaica – na adivinhação que se conhece por *ex tripudiis*, quer dizer, estudando a forma como estes comiam[73]. A relação da deusa com a *auguratio* viria a ser comprovada também pelo célebre episódio de M. Valerio, que recebeu o *cognomen* de *Corvus* ou *Corvinus* que pousou em seu capacete durante o combate contra o chefe gaulês[74].

O procedimento ao qual recorre Juno para anunciar um acontecimento aos homens se ajusta, portanto, aos ritos da *auguratio* oficial romana: sua comunicação repousava não sobre o oráculo mas em uma sutil forma de advertir ou pressagiar. Por isso, quando Roma importou alguns dos cultos itálicos da deusa, suprimiu qualquer outra função adivinhatória. Examinemos alguns casos.

É possível que a Juno etrusca, a deusa *Uni*, tivesse sido conhecida por seus dotes proféticos. As fontes recordam nesse sentido o que aconteceu após a *evocatio* da deusa por Camilo em 396 a.C., quer dizer, pouco depois de o chefe romano dizer uma prece para que a divindade etrusca abandonasse seu templo de Veios em troca de ser acolhida em Roma[75]. Quando evidentemente uma resposta se fazia necessária, segundo Lívio aconteceu o seguinte:

> Com efeito, jovens escolhidos em todo o exército, com seus corpos irreprimivelmente lavados, vestidos de branco, que tinham sido designados para transportar Juno Regina [Uni] a Roma, entraram respeitosamente em seu templo, primeiro juntando as mãos de maneira piedosa, posto que, segundo o costume etrusco, esta estátua não costumava ser tocada senão por um sacerdote de determinada família. Depois, como um deles movido pela inspiração divina ou

por uma brincadeira juvenil lhe tivesse dito: "Quer vir a Roma, Juno?", os outros gritaram que a deusa tinha dito que sim com a cabeça. Acrescentou-se à anedota que logo também tinha sido ouvida sua voz dizendo que queria; o certo é que ouvimos dizer que foi movida de seu lugar com pontaletes pequenos e de fácil transporte, como se os estivesse seguindo... (V 22, 4-6).

Deste relato, recolhido também por Plutarco (*Camil. 6*) com ligeiras variações, merecem ser destacados alguns aspectos. Em primeiro lugar, não são os varões adultos, mas os *iuvenes* que mantêm o diálogo com a deusa, sem dúvida porque se supõe estejam mais propensos a essa "inspiração divina" e capazes de uma iniciativa tão disparatada. Também chama a atenção a atitude cética de Lívio – em coincidência com alguma versão oficial – que aponta a possibilidade de que os jovens tivessem feito isto por brincadeira, qualificando o fato de "anedota". A voz direta da deusa, uma vez mais, é ignorada oficialmente.

Mas é Macróbio, do meu ponto de vista, quem nos confirma a atitude de indiferença dos oficiais romanos e a hostilidade de Lívio a este tipo de consulta. Este autor tardio, utilizando fontes do século I a.C., nos diz que a fórmula da *evocatio* era seguida de "imolações de vítimas e consultas às vísceras para ter certeza"[76]. Novamente é a observação dos sinais, neste caso a *aruspicina* ou *extispicina*, praticada pelos arúspices a pedido dos magistrados, o que permite conhecer a vontade dos deuses, quer dizer, o translado a Roma. O uso, por Macróbio, do verbo *video* (ver), referido à observação das entranhas (*exta*) das vítimas, é suficientemente expressivo.

Não muito diferente foi a introdução em Roma do culto da deusa Juno de *Lanuvium*, caracterizado sobretudo por seu célebre ordálio[77]. Juno, representação divina da mulher casada, e protetora das matronas durante o parto, era nessa cidade também venerada pelas moças que chegavam à puberdade. Em seu templo da cidade de Lanúvio havia anualmente um ritual narrado por Propércio e, com maior detalhe, por Eliano[78]:

[Em Lanuvium] gozava de grande estima uma alameda sagrada, extensa e estreita, que tem em uma de suas alas um templo dedicado a Hera de Argos. Na alameda há um buraco, enorme e profundo, que é o covil da serpente. E algumas sagradas donzelas entram nos dias habituais na alameda carregando em suas mãos uma torta de cevada e tendo os olhos vendados. E o espírito do deus as conduz, reto como uma vela, ao covil da serpente, e sem tropeço algum caminham pé ante pé e delicadamente, como se estivessem enxergando com os olhos desvendados. E se

A Deusa

são virgens, a serpente aceita a comida considerando-a pura e apropriada a uma criatura amada por deus. Mas se não o são, a comida fica sem ser provada pela serpente, porque advertiu e adivinhou a impureza das donzelas e as formigas [...] jogaram-nas para fora da alameda, limpando o lugar. O acontecido é levado ao conhecimento dos habitantes do lugar, as donzelas que entram são submetidas a exame e aquela que tinha desdourado sua virgindade é castigada com as penas previstas pela lei (*HA* XI, 16).

É evidentemente Juno quem, valendo-se da serpente na caverna sagrada, anuncia aos habitantes de Lanuvium a virgindade ou, ao contrário, o vexame de suas jovens. J. Gagé cunhou o termo *ordalie de chasteté* para designar este tipo de ritual mediante os quais os deuses garantiam à comunidade a pureza das moças ou das matronas[79].

Propércio evidencia a estreita relação entre a *castitas* da jovem e a abundância da colheita (*fertilis annus erit*). A entrada da virgem na "tenebrosa cova" recorda a descida anual de uma criança pelo poço (*puteus in quem descendebat puer*) que se abria no foro romano para conhecer as previsões do ano (*quo cognosceret anni proventus*)[80]. Tendo, pois, presente essa conexão entre castidade ou virgindade e riqueza agrícola (sobre a qual mais adiante voltaremos), explica-se que muitas sociedades arcaicas tenham recorrido aos mais diversos procedimentos adivinhatórios que permitissem conhecer a pureza de suas moças.

Roma, no entanto, manteve-se dentro de suas estreitas tradições adivinhatórias. Quando cerca do ano 338 a.C. introduziu o culto de Juno Sóspita, ignorou o rito do ordálio celebrado em Lanúvio, que deve ter parecido estranho aos canais oficiais de comunicação com o divino.

Alguns versos de Virgílio autorizam a pensar que também a Juno Regina de Ardea (cujo templo estava situado nas proximidades do foro) tinha atribuições oraculares[81]. Mas em Roma o filtro das autoridades políticas e religiosas impediu que Juno tivesse, como em outras cidades, competências oraculares que se afastassem da *auguratio*.

VII. Fortuna

De todas as divindades laciais foi Fortuna aquela que mais se destacou por suas qualidades oraculares. Deixando de lado o problema das origens de Fortuna, produto quiçá de um sincretismo etrusco-latino, o certo é que

De Tanaquil a Lívia (612-38 a.C.)

durante o estabelecimento da dinastia etrusca em Roma no século VI a.C. o culto dessa deusa alcançou um especial apogeu[82].

A tradição historiográfica atribui a fundação dos mais antigos santuários de Fortuna em Roma a um dos monarcas etruscos, Sérvio Túlio, ao qual além disso apresenta como protegido e amante da deusa. Mas tanto os amores de Sérvio com Fortuna quanto sua proclamação como rei estão estreitamente ligados a um santuário feminino de caráter oracular que, na opinião de F. Coarelli, não pode ser outro senão o de Fortuna no Foro Boário[83].

A presença de uma janela nesse santuário (como no templo de Tibur, no de Hércules do Foro Boário ou no de Juno Moneta, no Capitólio) parece destinada, na opinião do arqueólogo italiano, a comunicar às pessoas que esperavam fora do prédio o resultado do oráculo[84].

No entanto, nenhum desses elementos – o hierogramático e a proclamação do rei na janela – são de origem etrusca e – menos ainda – latina. F. Coarelli assinalou que, ao contrário, ambos os temas aparecem freqüentemente no Antigo Oriente; mais concretamente, encontra o perfeito paralelo de Fortuna-Tanaquil em Chipre, onde Afrodite aparece à janela de um de seus templos, em relação à particular cerimônia de iniciação prevista para a coroação do rei[85]. Seria portanto a existência, na Roma do século VI, de um culto de origem fenícia ou cipriota, ligado à pessoa do rei e em particular à figura de Sérvio Túlio, o que explica o protagonismo assumido pela deusa e a rainha.

A arqueologia colocou a descoberto há anos uma *sors,* quer dizer, uma das pequenas tabuinhas cuja extração era utilizada nos santuários oraculares itálicos para anunciar o futuro ao consultante, com características muito especiais. Sua origem é incerta, mesmo que alguns autores tenham pensado que pudesse proceder do antigo templo de Fortuna nas Marcas; hoje, encontra-se no museu de Fiésole. Essa *sors* tem a seguinte inscrição, publicada por M. Guarducci[86]: *se cedues perdere nolo, ni ceduas Fortuna Servios perit* que poderíamos traduzir por "se (me) obedeces, não quero te arruinar, se não (me) obedeces (lembra que) por obra de Fortuna Sérvio arruinou-se". A cronologia desse documento, anterior ao século IV a.C., demonstra, apesar do tempo transcorrido, o conhecimento das peculiares relações entre o monarca e a Deusa, confirmando o que a respeito disso nos informa a tradição.

Mas terminado, por volta do ano 509 a.C., o período do predomínio etrusco, o caráter oracular de Fortuna deve ter desaparecido de Roma imediatamente, sendo esta conhecida só como uma deusa de "passagem"

A Deusa

tanto cósmica como social. Arqueologicamente ficou comprovada a destruição *sistemática e voluntária* do antigo complexo cultural de Santo Omobono, nos inícios da República[87].

Quando Roma foi empreendendo a partir de então a conquista do Lácio pôde colocar-se em realce o profundo contraste que existia entre as Fortunas de Roma e as de *Præneste* ou de *Antium**.

A Fortuna de *Præneste* era uma verdadeira divindade oracular[88] mas também uma deusa-mãe representada amamentando as crianças Juno e Júpiter; atividade oracular e maternidade são ligadas também nas imagens desta deusa. Essa vinculação explica talvez que o oráculo fosse aberto nos dias 9 e 10 de abril, quer dizer, durante a primavera, coincidindo com a "gestação" dos frutos e do gado[89].

As mulheres eram as mais assíduas devotas e consultantes do oráculo. Uma lâmina de bronze, pertencente provavelmente ao século III a.C., recolhe uma inscrição na qual *Orcevia* diz ter oferecido um dom à *Fortuna Diovo fileia Primogenia* por ter tido um parto feliz[90]. Outra inscrição, de época posterior, menciona o voto das *Aretinæ matronæ* à Fortuna[91] e Cícero (*De divinatione* II, 85) diz que o santuário da deusa era venerado com grande piedade pelas matronas (*a matronis castissime colitur*).

Præneste – a que justificadamente chamou-se "a Delfos do Lácio" – formava um conjunto imenso e multiforme no estilo dos grandes centros culturais do mundo helênico. Tanto o santuário como a deusa têm sido objeto de um magnífico estudo por parte de J. Champeaux[92] que nos eximirá de entrar aqui em detalhes.

A liturgia das consultas oraculares chamou a atenção de Cícero, que em seu *De divinatione* (II, 85-86) nos diz que era uma criança (*puer*) que extraía as *sortes*, depois de tê-las misturado (*miscentur atque ducuntur*). Era, portanto, a inspiração da deusa (*Fortuna monitu*) quem guiava a mão da criança. No entanto, no reverso de um dos denários que mandou cunhar *M. Plætorius Cestianus* (69-66 a.C.), aparece um pequeno busto feminino (o penteado e o vestido indicam isto) segurando uma tabuinha com a palavra *sors*. J Champeaux, com base nestes testemunhos, acredita que além de um *puer* pode ter existido uma *puella*: o oráculo podia, em sua opinião, ter como inocente instrumento, indiferentemente, um menino ou uma menina[93]. De qualquer maneira, como os *iuvens* de Veios ou as *virgines* de Lanuvium, constituíam (da

---
* N. do T.: hoje Palestrina e Âncio [ou Ânzio], cidades do Lácio.

mesma maneira que as mulheres) excelentes receptores – por sua especial predisposição psicológica – para receber a inspiração da deusa.

Cícero afirma que as *sortes* eram *e terra editas* (saídas da terra); o *puer* ou a *puella* desciam por um poço para extraí-las. Præneste era, pois, como diz Champeaux, *un oracle de la terre*[94].

Roma tornou repetidamente manifesta sua desconfiança acerca do santuário de Præneste, sobretudo pelo tipo de adivinhação praticada nele. Sabemos que inclusive uma *lex talaria* (ou *alearia*) proibia em Roma os jogos de azar[95]. Cícero representa muito bem o ponto de vista oficial, quando se pergunta:

> O que é, pois, a sorte? Algo como o jogo da *morra*, dos *tejos**ou de dados, em que tudo se faz por causalidade e nada pela razão (*ratio*) e o conselho (*consilium*)... Que magistrado, que varão ilustre (*vir inlustrior*) recorre a ela? (*De divinatione* II, 41).

D. Sabbatucci captou muito bem a diferença entre as relações femininas e masculinas com a deusa Fortuna e seu oráculo de Præneste: "Do ponto de vista ideológico aceitava-se que as mulheres, enquanto sujeitos passivos (irresponsáveis) fossem ou se deixassem orientar pelo "fortuito"; mas um homem não podia fazê-lo: como sujeito ativo tanto no âmbito cívico como no âmbito familiar, devia se orientar com a *ratio* e o *consilium*... Um homem que venerasse Fortuna era automaticamente desqualificado; em outros termos: não teria podido exercer plenamente, isto é, também do ponto de vista cívico, sua própria virilidade"[96].

Outros autores modernos, como A. Brelich[97], acreditam também que a causalidade das *sortes* resultava incompatível com o ideal romano de uma realidade cósmica sustentada por Júpiter; assim, para Roma a Fortuna é um conceito oposto ao *fatum* e à ordem preestabelecida que Júpiter garantia[98]. O próprio Cícero, referindo-se às *sortes* do santuário prenestino, diz que "o senso comum rechaçou sempre este tipo de adivinhação" (*De divinatione* II, 86) e que é só graças à beleza e à antiguidade do santuário que se explica sua reputação entre a plebe.

Mas, além disso, no caso deste santuário, o Senado temia que seus oráculos fossem postos a serviço de uma perigosa política anti-romana. De fato sabemos que a desconfiança mostrada por Roma em relação a Præneste

---

* N.do T.: *morra,*: trata-se de adivinhar a soma dos dedos da mão, ancestral de nosso "Par ou ímpar". Teja/o = telha, arremeço de telha ou tijolinho.

não carecia de certa justificação já que entre ambas existiu uma inimizade tradicional materializada em repetidas guerras (382-381 a.c., 380 a.C.). As fontes que mencionam uma aliança entre Præneste e os gauleses, ainda em 358 a.c., assinalam que aquela só caiu finalmente em 338 a.C. No ano 241 a.c., finda a primeira guerra púnica, o senado romano proibiu o cônsul Q. Lutácio Cerco de consultar as *sortes* de *Præneste* argumentando que se tratava de *auspiciis alienigenis*:

> O Senado proibiu Lutácio Cerco, que pôs fim à primeira guerra púnica, consultar os oráculos da Fortuna de Præneste, pois pensava que era conveniente que a república se regesse pelos auspícios pátrios, não por estrangeiros[100].

Para Champeaux essa medida obedece à inimizade tradicional entre ambas as cidades[101]. No entanto, as palavras de Valério Máximo e o fato de que a proibição se produza quase um século depois da conquista de Præneste por Roma, obrigam a pensar em outros motivos adicionais, como a velha hostilidade senatorial para com os centros oraculares itálicos[102].

Um sólido respaldo a esta hipótese seria dado pelo caráter que a Fortuna Præneste assume quando foi oficialmente adotada em Roma. No ano 204 a.C., o cônsul P. Semprônio Tuditano prometeu erguer um templo à Fortuna Primigênia se vencesse o inimigo cartaginês[103]. Só dez anos depois – em 194 a.c. – o templo foi construído no Quirinal, segundo nos diz Tito Lívio (XXXIV, 53, 5-6). Roma, apesar de sua secular inimizade com Præneste, acolhia a Fortuna Primigênia, mas sob determinadas condições.

A maior parte dos estudiosos está de acordo em que a Fortuna de Præneste acabou despojada de seus atributos oraculares. Segundo A. Brelich "é possível que o culto prenestino tenha sido acolhido por Roma sob a condição de renunciar a seus traços mais singulares, como o oráculo e o culto de Júpiter Puer"[104]. Além disso, este estudioso chama a atenção para o longo tempo (dez anos) transcorrido entre o juramento e a dedicação do templo; os anos 204 e 194 coincidem exatamente com os que transcorrem entre a introdução do culto de Cibele e a abertura de seu templo, considerando por isso que em um ou em outro caso o caráter demasido *exótico* do culto acolhido e a conseguinte necessidade de sua organização e romanização explicariam esse atraso[105].

A nova Fortuna, conhecida mais adiante como *Fortuna Publica*, tem já mais traços em comum com a Tyché* grega do que – apesar de sua

---

* N. do T.: Tique ou Tica.

proximidade geográfica – com a velha divindade prenestina. Roma despoja, pois, a Fortuna Primigênia de seus poderes oraculares da mesma forma que, três anos antes (197 a.C.), Juno Sóspita de Lanuvium tinha perdido seu ordálio ao ser introduzida na Urbe.

O contraste entre a Fortuna itálica e a romana evidencia-se também no caso da Fortuna de Antium, em território volsco*. Tão prestigiosa como a do Præneste mas, desgraçadamente, muito menos conhecida[106], seu traço mais peculiar é, sem dúvida, sua dualidade: as fontes mencionam no plural as Fortunas de Antium, *verdicæ sorores* (Marcial V, 1, 3), *Fortunæ Antiatæ* (Suetônio, *Cal.* 57, 3) ou *Fortuna Antiatis* (Frontão, *Epist.* 174, 4), e a essa mesma dualidade respondem as estátuas cultuais.

J. Champeaux considera que, no entanto, ambas exercem em comum funções oraculares e fecundantes. No ano 63 d.C. Nero obrigará Pompéia a que sua filha Cláudia Augusta nasça em sua *villa* de Antium, ordenando colocar imagens de ouro das Fortunas no trono de Júpiter Capitolino (Tácito, *Annales* XV, 23, 2). Deusas da fecundidade protegiam também a mulher parturiente e o recém-nascido; em palavras de Champeaux, as *Fortunæ Antiatæ* presidiam "os começos da vida, sua gênese biológica e o enunciado dos destinos que a determinam"[107]. Não eram, pois, muito diferentes de outras divindades femininas como Carmenta, as Parcas, Juno ou a própria Fortuna Primigênia.

No entanto, afastavam-se de todas elas no procedimento adivinhatório ao qual recorriam nas consultas. Este é mencionado por Macróbio para tornar mais compreensível aos leitores latinos o oráculo de Júpiter solar de Heliópolis (Síria):

> A estátua do deus de Heliópolis é carregada em uma liteira (*ferculum*), como as imagens dos deuses são levadas na procissão dos jogos circenses e os que as transportam são geralmente os homens mais destacados da província. Esses homens, com suas cabeças raspadas e purificados com um longo período de abstinência, vêem a maneira com que o próprio espírito do deus (*divino spiritu*) os move e levam a estátua não por seu próprio desejo (*non suo arbitrio*) mas onde o deus as dirige, como em Antium vemos mover as imagens das duas deusas da Fortuna para pronunciar seus oráculos[108].

---

* N. do T.: povo estabelecido no sul do Lácio, século IV a.C.

A Deusa

Trata-se de um procedimento oracular baseado, pois, nos movimentos espontâneos das estátuas das deusas; na opinião de J. Champeaux os impulsos da díada faziam avançar ou retroceder os portadores do *ferculum* e, de tais movimentos, os sacerdotes deduziam a resposta[109]. Este sistema, qualificado com razão por Bouché-Leclerq de "estranho às religiões itálicas", foi, no entanto, muito conhecido nos santuários oraculares sírios, como os de Baalbek-Heliópolis ou Hierópolis. A estudiosa francesa acena, de fato, à procedência oriental (ou cartaginesa) da prática oracular de Antium[110].

Não obstante, os elementos comuns que sempre existem na adivinhação natural permitem estabelecer uma relação entre as Fortunas de Antium e de Præneste, já que a expressão ciceroniana *Fortunæ monitu* (referida ao *puer* que extraía as *sortes*) se ajusta também à que Macróbio utiliza para os sacerdotes que transportavam o *ferculum*. Além disso, estas palavras (*divino spiritu*) são exatamente as mesmas que emprega Tito Lívio (V, 22, 5) para aludir à inspiração dos jovens romanos diante de Juno de Veios cuja estátua, por certo, "foi leve e fácil de transportar, como se nos estivesse seguindo" (V, 22, 6). É essa mesma possessão divina que também explica que, segundo Eliano, seja "o espírito do deus" que leve as jovens donzelas ao covil da serpente em Lanuvium.

As fontes não fazem alusão a nenhum choque especial entre Roma e o culto de Antium mesmo que, sem dúvida, suas práticas oraculares não fossem do agrado do senado romano; o silêncio da documentação escrita e arqueológica faz pensar na rápida decadência de sua atividade oracular. Em qualquer caso é significativo que diante das duas Fortunas itálicas, nenhuma das Fortunas romanas – *Fors Fortuna, Fortuna Muliebris, Fortuna Virilis, Fortuna Viscata*, etc. – tenha conhecido funções adivinhatórias.

Apesar disso, após a conquista da Itália, Roma nunca chegou a fechar tais centros de culto, o que pode ter ocorrido pelo alcance local dos mesmos ou, como garante J. Bayet[111], para que não sentisse ameaçado o equilíbrio *auspicia-sacra*. Trata-se em sua quase totalidade de oráculos que utilizam o método cleromântico, quer dizer, a extração de *sortes* escritas[112]; não se conhece nenhum, portanto, no qual se tenha praticado uma adivinhação profética. O rápido contato de Roma primeiro com o antigo Latium e, depois, com o resto da Itália, obrigou o Senado, durante a República, a improvisar uma política religiosa em relação às outras comunidades, pela qual sem chegar a fechar os oráculos tratou de submetê-los a seu controle, às vezes, utilizando sutis procedimentos, como veremos.

Notas

1. L. Quilici, *Roma primitiva e le origini della civiltà laziale*, Roma, 1979, p. 193. Sobre a religião romana arcaica, além das considerações de Dumézil, 1977, cf. M. Pallottino, *Origini e storia primitiva di Roma*, Milão, 1993; Martínez-Pinna, 1994.

2. Sobre o conceito de *numen* nos autores antigos, D. Fasciano, "Le numen chez Ovide": *RCCM* 15/3 (1973), p. 77-81; R. Muth, "Numen bei Livius", em *Livius. Werkund Rezeption. Festschrift E. Burck, Munique*, 1983, 217-225. Em geral: A. Garnier, "Numen", *Latomus* 6, 1947, 304 ss.; W. Poetscher, "Numen": *Gymnasyum* 66 (1959) 353-374. Cf. também H. Fugier, *Recherches sur l'expresion du sacré dans la langue latine*, Paris, 1963; M. Morani, "Dal lessico religioso latino": *Ævum* 17 (1983) p. 44-50.

3. Bouché-Leclercq 1879-1882, vol. IV, p. 131.

4. "Este mesmo ano M. Cedicio, um plebeu, anunciou aos tribunos que na Via Nova, onde agora há um pequeno santuário acima do templo de Vesta, ele tinha ouvido no silêncio da noite uma voz mais insigne do que a humana, que lhe ordenava dizer aos magistrados que os gauleses se aproximavam" (Lívio V, 32, 6). Lívio acrescenta que, como sói acontecer, este tipo de aviso foi desprezado pela desfavorecida posição de quem o recebeu. Cícero cita também a *Aius Locutius* em duas ocasiões (*De divinatione* I, 101 e II, 69), e Aulo Gélio (*NA* 16, 17), em uma. S. Timpanaro afirma que o aspeto anômalo e terrificante é de alguma maneira exorcizado ao tornar a voz uma divindade, mas observa que o deus "falante" não fala mais. Cf. S. Timpanaro, *Cicerone. Della divinazione*, Milão, 1988, XXXIII, n°. 3, e o recente trabalho de W. Speyer, "Das Hören einer göttlichen Stimme. Zur Offenbarung und zu den heiligen Schriften im frühen Rom", em *Thesauramata Philologica Iosepho Orozio Oblata*, II, *Helmantica* p. 136-8 (1994), 7-27.

5. Sobre os *vates* na antiguidade e a evolução semântica do termo, cf. M. Runes, "Geschichte des Wortes uates", em *Festschrift P. Kretschmer*, Berlim, 1926, p. 202-216; H. Dahlmann, "Vates": *Philologus 97* (1948) p. 337-353; E. Bickel, "Vates bei Varro und Vergil": *RhM 94* (1951) p. 257-314; J. K. Newman, *The concept os Vates in Augustan Poetry*, Bruxelas, 1967. Dumèzil 1977, 123-4, assinala que a correspondência entre os *uates* latinos e o *uati-* dos gauleses ou o *faith* irlandês é só uma correspondência de nomes já que não é título de uma função reconhecida.

6. Varrão, *Sat. Menip.* fr. 173 (ed. Riese).

7. Sobre a adivinhação natural, destacaremos: Bouché-Lecrercq 1879-1982; J.-P. Vernant, "La divination, contexte et sens psychologiques des rites et des doctrines": *Journal de Psychologie* 6 (1948) 299-325; J. -P. Vernant (ed.), *Divination et Rationalité*, Paris, 1974 (em particular Vernant, 1974); F. Pfeffer, *Studien zur Mantik in der Philosophie der Antike*, Meinsenheim, 1976; Aune 1983; Bloch 1985.

8. Sobre o *auguratio* romana, além da bibliografia anterior, D. Sabbatucci, "Diritto augurale e religione romana": *SMSR* 32 (1961) p. 155-65; A. Calderini, *Diritto Augurale*, Napoli, 1965; J. Linderski, "The augural Law", em *ANRW* II, 16.3, 2146-2312.

9. Dumézil, 1977, p. 123-4.

10. H. D. Jocelyn, "Forme letterarie e vita sociale", em *Storia di Roma*, 2.1: *L'impero mediterraneo. La repubblica imperiale*, Turim, 1990, p. 601.

11. Guillaumont 1984, p. 198. Este grande estudioso do pensamento religioso de Cícero recolhe as seguintes citações: *Sest.* 23: *vaticinare atque insanare*; *Vat.* 6; *Fam.* II, 16, 6.

A Deusa

12. Cf. S. Holdermann, "Le sacerdotisse: requisiti, funzioni, potere", em *Le donne in Grecia*, Bari, 1985, p. 312-3.
13. Sobre Carmenta, cf. *RE* III, *coll.* 1594-1596; R. Pettazzoni, "Carmenta": *SMSR* 17 (1941) 1-16, quem a interpreta como divindade lunar; A. Desport, *Carmen, Vates, Camena, Carmentis*, Paris, 1950. Também sobre as deusas tratou novamente R. Pettazzoni, *Essays on the History of Religions*, Suppl. *Numen* 1 (1954) p. 110 ss., e Tels de Jong, 1950, 21-66. Sobre o altar de Carmenta: Solin., I, 13; Sérvio, *Ad Æneida*, VIII, 337; DH I, 32 (*bomoùs*). Outras fontes mencionam um *sacellum*, um *fanum* ou *arae*, cf. Platner-Ashby, *A Topographical Dictionary of Ancient Rome*, Roma, 1965, 101 e mais recentemente L. Richardson, *A New Topographical Dictionary of Ancient Rome*, Londres, 1992, 66 ss., A *Porta Carmentalis* estava próxima – e unida por uma via – ao templo de Apolo, deus da adivinhação, nos *prata Flaminia*; Gagé 1955, 195 considera que "é possível que esta vizinhança topográfica tenha sido calculada".
14. Cf Varrão *LL* VII, 84: *ne morticinum quid adsit*, "para que não fosse cogitada por qualquer coisa que estivesse morta"; *Fasti Præn* (=CIL I, 231): *Carmentis partus curat omniaque futura, ob quam caussam in æde eius cavetur ab scorteis onique morticino*. Sobre este aspeto da deusa, cf. Radke, 1965, p. 81-3.
15. Varrão, *Ap Gel., N.A.* XVI, 16, 2-4: *Quando igitur inquit contra naturam forte conversi in pedes brachiis plerumque diductis retineri solent ægriusque tunc mulieres enituntur huis periculi deprecandi gratia aræ statuæ sunt Romæ duabus Carmentibus, quarum altera "Posterva" cognominatur, "Prorsa" altera a recti peruersique partus et potestate et nomine*.
16. Sérvio, *Ad Æneida*, VIII, 336: *Alii huius (carmentis) comites Porrimam et Posvertam tradunt, quia uatibuset et præterita et futura sunt nota*.
17. *Orig. gentis Romæ*, 5, 2. Este vínculo deve ter sido tão estreito que esta mesma fonte sustenta que a maioria (plerique) considera – ao contrário – que os *carmina* assim são chamados pela deusa que os pronunciava (*quam carmina, a qua dicta essent, appellata*). Sobre o *carmen*, cf. o recente estudo de A. M. Addabbo, "Carmen magico e Carmen religioso": *Civ. Class. Crist.* 12 (1991) 11-27.
18. Varrão, *Apud* Aug., *CD* IV, 11. O teônimo aparece no plural em razão dos epítetos mencionados.
19. Sobre as *Carmentalia* (celebradas em duas ocasiões, como corresponde à dualidade de seus epítetos), cf. Tels de Jong, 1960, p. 22 e 23; Scullard, 1981, p. 62-4; Sabbatucci, 1988, p. 26-9. E mais recentemente, M. York, *The Roman Festival Calendar of Numa Pompilius*, New York, 1986, p. 205-7.
20. Ovídio, *Fasti* I, 461 ss. Citaremos, no restante deste livro, segundo a edição de M. A. Marcos Caspero, *Publio Ovidio Nasón. Fastos*, Madri, 1984. O historiador grego Dionísio de Halicarnasso, por sua vez, diz: "pois os romanos chamam *carmina* os cantos e reconhecem que esta mulher, possuída por um sopro divino, por meio do canto predizia o que ia acontecer às pessoas". (I, 31). Editora E. Jiménez- E. Sánchez, *Dionisio de Halicarnaso. Historia Antigua de Roma* (4 v.), Madri, 1984-88, segundo a qual também citaremos).
21. [...] *nymphæ priscum Carmentis honorem
vatis fatidicæ, cecinit quæ prima futuros
Æneadas magnos et nobile Pallanteum* (Virgílio, *Æneis*, VIII, 339-441.)
22. Estrab. V, 3, 3. O mesmo caberia dizer de Sérvio, *Ad Æneida*, VIII, 336 (*qui res Arcadum scripserunt tradunt sex feminas ibi fuisse quæ nymphæ vocarentur, in quis et Carmentem*) e do *Origo gentis Romæ* I, 5, 1.

De Tanaquil a Lívia (612-38 a.C.)

23. Assim, Lívio I, 7, 8: "[...] a quem haviam admirado como adivinha antes da chegada de Sibila à Itália". Não é Carmenta a única profetisa reduzida à condição de ninfa na *Eneida*. Na mitologia grega, Manto (cujo nome evoca um grego adivinho), filha de Tirésias, foi uma conhecida profetisa que permaneceu longo tempo em Delfos, dedicada a aperfeiçoar a arte da adivinhação, fundando posteriormente Claros; teve um filho com Apolo, o adivinho Mopso (Paus., VII, 3, 1; IX, 10, 3; IX, 33, 2). Em Virgílio, *Æneis*, X, 199), pelo contrário, Ocno aparece como filho do "rio etrusco" (quer dizer, do Tibre) e de Manto, esta, por isso, já como ninfa. Cf. pelo contrário, Ovídio, *Metamorfosis*, VI 157 e IX, 285.

24. Sabbatucci, 1988, p. 27.

25. *Plutarco, Questiones Romanae* 56; *Rom.*, 21, 3.

26. Assim, por exemplo, fracassaram todas as lendas ou tradições de inspiração grega que tornavam as mulheres notáveis célebres adivinhas. Como Lavínia, que havia seguido Enéias na qualidade de profetisa em sua viagem ao ocidente (DH I, 59, 3: "se diz que ela tinha navegado com os troianos depois de ter sido entregue a seu pai Enéias, que a solicitou como profetisa e sábia") ou Roma, uma adivinha que tinha aconselhado Evandro a escolher o lugar para fundar a cidade de Palas (J. Perret, *Les origines de la légende troyenne de Rome*, Paris, 1942, p. 15).

27. Os germânicos conheciam as Nornas, três deusas do nascimento e do destino que, originariamente, eram uma só. Os gregos tinham a Moira, antes divindade única, depois multiplicada em três, deusas que teciam a sorte de cada homem desde o momento do nascimento até a morte. No Lácio se conheciam as Parcas. O trabalho mais recente sobre os ritos romanos de nascimento é de Köves-Zulauf, 1990.

28. Torelli, 1984, p. 179-187.

29. Virgílio, *Æneis*, VII, 81-84; Cf. *Georg.* I, 10; Vitrub., VIII, 3, 2. Em Tor Tignosa existe ainda uma fonte sulfúrica. A menção de Albúnea fez erroneamente localizar o oráculo em Tívoli: cf. F. Coarelli, *I santuari del Lazio in età repubblicana*, Roma, 1987, p. 108.

30. Descobriu-se posteriormente uma quarta inscrição dedicada a *Lare Aineia*. Foram publicadas por M. Guarducci, "*Tre cippi arcaici latini con iscrizioni votive*": *BullCom* 72 (1946-1948) p. 3-10, sendo contestada por S. Weinstock, "Parca Maurtia und Neuna Fata", em *Festschrift A. Rumpf*, Krefeld, 1952, p. 151-60. Sobre as Parcas, cf. P. C. Van der Horst, "Fatum, Tria Fata, Parca, Tres Parcæ": *Mnemosyne* 11 (1942) p. 221-5; Tels de Jong, 1960, p. 69-90.

31. Lívio Andrônico, fr. 11M citado por *Cæselius Vindex* (em Gel., *NA* III, 16, 11). Cf. Radke, 1965, p. 223-4.

32. Cf. Gel., *NA* II, 16, 11.

33. Torelli, 1984, p. 182 com a discussão filológica e bibliográfica a respeito.

34. Cf. Platner-Ashby (cf. citação acima, nota 11), p. 145. L. Richardson, *A New Topographical Dictionary of Ancient Rome*, Londres, 1982, p. 12.

35. Na opinião de Champeaux, 1982, p. 436, Morta deve ser relacionada, ao invés de à palavra *mors*, com o nome do deus Marte, sob sua forma arcaica *Maurs*, divindade ligada ao nascimento de Roma e que a autora qualifica também de oracular. Segundo Torelli, 1984, p. 183, "Nona e Décima protegem não o *modus* mas o *tempora* do *partus*".

36. Tert, *De anima*, 39, 2: em *partu Lucinæ eiulatur [...] ultima die Fata scribunda advocatur* ("[...] porque no parto grita-se à Lucina e a Diana [...] no dia da purificação é invocada Fata Scribunda").

37. Champeaux, 1982, p. 436 e n. 48. Sobre Fata Scribunda, cf. S. Breemer- J. H. Waszink, "Fata Scribunda": *Mnemosyne* 13 (1947) p. 257-270. A deusa Nundina presidia a *lustratio* que acontecia no nono dia a partir do nascimento para os meninos e no oitavo para as meninas (Macrob., *Sat.* I, 16, 36). Cf. Auson., *Parentalia* 3, 21, onde recorda o papel de seu

tio em *dies Iustricus* ao pronunciar as palavras de bom augúrio que as *Fatæ* devem grafar no livro para fixar as *felicitas* do destino da criança.

38. Torelli, 1984, p. 182.

39. Sobre as Moirai gregas, cf. S. Eitrem, s.v. Moirai *RE* XV, 2, *coll.* 2451 ss.; F. W. Hamdorf, *Griechische Kultpersonifikationen der vorhellenistischen Zeit*, Mainz, 1964; B. C. Dietrich, *Death, Fate and Gods*, Londres, 1965; K. Krikos-Davis, "Moira at birth in Greek Tradition", em *Folia Neohellenica. Zeitschrift für Neogräzistik* 4, 1982, p. 109-110. Como elas, as Parcas serão representadas como fiandeiras que limitam a vida dos homens. Em recente trabalho, S. De Angeli, "Problemi di iconografia romana": *MEFR(A)* 103/1 (1991) p. 110 crê que as Parcas, enquanto grupo, nascem sob a influência das Moiras gregas, triplicando a figura da antiga deusa Parca e herdando suas funções.

40. Sobre Fauna como companheira de Fauno: Varrão, *LL* VII, 36; Sérvio, *Ad Æneida*, VII, 47; como mulher: Justino, 43, 1, 8; como irmã: Macróbio, *SAT.* I, 12, 27; Lactâncio. *Inst.* I, 22, 9; como filha: Macróbio, *Sat.* I, 12, 21; Tertuliano, *Adv. Nat.* II, 9; Sérvio, *Ad Æneida*, VIII, 314. Cf. Radke, 1965, p. 121.

41. Cf. Varrão, *LL* VII, 36: "Os Faunos eram divindades dos latinos, mas o nome poderia ser tanto Faunus como Fauna. Conta-se que na espessura dos bosques costumavam predizer (*fari*) o futuro empregando os versos que se conhecem como "saturninos"; deste *fari* deriva seu nome de *Fauni* (Faunos)". Por sua parte Sérvio, *Ad Æneida*, VII, 47, escreve: *dicti autem sum Faunus et Fauna a vaticinando, id est fando.*

42. Justino, 43, 1, 8: *Fauno fuit uxor nomine Fatua, quæ assidue divino spiritu impleta, velut per furorem, futura præmonebat.*

43. Lactâncio, *Institutiones Divinæ*, 1, 22, 9.

44. *Ideoque ædes sacras faunas primum apellatas, postea fana dicta et ex eo qui futura præcinerent fanaticos dici (Ad Georg.*, I, 10).

45. Sobre os *fanatici*, cf. Sabbatucci, 1988, p. 196 e 201.

46. Plutarco, *Num.* 25: "Numa impôs às mulheres ocultar-se e abster-se completamente do vinho".

47. Sabbatucci, 1988, p.134. Existe outra versão que nos oferece alguma coisa mais tardiamente Macróbio (*Saturnalia*, I, 12, 24) na qual Fauna não é mulher mas filha de Fauno e resiste aos assaltos sexuais de seu pai que, para submetê-la a seus desejos, a força a beber e a açoita com uma vara de mirto.

48. Cf. W. F. Otto, s.v. *Faunus*, em *RE* VI *coll.* 2054 ss.

49. Sobre Bona Dea, cf. a monografia de H. H. J. Brouwer, *Bona Dea, The sources and a description of the cult*, Leiden (EPRO, 110), 1988 com a bibliografia anterior; mais recentemente R. Turcan, "Bona Dea et la Mère ineffable de Dionysos (Plut. Cæs. 9)", em *Res Sacræ. Hommage à H. Le Bonniec*, Bruxelas (*coll.* Latomus), 1988, p. 428-440; H. S. Versnel, "The festival of Bona Dea and the Themophoria": *G&R* 39/1 (1992), p. 31-55.

50. Gagé, 1975, p. 281.

51. Sobre Egéria, cf. Samter, s.v. Egéria, em *RE* V, *coll.* 1980 ss.; Radke 1965, p. 111-2; P. Boyancé, "Sur théologie de Varron", em *Études sur la religion romaine*, Roma, 1972; I. Chirassi Colombo, s. V. Egéria, em *Enciclopedia Virgiliana*, II, Roma, 1985, p. 181-2.

52. Dumézil, 1977, p. 356.

53. Fest., s.v. Egeriæ nymphæ, 77. Egéria, como Diana, recebe oferendas de mulheres grávidas: *quodeam putabant facile conceptum alvum egerere.*

De Tanaquil a Lívia (612-38 a.C.)

54. Segúndo Boyancé, *op. cit.* Nota 53, se explicaria assim, em geral, o gosto do monarca latino pela água corrente e as fontes sagradas. Recordemos que Ênio, em um de seus versos, diz: *Olli respondit suavis sonus Eg[e]riæ*, quer dizer, "para ele [Numa] respondeu o suave som de Egéria".

55. Gagé, 1975, p. 283.

56. Lucílio caçoa dela quando diz: "Os fantasmas (*terriculæ*) e os vampiros (*lamiæ*) que criaram os Faunos e os Numa Pompilio são os que fazem tremer; é neles que coloca tudo" (Lucil., *Sat. XV*, 355/484-489 = *apud* Lactâncio, *Institutiones Divinæ*, I, 22, 13). *Terriculæ* e *limiæ* pertenciam ao domínio da magia e eram consideradas seres sobrenaturais representados como mulheres ou como fantasmas e vampiros com aparência de mulher. A *lamia* raptava as crianças de suas mães e matava os homens; podia causar, portanto, graves danos aos mortais se soubesse que era invocada, coisa que faziam freqüentemente magas e feiticeiras. Nos versos citados de Lucilio Numa parece um desses magos que se servia de tais poderes sobrenaturais e Egéria parece pertencer à categoria de *terricula* ou de *lamia*. Sobre os diversos tipos de relações entre o monarca e a ninfa, cf. F. Della Corte, "Numa e le streghe": *Maia* 26 (1974) 3-20.

57. Lívio, I, 21, 3: "Havia um bosque que sua parte central era regada por uma fonte de água inesgotável procedente de uma caverna escura. Posto que Numa muito amiúde ia ali sem testemunhas como convém para se reunir com a deusa, consagrou este bosque às musas sob pretexto de que se reuniam alí com sua esposa Egéria".

58. Sérvio, *Ad Æneida*, VII, p. 763: *Egeriæ lucis nympha in Aricino nemore, quam amicam suam Numa esse fingebat ad firmandan legum suarum auctoritatem*.

59. Cf. Juv., III, 12: *ubi nocturnæ Numa constitubat amicæ*, e Sérvio, *Ad Æneida*, VII, 763 citado acima.

60. Dioniso de Halicarnaso diz, a respeito de Numa, que "uma Ninfa, Egéria, o visitava ensinando-lhe em cada ocasião a ciência própria de um rei" (II, 60, 5) e menciona um milagre acontecido em sua casa "para mostrar aos incrédulos uma clara evidência de seu relacionamento com a divindade". Esse episódio, no entanto, é silenciado pela tradição latina.
Plutarco, de sua parte, referindo-se aos encontros entre Egéria e Numa, "não contrasta com a razão o fato de que Deus [...] deseje conversar com pessoas de extraordinária bondade [...] Porém que um deus e um demônio possam ter trocas com um corpo humano e apreciar sua beleza, é bem difícil de crer" (*Num.* 4).

61. Ovídio, *Fasti* II, 538-616. Em geral, sobre Lara: C. O. Thulin, *s.v. Lara*, *RE* XII, *coll*. 792; Radke, 1965, p. 164. As *Camenæ* eram, originariamente, deidades das fontes que mais tarde se identificaram como Musas; sua fonte encontra-se no extremo meridional de Célio, perto de onde, mais tarde, Numa construiu um pequeno nicho de bronze (Plínio, *Naturalis historia* XXXIV, 19). Cf. Aust, s.v. *Camenæ* é utilizado por Lívio Andrônico como tradução da palavra grega *Mousai*.
Em relação à origem de "ninfa", A. Ernout-A. Meiller, *Dictionnaire étymologique de la langue latine*, Paris, 1959, s.v. *Lympha*, 374 apresenta duas explicações: há os que sustentam a forma itálica antiga, *lumpa*, helenizada logo em *lympha* por sua afinidade com o grego *nymphe*, e os que acreditam que *lumpa* é um antigo e popular empréstimo do termo grego. À medida que a religião romana foi sofrendo a influência do helenismo, a confusão foi maior.

62. Gagé, 1975, p. 298, n. 1.

63. Sobre as ninfas: Schur, s.v. *Lymphæ* em *RE* XIII, *coll*. 2468; Herter, s.v. *Nymphai*, em *RE* XVII, *coll*. 1528; Herter, s.v. "lympha", em *ThLL* VII, 2 (1941). Cf. L. Deschamps, "Varron, les lymphes et les nymphes", em *Hommage à R. Schilling*, Paris, 1983, 67-83.

64. Sobre Juno o estudo mais completo é o de Palmer, 1974a, que desta forma supera o anterior de E. L. Shields, *Juno. A study in Early Roman Religion*, Northamton Mass., 1926. Posteriormente foi apresentado o trabalho de K. D. Fabian, *Aspekte einer Entwicklungsgeschichte derömisch-lateinischen Göttin Iuno*, Diss., Berlim, 1978. Convém consultar também M. Renard, "Le nom Junon": *Phoibos* 5 (1951), 141-3; Id., "Aspects anciens de Janus et Junon": *RBPhH* 31 (1953) 5-21; R. Bloch, "Héra, Uni Junon en Italie centrale": *REL* 51 (1973) 55-61; G. Dury-Moyaers- M. Rénard, "Aperçu critique de travaux relatifs au culte de Junon", em *ANRW* II, 17.1, 142-202, com abundante bibliografia sobre a deusa. Para os aspectos iconográficos, E. La Rocca, "Iuno", em *LIMV*, 1, p. 814-6.

65. Sobre esta festividade arcaica romana, cf. Ulf, *Das römische Lupercalienfest*, Darmstadt, 1982; P. M. V. Tennant, "The Lupercalia and the Romulus and Remus legend": *AClas* 31 (1988) p. 85-90, ambos trabalhos com abundante bibliografia. No entanto Porte, 1974, p. 171 restitui corretamente o oráculo da deusa à festa das Nonas Caprotinas. Anteriormente, sobre este tema, Y. M. Duval, "Les Lupercales, Junon et printemps": *ABPO* 83/2 (1976) 807 ss. Na opinião de Palmer, 1974a, 229 n. 214, algumas passagens de Plauto (*Amph*, p. 821-825) podem refletir o culto de uma *Juno Veridica* profética de caráter oracular (cf. *ILS* 3110).

66. Sobre esta passagem houve uma grande discussão. Entre os tantos anacronismos cometidos por Ovídio, há o de uma Juno Lucina venerada já em "época romuliana", e eles se explicam pela incorreta inclusão do oráculo de Juno nesta festividade, à qual já se fez alusão na nota anterior. Cf. H. Petersmann, "Lucina Nixusque pares. Die Geburtsgottheiten em Ovids *Metamorfosis, IX*, p. 294. Variationem eines mythologischen Motivs": *RM* 133 (1990) 157 ss.

67. Sobre a tomada de Roma pelos gauleses, além da narração de Lívio (V, 47): *I Galli e l'Italia*, Roma, 1978; G. Bandelli, "La frontiera settentrionale: l'ondata celtica e il nuovo sistema di alianze", em *Storia di Roma* I, Turim, 1988, p. 485-504 com a bibliografia a respeito.

68. Sobre os gansos como animal sagrado de Juno: Prop. II, 5, 17; Tib. III, 19, 15; Juv. II, 98. Cf. Will Richter, s.v. "Gans", em *Der Kleine Pauly*, Band 2, *coll*. 692-4. O *anser* [N. do T.: são anseriformes os gansos, patos, marrecos, cisnes e anhumas.] teve um papel relevante nos sonhos (Artem., *Oneir*. IV, 83) e nos prognósticos do tempo (Ps. Teofr., *De sign*. 39; Plínio, *Naturalis historia* XVIII, p. 363). Cf. O recente trabalho de A. Ziolkowski, "Between Geese and the Auguraculum: the Origin of the Cult of Juno on the Arx": *Cph* 88 (1993) p. 206-219).

69. Cf. Plínio, *Naturalis historia* XXIX, 57; Elian., *Hist. anim*. XII, 33; Sérvio, *Ad Æneida*, VIII, p. 652; Lyd., *De mens*, IV, p. 114. E sobre a festividade, Scullard 1981, p. 170.

70. Cf. Lucr., *RN* IV, p. 680. Entretanto, na opinião de Cícero (*De Divinatione* I, 45, 101), essa faculdade se explica não pelo que aconteceu no episódio gaulês mas pela advertência que a deusa fez antes de um tremor de terra: "uma voz proveniente do templo de Juno sobre o Capitólio para que sacrificasse, como expiação, uma porca prenhe". Palmer, 1964a, p. 29 considera que a etimologia de *moneta* relaciona-se com *mons, e-mineo* e *monile* referindo-se à colina ou colinas onde se assentava o culto de Juno, quer dizer, no caso de Roma, o *arx* e o Capitólio.

71. Gagé, 1963, p. 211-2.

72. Sobre o *auguraculum* do *arx* e o templo de Juno Moneta: Coarelli, 1985, I, 100-7. Coarelli, 1988, p. 309 assinala que o culto de Juno Moneta no Capitólio é um culto claramente oracular. Este autor chama a atenção (por sua provável função oracular) sobre uma janela que se abria na parte superior do templo, segundo figura em um relevo ostiense [G. Becati, "Un relievo con le oche capitoline e la basilica di Ostia": *BCAR* 81

De Tanaquil a Lívia (612-38 a.C.)

(1943-5), p. 31-46]. Tratar-se-ia do terceiro caso de templo com janela, sendo os outros dois o de albúnea (onde se conserva o livro da sibila tiburtina) e o de Hércules no Foro Boário. A estes teria que se somar o de Fortuna no Foro Boário ao qual se fará alusão mais adiante.

73. No festim de Trimalcão (Petrônio, *Satyricon* 136-7), o *anser* é símbolo de matronas. Gagé, 1963, p. 209, diz desses animais: "Ils servaint anciennement à une observation de tecnique divinatrice, d'un type intermediaire entre celles des oiseaux de proie et de haut vol (*accipitres*) et celle des poulets mangeant le grain...". Não esqueçamos a relação de Juno com a mulher casada: P. Noailles, "Junon déesse matrimoniale des romains": *Fas et Jus* (1948) p. 29-43.

74. Lívio VII, 38-42; DH XV, 1. Sobre a personagem, cf. T. R. S. Broughton, *The Magistrates of the Roman Republic*, I, N. York, 1951, p. 128-9. Para alguns autores a ave era enviada por Juno, para outros, se tratava da própria Juno. O *corvus* ou a *cornix* aparecem nos denários emitidos por Q. Cornificius, áugure romano ou proconsul da província da África de 44 a 42 a.C. Os corvos aparecem com freqüência em prodígios observados no templo da deusa: Cf. Lívio XXI, 62, 4; XXIV, 10, 6. Recordemos também que no templo de Juno Populona existia uma *augusta mensa* consagrada pelos áugures (*Ius Papir*. Bremer 132-138= Macróbio, *Sat*. III, 11, 5-6).

75. Sobre a Uni etrusca: A. J. Pfiffig, *Uni-Hera-Astarte*, Viena, 1965; R. Bloch, "Hera, Uni, Junon en Italie centrale": *CRAI* (1972) 384-396; *REL* 51 (1973) 55-61. Com respeito à função profética da deusa, convém recordar que em Cære existia um oráculo *per sortes* no templo de Uni-Hera que todavia funcionava em tempos da II guerra púnica. Lívio XXI, 62, 5 citação de *Cære sortes extenuatas*, como prodígio ocorrido em 218. As *sortes attenuatas* de Falerii, citadas por Lívio XXII, 1, 11 para o ano 217, devem ser atribuidas, na opinião de Palmer, 1974a, 54, também a Juno.
A *evocatio* da deusa por Camilo é narrada por Lívio V, 21, 1-3. Sobre esse ritual: V. Basanoff, *Evocatio. Étude d'un rituel militaire romaine*, Paris, 1947. Em geral: H. Le Bonniec, "Aspects religieux de la guerre à Rome", em *Problèmes de la guerre à Rome*, Paris, 1969, p. 101-5.

76. Macróbio, *Sat*. III, 9, 9: em *ædem verba hostias fieri oportet auctoritatemque videri exterum, ut ea promittant futura*.

77. Sobre a Juno de Lanúvio: A. E. Gordon, *The Cults of Lnuvium*, Londres, 1935; C. Hofkes-Brukker, "Iuno Sospita": *Hermeneus* 27 (1956) p. 161-9. Segundo os editores de Eliano, este comete um erro mui freqüente ao confundir *Lanuvium* com *Lavinium*; cf. A edição de A.F. Scholfield, Londres, 1958-9, vol. II, p. 138.

78. Elian. XI, 16. Citamos pela edição de J. Vara Donado, Claudio Eliano. *Historia de los animales*, Madri, 1989. Propércio (IV, 8, 3-4) os descreve também nos seguintes termos: "A vetusta Lanúvia custodia desde remotos tempos um idoso dragão (*annosi draconis*) ali onde a rara ocasião de deter-se não passa em vão; então a sagrada oferenda dece para a tenebrosa caverna, então (donzela, percorre com cuidado esse caminho) penetra o que foi doado para a serpente faminta, quando ela pede sua comida anual e das entranhas da terra lança seus assovios. Palidecem as donzelas para cumprir tais ritos quando quando ao acaso se confia a mão na boca da serpente. Ela arrebata para si a comida que a donzela lhe traz (*admotas a virgine*): os próprios cestinhos tremem nas mãos virginais. Se são puras, voltam ao abraço de seus pais e os camponeses exclamam: 'Abundante será o ano'". Cf. J. Turpin, "Cynthia et le dragon de Lanuvium, une élegie cryptique (Properce IV, 8)": *REL* 51 (1973) p. 159-171.

79. Gagé, 1963, p. 144.

80. Schol. Bern., *Ad Verg., Ecl*. III, p. 104. Sobre o *mundus*, cf. Coarelli, 1985, I, p. 223, que propõe um paralelismo com o poço de Præneste. Propércio IV, 8, 5 designa a jovem duas vezes como *puella* e outras como *virgo* e diz que a sagrada oferenda desce à caverna: *quæ sacer*

abripitur cæco descensus hiatu. Coarelli, *ibid*., considera também oráculo de Trofônio, em Labadéia, como exemplo grego do "rapporto tra divinazione, mondo sotterraneo e divintà agricole".

81. *Æneida* VII, p 419 ss. Alecto se converte na sacerdotisa Cálibe que revela a Turno o futuro. Cf. La Rocca, *op. cit*. N. 58. Não surpreende por tudo isso que já no século II a.c. a deusa Tanit de Cartago, conhecida por suas funções oraculares, fosse assimilada a Juno. Cf. M. Hassine Fantar, *Carthage. Approche d'une civilisation*, 2, Túnis, 1992, p. 251-262, com a atualizaçãao dos vestígios arqueológicos.

82. Sobre Fortuna, cf. As duas monografias de Champeaux, 1982 e 1987, assim como I. Kajanto, "Fortuna", em *ANRW* II, 17.2, 502-558.

83. Coarelli, 1988, p. 331 ss. Trata-se de uma hierogamia ou matrimônio sagrado, pelo qual o monarca recebe da divindade o carisma devido e a justificação do poder. A poesia augusta, naturalmente, nunca chegou a compreender o sentido dessa união. Assim, Ovídio, F VI, p. 573-8, diz: "Enquanto a deusa confessa timidamente seus furtivos amores e, por ser uma divindade, experimenta vergonha de partilhar um leito com um mortal [...] toma o costume de entrar no palácio durante a noite por uma pequena janela". Plutarco, *De Fort. Rom., 10* se aproxima ainda mais das verdadeiras intenções de Sérvio Túlio. Algumas fontes mencionam Tanaquil no lugar de Fortuna; de fato, nos últimos dois anos, reconheceu-se na rainha uma hipóstase da deusa.

84. Coarelli, 1988, p. 310. A janela reaparece em outro episódio bem conhecido da historiografia antiga: Tanaquil anuncia, ela mesma, morto Tarquino Prisco, a passagem do poder a Sérvio Túlio. Cf. J. Gagé, "Classes d'âge. Rites et vêtements de passage dans l'ancien Latium. À propos de la garde-robe du roi Servius Tullius et de la déesse Fortune": *Cah. Int. Soc.* 29 (1958) p. 34-64; C. Grotanelli, "Sérvio Tullio, Fortuna e l'Oriente": *DArch* 5 (1987) p. 71-110. Os elementos oferecidos pela tradição historiográfica descansam, por outro lado, em outras notícias e achados, como a existência em Roma de uma *Porta Fenestrella*, junto ao templo de Fortuna, no Foro Boário, que aparece representada nas moedas de Marco Aurélio. Cf. Coarelli, 1988, p. 307 ss.

85. Coarelli, 1988, p. 312.

86. M. Guarducci, "La Fortuna e Servio Tullio in un'antichissima sors": *RPAA* (1949-1951) p. 23-32.

87. A expressão é de F. Coarelli. Sobre tal destruição, cf. F. Castagnoli, "Il culto della Mater Matuta e della Fortuna nel Foro Boario": *SRom* 27 (1979) p. 145 ss.

88. Cf. A Fortuna da cista de Præneste que sustenta uma *sors* retangular: Massa-Pairault, 1987, p. 201 ss.

89. F. Coarelli, *I santuari del Lazio in età repubblicana*, Roma, 1987, p. 127, chamou a atenção sobre a semelhança que existe entre a disposição do templo de Fortuna em Præneste e o de Terracina, onde uma divindade feminina representada como *mater* (com um *Iuppiter puer*) e *virgo* é objeto de culto em um duplo santuário, um dos quais tinha funções oraculares. O oráculo se apresenta como "um apparato rupestre, em relazione con un'apertura sotterranea che suggerisce la presenza di una divintà ctonia e materna insieme, nella quale è naturale identificare Feronia Mater".

90. CIL, 60 = XIV, 283 = Dessau, 3648 = *ILLRP* I, p. 101. Cf. A. Brelich, em *SMSR* 19/20 (1943-1946) p. 178-181. G. Dumézil, *Déesses latines et mythes védiques*, Bruxelas, 1956, 73 ss.

91. Em *Hommage à M. Renard*, Bruxelas (*coll.* Latomus, p. 101), 1968, p. 172-7.

92. Champeaux, 1982 e Champeaux, 1987.

93. Champeaux, 1982, p. 65-6. O denário é recolhido por Crawford, *Roman Republican Coinage*, Cambridge, 1974, p. 414-5, n. 405. Coarelli, no trabalho citado n. 89, acredita que

De Tanaquil a Lívia (612-38 a.C.)

(p. 71) se trata de um "bambino, carateristicamente vestito di un abito femminile".
94. Champeaux, 1990, p. 106.
95. Plaut., *Mil.* p. 164; Hor., *Carm.* III, 24, 5, menciona os "dados ilegais" (*malis vetita legibus alea*). Cf. também Digest. XI, 5, 1.
96. Sabbatucci, 1988, p. 220. Cf. L. Gamberale, "*Dearum prima popago. Un carme epigrafico inedito alla Fortuna Primigênia*", em *Dicti studiosus. Scritti offerti in onore Scevola Mariotti*, Urbino, 1990, p. 119-137; recolhe uma inscrição inédita (datada do século II a.C.) de *Iulius Trophimus*, provavelmente um escravo liberto ou um filho de liberto que dedica à sua deusa uma estátua após ter-lhe aparecido em sonhos. A melhor prova dessa antiga consideração do culto de Fortuna constitui a participação das mulheres e dos escravos na festa de *Fors Fortuna* de 24 de junho e da ausência nela de magistrados e de membros da ordem social mais elevada.
97. Brelich, 1976, p. 35.
98. A oposição *sors/fatum* a encontramos, por exemplo, em Virgílio, *Æneis*, X, p. 502-3: "Oh montanha dos homens, que não sabe do fado nem da sorte futura, nem sabe avaliar se lhes assoma o favor da fortuna!".
99. Cf. Lívio VIII, 12, 6; 13, 7. Sobre a história de Præneste e seu santuário, cf. F. Coarelli, "Præneste", em *Studi sua Præneste*, Perugia, 1978, I-IX; F. Zevi, "Il santuario della Fortuna Primigênia a Palestrina: nuovi dati per la storia degli studi": *Prospettiva* 16 (1979) p. 2-22.
100. Val. Max. I, 3, 2. Sobre a consulta de Lutacio Cerco: Bouché-Leclercq 1879-1882, IV, p. 149-150; Champeaux, 1982, p. 78-80; A. Ziolkowski, "Q. Lutatius Cerco cos. 241 and the 'sortes Fortunæ Primigeniæ'". *CCC* 3 (1987) p. 319-332.
101. Champeaux, 1982, p. 78-80.
102. A. Ziolkowski, cit. n. 100, cita numa passagem do *Epítome* de Nepotiano no qual a consulta oracular se contrapõe à prática da aruspicina: *Lutatium Cerconem, confectorem primi Punici belli, fama extitit velle ad Prænestinam Fortuna + sortes mittere sive colligere. Hoc cognito senatus inhibuit extraria responsa + consultorum disquiri.*
103. Lívio XXIX, 36, 4: *consul principio pugnæ ædem Fortunæ vovit, si eo die hostis figisset; composque eius voti fuit.*
104. A. Brelich, *Tre variazioni romane sul tema delle origini*, Roma, 1976, p. 22.
105. A. Brelich, *op. cit.* n.104, p. 22.
106. Cf. Champeaux 1982, 149-181 com a bibliografia anterior. O testemunho mais valioso com o qual contamos do ponto de vista iconográfico é o das alcunhações emitidas por *Q. Rustius* (Champeaux, 1982, p. 150), sobre o qual: *s.v. Rustius, RE,* I, A, *coll.* 1244.
107. Champeaux, 1982, p. 182.
108. Macróbio, *Satur.* I, 23, 13.
109. Champeaux, 1982, p. 160. Sobre este problema, cf. também, R. De Coster, "La Fortune d'Antium et l'Ode I, 35 d'Horace": *LAC* 19 (1950) p. 65-80.
110. Champeaux, 1982, p. 160-161. Luciano, *Dea Syr.* 10 e 36, ilustra magnificamente este procedimento no santuário de Hierápolis.
111. J. Bayet, *La religión romana. História política y psicológica*, Madri, 1984, p. 170.
112. Champeaux, 1990b, p. 103, cita uns vinte casos semelhantes, notórios ao longo da época republicana. Sobre a cleromancia na Itália: "Oracoli alfabetici. Præneste e Cuma", em *AΠAPXAI. Nuove ricerche e studi sulla Magna Grecia e la Sicilia antica in onore P. E. Arias*, Pisa, 1982, II, p. 605-609; J. Champeaux, "Sur trois passages de Tite Live: les "sors" de Cære et de Faléries": *Philologus*, p. 133 (1989) p. 63-74. Alguns autores supuseram inclusive a existência de uma divindade feminina chamada *Sors*, coisa que Champeaux, 1982, p. 65, nega.

2

A ADIVINHA

I. Vates, *Hariolæ* e *sagæ*

O fato de que em muitas ocasiões o latim não distinga o masculino do feminino nos impede saber hoje qual era, entre os adivinhos, a proporção numérica de mulheres e homens.

Assim acontece, por exemplo, com a expressão *vates*, que é geralmente utilizada na literatura da época republicana para designar o(a) adivinho(a) enquanto ser inspirado/a por deus. O rechaço da religião oficial em relação a esse tipo de adivinhação explica que Varrão escreva: "diz-se que estas pessoas [*fatidici*] profetizam (*vaticinari*) porque o fazem com a mente alienada (*vesana mente*)"[1].

Com muita freqüência *vates* emprega-se para designar figuras como Carmenta ou Cassandra ou sacerdotisas como a pítia ou a sibila, recebendo, em geral, ao associar-se ao delírio profético, um valor pejorativo[2].

A *hariola* pouco se diferencia dela: pratica também – ao contrário dos áugures e dos arúspices – uma adivinhação natural ou inspirada. Por esse motivo é freqüente que *vates* e *harioli* sejam citados juntos, como o faz Ênio, no século II a.C.: *superstitiosi vates impudentesque harioli*[3]. Em *De Divinatione*, de Cícero, um dos personagens que participa do diálogo sustenta que no passado os antigos romanos confiavam nas *furibundas præditiones* de *harioli* e de *vates*[4]. Este passado tem correspondência, de fato, com a época arcaica, na qual *vates*, faunos e ninfas exerciam livremente a adivinhação inspirada. Mas na época republicana e, particularmente, nos tempos de Cícero, *hariolator, hariolor, harioli* são termos que adquiriram já um claro sentido pejorativo[5].

De Tanaquil a Lívia (612-38 a.C.)

O teatro latino cita com certa freqüência a *hariola*, nem sempre como profissional. As obras de Plauto são mais ricas em alusões tanto aos *harioli*, que são citados em quatorze ocasiões, quanto à sua forma de prognosticar[6]. Em outro estudo procurei demonstrar a popularidade alcançada pelos *harioli* durante os séculos III e II a.C.[7]. Se Nevius dá o título de *Hariolus* a uma de suas comédias é sem dúvida porque estes adivinhos eram conhecidos em Roma desde o final da primeira guerra púnica. Precisamente a popularidade dos *harioli* pode ser favorecida pelo ambiente de crise que as guerras e, particularmente, a presença de Aníbal provocaram na consciência religiosa romana; foi então que o espírito romano abriu-se para novas práticas de adivinhação e se transformou o conceito de *prodigium*[8].

Em grande parte a má reputação dessas adivinhas foi dada por sua forma de revelar o futuro. Mesmo que não seja muito o que sabemos a respeito, uma coisa parece segura: a pertinência da *harolatio* à adivinhação natural extática. Em Plauto (*Truculentus, 602*) se alude ao fato dos *harioli* se flagelarem (*hariolus qui ipus se verberat*), quiçá sob efeito da inspiração divina, e a *Rhetorica ad Herennium* (IV, 49, 62) os compara com os *galli* de Cibele porque ambos gritam e deliram. As fontes latinas, por isso, não demoraram em identificar algumas profetisas gregas que, enlouquecidas por Apolo, viam-se obrigadas a predizer o futuro com as *hariolæ*. Mas aos poucos, desde o final da República, este tipo de adivinha foi se tornando mais raro talvez por causa da crescente competência das feiticeiras.

A adivinhação não oficial foi cada vez mais intensamente praticada dentro do âmbito da magia. É verdade que adivinhação e magia constituem domínios bem diferentes; a característica principal da magia, tal e como já se entendia na antiguidade, era a de obrigar as forças sobrenaturais a obedecer ao homem, enquanto que a adivinhação implicava uma atitude de temor e de obediência a tais forças. No entanto, havia alguns pontos de contato entre ambas – o que comumente chama-se magia adivinhatória – como a evocação dos espíritos dos mortos (necromancia) ou a consulta às entranhas das mulheres e crianças (antropomancia)[9].

A Itália conheceu uma longa tradição de magas e feiticeiras, cuja presença se fez sentir em Roma; eram geralmente marsas, pelignas ou sabinas. Inclusive a célebre maga grega Circe é apresentada, segundo uma tradição do século III ou II a.C., como uma maga que procedia das montanhas da Itália central. A magia, ou melhor, deveríamos dizer a feitiçaria, estava a tal ponto em mãos de mulheres que Columela emprega o feminino quando adverte contra os perigos de travar relação com arúspices e *sagæ*, que costumam perverter as almas dos ignorantes com uma vã superstição: *Haruspicum sagamque sua sponte non noverit, quæ utraque genera vana superstitione rudes animos infestant*[10].

Essa adivinhação ligada a práticas mágicas foi em Roma coisa marginal, obviamente afastada da adivinhação oficial. Uma atividade nada desprezível de magas e feiticeiras consistiu, portanto, em dar a conhecer a uma clientela essencialmente feminina acontecimentos tanto do passado como do futuro, geralmente colocando-se em contato com o mundo dos mortos mediante procedimentos necromânticos.

Nossa informação sobre essas feiticeiras procede, em quase sua totalidade, da poesia do período augusto. O testemunho de Horácio é de grande interesse já que menciona as adivinhas que ofereciam seus serviços nas Esquilias. A elas pertence a *Sabella anus* que anuncia o futuro – na ficção literária – ao próprio poeta:

> Grava sobre mim um fado triste; sendo ainda muito criança, uma velha Sabela, depois de remexer a urna de adivinhar (*divina urna*), cantou (*cecinit*): "Este não será morto nem pelos mortíferos venenos nem pela espada inimiga, nem pela pleurisia, nem pela tísica nem pela gota, mas um charlatão acabará com ele um dia; que evite, se é prudente, os charlatães, assim que tenha chegado à adolescência"[11].

O poeta parece ambientar o anunciado pela velha na colônia romana de *Venusia*, onde transcorreu sua infância; trata-se, na opinião de Champeaux, de uma velha samnita, vinda da profunda Itália e representativa de uma adivinhação não oficial "mais rustique et populaire"[12]. Os versos parecem ser falsamente autobiográficos, mas não há dúvida de que este tipo de anunciação pode ter semeado a intranqüilidade em espíritos menos cultivados que o de Horácio. Dos versos se depreende também que o *anus*, sacudindo sua caixa de *sortes* e profetizando (*cecinit*) em tom oracular, pratica um método próprio da adivinhação não indutiva.

Mas em sua maior parte estas velhas de origem itálica descritas por Horácio, que proliferam nas imediações do Circo ou do Foro, para fazer suas previsões recorrem a procedimentos mágicos. Diante dos métodos de Medéia e Circe, Ovídio promete "não mandar nenhum espírito sair de seu túmulo, nenhuma velha vai sulcar o solo com seu blasfêmico escunjuro[13].

De Tanaquil a Lívia (612-38 a.C.)

Uma das feiticeiras mais célebres, a *Sagana*, de Horácio, deriva seu nome de *saga* (maga), relacionado por sua vez com o verbo *sagire*, do qual Cícero escreve:

> *Sagire* é compreender de maneira penetrante; também se chamam *sagæ* as velhas que querem saber muitas coisas, da mesma maneira que os cães são chamados *sagaces;* em conseqüência, quem sabe de um ancontecimento antes que este aconteça, pressagia, quer dizer, pressente o porvir[14].

Em uma de suas sátiras Horácio descreve como Sagana e Canídia "derramaram seu sangue na fossa para evocar ali as almas dos manes que deviam dar-lhes as respostas"[15]. Em alusão a esta cena de necromancia diz o poeta: "Para que recordar ponto por ponto, como que dialogando as sombras com Sagana, deixavam ouvir um murmúrio sinistro e agudo..."[16]. Também Canídia, seja uma personagem real ou imaginária, representa – segundo M. Le Glay – um tipo de maga conforme a tradição helenística e a concepção itálica[17].

Horácio nos apresenta muitas vezes estas feiticeiras em estado de agitação: "por que – pergunta a feiticeira à criança que vai sacrificar – me olhas como uma fera ferida pela arma?"[18]. A. M. Tupet, quiçá a melhor estudiosa da magia romana, considerou que por meio da descrição realista e precisa de Horácio, as feiticeiras surgem em estado de transe, passando a agitar-se, em um segundo estado, com gestos mecânicos e precipitados[19].

Esse estado, evidenciado na palidez da feiticeira, sudações e agitações febris ou na fixação do olhar, corresponde, segundo Tupet, aos efeitos das drogas tóxicas de origem vegetal que as magas conheciam[20]. No entanto, o transe poderia se atribuir também à posse dos deuses da magia invocados com freqüência pelas feiticeiras; Canídia exige das protetoras mais fiéis, Diana e Noite, que regem o silêncio e os ritos arcanos: "mostrai-nos agora *(nunca adiste)*...!"[21]. De fato, a própria Tupet já observou que as bacantes de 186 a.C., quando invadidas por Dionísio, se agitavam freneticamente com os cabelos desordenados e com isso recordavam algumas magas (e sobretudo as de Horácio), chegando inclusive a estudiosa francesa a se perguntar até que ponto a figura da bacante pôde influir sobre a antiga feiticeira e o culto orgiástico sobre as práticas mágicas em geral[22].

Outra feiticeira de traços semelhantes às anteriores é Dipsias. Segundo Ovídio, ela "sabe bem qual é a virtude das ervas, qual a das fitas enroladas pela roda sinuosa, qual a do veneno de uma égua em cio"[23] para, desta

A Deusa

forma, atuar sobre as forças da natureza ou se converter em ave noturna e voar. Mas além de magia propriamente dita, Dipsias realiza com freqüência ritos de adivinhação; Ovídio faz alusão, por exemplo, a seus ritos necromânticos quando diz dela que "faz surgir seus bisavós e tataravós de suas antigas sepulturas" (*Amores*, I, 8, p. 17).

O poeta, escondido atrás de uma porta, escutou o que a idosa feiticeira dizia a uma jovem de quem ele tinha se enamorado:

> Sabe, minha luz, que ontem foste do agrado de um rico mancebo? Ficou parado e permaneceu pendente de nada mais senão de teu rosto. E por que não irias ser de seu agrado? Tua beleza não é inferior a nenhuma... (*Amores*, I, 8, p. 23-26).

Ovídio não revela o procedimento adivinhatório da anciã, mas alude a práticas astrológicas:

> A estrela contrária de Marte desfavorável te prejudicou. Marte se afastou; agora Vênus está propícia em um de seus signos. Olha só como te favorece o não chegar mais nada: um amante rico te desejou – ele se preocupa pelo que te possa faltar. Seu rosto é, mesmo assim, comparável ao teu [24].

Nessa mesma obra poética Ovídio põe em relevo a assiduidade com que as mulheres realizavam esse tipo de consultas com as magas ou feiticeiras: "Se te tornas rica – diz a *saga* à jovem – não serei pobre" (*Amores* I, 8, p. 29).

Mas no final da República e, sobretudo, nos inícios do Império as magas itálicas entram em um período de profunda decadência; deixam de ser citadas pelas fontes posteriores àquela época e estão ausentes das consultas dos chefes militares romanos do período cláudio-juliano. Os motivos deste declive quiçá devamos buscá-los na invasão de práticas mágicas estrangeiras, procedentes principalmente da Tessália e da Trácia, que também davam especial atenção à magia adivinhatória.

Quando Lucano ambienta as guerras civis em sua *Farsalia*, o filho de Pompeu dirige-se à feiticeira tessaliana Ericto, para pedir-lhe que lhe revele a sorte da batalha final, nos seguintes termos:

> [...] tu que podes desvendar aos povos seus destinos e desviar de seus cursos os acontecimentos futuros (*populis quæ pandere fata*), te imploro que me seja permitido conhecer o resultado certo que a fortuna decidiu para a guerra (*te precor ut certum liceat mihi noscere finem quem belli fortuna paret*) (*Farsalia* VI, p. 590-3)[25].

De Tanaquil a Lívia (612-38 a.C.)

Ericto é uma perita na arte da necromancia: "Exige dos numes – diz-lhe Pompeu – ou abandona as divindades e arranca a verdade aos manes (*et manibus exprime verum*)"[26]. A própria feiticeira reconhece que é fácil "tomar de campos ematienses* um corpo para que a boca do cadáver ressoe à plena voz (*ora plena voce sonent*)" (VI, p. 620-622). Finalmente Lucano descreve como Ericto "escrutando as medulas gélidas pela morte (*et gelidas leto scrutata medullas*) encontra as fibras de um pulmão rígido e sem ferida e procura encontrar a voz neste corpo inanimado (*vocen defuncto in corpore quærit*)" (VI, p. 629-231).

Depois decide trazer o cadáver à vida subministrando-lhe diversos produtos mágicos, entre eles, vértebras de hiena (*nodus hiænæ*: VI, p. 672). Este animal deve ter sido particularmente empregado pelas feiticeiras não só por suas grandes virtudes mágicas, senão também, como recorda Plínio (*Naturalis historia* XXVIII, p. 168), por suas qualidades adivinhatórias, pois o olho da hiena, colocado debaixo da língua dos homens, fazia predizer o porvir. Trata-se de um exemplo de como muitos dos elementos usados pelas magas e feiticeiras tinham características comuns à magia e à adivinhação.

Quando Ericto consegue finalmente que o cadáver fale, exige que o faça anunciando um futuro mais claro do que o dos adivinhos:

> Aos trípodes e aos sacerdotes dos deuses convêm as profecias obscuras (*Tripodas vatesque deorum sors obscura decet*): que ande com a certeza todo aquele que pede a verdade às sombras e animado se aproxima dos oráculos da morte inexorável (*durante oracula mortis fortis adit*) (*Farsalia* VI, p. 770-3).

Dois fatos merecem pois ser destacados. O primeiro é que a prática profissional da adivinhação ficou em mãos de adivinhas (*vates, hariolæ*) e, sobretudo, de feiticeiras (*nugæ);* ao mesmo tempo aquela, de caráter marginal, foi declarada ilegal e – ao menos oficialmente – perseguida. Em oposição à natural, a adivinhação "artificial", por signos, é praticada por um sacerdócio masculino especializado (áugures, decênviros, arúspices), ao qual não tardarão em se ajuntar outros (astrólogos, intérpretes de sonhos, etc.).

Propércio marca muito bem esta diferença quando se pergunta:

> Pois a qual ardiloso adivinho (*vati*) deixei de pagar? Qual a velha feiticeira que dez vezes não resolve meus sonhos (*quæ mea non decies somnia versat anus*)?" (II, 4, p. 15-16).

---

* N. do T.: Ematia, nome antigo da Macedônia.

A Adivinha

II. Tanaquil, Dido e Manto

As fontes põem, pois, claramente em evidência que tanto a figura da adivinha como da feiticeira praticavam uma adivinhação de tipo natural, alheia àquela artificial baseada na observação de signos. Entretanto, a tradição antiga apresenta algumas mulheres que parecem contradizer esta regra: uma análise detida permite advertir para a falsidade de tais testemunhos.

A figura de Tanaquil, esposa do rei etrusco Tarquínio Prisco (616-578 a.C.) é uma delas[27]. A historiografia grega e latina a apresenta como mulher perita em prodígios. Lívio I, 34, 9 diz que era *perita ut volgo Etrusci cælestium prodigiorum mulier* ("mulher versada nos prodígios celestes como os etruscos em geral"). Dionísio de Halicarnaso (III, 47, p. 4) não oculta sua admiração pelos dotes adivinhatórios da rainha, assinalando que "por seus antepassados tinha bastante conhecimentos da prática tirrena dos augúrios através das aves"; mais adiante acrescenta: "além de possuir outros saberes, conhecia a arte da adivinhação melhor do que nenhum outro tirreno"[28]. Ainda no século IV d.C. Sérvio lembra que Tanaquil era *auguriorum perita* (*Ad Æeneida* II, 683).

Tanaquil evidenciou, em várias ocasiões, em consonância com uma religião como a etrusca que também recusava a adivinhação inspirada[29], suas faculdades de intérprete dos signos divinos. A primeira delas foi quando uma águia apanhou a gorra da cabeça de Tarquínio, antes de ele ter-se tornado rei, e devolvendo-a, anunciou a futura glória de seu marido:

> Diz-se que Tanaquil, mulher versada nos prodígios celestes, como os etruscos em geral, recebeu alegremente este prodígio. Abraçando-se a seu marido o convidou a esperar nobres e elevados acontecimentos: [explicou-lhe que] "tal ave tinha vindo de tal região do céu e, como mensageira de tal deus, tinha-lhe feito o augúrio ao redor da parte mais elevada do corpo e tinha levantado um paramento sobre a cabeça de um homem para devolvê-lo à mesma por ordem divina (Lívio I, 34, 9).

A segunda ocasião teve lugar quando, durante o reinado de Tarquínio, Tanaquil interpretou favoravelmente os sinais que se apresentavam a Sérvio Túlio quando ainda ninguém o conhecia:

> Naquele tempo, no palácio real, aconteceu um prodígio singular por sua aparência e por seus efeitos. Conta-se que, enquanto dormia, ardeu a cabeça de um menino chamado Sérvio Túlio, à vista de muita gente; que, então, chamou a atenção dos

De Tanaquil a Lívia (612-38 a.C.)

reis uma grande gritaria, e que, como um dos criados levara água para apagar o fogo, a rainha o deteve, e uma vez apaziguado o tumulto, proibiu que se tocasse no menino antes que despertasse por sua própria vontade; que, com o sono, desapareceu logo também a chama. Então Tanaquil, depois de conduzir seu marido a um lugar à parte, disse-lhe: Vês o menino que educamos com tão humildes cuidados? Qualquer um pode perceber que um dia será luz para nossas dificuldades e defesa para o trono enfraquecido, portanto, cuidemos com toda nossa complacência do germe de imensa glória para o Estado e para nossa família (Lívio I, 39, 1-3).

Quando Tarquínio morreu assassinado, Tanaquil mostrou a Sérvio Túlio o significado desse prodígio:

Levanta teus ânimos e continua como guias os deuses que pressagiaram que seria ilustre essa tua cabeça que fora rodeada de fogo divino em outra ocasião. Que agora te estimule aquela chama celestial, agora desperta, de verdade (Lívio I, 41, 3).

Tanto Dionísio de Halicarnaso (IV, 2, 2) como Plutarco (*De Fortuna Romanorum*, 10, 323), Ovídio (*Fasti* VI, 627 ss.), Plínio (*Naturalis historia* XXXVI, 204) e Arnóbio (*Adversus Nationes* V, 18), referem o episódio com pequenas variações. Prescindiremos aqui de uma terceira interpretação de Tanaquil: a que diz respeito ao nascimento sobrenatural de Sérvio Túlio[30].

Mesmo que alguns autores (concretamente Plínio, VIII, 194 e Fest. Paul. 85, 3) identificam Tanaquil como Gaia Cecília, modelo e protetora da jovem esposa romana[31], Tanaquil, como personagem histórica, esposa do primeiro monarca etrusco de Roma, recebe um tratamento muito desfavorável na historiografia latina: insistem freqüentemente em sua ambição pessoal, em sua constante intervenção nos assuntos políticos e em seu afastamento dos deveres domésticos, sendo por tudo isso contraposta à virtuosa Lucrécia.

A perícia adivinhatória de Tanaquil é, assim, mais um elemento que vem contribuir para o desprestígio da personagem. Podemos dizer terminantemente que Tanaquil surge como a única mulher da história romana capaz de interpretar sinais: uns pertencem à *auspicatio* (o vôo das aves), outros ao âmbito dos prodígios, mas ambos fazem parte da adivinhação indutiva ou artificial cuja interpretação o Senado romano reservou aos arúspices e áugures.

Neste sentido, e depois dos estudos de Momigliano e Cantarella, Tanaquil aparece como uma figura feminina sobre a qual a tradição literária já trabalhou e cujo resultado final é o de "uma rainha criada pela fantasia romana"³¹. Sem dúvida mais outro elemento dessa fantasia é a capacidade adivinhatória de Tanaquil, que não é respaldada nem sequer por testemunhos etruscos.

Outro caso muito diferente é o da figura do arúspice. Plauto menciona, em *Miles Gloriosus* 693, uma *haruspica* que em teoria – como o *haruspex* – podia deduzir o futuro a partir das entranhas das vítimas sacrificadas. No entanto, A. J. Pfiffig, profundo conhecedor de religião etrusca, considerou essa referência uma invenção humorística do comediógrafo. Efetivamente, nem as fontes latinas nem a epigrafia autorizam a pensar que a figura da arúspice tenha existido, seja em Roma seja nas províncias ocidentais, e menos ainda, que tenha sido uma profissão difundida.

Há somente duas mulheres que atuaram e sempre em forma ocasional – como *haruspicæ:* Dido e Manto. Convém sublinhar, antes de mais nada, que – como Tanaquil – as duas são estrangeiras: a primeira, fenícia (embora rainha de Cartago) e a segunda, grega. Também se deverá sublinhar que as práticas aruspicinas de cada uma são fruto da ficção literária posterior.

Virgílio, em sua *Eneida*, assim se refere a Dido³²:

> [...] belíssima, com a taça à direita verte suas libações entre os cornos de uma vaca branca [...] e dedica o dia a suas oferendas e ansiosa consulta as entranhas palpitantes das vítimas com os peitos abertos dos animais ([...]*pecumdumque reclusis / pectoribus inhians spiranti consulit exta*) (*Æneis* IV, 60-64).

O poeta não menciona o motivo da consulta aruspicina, mas o sacrifício é dirigido a Ceres e Baco, divindades protetoras dos ritos nupciais e, antes de mais nada, a Juno, "que vela pelos laços do matrimônio" (*cui vincla iugalia curæ*): então aquele não pode ser outro senão saber se Enéias a corresponderá no amor.

A segunda personagem feminina à qual me referia, Manto³³, filha do adivinho Tirésias, aparece em *Édipo*, uma das tragédias de Sêneca. As circunstâncias da consulta aruspicina são bem significativas: Édipo é quem pede a Tirésias que descubra – mediante a consulta às entranhas de uma vítima, o assassinato de Laio; mas o adivinho, cego, encontra-se na obrigação de recorrer a sua filha Manto:

> Tu, filha minha, que reges os destinos de teu pai órfão de luz, me refere os sinais certos deste fatídico sacrifício ([...]*genitorem regens / manifesta sacri signa fatidici refer) Oedipo*, p. 301-2).

De Tanaquil a Lívia (612-38 a.C.)

Manto, então, não faz outra coisa senão ir executando cada uma das ordens que recebe de seu pai na preparação do sacrifício, mas sem compreender o significado adivinhatório de qualquer de suas fases (como se eleva a chama do sacrifício, como cai a vítima, como jorra o sangue): "O que é isso, pai, fala? (*Quid sit, parens, effare*)" (v. 328).

O ponto culminante da cena é constituído pela observação das entranhas; Manto começa perguntando-se novamente:

> O que é isto, pai? (*Genitor, quid hoc est?*). As entranhas não palpitam, como costumam palpitar, estremecidas por um leve movimento, mas rechaçam qualquer mão e jorra das veias sangue novo. O coração, completamente alterado parece murcho e se afunda e se oculta na profundeza... O que é isto nefasto? (*Quod hoc nefas?*). Um feto incha esta bezerra virgem, e ela o carrega em um lugar insólito, move seus membros um gemido... (v. 353 ss.)[34].

Fica claro, então, que Manto (personagem certamente ausente no *Édipo Rei* de Sófocles) se limita a observar e descrever o que vê no interior da vítima sacrificada (a utilização do verbo latino *refero* é eloqüente), mas sem entender seu significado, reservado a Tirésias, que atua como arúspice não-vidente. A adivinhação por sinais é, portanto, uma coisa que nunca esteve ao alcance da mulher romana e os literatos latinos tiveram que recorrer a figuras femininas estrangeiras para transmitir credibilidade a seus leitores.

III. A Sibila de Cumas e os Livros Sibilinos

O respeito que a historiografia greco-latina manifesta pelos Livros Sibilinos, abertos e interpretados pelo colégio dos decênviros, não parece ter correspondido à opinião que a Sibila mereceu em Roma.

As sibilas eram adivinhas que emitiam sua profecias em estado de transe. Estas mulheres que, segundo a crença popular, podiam atingir mais de mil anos de idade, percorriam o mundo livremente fazendo suas profecias, se bem que algumas cidades – como Delfos, Samos, Eretria, Marpeso, Cumas e Tibur – presumiam ser sede de sua atividade oracular.

Em todo caso, para a maior parte dos romanos, a Sibila de Cumas foi uma personagem real, havia diversas versões de seu nome: Amaltéia, Hemófila ou Herófila. Em geral se acreditava que provinha da Erétria (metrópole de Cumas) ou inclusive que a própria sibila era eritriense[35].

A Adivinha

Mas, como é que os romanos a imaginavam? D. Potter[36] assinalou duas etapas na imagem da Sibila. Inicialmente foi vista como uma mulher jovem ou de idade mediana, quiçá sob influência iconográfica das estátuas que se erguiam no Foro romano. Estas, que provavelmente não representavam as Sibilas, mas as Parcas, eram segundo Plínio, (*Naturalis historia* XXXIV, 22) as mais antigas de Roma e puderam portanto ter tido o aspecto das *Korai* gregas. Sempre segundo Potter, a influência de tais estátuas explicaria por que nas moedas emitidas por L. Mânlio Torquato em 65 a.c. a Sibila aparece representada como uma mulher de pouca idade[37].

São poucas – e muito tardias – as representações da Sibila na numismática romana, o que fala em favor do escasso interesse das autoridades romanas por sua figura. Além das emissões citadas, a Sibila aparece nas moedas cunhadas por L. Valério Acísculo (45 a.c.) com a efígie de Apolo no reverso. M. H. Crawford[38] lembra, neste sentido, as relações da *gens Valeria* com a Sibila e as comemorações seculares.

No entanto, quando em 76 a.C., para recompor a coleção sibilina, perdida no incêndio de 83 a.c., uma embaixada romana de *legati* se deslocou para o Oriente helênico com o propósito de visitar a sede da Sibila Herófila (quem, segundo uma tradição, tinha vendido os livros a Tarquínio Prisco), começou a se formar a imagem popular da Sibila "as a very old woman". Potter acrescenta que, de qualquer maneira, esta tradição não se estabeleceu firmemente senão até depois dos anos 60 a.C.[39].

É assim que a poesia augusta, sentindo esta transformação, apresenta unanimemente a Sibila como uma anciã. Virgílio, que dedica a maior parte do livro VI de sua *Eneida* à *Cymæa Sibylla*, a qualifica de *horrenda*[40] ao invés de *virgo*, apresentando-a como uma mulher de avançada idade (*longæva sacerdos*)[41].

Por outro lado, Propércio (II, 2, 15-16) deseja que a velhice de sua amada Cíntia não mude seu semblante "mesmo que viva os séculos da profetisa de Cumas" (*etsi Cumæ sæcula vatis aget*).

Mas é o testemunho de Ovídio, sem dúvida, o mais peculiar. Assinala que a Sibila, em troca de entregar sua virgindade a Apolo, pediu ao deus, mostrando-lhe a praia, que lhe concedesse viver tantos anos quanta areia havia ali:

> Mas para infelicidade minha esqueci de pedir-lhe que ao mesmo tempo aqueles anos não carregassem a beleza de minha juventude. E... olhai agora!, nem o próprio Apolo me reconheceria. E se o fizesse, acaso seria por minha voz, que conservo harmoniosa como sempre[42].

De Tanaquil a Lívia (612-38 a.C.)

Esta imagem da Sibila como mulher mortal mas com séculos de idade existiu sempre na literatura da época imperial. Trimalcão, a célebre personagem de *Satyricon*, de Petrônio, presume ter visto a Sibila de Cumas "pendurada numa garrafa, e quando as crianças lhe perguntavam: Sibila, o que queres?, ela respondia: "Quero morrer!"[43]. No entanto, para outros, a condição mortal de Sibila estaria provada pela existência de uma tradição que localizava na Sicília seu sepulcro[44].

A outra característica da Sibila é, sem dúvida, sua inspiração profética. Algumas testemunhas permitem pensar que, inicialmente, a Sibila de Cumas, como outras sibilas, tinha o dom da profecia sem necessidade de ser possuída por Apolo; assim se depreende, por exemplo, das palavras postas por Flegonte de Trales na boca da Sibila assegurando que ela perdeu seu livre dom de profecia ante a "inveja de Apolo", que introduziu-se em seu corpo[45].

De qualquer maneira, quando Augusto fez transladar os Livros Sibilinos do templo de Júpiter ao de Apolo Palatino em 28 a.C., consolidou-se a opinião de que Sibila falava sob a influência desse deus. É o que aparece na Sibila que nos apresenta Virgílio; mas também Tibulo, dirigindo-se a Apolo, escreve:

> Sob tua inspiração (*Te duce*) a Sibila jamais defraudou os romanos, ela prediz os arcanos do destino (*quæ*[...]*fata canit*) em versos de seis pés* (II, 5, 17-18).

A figura da *Cymæa Sibylla* que nos apresentam os autores latinos se aproxima muito (como teremos ocasião de comprovar) à Pítia grega e, como tal, é qualificada de *insana* (*Æneis*, III, 433). Consultada por Enéias, cai em um transe extático, resultado do "entusiasmo" ou posse de Apolo: modifica-se a cor de seu rosto, desarruma-se sua cabeleira, seu peito anelante (*pectus anhelum*) e seu coração enfurecido (*fera corda*) incham por causa do furor (*rabia*) para, finalmente, falar inspirada (*adflata*) pelo nume do deus. Só quando, concluída a resposta oracular, Apolo "deixa de puxar a rédea à enlouquecida" (*frena furenti concutit*) e de fincar mais vezes "o aguilhão em seu peito" cessa seu furor (*cessit furor*) e se "aquieta sua boca raivosa", voltando a recuperar sua lucidez mental.

Seu delírio, apesar de ser provocado por Apolo e não por Dionísio, não é muito diferente das bacantes romanas[46]. Virgílio, que fala das *attonitæ matres*, em referência às matronas possuídas por Baco[47], alude também à gruta da Sibila como *attonitæ magna ora domus* ("as grandes bocas desta atônita casa": *Æneis*, VI, 53). O poeta chega inclusive a descrever a Sibila como uma bacante em seu recinto: "Mas sem se submeter ainda vaga

---
* N. do T.: Cada uma das unidades métricas do verso.

terrível pelo recinto como bacante a profetisa de Phebo para ver se consegue livrar de seu peito o imponente deus"[48]. Seguindo provavelmente o poeta de Mântua, o cristão Prudêncio (*Ad Simmachum*, II, 893) também se referirá séculos depois à Sibila de Cumas como *bacchantis anus... sibyllæ*. Poucas eram para Virgílio – como em geral para os romanos de sua época – as diferenças entre uma sibila levada pela profecia inspirada e uma bacante em pleno delírio extático. A existência tanto de *vates* como de mulheres *fanaticæ* era oficialmente ignorada por Roma e tanto umas como outras eram deliberadamente confundidas.

Ovídio[49], como já vimos, dá a entender que Apolo inspira sua sacerdotisa através do ato sexual, e esta também vaticinava *deo furibunda recepto*, quer dizer, "enlouquecida pelo deus recebido". De forma análoga se expressa igualmente Tibulo[50].

Contribuiu à escassa simpatia que a sibila cumense despertava em Roma a intensa atividade das sibilas gregas e orientais cujas profecias, de claro conteúdo político anti-romano, circulavam pelo Mediterrâneo oriental desde os séculos III e II a.C.

Mas também na Itália, além do recinto da Sibila em Cumas e do oráculo necromântico da sibila cimeriense*, existiram outros, como o de Albúnea, em Tibur[51]. F. Coarelli[52] acredita ter reconhecido no interior da *cella* do chamado *tempio di Vesta*, de Tívoli, o lugar onde era conservado o *liber sibyllinus* antes de que fosse transferido a Roma em 82 a.C.

De fato, Lactâncio, seguindo provavelmente Varrão, diz que junto ao rio Ânio foi encontrada uma estátua de Albúnea com um livro na mão[53] e Tibulo fala das *sacras sortes* que "a de Tibur, pelas águas do rio Anio (*Aniena flumina*) arrasta e salvaguarda em seu regaço enxuto"[54].

Por sua parte, M. Torelli considera que o aspecto oracular do lugar viria substancialmente reafirmado por meio da evocação do *mantis* mítico por excelência, Anfiarão, pai ou tio de Tiburno, o legendário fundador da cidade[55].

As sibilas de Cumas e de *Tíbure* ** evidenciam, portanto, a existência de tradições de caráter local, que logo foram mescladas ou assimiladas a outras de origem grega. Sabemos que em Lilibéia (Sicília) o oráculo da Sibila praticado pelos colonos gregos sucedeu a um culto indígena, ligado a um poço ou a uma caverna inundada de água onde se praticavam as consultas locais[56].

* N. do T.: de Ciméria, não do Bósforo, mas da Campania, Itália.
* *N. do T.: hoje *Tívoli*.

De Tanaquil a Lívia (612-38 a.C.)

No entanto, todos estes antigos oráculos locais administrados por sibilas ficaram muito debilitados após a conquista da Itália por Roma; esta, como já tinha feito com os santuários cleronomânticos, recusou ainda com mais energia a prática da adivinhação inspirada das profetisas. M. Torelli considera acertadamente que o aspecto oracular, tão fortemente sentido na Albúnea de Tívoli, é pouco claro em Roma, que vai fazer vir "artificialmente" seus próprios oráculos sibilinos escritos, na época da dinastia etrusca[57].

Geralmente é ao último dos monarcas etruscos, Tarquínio, o Soberbo (534-509 a.C.), que a tradição historiográfica atribui a introdução dos Livros Sibilinos em Roma[58]. Os autores antigos narram com ligeiras variantes a chegada a Roma de uma velha estrangeira que ofereceu ao rei etrusco a venda de livros de profecia. A Sibila, segundo essa lenda, teria visitado o rei Tarquínio para lhe vender nove coleções de oráculos, mas o rei as recusou por achar excessivo o preço. Neste ponto costuma se manifestar novamente a hostilidade dos romanos para com a Sibila: enquanto os autores gregos (como Dião Cássio, *Epitoma*, VII, 11, p. 1-4) dizem, simplesmente, que o monarca não lhe deu atenção, um autor latino como Lactâncio (*Institutiones Divinæ*, I, 6, p 6-14), seguindo Varrão, assinala que Tarquínio "debochou da loucura da mulher" (*derisisse mulieris insaniam*).

A cada uma das negações do rei etrusco, a Sibila queimava três dos livros. No final Tarquínio comprou os três últimos pela soma que a anciã tinha pedido inicialmente. Esta, que não era outra senão a Sibila de Cumas, desapareceu para sempre e a coleção ficou depositada no templo de Júpiter Capitolino.

Naturalmente esta lenda, na qual se misturam elementos latinos, etruscos e gregos, suscitou uma considerável polêmica. Sem que tenha se chegado a um acordo unânime entre os estudiosos, muitos deles consideraram esta tradição sem qualquer fundamento e fruto de uma reelaboração posterior da análise histórica romana dos finais do século IV a.C. Não obstante, dois aspectos merecem ser considerados: por um lado, parece indiscutível que foi no século VI a.C. que se originaram os livros sagrados; em segundo lugar, devemos admitir a possibilidade de que a coleção de oráculos e versos gregos tivesse recebido algum tipo de contaminação etrusca[59].

H. W. Parke assinalou recentemente a possibilidade de que Tarquínio recolhesse oráculos gregos proferidos por *chresmologoi* (que talvez, com centro em Cumas, circulavam livremente pela Itália central) e que os depositara,

A Adivinha

por motivos de segurança, no interior do Capitólio[60], alguma coisa parecida os Pisistrátidas naquela época faziam em Atenas. Mas este autor ignora a mais do que possível influência etrusca que R. Bloch revelou a descoberto há anos em numerosos trabalhos. Seria portanto conveniente desligar o oráculo da Sibila de Cumas da coleção sagrada.

A influência de Cumas sobre a Roma dos Tarquínios é quase certa. Como testemunho da existência de uma sibila naquela colônia dispomos de abundantes referências greco-latinas que, mesmo não sendo anteriores ao século IV a.C., aludem à profetisa situando-a sempre em época arcaica. Mas, por outro lado, contamos também com uma rica evidência arqueológica; o arqueólogo italiano A. Maiuri descobriu em 1932 uma galeria que colocava em comunicação a acrópole de Cumas (a *arx*) com o lago Averno através do Monte Grillo[61].

Trata-se de uma passagem entalhada no calcário com uma técnica datada entre os séculos VI e V a.C. que pode ter sido construída em épocas do tirano Aristodemo, de Cumas, para fazer da caverna um centro oracular[62]. Ainda hoje pode-se admirar a maior parte do *dromos*, iluminado por outras seis galerias laterais. O corredor termina em uma peça retangular, escavada também na rocha, com uma abóbada elevada que poderia corresponder ao *áditon* do santuário de onde a Sibila fazia sua previsões.

Temos que imaginar o grandioso efeito que as palavras da sibila, ressoando pelas galerias, causariam aos consultantes. Virgílio o descreve nos versos: "E então se abriram espontaneamente as cem enormes bocas da casa e levaram pelo ar as respostas da vidente (*sponte sua vatisque fuerunt responsa per auras: Æneis* VI, 81-82)". Mesmo que existam autores que se insurgiram contra a identificação proposta por Maiuri, os argumentos invocados não parecem ser suficientemente sólidos e foram rebatidos por H. Lavagne em sua formidável monografia sobre a gruta de Roma[63].

A crença da presença da Sibila em Roma e seu influente papel na adivinhação romana arcaica seria provada também pela colocação de três estátuas de sibilas no Foro. Plínio, (*Naturalis historia XXXIV, 22*) considerava que estas, juntamente com as do áugure *Attus Navus* (erigida em tempos de Tarquínio Prisco), eram as mais antigas de Roma, o que as situaria ao redor do século VI a.C. [64]

É impotante ter presente – como já vimos – que a Sibila, ao menos na época de Aristodemos, não era sacerdotisa de Apolo nem existia dependência alguma com relação ao deus. Segundo Parke, a Sibila foi introduzida por colonos sâmios como sacerdotisas da Deusa Hera e só mais tarde (cerca de 476 a.C.) se estreitaram seus laços com o templo de Apolo[65].

Finalmente Parke supõe, com muito fundamento, que o oráculo de Sibila cessou quando, em 421 a.C., a cidade de Cumas caiu sob o domínio de Roma[66]. Existe um fato que parece conclusivo, e trata-se de que, quando no ano 83 a.C. Roma procurou reconstruir os Livros Sibilinos destruídos no incêndio do Capitólio Cumas não foi destino de nenhuma das missões enviadas pelo Senado às supostas sedes das sibilas. Porém este silêncio também se ajusta à política anti-oracular desencadeada por Roma a partir do século V a.C.

De fato, em relação à origem dos *Libri* já se disse que não há por que estabelecer uma procedência forçosa de Cumas em relação a estes, mesmo que em Roma sempre se pensasse dessa forma. Cícero é um dos poucos autores que considera seriamente a possibilidade de que não foram obra de uma profetisa inspirada, mas de uma falsificação habilmente montada. Ele parte do fato que os romanos veneram os Livros que acreditam ter sido improvisados pela Sibila furiosa (*quos illa furens fudisse dicitur*), mas nega essa possibilidade; nada menos parecido à inspiração de um furioso (*carmem furentis*), diz ele, do que estes poemas. E, baseando-se na qualidade da composição, assinala que neles há mais engenho do que entusiasmo (*id certe magis est attendi animi quam furentis*): o conteúdo dos mesmos "revela o escritor (*scriptoris*) e não o furioso (*non furentis*), o homem que trabalha cuidadosamente (*diligentiam*) não o insensato (*insani*)"[68].

Cícero respeita, portanto, os Livros Sibilinos apesar de negar à Sibila sua autoria e pede que sejam zelosamente guardados pelo Senado romano. Mas deixa claro que são obra de um sábio (*sapiens*) e não de um demente (*insanus*) que está cheio de furor divino (*furor[...]quem "divinum" vocatis*)[69].

Seja como for os Livros Sibilinos foram consultados com assiduidade durante a República; segundo Parke[70], entre os anos 496 e 100 a.C. os Livros foram abertos umas cinquenta vezes. Mas temos que ter presente que só em muito poucas ocasiões os *libri sibillini* anunciavam ou profetizavam alguma coisa; geralmente se recorria a eles por ocasião de calamidades públicas (pragas, fome, terremotos) ou de graves prodígios e os Livros se limitavam a proporcionar os meios de tipo ritual (sacrifícios expiatórios, procissões, introdução a um novo culto, etc.) necessários para afastar tais desastres, sem fazer nenhum tipo de anunciação. Teremos ocasião de comprovar o destacado papel outorgado à mulher nestas expiações[71].

A Adivinha

Apesar da opinião de Cícero, os Livros Sibilinos foram sempre vistos como um resultado de um transe da profetisa. Lactâncio, por exemplo, diz que no passado foram considerados produtos do delírio (*illa carmina prioribus temporibus pro deliramentis habita sunt: Institutiones Divinæ*, IV, 15, 27-8). Não esqueçamos que estes estavam escritos em forma de verso, de maneira análoga aos primitivos *carmina* dos vates latinos, e que a estrutura rítmica era sempre interpretada como fruto de uma "visão" ou "inspiração" por um ser superior.

Este trecho, unido ao fato da profecia do texto ser proferida por uma mulher de origem estrangeira (a Sibila), quiçá explique que Roma não considerara prudente deixar sua custódia a cargo de um sacerdócio feminino (como o que existia em Tibur), mas a um colégio composto inicialmente por dois (*duumviri*), depois por dez (*decemviri*) e finalmente por quinze (*quindecemviri*) membros[72]. Em sua maior parte os decênviros procediam da aristocracia senatorial e faziam sentir, na época, sua influência na vida política romana. Cícero diz com clareza:

> Nossos antepassados, considerando que a adivinhação manifestada na loucura fosse interpretada sobretudo nos versos sibilinos (*furoris divinationem Sibyllinis maxime versibus contineri*), instituíram um colégio de dez intérpretes de tais livros, escolhidos entre os cidadãos (*delectos e civitate*) (*De Divinatione* I, 4).

De forma análoga Lactâncio assinala:

> Os oráculos de todas estas sibilas se conservam e passam de mão em mão, com exceção dos de Cumas, cujos livros estão escondidos pelos romanos, que consideram ímpio que alguém, salvo os quincênviros, os vejam (*Institutiones divinæ* I, 6, 13).

Sabbatucci expressa muito bem a mentalidade romana, de Cícero a Lactâncio, quando diz que "os Livros Sibilinos, se bem escritos por uma mulher, eram lidos e interpretados por uma comissão de homens e portanto com uma mediação e um controle masculinos"[73]. Ele interpreta a custódia dos Livros Sibilinos nos subterrâneos do templo capitolino, dedicado a *Iuppiter Optimus Maximus*, nos seguintes termos: "Acima está Júpiter com sua ordem "masculina" e com sua adivinhação de tipo augural; abaixo, um instrumento adivinhatório de procedência "feminina", quase um pré-cósmico "feminino com relação a um cósmico masculino". Mas, abaixo, quer dizer também "por fundamento": esta relação não é esquecida, tanto é que quando a ordem superior está em crise torna-se necessário exumar tudo o que havia sido sepultado na parte inferior do templo, como se fosse para restaurá-lo *ex fundamentis*"[74].

Os Livros Sibilinos são produto de uma revelação extática feminina, mas Roma, temendo avassalar seu destino à adivinhação natural, os institucionalizou, colocando sob interpretação de um colégio sacerdotal masculino, quer dizer, fazendo deles um elemento a mais da *artificiosa divinatio*.

Precisamente quando a coleção sagrada exercia sua maior influência, a partir da segunda guerra púnica (218-202 a.C.), não é uma causalidade que o Senado – na tentativa de neutralizar o predomínio do profetismo feminino – autorizasse a introdução oficial dos *carmina Marciana*, falsas profecias redigidas por um "ilustre adivinho" chamado *Marcius*, que foram depositadas junto aos Livros Sibilinos no templo de Júpiter[75]. L. Hermann já mostrou a evidente falsificação desses escritos ao reconhecer nas iniciais dos versos saturninos o acróstico ANCO MARCIO; a *gens Marcia*, à qual pertencia o suposto vate, pertencia ao Senado[76]. Plínio contrapõe ambas as figuras – as da Sibila e Márcio – no seguinte parágrafo:

> Os casos mais famosos de capacidade adivinhatória e, num certo sentido, de comunhão com o celeste (*divinitas et quædam cælitum societas nobilissima*) foram, entre as mulheres, o da Sibila (*ex feminis in Sibylla fuit*) e, entre os homens, os de Melampo, na Grécia, e Marcio, em Roma (*Naturalis historia* VII, 119).

Porém os *Carmina Marciana* também devem ser entendidos como uma reação nacional: seu autor era um *vates inlustris* itálico e os oráculos eram redigidos em versos latinos (talvez saturninos), enquanto que os Livros – transcrição do êxtase de uma mulher estrangeira – estavam em hexâmetros gregos. A propaganda destes *carmina* procurava inscrever o apolinismo numa tradição itálica, subtraindo a perigosa influência helênica.

IV. Roma e a Pítia de Delfos

Segundo a historiografia antiga, desde a fundação da República até a instauração do Principado, Roma consultou oficialmente o oráculo de Apolo em Delfos – emitido pelo transe da Pítia – em sete ocasiões[77]. Ei-las: 1) em 396 a.C. (durante a guerra de Veios)[78]; 2) em 325 a.C. (durante a guerra contra os samnitas)[79]; 3) em 293 a.C. (durante uma praga)[80]; 4) em 216 a.C. (durante a segunda guerra púnica)[81]; 5) em 207 a.C. (durante a segunda guerra púnica)[82]; 6) em 205 a.C. (durante a segunda guerra púnica)[83]; e 7) em 190 a.C. (após a vitória de Glábrio sobre Antíoco)[84].

O número de consultas romanas ao longo de quase quinhentos anos foi, portanto, muito reduzido. Não creio que se possa afirmar que Roma "est fascinée par Delphes" como sustenta Champeaux[85]. Além disso, se fizermos uma detida análise destas notícias, comprovaremos que a maior parte das respostas transmitidas pela tradição não são históricas. Dois grandes estudiosos do oráculo de Delfos, H. W. Parke[86] e J. Fontenrose[87], coincidindo na maior parte de seus argumentos, demonstraram a falsidade de algumas dessas consultas. Concretamente, J. Fontenrose considera *not genuine* as consultas de 396 a.c. Parke as catalogou entre os *legendary oracles*), 325, 293 e 190 a.c. (*spurius* para Parke); ao contrário, acredita que é *historical* a de 216 a.C. e *probably genuine* as de 207 e 205 a.C. Portanto, se aceitamos o critério de Fontenrose[88], as respostas históricas de Delfos às missões romanas ficam reduzidas a três, todas elas durante a segunda guerra púnica, um período de crise política e militar assim como de profundas transformações religiosas.

Mas ainda há outro elemento revelador da atitude de Roma em relação ao tipo de adivinhação que se praticava em Delfos: o motivo da consulta. Em 216 a.C. a embaixada romana – encabeçada por Quinto Fábio Píctor – perguntava à Pítia "com que orações e sacrifícios poderia se aplacar os deuses e qual seria o termo de tantas calamidades" (Lívio XXII, 57, 5). Na consulta de 207 a.c. os delegados enviados a Delfos depositaram uma oferenda no templo de Apolo; Lívio não menciona nenhuma pergunta ao oráculo, mesmo assim diz (XXIX, 10, 4-6) que Apolo, ao aceitá-la, anunciou (numa resposta *non petita*) uma próxima vitória romana. Lívio recolhe um trecho muito significativo desta última visita:

> [...] os legados, que tinham levado um presente a Delfos, contavam que em seus sacrifícios a Apolo Pítio todos os augúrios tinham sido favoráveis e que a resposta do oráculo tinha sido que se aproximava uma vitória para o povo romano maior do que esta de cujo butim traziam os presentes (Lívio XXIX, 10, 6).

Quer dizer, que antes de formular a consulta à Pítia, os *legati* deslocados a Delfos realizaram uma consulta aruspicina, de acordo com suas tradições religiosas nacionais.

Finalmente, em 205 a.C., os legados que se dirigiam à Ásia para trazer a imagem da deusa Cibele "foram ao oráculo consultar sobre o assunto que de sua pátria tinham sido enviados para fazê-lo, que esperanças eram prognosticadas a eles e ao povo romano"[89].

De Tanaquil a Lívia (612-38 a.C.)

O motivo das consultas oraculares romanas é, portanto, de tipo ritual; Roma não pretende só conhecer sua sorte mas também os *remedia* para restabelecer a *pax deorum*. Foi essa mesma razão que, por prescrição dos livros Sibilinos, obrigou Roma a importar o culto da deusa Cibele[90]. Neste âmbito, o da expiação dos prodígios, Roma se submeteu a Delfos: Lívio não oculta a submissão de Quinto Fábio Píctor e do Senado de Roma à sacerdotisa de Apolo durante a consulta do ano 216 para saber "com que preces e sacrifícios poderiam aplacar os deuses" (Lívio XXII, 57, 5 e sobretudo XXIII, 11, 1-6).

Tampouco podem ser excluídos interesses políticos em tais consultas oraculares. É eloqüente o fato, neste sentido, de que transcorridas as guerras púnicas, quando os romanos não precisam já de nenhum tipo de apoio espiritual e Roma é capaz de entrar diretamente em contato com outros povos sem a mediação de Delfos, o santuário deixa de ser oficialmente visitado pelo Senado romano. Quando no ano 191 a.C. a Liga Etólia é vencida por Roma, esta submete Delfos a seu controle, sem que o santuário, como observa S. Levin, conseguisse de imediato sair de sua decadência[91]. Desde a figura de *T. Quinctius Flaminius* até a de Silas, os *imperatores* romanos efetuaram muitas visitas a Delfos, mas estas se revestiram sempre de um caráter privado e raras vezes tomaram a forma de autênticas consultas oraculares.

É necessário, à margem da atitude oficial romana, fazer também uma "leitura feminina" das relações entre Roma e Delfos. Em primeiro lugar merece recordar-se a contribuição econômica das matronas ao tesouro de Delfos. Mesmo que a consulta de 396 a.C. não tenha existido[92], a historiografia – e isso é às vezes o mais importante – sempre considerou como histórico o gesto das matronas quando, segundo Lívio (XXV, 10), depois de se reunir e deliberar, convieram unanimemente oferecer aos tribunos seu ouro e todos os seus adornos; com o *aurum matronarum* pôde se fabricar, desta maneira, uma taça como oferenda para Apolo de Delfos.

Este gesto de sacrifício e generosidade pouco depois valeu às matronas a honra do *pilentum* nos sacrifícios e nos jogos e para os dias comuns o de *carpentum*[93]. Quando no ano 195 a.C. foi restituído o direito de usar este tipo de carro ritual coberto e de duas rodas (proibido pela *lex Oppia* em 215), as matronas celebraram seu triunfo criando uma segunda festividade em honra de Carmenta, a velha deusa latina conhecida por suas profecias emitidas – como as de Pítia – em estado de transe.

A Adivinha

A desinteressada colaboração econômica das matronas durante a guerra de Veios teve por objetivo a oferenda de uma taça ao Apolo de Delfos, mas a historiografia deixa entrever uma simpatia das mulheres para com a Pítia e seu procedimento mântico. A ausência nesta coleta, não só de homens, mas das autoridades públicas é, neste sentido, muito significativa.

Em segundo lugar, merece se destacar também a "colaboração" entre a Sibila (por meio dos oráculos plasmados em seus Livros) e a Pítia. H. W. Parke crê que, em alguns casos, a consulta à coleção sagrada pode ser seguida pela do oráculo de Delfos, como aconteceu em 205 a.c. quando houve a introdução do culto de Cibele em Roma[94]. Este tipo de confidências foi talvez possível graças ao resultado solicitado pelos decênviros ao santuário de Delfos e por analogias entre as dos videntes.

Não é de surpreender, portanto, que a historiografia e a literatura latinas chegassem a confundir as respostas de uma e de outra profetisa. Assim, em 293 a.c. enquanto Ovídio (*Metamorfosis*, XV, 637-40) atribui a Delfos a recomendação de trazer de Edpidauro a Roma o culto do deus Asklepios, Valério Máximo (I, 8, 2) crê que foram os Livros Sibilinos que o fizeram. Na opinião de Fontenrose, é possível que algumas respostas atribuídas pelos romanos à Pítia (como a de 325 a.C.) possa proceder, na origem, dos livros Sibilinos.

A frialdade das relações entre Roma e Delfos durante o período republicano se explica, portanto, pelas mesmas razões pelas quais a Sibila foi também mal acolhida, quer dizer, por constar nela sua natureza de mulher, seus dotes oraculares e sua condição de estrangeira. A imagem que os romanos de então tinham da Pítia de Delfos, por meio da qual Apolo se dirigia aos consultantes, ficou fielmente plasmada tanto nos tratados filosóficos como nas composições literárias.

Cícero, em sua *De Divinatione*, pensa ser decisiva a força adivinhatória que continha aquelas exalações da terra que "exaltavam a alma da Pítia e a faziam pronunciar seus oráculos"[96]. Cícero, que tem freqüentes contradições quanto ao método adivinhatório da Pítia[97], soma-se assim ao que muitos historiadores consideraram como uma invenção da época helenística, dado que o transe da Pítia[98] era sobretudo um fenômeno de auto-sugestão ao qual podiam contribuir, no entanto, determinados atos rituais; transe sim, mas não "furioso".

A literatura latina apresenta uma imagem distorcida da Pítia ainda mais longe da realidade. A Pítia que Lucano (39-65 a.C.) nos apresenta em sua

Farsalia, obra ambientada nas guerras civis dos últimos anos da República, é a que melhor se ajusta à idéia que a maior parte dos romanos tinha dela. O poeta começa se referindo a Apolo, que

> uma vez acolheu-se no peito da pitonisa impulsando o fôlego humano, então o faz emitir sons e solta a boca da profetisa da mesma maneira que o caráter siciliano se agita quando as chamas pressionam o Etna[99], esclarecendo que "com a sacudida e a invasão do delírio se esfacela a compleição humana e os embates das divindades desmoronam essas vidas quebradiças" (V, 115 ss.).

Lucano que, como Cícero, gosta de aludir reiteradamente à "inatividade do tempo", refere um fato provavelmente histórico: a consulta do romano Ápio que, valendo-se de sua autoridade como governador da Acaia, obrigou a sacerdotisa de Apolo a descer ao santuário para que lhe comunicasse o desenlace da batalha entre Pompeu e César (49 a.C.). O delírio da "espavorida pitonisa" é descrito por Lucano nos seguintes termos:

> [...] Peán irrompeu entre os membros da pitonisa com mais plenitude do que nunca, desalojou-lhe o espírito anterior (*mentemque priorem expulit*) e obrigou sua personalidade humana a ceder-lhe o lugar em todo o peito. Debate-se delirante, passeando pela gruta, um pescoço que não é ela quem agita (*aliena colla*) e sacudindo de seus cabelos eriçados as fitas do deus e as grinaldas de Febo, as volteia com sua nuca vacilante através das cavidades do templo, dispersa os tripés que lhe atrapalham o andar e é abrasada em súbita febre acolhendo-te, Febo, cheio de ira [...] Então pela primeira vez, fluiu pela boca espumante (*spumea* [...] *ora*) sua raiva frenética (*rabies væsana*) e gemidos e murmúrios perceptíveis por sua garganta sequiosa, logo ressoa numa vasta caverna um patético alarido (*mæstus vastis ululatus in antris*) [...] De um salto é despedida do templo, continua sua fúria e persiste o deus que não acabou de expelir, ao não ter dito tudo. Ela retorce ainda os olhos coléricos (*feroces oculos*) e o olhar perdido em toda a extensão do céu: ora com o rosto apavorado, ora irada com expressão ameaçadora[100].

A maior parte dos numerosos estudos sobre a Pítia e o oráculo de Delfos coincide em negar todo o valor ao testemunho de Lucano e – como este – ao de outros literatos romanos. O êxtase da sacerdotisa é descrito pelos latinos, como já observou A. Bouché-Leclercq, "avec les couleurs les plus crardes"[101]. Essa imagem obedece, mais uma vez, a hostilidade de Roma para com os oráculos emitidos em estado de transe ou entusiasmo. A Pítia recebe, no poema de Lucano, um tratamento consideravelmente pior do que a necromante Ericto, talvez porque esta aceita serenamente o *fatum* ainda que considere possível retardá-lo, mas sobretudo pela analogia de suas técnicas com a aruspicação oficial.

Hoje sabemos que a Pítia entrava certamente em um estado de transe seja por um fenômeno de auto-sugestão[102], seja pela excitação ou o frenesi religioso[103]. O delíro da Pítia, a febre, a boca espumante, o rosto espavorido, as torções do pescoço são manifestações, calculadamente recolhidas pelo poeta, que pertenciam à imagem comum que existia dela durante a República e para a qual contribuiu o desconhecimento quase total desse tipo de adivinhação em território itálico.

Valério Máximo (que menciona também a "voz pavorosa" da sacerdotisa de Delfos), Horácio ou Valério Flaco insistem na alienação da Pítia, invadida pelo deus[104]. O que hoje chamaríamos a "auto-sugestão" da Pítia não requeria todas essas manifestações, mais próprias de uma pessoa tomada de um ataque de histeria do que possuída por um impulso profético.

A maioria dos autores que trataram com profundidade o tema da adivinhação, assinalam que a Pítia tinha um estado de visão ou possessão controlado durante suas sessões oraculares e recusam de forma categórica o retrato que nos oferece Lucano ou, mais tarde, Plutarco. Assim, G. Reugemont[105], depois de negar a veracidade dos poderes alucinógenos do louro ou a existência de uma fenda pela qual se estendia o *pneuna* e os agentes físicos externos que produziam o delírio da sacerdotisa, conclui afirmando que a imagem tradicional de uma Pítia em delírio, profetizando um segundo estado sob o efeito de emanações telúricas, resiste mal às investigações críticas realizadas há quarenta anos sobre o funcionamento do oráculo de Delfos.

Só a partir dos começos do Império foi se transformando essa imagem da Pítia, em conseqüência de relações mais estreitas ou menos receosas entre Roma e Delfos. Em grande parte isso se devia à nova política exterior e religiosa dos imperadores romanos, a uma maior abertura à adivinhação natural mas também à influência da filosofia. Platão – que na opinião de Amandry foi inventor do êxtase inspirado da Pítia – põe na boca de Sócrates as seguintes palavras:

> Mas o caso é que os bens maiores nos vêm por loucura, outorgada certamente por dádiva divina. Com efeito, tanto a profetisa de Delfos como as sacerdotisas de Dodona, foi neste estado de loucura em que foram feitos à Hélade, privada e publicamente, muito belos benefícios, enquanto que na cordura, poucos ou nenhum[106].

NOTAS

1. Varrão, De *Lingua Latina*, VI, 52. Idêntico sentido pejorativo em Cícero, *Catilinarie*, 4, 2; *Har. Resp.* 18, 27; *De Legibus* II, 20; II, 30, etc. Os filólogos crêem que se trata de uma palavra de origem celta, com a qual o latim, língua indo-européia ocidental, apresenta muitas analogias. Cf. Os *vateis* gauleses citados por Estrabão IV, 197 C em forma helenizada do vocábulo celta.

2. Guillaumont, 1984, p. 198 observou com acerto que "uates en latín est susceptible de recevoir un valeur péjorative, peut-être parce que les Romains se sont toujours méfies du délire prophétique". Este desprezo se percebe muito bem no uso dado pelo filósofo romano ao verbo *vaticinor*, que apanha o sentido de "divagar", "ter propósitos incoerentes", etc. (Cf. Cic. *Sest.* 23; *Vat. 6*). Conhecemos os nomes de alguns vates ilustres como Márcio, ou Publício, talvez do século II a.C.

3. Ênio, *apud.* Cícero, *De Divinatione*, I, 132. Os versos de Ênio pertencem ao *Telamón*, 139.

4. *De Divinatione*, I, 4: *ex quo genere sæpe hariolorum etiam et vatum fuoribundas prædictiones...*

5. Cf. Cícero, *De Divinatione*, I, 132; *Ad Atticum* 8, 11, 3. Ênio, *Telamón, 319*, não *dentesque harioli* que, sem caminhar por si mesmos, mostram o caminho a outros (*alteri monstrant viam*). Cat. (*De Agr.*) recomenda ao *vilicus* que (entre outros adivinhos) não consulte os *harioli: hariolum* [...] *ne consuluisse velit*. No *Phormio*, 42 de Terêncio, Fedria pergunta: *Nondum mihi credis?* E Dorión responde simplesmente: *hariolare*, como sinônimo de não acreditar nela ou de estar louca. Sobre essa expressão: Guillaumont, 1984, 184-185. O único *hariolus* conhecido durante a República é *Cornelius Culeollus*, que anunciou a vitória de César na batalha de Farsália: Aulo Gélio, *Noctes Atichæ*, XV, 18, diz que a visão desta personagem foi considerada "um acesso de loucura". A maioria desses adivinhos eram, portanto, mulheres.

6. Plauto, *Miles Gloriosus; Rud.* 375, 1138 com referência a *hariolæ*.

7. *Montero*, 1993b. Antecedido só por G. Thiele, *s.v.* Harioli, *RE* suppl. III, *coll.* 886-888.

8. Sobre as transformações ocorridas na adivinhação romana durante a segunda guerra púnica, cf. o trabalho de G. Radke, "Anmerkungen zu den kultischen Massnahmen in Rom während des Zweiten Punischen Krieges" *WJbb* N.F. (1980) 105 ss.

9. Sobre a magia no período republicano, L. F. Alfred Maury, *La magie et l'astrologie dans l'Antiquité et au Moyen Âge*, Hildesheim, 1877; E. Massoneau, *La magie dans l'Antiquité romaine. La magie dans la littérature et les moeurs romaines,* Paris, 1934; J. Annequin, *Recherche sur l'action magique et ses representations,* Paris, 1973. Mas sobretudo Tupet 1976, e Tupet 1986. A estreita relação entre magia e adivinhação se percebe no sentido da palavra de origem persa "mágico", já que entre os persas e os gregos os mágicos foram conhecidos mais como intérpretes de acontecimentos futuros do que como autênticos magos.

10. Colum. XI, 1, 22.

11. Horácio, *Satiræ*, I, 9, 29-34. Seguimos a tradução de J. Guillén Cabañero, *La sátira latina*, Madri, 1991.

12. Champeaux, 1991, onde também diz: "c'est le langue même que parlent, à l'époque les sorts de bronze de Bahareno, venus de quelque sanctuaire oraculaire, sans doute de l'Italie du Nord, et qui prescrivent: *si sapis, caveas*". Cf. *CIL* I, 2, 2173-2189 = *ILRP* 1072-1087.

A Adivinha

13. Ovídio, *Rem.* p. 254 ss.
14. Cícero, *De Divinatione*, I, 30. Tupet, 1976, p. 296-7.
15. Horácio, *Satiræ*, I, 8. Cf. W. S. Anderson, "The form, purpose and position of Horace *Satiræ*, I, 8": *ALPh* 93 (1972) 6-13.
16. Horácio, *Satiræ*, I, 8.
17. Le Glay, 1976, p.546.
18. Horácio, *Epodos*, V, 9: [...] *aut uti petita ferro belua?*
19. Tupet, 1976, p. 293.
20. Tupet, 1976, p. 293. Cf. T. Zielinski, "L'enoûtement de la sorcière chez Horace", em *Mélanges O. Naverre*, Toulouse, 1935, p. 442 ss.
21. Horácio, *Epodos*, V, 50-53.
22. Tupet, 1976, p. 201.
23. Ovídio, *Amores*, I, 8, 5 ss.
24. Ovídio, *Amores*, I, 8, 29 ss.
25. Sobre a magia em Lucano, cf. A. Bourgery, "Lucain et la magie": *REL* 3 (1928) 299-313; L. Paoletti, "Lucano magico e Virgilio" *A&R* 8 (1963) 11-26; U. Lugli, "La formazione del concetto di stregoneria em Lucano": *Sandalion* 10-11 (1987-1988) 91-99; A. M. Tupet, "La scène de magie dans la Pharsale: essai problématique", em *Res Sacræ. Hommage à H. Le Bonniec*, Bruxelas (*coll.* Latomus), 1988, 419-427.
26. *Farsália*, VI, 599-600. Foi sobretudo esta célebre cena de necromancia que suscitou um maior interesse. J. Arredondo, "Un episodio de la magia negra en Lucano": *Helmantica* 3 (1952) 77 ss.; W. Fauth, "Die Bedeutung der Nekromantie-Szene em Lucan Pharsalia": *RhM* 118 (1975) 325-344; L. Baldini Moscadi, "L'apparato magico del VI libro della Farsaglia": *SIFC* (1976) 140-147; J. Volpihac, "Lucain et l'Egypte dans la scène de nécromancie de la Pharsale VI, 413-930 à la lumière des papyri grecs magiques": REL 56 (1978) 272-287; F. Mora del Baño, "Nota a Lucano VI, 490", *Myrtis* 5/1 (1986) 121-126. Sobre as magas tessálias, cf. Roscher, *s.v. Mondgöttin* (*Zauberei Magie*), em *LGRM* II, *coll.* 3163-3167.
27. Falta ainda um estudo monográfico sobre esta figura, uma das mais importantes e complexas da história da mulher antiga. Cf. J. J. Bachofen, *Die Sage von Tanaquil*, Basel, 1870; Momigliano 1969; Cantarella 1985, 18-21 e, mais recentemente, Martínez-Pinna, 1994. Em geral, sobre a mulher etrusca: L. Bonfante Warren, "The Women of Etruria": *Arethusa* 6/1 (1973) 91 ss.; Id., "Etruscan Women: a Question of Interpretation": *Archeology* 26 (1973) 242 ss.; A. Rallo (ed.), *Le donne in Etruria*, Roma, 1989. Cantarella, 1990. Sobre a mulher etrusca enquanto sacerdotisa, Nielsen, 1990.
28. Sobre Dionísio de Halicarnaso e sua época: E. Gabba, *Dionysus and "The history of Archaic Rome"*, Berkeley-Los Angeles, 1993; *Denys d'Halicarnasse historien des origines de Rome*, Actes colloque Univ. Paul Valéry (Montpellier III) 20-21, março, 1992, *Pallas* 39 (1993).
29. A. Maggiani, "La divination oraculaire en Etrurie", em *La divination dans le monde etrusco-italique*, *Cæsarodunum*, Suppl. 56-57 (1986-1987), 29, colocou em destaque a recusa da Etrúria à mântica entusiástica. Com razão verifica o autor que as alusões iconográficas a esse tipo de adivinhação (em espelhos, urnas ou vasos) pertencem a um contexto mítico.
30. Trata-se da lenda segundo a qual Ocrísia, mãe de Sérvio e escrava no palácio de Tarquínio, foi fecundada por um falo que surgiu do lar: DH IV, 2, 1-3: Plutarco, *De Fortuna Romanorum*,

De Tanaquil a Lívia (612-38 a.C.)

10; Ovídio, *Fasti* VI, 627-633. A mesma história é relatada por Plutarco mas referida a Rômulo e Remo. Cf. J. Martínez-Pinna, "La tradición sobre el fundador de Roma", em *Denys d'Halicarnasse historien des origines de Rome*, op. cit. N. 99-100.

31. Momigliano, 1969 e Cantarella, 1991, 174. Cf. Também E. Cantarella, "La condizione delle donne fino alle XII Tavole", em S*ocietà e diritto nell'epoca decemvirale. Atti del convengno di diritto romano*, Napoli, 1988, 181-184. Na mesma linha que as anteriores Champeaux, 1982, 413 considera que "esta imagem da rainha não tem nenhum fundamento", observando com grande acerto que, em todo o caso, a rainha etrusca se limita a interpretar os sinais (sempre em benefício dos homens) sem que ela os solicite ou os provoque mediante um ritual mediúnico.

32. A bibliografia moderna sobre Dido é muito abundante e foi recolhida por A. La Penna, "Didone", em *Enciclopedia Virgiliana* II, Roma, 1985, 48-57.

33. Sobre Manto e o Édipo de Sêneca, cf. G. Müller, "Senecas Œdipus. The drama in the ward": *TAPhA* 101 (1970) 291 ss.; E. Thummer, *Vergleichende Untersuchung zum König Œdipus des Seneca und Sophocles*, Innsbruck, 1972.

34. Seguimos a tradução de J. Luque Moreno, Sêneca. *Tragedias II*, Madri, 1988.

35. Sobre a figura da sibila: P. Corssen, "Die Sibylle im sechsten Buch der *Aeneis*": *Sokrates* (1913) 1-16; E. Bevan, *Sibyls and Seers*, Londres, 1929; J. B. Garstand, "Æneas and the Sibyls": *CJ* 59 (1963) 97-101; A. Alföldi, "*Redeunt Saturnia regna IV: Apollo und die Sibylle in der Epoche der Bürgerkriege*": *Chiron 5* (1975), 165-192; R. J. Quiter, Aeneas und die Sibylle, *Die rituellen Motive im sechsten Buch der Æneis*, Königstein, 1984; F. Della Corte, *La mappa dell'Eneide*, Florença, 1985; H. W. Parke, 1988; D. Potter, 1990.

36. D. Potter, 1990a, 479 ss.

37. Cf. M. H. Crawford, *Roman Republican Coinage*, Cambridge, 1974, n° 411.

38. M. H. Crawford, *op. cit.*, n° 39, 484, n° 3a e 3b. T. Carisio mandou cunhar denários com a efígie da Sibila no anverso e a esfinge no reverso, aludindo ao caráter enigmático de seus oráculos.

39. Potter, 1990a, 479 ss.

40. *Æneis*, VI, 10; nesse sentido cf. VI, 99: *horrendas canit ambages*.

41. Na época de Augusto, Virgílio lhe outorgará um destacado papel em sua *Æneida*, tornando-a guia de Enéias em sua descida aos infernos: T. Morini, "Il mito della Sibilla Virgiliana", em *Atti II Congresso Nazionale Studi Romani*, Roma, 1931, 500-507; J. Waszink, "Vergil and the Sibyl of Cumæ": *Mnemosyne* 1 (1948) 50-53. Os poderes oraculares e infernais da Sibila chamaram a atenção de muitos autores. Névio, em *Bellum Punicum*, fr. 29, punha em cena – imitando *A Odisséia* – uma consulta de Enéias a outra Sibila, a *Sibylla Cimmeria;* alguns estudiosos, como P. Boyancé (*La religion de Virgilie*, Paris, 1963, 119) ou o próprio Potter (1990a, 477), consideraram que poderia se tratar da Sibila de Cumas enquanto que outros, de duas sibilas diferentes que acabaram sendo confundidas na obra de Virgílio; portanto, seria este poeta quem investiria a Sibila de Cumas de todos os valores infernais de sua homóloga ciméria.

42. Ovídio, *Metamorfosis*, XIV, 136-139: *Ego pulveris hausti / ostendi cumulum; quod haberet corpora pulvis, / Tot mihi natales contingere vana rogavi; /Excidit, ut peterem iuvenes quoque protinus annos*.

43. Petrônio, *Satíricon*, 48, 8. O poeta Marcial (IX, 29, 3-4) diz: "Não tinhais ainda os tantos anos que a Sibila de Eubéia tinha" (Sibila de Eubéia, porque Cumas era colônia de duas cidades dessa ilha).

44. *Solin.*, II, 16-17: *huius sepulcrum in Sicilia adhuc manet.*
45. *FGrH* 257 F 37 V, 7-10.
46. A atitude hostil dos romanos com esse tipo de adivinhação extática é explicada pelo fato de que não se havia chegado a diferenciar a maneira de profetizar entre as diversas sacerdotisas. Do ponto de vista da mentalidade romana da Sibila não se diferenciava muito entre a Pítia, as bacantes ou os personagens mitológicos como a Cassandra.
47. Virgílio, *Æneis*, VII, 580: *Tum quorum attonitæ Baccho nemora avia matres.*
48. *Æneis*, VI, 77-78: *At Phœbi nomdum patiens immanis in antro / bacchatur vates.*
49. Ovídio. *Metamorfosis*, XIV ss.
50. *Tíbulo*, II, 5, 65-66: "Estas coisas disse a sacerdotisa e para si te invocou, Febo (*et te sibi, Phœbe, vocavit*) e sacudiu sua cabeleira apoiada na fonte". Sobre a religião na obra de Tibulo: F. Della Corte, "La religione di Tibullo", em *Religione e Civiltà. Scritti in onore di A. Brelich,* Roma, 1982, 144-162; J. García López, "Ritus patrius y ritus græcus en Tibulo II, 1", em *II Symposio Tibuliano,* Murcia, 1985, 262-274. Sobre a adivinhação aruspicina: J. F. Berthet, "L'Etrusca Disciplina dans les élégies de Properce. Tibulle et Lygdamus", em *Les écrivains du siècle d'Auguste et la Disciplina Etrusca. Cæsarodunum* suppl. 60 (1991) 89-99.
51. Cf. Varrão, *apud.* Lactâncio, *Institutiones Divinæ,* I, 6, 12. Sobre a sibila tiburtina, cf. G. Coccaneri, "Gli oracoli e la predizione della Sibilla Tiburtina": *Mem. Soc. Tiburtina di Storia e Arte* (1934) 73-98; J. Barion- J. Haffen, *La prophètie de la Sibylle Tiburtine,* Besançon, 1988.
52. F. Coarelli, *I santuari del Lazio in età repubblicana,* Roma, 1987, 106 ss.
53. Lactâncio, *Institutiones Divinæ,* I, 6, 12.
54. *Tibulo,* II, 5, 69. Coarelli (cit. n° 54) 105 chama a atenção sobre a confusão entre Albúnea (a sibila tiburtina) e Albula (a ninfa do rio).
55. Torelli, 1984, 186.
56. G. Giannelli, *Culti e miti della Magna Grecia,* Firenze, 1963, 49 ss.
57. Torelli, 1984, 186.
58. Sobre a introdução dos Livros Sibilinos: Dionísio de Halicarnaso IV, 62; Lactâncio, *Institutiones Divinæ I, 6.* Sobre os próprios livros: *Sibyllinische Bätter,* Berlim, 1890; R. Bloch, "Origines étrusques des livres Sibyllins", em *Mélanges offerts à A. Ernout,* Paris, 1940, 21-28; Bloch, 1962; R. Bloch, *"L'origine des Livres Sibyllins à Rome: méthode de recherches et critique du récit des annalistes anciens"* em E. C. Welskopf (ed.), *Neue Beiträge zur Geschichte der alten Welt,* II, Berlim, 1965, 114-121. Pulci Doria, 1983; Caerlos 1991.
59. R. Bloch, *"La divination romaine et les livres Sibyllins": REL* 40 (1962) 118 ss.; Bloch 1968, 110 ss.
60. Parke, 1988, 190.
61. Cf. A. Maiuri, *I Campi Flegrei,* Roma, 1958. Mais recentemente A. De Franciscis, "*Cuma*", em *Enciclopedia Virgiliana I,* Roma, 1984, com bibliografia.
62. Sobre esta personagem omitimos qualquer detalhe que o leitor pode encontrar, por exemplo, em B. Combet-Farnoux, "Aristodème de Cumes et Rome à la fin du VI siècle": *MEFR(A)* 69 (1975) 7-44.
63. Lavagne, 1989, 123 ss. O último trabalho sobre essa caverna é o de R. C. Monti, "The topographical and literaly evidence for the identification of the Sibyl's Cave at Cumæ": *Virgilius* 37 (1991) 39-59.

De Tanaquil a Lívia (612-38 a.C.)

64. *Ecquidem et Sibyllæ iuxta rostra esse non miror, tres sint licet*... Sobre a identidade dessas figuras femininas se especulou muito; Varrão as identificava com as três sibilas itálicas, mas poderia tratar-se também três Parcas já citadas (Procop., *Bell. Goth.* I, 25, 19-20); em qualquer caso a a confusão é significativa. A de Attus Navius, áugure de Tarquínio Prisco, estava, segundo Plínio, *Naturalis historia* XXXIV, 21, diante da Curia Hostilia (*ante curiam*) e por isso perto das anteriores; o áugure era representado com roupa sacerdotal, a cabeça velada e era de tamanho superior ao natural. Caberia pensar em uma contraposição intencional entre os dois grupos: um alusivo às profetisas e outro à arte augural masculina? Cf. Coarelli, 1985, I, 142, 158, 185, 226.

65. Parke, 1988, 98-99.

66. Parke, 1988, 81, baseando-se em um trecho de Diod. XII, 76, 4.

67. Cícero, *De Divinatione*, II (54), 110. Cf. Guillaumont, 1984, 45.

68. Sobre a atitude de Cícero em referência à adivinhação de seu tempo, além de Guillamont, 1984, cf. S. Jannacone, "Divinazione e culto ufficiale nel pensiero di Ciccerone": *Latomus* 14 (1955) 116-119; N. Denyer, "The case against divination: an examination of Cicero's De Divinatione": *PCPhS* 211 (1985) 1-10; J. Linderski, "Cicero and the Roman Divination": *PP 37* (1982-1983) 12-28; M. Beard, "Cicero and Divination: the formation of a Latin discourse": *JRS 76* (1986) 33-46; M. Schofield, "Cícero for and against Divination": *JRS 76*(1986) 47-65; C. Schaublin, "Kritische und exegetische Bemerkungen zu Cicero, De divinatione II": *MH 44/3* (1987) 181-190.

69. Cícero, *De Divinatione*, II, 54, 110.

70. Parke, 1988, 136.

71. Cf. O capítulo III de Mac Bain, 1982.

72. Sérvio, *Ad Æneida*, VI, 73, diz que o número chegou até 60, coisa bastante improvável.

73. D. Sabbatucci, *Divinazione e cosmologia*, Milano, 1989, 169. Outro testemunho antigo que contrapõe o mundo feminino e o masculino é o de Ausonio (*Gryphus Ternarii Numeri*, 85-87): "E são três, mesmo que tenham idêntico nome, as fatídicas sibilas, cujos poemas fatais formam livros triplos, que guardam o tríplice selo de cinco varões".

74. D. Sabbatucci, cit. n° 169-170.

75. Sobre os *carmina Marciana:* L. Herrmann, *"Carmina Marciana"*, em *Hommages à G. Dumézil*, Bruxelas (*coll.* Latomus), 1960, 117-123. G. Morelli, "Per la ricostruzione di un frammento del vate Marcio", em *Studi offerti in onore F. Della Corte*, II, Urbino, 1987, 3-7. Gagé, 1955, 296 considera que estes oráculos foram nitidamente itálicos, seja pela forma seja pela língua, e crê que favoreceram uma tendência a retornar aos cultos tradicionais italianos.

76. L. Hermann, citação n° 77, 177 ss. Cícero, *De Divinatione*, I, 89, afirma que o vate Marcius era *nobili loco natos*. Sérvio, *Ad Æneida*, VI, 72, assinala que os *carmina marciana* se conservaram junto aos livros sibilinòs, se bem que alguns autores pretendem que foram introduzidos neles.

77. Excluo por razões cronológicas as discutidas consultas – inclusive a título privado – tanto de Tarquínio, o Soberbo, como a pouco provável participação de Lúcio Júnio Bruto (o primeiro cónsul romano) na missão enviada pelo monarca etrusco a Delfos. Cf. Lívio I, 56, 4-12. Em geral, sobre Delfos e seu oráculo: H. W. Parke, *Greek Oracles*, Londres, 1967; H. W. Parke - D. E. W.Wormell, *The Delfic Oracle*, I-II, Oxford, 1956; P. Amandry, *La mantique apollinienne à Delphes*, Paris, 1950; J. Defradas, *Les thèmes de la propaganda délphique*, Paris, 1954; J. Fontenrose, *Python. A study of Delfic Myth and its Origins*, Londres, 1980; Id. *The Delfic Oracle*, Berkeley, 1978. Em particular sobre as relações entre Roma e Delfos: Pouilloux, 1971.

A Adivinha

78. Lívio V, 13, 11; 15, 3; 16, 9-11. Cf. Também Dionísio de Halicarnaso XII, 13; Plutarco, *Cam.* 4, 4-5; Valério Máximo, I, 6, 3. Fontenrose, 1978, Q. 202, 334.

79. Plínio, *Naturalis historia* XXXIV, 12, 26. Cf. Plutarco, *Num.* 8. Fontenrose, 1978, Q. 228, 342 e comentário na p. 152, n° 7.

80. Lívio, XX, 47, 7; Valério Máximo I, 8, 2; Ovídio, *Metamorfosis*, XV, 637-640. Fontenrose, 1978, Q. 229, p. 343 e comentário nas p. 151-2 e 161.

81. Lívio, XXII, 57, 5; XXIII, 11, 1-3; Sil. Ital. XII, 324-336; Plut., *Fab. Max.* 18, 3; App. Hann. V, 27; Zon., *Hist.*, 9, 3. Fontenrose, 1978, H. 48, 259 e comentário na p. 38.

82. Lívio XXIX, 10, 6. Fontenrose, 1978, Q. 236, p. 345.

83. Lívio XXIX, 11, 6; Dião Cássio XVII

84. Fleg. Mir. III, 5. Fontenrorse, 1978, H. 55, p 261 e comentários em 17, 33 e 187.

85. Champeaux, 1990b, p. 110.

86. É o autor, juntamente com D.E. W. Wormell, da obra *The Delphic Oracle II: The Oracular Responses,* Oxford, 1956.

87. Em seu já citado trabalho, Fontenrose, 1978.

88. Discutido, entretanto, por Champeaux, 1990b, p. 110.

89. Lívio XXIX, 11, 5-6. Para os livros XXI-XXX de Lívio continuamos a edição de J. Solís-F. Gascó, *Tito Lívio, Historia de Roma, La segunda guerra púnica,* Madri, 1992 (2 vols.). Sobre a interrupção do culto de Cibele em Roma e o oráculo de Delfos, cf. Th. Köves-Zulauf, "Zum Empfang der Magna Mater in Rom": *Historia* 12 (1963) p. 321-347; F. Bömer, "Kybele in Rom": *MDAI(R)* 71 (1964) p. 130-151; J. Gérarard, "Légende et politique autour de la Mère des Dieux": *REL* 58 (1980) p. 153-175.

90. Inclusive a suposta consulta ao oráculo durante a guerra de Veios é reveladora: os meios latinos monstram-se insuficientes e recorre-se ao ritual grego. R. M. Ogilvie, *A Commentary on Livy,* Oxford, 1978, p. 661, assinlou acertadamente que "the situation em the 390's was not unlike the Punic Wars. Plague and war threeatened Rome and the lectistenium is symptomatic of a religious emergency in which the traditional forms were found inadequate and were superseded".

91. Levin 1989, p. 1601.

92. Segundo Fontenrose, 1978, p. 334: "Its seems improbable that the Romans would have consulted Delphi on such matters at this early date".

93. Cf. G. Pagnotta, "Carpentum: privilegio del carro e ruolo sociale delle matrone romane": *AFLP* 15/1 (1988) p. 159-170.

94. A consulta aos livros Sibilinos após os prodígios do ano 205 foi o que ordenou trazer a Roma a deusa Cibele; mas a Pítia coincidiu em seu diagnóstico com a Sibila assinalando a necessidade de que fora recebida pelo romano mais virtuoso (Lívio XXIX, 10 4-5; XXIX, 14, 5-14). Não esqueçamos, além disso, que segundo algumas fontes a própria Cibele manifestou, do seu templo de Pessinunte, vontade de ir a Roma, mediante um oráculo; assim, Ovídio, *Fasti* IV, p. 246 ss.: "A terra começou a tremer com um prolongado estrondo e desde o fundo de seu santuário a deusa fez ouvir estas palavras: 'Foi pessoalmente eu que quis que me viessem buscar, não demoro. Deixai-me partir pois é este meu desejo'".

95. Fontenrose, 1978, p. 152, n° 7. Cf. Lucano, *Farsalia,* V, 183-186: "Como a advinha de Cumas, em seu reino da [ilha de] Eubéia, estava descontente por seu delírio ficar ao serviço de muitas nações, entre tão numeroso acúmulo de fados escolheu com sua mão altaneira os romanos, tão repleta de Febo estava [a Pítia] Femônoe...".

96. *De divinatione* II, p. 117: *Hoc loco cum urguentur, evanuisse aiunt vetustæ vim loci eius, unde anhelitus ille terræ fieret, quo Pythia mente incitata oracla ederet.* Cf., Id., I, 38 e 79.

97. Em *De divinatione* I, p. 79, quiçá seguindo algum filósofo estóico, atribui à Pítia uma adivinhação "indireta": a força da terra (quiçá a Terra Mãe) inspirada na Pítia de Delfos (*terræ vis Pythiam Delphis incitabat*). Mas em I, p. 37 (e II, 115) é Apolo quem aparece como seu direto inspirador. Por seu parte, a Sibila aparece sendo superior a Pítia porque a divindade "mergulhou em sua alma" o dom profético (I, 79). Cícero se burla também da ambigüidade das respostas da Pítia, em *De divinatione* II, p. 115. Cf. P. Corcelle, "Cíceron et le precèpte délphique": *GIF* 21 (1969) P (109-120).

98. Seguindo o inestimável trabalho de A. Piñero Sanz, "Sobre la inspiración de la pítia délfica. Breve historia de una polémica": *Durius* 3 (1975) p. 406-416, convém recordar aqui o critério dos estudiosos sobre o transe da Pitía. Desde que em 1950 P. Amandry publicou em Paris sua obra *La Mantique apollinienne à Delphes. Essai sur le fonctionnement de l'oracle*, a crítica moderna mudou de opinião sobre sua inspiração, passando a considerar que o pretendido delírio extático não é real, é uma ficção literária de autores tardios, aumentada pelos autores cristãos para desprestigiar a adivinhação pagã. Antes de Amandry, K. Latte, "The Coming of the Pythia": *HThR* 33 (1940), p. 9-18; *s.v. Orakel*, em *RE* XVIII, 1 sustentou que, baseando-se em representações vasculares, o transe profético não era extático e violento, mas fruto de um estado interior pacífico. Mas a partir de 1950 muitos outros autores têm insistido nessa idéia, introduzindo algumas matizações nas afirmações de Amandry. Assim, além de M. Delcourt, H. W. Parke-D. Wormell, nos trabalhos já citados: M. P. Nilsson, *Geschichte der Griechischen Religion*, Munique, 1967; P. Hoyle, *Delphi und sein Orakel*, Weisbaden, 1968; G. Roux, *Delphi*, 1971. Só R. Flaceliére, "Le déliRE de la Pythie, est-il une légende?": *REA* 52 (1952) p. 306-324 e E. R. Dodds, *Los griegos y lo irracional*, Madri, 1960, mantiveram critérios contrários.

99. Lucano, *Farsalia*, V, 99 ss. A seguir o citaremos segundo a edição de S. Mariner, *Lucano. Farsalia*. Madri, 1978.

100. Lucano, *Farsalia*, 165-214. Cf. J. Bayet, "La mort de la Pythie: Lucain, Plutarque et la chronologie delphique", em *Mélange Felix Grat*, I, Paris, 1946, 53-76. Em geral: H. Le Bonniec, "Lucain et la religion" em *Lucain*, Genève (Entretiens de la Foundation Hardt), 1968, p. 161-195.

101. Bouche-Leclercq, 1879-1882, III, p. 101.

102. E. Dodds, *Los griegos y lo irracional*, Madri, 1980, p. 77.

103. P. Amandry, *La mantique apollinienne à Delphes*, Paris, 1950, 234 ss.

104. Valério Máximo I, 8, 10; Horacio *Satiræ*, XI, 3: *Malis ridentem alienis;* Valerio Flaco VIII, p. 164: *Errantesque genæ atque alieno gaudia vultu*.

105. G. Rougemont, "Techniques divinatoires à Delphes. État présent des connaisance sur le fonctionnement de l'oracle", em *Recherches sur les Artes à Rome*, Paris, 1978, p. 152.

106. Platão, *Fedrus*, p. 244 a-b. Cf. F. Vicaire, "Platon et la divination": *REG* 83 (1971) p. 333-350.

3
A MULHER

I. A MULHER E A ADIVINHAÇÃO INDUTIVA

1. Introdução

Da leitura das fontes clássicas se depreende que a mulher tinha maiores faculdades do que o homem para a adivinhação natural (*divinatio naturalis*), capaz de pôr sua alma em contato direto com os deuses. Mas, de igual forma, verifica-se nela a incapacidade para a interpretação de signos: todas as formas de adivinhação indutiva ou artificial (a *auguratio*, a *haruspicina*, a interpretação dos prodígios) foram alheias não só às matronas mas inclusive, como vimos, à adivinha. O significado desses *signa* ficou reservado exclusivamente aos homens (áugures, decênviros, arúspices), capazes de entendê-los adequadamente segundo os livros custodiados por seus respectivos colégios.

A historiografia grega e latina oferece alguns testemunhos da incapacidade feminina para a interpretação dos signos e, em particular, dos prodígios[1]. Dionísio de Halicarnasso, por exemplo, narra como nos começos da República – cerca de 490 a.C. – aconteceram na comunidade romana muitas agitações por causa de "prodígios sobre-humanos", como vozes misteriosas ou o nascimento de seres (humanos e animais) que entravam no âmbito do incrível e monstruoso. A reação das mulheres não foi a de interpretar aqueles prodígios, nem sequer a de proceder à sua imediata expiação: "as mulheres, possuídas por inspirações divinas, profetizavam desgraças lamentáveis e terríveis para a comunidade"[2].

De Tanaquil a Lívia (612-38 a.C)

Essa atitude foi uma verdadeira constante ao longo da história romana, pois ainda no ano 61 d.C., durante a rebelião e a campanha da Bretanha, deu-se um caso análogo. Tácito assinala que naquela data foram observados diversos prodígios na colônia de *Camulodonum* [3]; mas as mulheres não só não esperaram para conhecer a exegese oficial dos fenômenos extraordinários como começaram, atemorizadas, a temer os piores presságios:

> [...] presas pelo delírio (*in furorem turbatæ*) prognosticavam que se avizinhava um desastre; diziam que tinha se ouvido na cúria local gritos em língua estrangeira, que tinham ressoado alaridos no teatro e que no estuário do Tâmisa tinha-se contemplado a imagem da colônia em posição invertida... [4]

A perseguição, movida pelas autoridades romanas, contra esse tipo de manifestações proféticas femininas justifica-se se temos em conta que, segundo Tácito, esses anúncios produziam tanto a esperança nos inimigos quanto o medo nos veteranos. Ao mesmo tempo cabe considerar também que enquanto os sacerdotes oficiais podiam manipular – e costumavam fazê-lo – a interpretação do prodígio (como, em geral, de qualquer outro signo), o êxtase profético das matronas era incontrolável e, por isso, politicamente perigoso.

Se formos à literatura, constatamos que tais circunstâncias se repetem. Na *Farsália*, de Lucano, a fria interpretação que os arúspices e decênviros fazem dos prodígios que anunciam a guerra civil contrasta com a do delírio profético de uma matrona, amedrontada, como diz o poeta, por esses presságios:

> Qual a Edone [mênade da Trácia] se lança de cima do Pindo ladeira abaixo plena do ogigiano* Lieo, assim uma matrona surge arrebatada atravessando a cidade estupefata, revelando com estas vozes a Febo que invade seu peito (*his prodens urguentem pectora Phoebum*): "Onde me levas, Pean? Em que terras me deixas depois de me arrebatar por cima do éter? Contemplo o Pangeu, branco com suas cristas de neve, e o extenso Filipos, sob o penhasco do Hemo. Dizei-me, Febo, que loucura é esta com a qual dardos e mãos romanas entrelaçam suas filas, e há guerra sem tropas inimigas. Para onde me levas? (*quo diversa feror?*) Me levas ao limite oriental, onde o mar se mistura com a avenida do Nilo: junto a este que jaz, tronco mutilado, na areia do rio, eu o reconheço! Sinto-me levada sobre as águas até a perigosa Sirte e a ressequida Líbia, onde a funesta Ennio [deusa grega da guerra] transferiu as formações de Emátia. Agora me

---

* N. do T.: Ogígia, lendária ilha (possivelmente Calipso), celebrada por Homero.

arrebata acima das ervas dos Alpes nublosos e dos Pirineus, que se elevam pelo ar. Retornamos às moradas de minha cidade natal e em meio ao povo consumam-se guerras ímpias. Pela segunda vez os bandos alçam vôo e novamente ando pelo mundo afora. Concedei-me muitas novas orlas marítimas e uma nova terra: Filipos eu já a encontrei, Febo". Dito isso, desandou, livre do cansado delírio (*et lasso iacuit deserta furore*)[5].

Lucano, segundo a mentalidade romana pouco propensa a se aprofundar na adivinhação natural, não tem inconveniente em comparar a mulher possuída por Apolo com Edone, com uma mênade [bacante] da Trácia, ébria de vinho tebano que, invadida por Dionísio, acaba jogando-se do cimo do Pindo ladeira abaixo. Este deus provoca nela a visão da planície de Farsália, onde terá lugar o encontro entre César e Pompeu (48 a.C.), assim como os diversos cenários dos mais destacados acontecimentos que marcaram as guerras civis até a batalha final de Filipos, onde Otaviano e Marco Antônio enfrentaram Brutus e Cássio (42 a.C.).

O processo, tal e como o apresentam os três autores (Dionísio de Halicarnasso, Tácito e Lucano), é, portanto, sempre o mesmo: os prodígios, especialmente em época de guerra, entre as mulheres, desencadeiam angústia e temor, depois delírio, e este estado emocional propicia, por sua vez, o transe profético.

Até aqui temos o concernente a intervenções públicas; mas também no âmbito privado encontramos a mesma incapacidade feminina diante do prodígio. Roscio, nos finais da República, sendo ainda criança, apareceu rodeado de serpentes em seu berço. Cícero não passa por alto a reação da *nutrix* que o cuidava: "aterrorizada por aquela cena, lançou um grito" (*quo espectu exterrita clamorem sustulit*)[6]. No entanto, o pai de Roscio consultou imediatamente os áuspices sobre o prodígio, e eles responderam que a criança chegaria a ser um homem famoso.

A mulher carece, portanto, de capacidade para interpretar presságios e prodígios. Ovídio diz que Mirra, filha de um rei cipriota, não entendia nenhum dos presságios que lhe davam o sinal para renunciar a seus projetos: nem sequer as três vezes que um sinistro corujão (*funerus bubo*) emitiu seu augúrio com canto de morte[7].

No caso dos prodígios, a mulher fica no aspecto excepcional e terrífico do fenômeno, o que a submerge em um desenfreado temor, em um estado de histeria, em geral anterior à emissão das profecias.

De Tanaquil a Lívia (612-38 a.C)

No entanto, apesar dessa incapacidade feminina para a adivinhação indutiva ou artificial, paradoxalmente a mulher encontrou-se transformada em um desse signos (ou, pelo menos, em portadora destes) que, segundo os áugures, decênviros e arúspices, manifestavam a vontade dos deuses.

2. A mulher e o prodígio

a) A mulher, geradora de *monstra*

Os sacerdotes mais relacionados com o mundo do prodígio consideraram a mulher como um dos principais signos – senão o mais importante – dentre os que os deuses se valiam para dar a entender à comunidade sua indisposição ou ira.

Pertencia à ampla categoria de prodígio o *monstrum* ou *miraculum*, termos que geralmente se aplicam a uma grave malformação que um ser vivo apresentava. Estes fenômenos contrários às leis da natureza eram um sintoma inequívoco da ruptura da *pax deorum:* a divindade advertia assim que os homens tinham olvidado ou deixado de cumprir seus deveres religiosos e que novos castigos sobreviriam à cidade se esta não se retificava a tempo[8].

Para a mentalidade latina o *monstrum* suscitava um sentimento de horror e era considerado o prodígio mais grave, a mais séria das advertências das forças divinas; isso explica a necessidade de agir com rapidez e eficácia em sua imediata expiação *(procuratio)* a fim de neutralizá-lo e restabelecer assim a paz com os deuses.

Porém também essas malformações que se apresentavam tanto no domínio humano como no animal eram também para os arúspices etruscos signos particularmente funestos: "Toda gama dos seres monstruosos que nascem pelos jogos cruéis da natureza, terneiros com duas cabeças ou com cinco patas, crianças que apresentam alguma anomalia física surpreendente, andróginos, são interpretados primeiro pelos arúspices, enquanto constituem prodígios geralmente graves e logo são expiados com especial cuidado por estes"[9].

Com efeito, para os arúspices etruscos, chamados por Roma sobretudo a partir do século III a.C., estas deformações físicas que escapavam às leis biológicas não só constituíam uma séria advertência dos deuses, mas podiam ser "interpretadas", anunciando geralmente, segundo eles, uma ameaça para a estabilidade política e social da República[10].

O *monstrum*, como qualquer outro *prodigium*, podia ser observado por todo cidadão livre que o comunicava aos cônsules *(nuntiatio)*. Estes deixavam a decisão nas mãos do Senado, que podia considerá-lo como tal ou rechaçá-lo, segundo o número de testemunhas e se estas eram confiáveis[11]. Finalmente o Senado convocava os pontífices, os decênviros, ou os arúspices; mesmo que durante os séculos III e II a.C. tenha havido uma colaboração entre estes dois últimos sacerdócios, os arúspices acabaram se impondo sobre os outros por sua capacidade não só para purificar o prodígio *(expiare, placare)* e conseguir assim a conciliação com a divindade ofendida, como, sobretudo, para interpretá-lo *(quid portendat prodigium)*. É por isso que as alusões ao que o *monstrum* (inicialmente só um signo) prediz ou anuncia, pertencem a uma data mais tardia.

A historiografia latina, e em menor medida a grega, recolhem pontualmente os principais prodígios acontecidos. Direta e indiretamente estas anotações de análise procedem das *tabulæ* dos pontífices donde, a partir do século III a.C., registram-se, com os acontecimentos mais destacados do ano, os prodígios observados e – só desde o século II a.C. – também seu significado[12]. A historiografia alemã do século XIX publicou dois valiosos trabalhos que reconstituíam a lista de prodígios públicos[13]; esta, depois de ser colocada em dúvida como fonte histórica, foi recentemente "reabilitada" por B. Mac Bain [14].

O primeiro registro de animais monstruosos remonta só ao ano 200 a.C. e Lívio assinala que em diferentes pontos da Itália nessa data nasceram seres repugnantes e deformes (um cordeiro com cabeça de porco, um porco com cabeça de homem, um potro com cinco patas) que ele considera "erros de uma natureza pervertida" [15].

Mas o que aqui nos interessa é a inclusão de crianças nascidas com deformações físicas na categoria religiosa de *prodigium*. O temor a essas malformações de crianças deve ter sido grande já desde época muito arcaica. Dionísio de Halicarnasso (II, 15, 2) assinala que Rômulo estabeleceu a obrigação aos cidadãos de Roma de não matarem nenhuma criança menor de três anos a não ser que já fosse "aleijada ou monstruosa" de nascimento. O historiador grego usa a expressão grega *téras,* que podemos traduzir para o latim por *monstrum*, para designar a criança com anormalidades físicas. O perigo que ela supõe para a comunidade é, portanto, motivo suficiente para que se autorize sua imediata execução [16].

De Tanaquil a Lívia (612-38 a.C)

Entretanto outras fontes apontam que foram as leis das Doze Tábuas de meados do século V a.C. que não só autorizam mas ordenam a morte imediata das crianças monstruosas[17].

Além das autoridades religiosas e políticas romanas, também os pais (e em especial a mulher) deviam ver com temor este tipo de nascimentos. Lucano, *Farsalia,* I, 563, diz que nas vésperas das guerras civis deram-se partos monstruosos *(monstrosique hominum partus),* tanto pelo número como pela forma de seus membros "e a mãe ficou espantada com seu próprio filhinho" *matremque suus conterruit infans).*

Sabemos com detalhe desses nascimentos maléficos pontualmente registrados nas *tabulæ* pontificais:

209 a.C.: criança com cabeça de elefante (Lívio XXVII, 11, 5: *elephanti capite puerum natum).*

194 a.C.: criança sem nariz nem olhos (Lívio XXXIV, 45, 7: *sine oculis ac naso).*

192 a.C.: criança com uma só mão (Lívio XXXV, 21, 3: *puerum natum unimanum)*

177 a.C.: criança desprovida de membros no corpo (Lívio XLI, 9, 5: *puerum trunci corporis... nato).*

175 a.C.: criança com duas cabeças (Lívio XLI, 21, 12: *biceps natus puer).*

166 a.C.: criança com quatro mãos e quatro pés (Obsequens 12: *puer cum quattuor manibus et toridem pedibus natus).*

163 a.C.: menina sem mãos em Priverno e meninos com quatro mãos e quatro pés em Caere (Obsequens, 12: *Priverni puella sine manu nata... Caere [...] et pueri quadrupredes et quadrumanes nati).*

147 a.C.: menino com três pés e uma só mão (Obsequens, 20: *Amiterni puer tribus pedibus, una manu natus).*

95 a.C.: menino com três mãos e três pés (Obsequens, 50: *puer tribus manibus todidemque pedibus natus Ateste).*

94 a.C.: menina com duas cabeças, quatro pés, quatro mãos e dois genitais femininos (Obsequens, 51: *puella biceps, quadripes quadrimana, gemina feminea natura mortua nata).*

93 a.C.: menino com uma só mão (Obsequens, 52: *ancilla puerum unimanum peperit).*

92 a.C.: menino sem o aparelho urinário (Obsequens, 53: *sine foramine naturae qua humor emittitur).*

Como no caso dos animais, considerava-se como prodígio a criança que falava pouco depois de nascer[18] assim como a troca de um sexo por outro[19] ou o nascimento de mulheres estéreis. Lucano, excelente conhecedor das técnicas aruspicinas, mencionava como o arúspice Arruns antes da bata-

A Mulher

lha de Farsália "ordena antes de tudo eliminar os monstros que a natureza tinha produzido, incongruentemente, sem nenhuma semente, e incinerar em fogueira infausta os nefandos recém-nascidos de ventres estéreis"[20].

Os registros conhecidos de *monstra* pertencem, portanto, na maioria dos casos, ao século II a.C., tornando-se menos freqüentes a partir da chamada guerra social (91-88 a.C.).

Um aspecto pouco conhecido é o fato de que as fontes, seguindo como vimos uma documentação pontifical, distinguem dentro da categoria de *monstrum* (em meu critério a partir da segunda guerra púnica) entre livres e escravos [21].

Tampouco mereceu atenção alguma o fato que, pelo menos em duas ocasiões, a mulher apesar de adulta aparece como *monstrum* e com muitas de suas características [22]. No ano 96 a.C., na cidade de Arretium, do nariz de uma mulher brotaram espigas de trigo e ela vomitou os próprios grãos dessa espiga, procendendo-se por isso a uma purificação *(lustratio)* da cidade (Obsequens, 49: *Arretii, mulieri e naso spicae farris natae, eadem farris grana vamuit)*. Poucos anos depois, em 92 a.C., foi descoberta – não sabemos onde – uma mulher com dois genitais (Obsequens, 53: *Mulier duplici natura inventa)*. Em relação a estes casos figuram os de mulheres que dão à luz serpentes ou cobras[23].

Quando Plínio, em sua *Naturalis historia* (VII, p. 68-69), refere-se ao caso de crianças nascidas com dentes, faz uma eloqüente distinção entre *pueri* e *puellæ*. Entre os primeiros cita Mânio Cúrio (por isso chamado *Dentatus*, de cognome) e a Papírio Carbon, ambos *præclarus virus*. Das meninas diz primeiramente que esta particularidade era considerada de mau augúrio *(in feminis ea res inauspicat fuit exempli)* e mencionava só o caso de Valéria: ao nascer com dentes os arúspices predisseram a ruína para a cidade para onde fosse transferida *(exitio civitati in quam delata esset responso haruspicum vaticinante)*. Valeria foi transferida para Suessa Pomécia, uma cidade próspera *(florentissimam)* mas que mesmo nos tempos de Plínio não existia.

b) A mulher e o andrógino

Um presságio ainda pior do que os *monstra*, porém relacionados com estes, em Roma, eram as crianças que nasciam sem um sexo definido. Eram conhecidos como andróginos *(androgynus,* no singular*)*, mesmo que as fontes os citem também como hermafroditas, *seminas* ou *semivir* [24]. Os casos de verdadeiro hermafroditismo devem ter sido raros na Antiguidade, mas não foi assim com as deformações dos órgãos externos, coisa com que talvez devamos identificar a androginia.

Roma viu estes seres de dupla natureza de forma muito diferente da Grécia, onde, pelo menos em período arcaico, eram reconhecidos traços positivos na bissexualidade; segundo M. Delcourt, unindo os poderes em um só corpo, o ser duplo expressa a maior aspiração de toda a espécie viva que quer se perpetuar[25]. Ao contrário, em Roma um ser com essas características era sinal de cólera divina, que castigava a comunidade com a esterilidade da terra e dos seres vivos até que a sociedade não se afastava dele por meio da expulsão o quanto antes possível.

Tanto as fontes antigas como a historiografia moderna coincidem em assinalar o nascimento de um andrógino, dentro inclusive do conjunto de *monstra*, como o pior dos anúncios possíveis. Cícero, por exemplo, se pergunta: *Quid, ortus androgyni nonne fatale quoddam monstrum fuit?*[26].

O que em qualquer caso merece sublinhar-se é a excepcional importância que a mulher tem (ou a fêmea, no caso de animais) como "geradora" ou "transmissora" de *monstra* e, principalmente, do pior deles, o andrógino. Os deuses se servem das matronas para anunciar aos cidadãos da comunidade sua cólera por terem transgredido o pacto religioso. Não há dúvida de que isso contribuiu para ver as mulheres, além de instrumento dos deuses para anunciar sua indisposição, também como seres impuros.

O primeiro andrógino registrado pelos pontífices teve lugar igualmente no ano 209 a.C., na cidade de Sinuessa, coincidindo, portanto, com o momento de maior ameaça do exército de Aníbal. Políbio diz que o medo tinha se apoderado da Itália de então, dando lugar à superstição:

> O povo temia pelo futuro, posto que tinham sofrido tantas derrotas; supunham e já imaginavam em seus pensamentos o que lhes ia ocorrer se agora sobreviesse o descalabro total. Todos os ditos dos oráculos que dispunham correram de boca em boca, o tempo todo, e toda casa borbotava de sinais e prodígios; daí que orações e sacrifícios, súplicas e implorações aos deuses agitaram a cidade[27].

Certamente é assim. L. Breglia Pulci Doria observou que os anos nos quais aparecem *monstra* são anos ligados a acontecimentos particularmente graves para o Estado [28]. O registro de *monstra* ou *prodigia* coincide com acontecimentos como a Segunda Guerra Púnica, a guerra celtibérica, as reformas dos Graco, as invasões gaulesas ou a guerra social.

A Mulher

Vale a pena, portanto, que analisemos de maneira detida os casos de androginia transmitidos pelas fontes, Lívio e Obsequens, fundamentalmente:

1) 209 a.C.: "em Sinuesa havia nascido uma criatura humana de sexo ambíguo, entre homem e mulher, um andrógino, como dizem"[29].
2) 207 a.C.: "[...] em Frosinone tinha nascido um menino tão grande como se tivesse quatro anos de idade, e não era tão impressionante seu tamanho como a ambigüidade de sexo do recém-nascido, como o de Sinuesa há dois anos. Os arúspices chamados da Etrúria assinalaram que esse prodígio era abominável e nefasto; que depois de expulsá-lo do território romano devia ser afundado em longínquas profundezas longe do contato com a terra: o cobriram vivo de cera dentro de uma grande arca e, depois de levá-lo longe, o jogaram no mar. Mesmo assim os pontífices decretaram que três grupos de nove virgens, em procissão por toda a cidade, fossem cantando um hino"[30].
3) 200 a.C.: "Na Sabina tinha nascido uma criatura que não se sabia se era menino ou menina, e tinha aparecido outro menino, já com dezesseis anos, também de sexo incerto... Foram rechaçados com particular horror os hermafroditas e foi dada ordem de jogá-los ao mar, como se havia feito pouco antes, durante o consulado de Gayo Claudio e Marco Lívio [207 a.C.], com um recém-nascido parecido"[31].
4) 186 a.C.: "Soube-se ao mesmo tempo que na Úmbria tinha-se encontrado um andrógino de doze anos de idade... Assustados por aquele prodígio os magistrados dispuseram que se afastasse o menino do território romano e o matassem no ato"[32].
5) 142 a.C.: Na cidade de Luna nasceu um andrógino e foi jogado ao mar por indicação dos arúspices[33].
6) 133 a.C.: No interior de Ferrentino nasceu um andrógino e foi jogado no rio. Vinte e seis virgens purificaram a cidade cantando"[34].
7) 125 a.C.: "Tinha nascido um andrógino quando Jasão era arconte* de Atenas e os cônsules de Roma eram M. Plautio Hypsaeo e M. Fúlvio Flacco. O Senado ordenou aos sacerdotes ler os oráculos da Sibila..."[35].
8) 122 a.C.: "No foro de Vessano nasceu um andrógino e foi jogado ao mar"[36].
9) 119 a.C.: "Em território romano foi encontrado um andrógino de oito anos e foi jogado ao mar. Três grupos de nove virgens cantaram pela cidade"[37].

* N. do T.: antigo magistrado grego.

10) 117 a.C.: "Em Satúrnia encontrou-se um andrógino de dez anos e foi jogado ao mar. Vinte e seis virgens purificaram com seus cantos a cidade" [38].
11) 104 a.C.: "De acordo com a resposta dos arúspices, o povo fez uma oferenda a Ceres e Prosérpina. Vinte e seis virgens levaram oferendas cantando"[39].
12) 99 a.C.: "O povo ofereceu um óbolo a Ceres e Prosérpina, as matronas objeto de valor e as virgens levaram oferendas. Foi executado um canto a cargo de vinte e seis donzelas. Foram feitas estátuas de cipestre a Juno Regina"[40].
13) 98 a.C.: "Um andrógino foi jogado ao mar"[41].
14) 97 a.C.: "Celebrou-se uma *supplicatio* em Roma porque tinha sido encontrado um andrógino e tinha sido jogado ao mar... Foram feitas estátuas de cipestre a Juno Regina por intermédio de vinte e seis virgens que purificaram a cidade"[42].
15) 95 a.C.: "Em Urbino (nasceu) um andrógino e foi jogado ao mar"[43].
16) 92 a.C.: "Em *Arretium* foram encontrados dois andróginos... o povo ofereceu um óbolo a Ceres e Prosérpina. Vinte e seis virgens purificaram a cidade cantando"[44].

A lista de andróginos, como a de *monstra*, abarca fundamentalmente o século II a.C.; os nascimentos destes seres coincidiam com os períodos de crise política ou militar. Mas sempre se entendia que os deuses, valendo-se da mulher, mostravam sua indisposição com Roma pelas graves faltas religiosas.

Alguns dos andróginos eram executados, a julgar pelo que dizem as fontes, quando tinham atingido uma determinada idade. Mesmo que não se precise a idade em seis dos casos conhecidos, as fontes mencionam (além da *abominatio* de oito crianças recém-nascidas) a de um de 8 anos, um de 10, um de 12 e outro de 16 anos. Isso obriga a pensar que, malgrado o sentimento de horror ou temor que despertava sempre o andrógino, os pais algumas vezes os salvavam da morte, se bem que em tempos de crise a presença deles era denunciada às autoridades.

c) O aborto como fenômeno religioso

Examinamos até agora os casos em que a mulher traz ao mundo *monstra* e *androgina*. Mas também o aborto, tanto o que era feito isoladamente como o que fazia parte de uma epidemia (*pestilentia*), era considerado pela religião romana como uma grave advertência dos deuses[45].

Dos quatro casos que a tradição nos trasmitiu, o mais antigo se deu já no século VI a.C. quiçá sob o reinado do último dos Tarquínios[46]. Dois eruditos latinos, Sérvio e Festo, atribuem à comemoração — naquela época — dos *ludi taurii* ou *taurei* aos numerosos abortos das mulheres romanas. Sérvio, concretamente, explica o nome desses jogos em relação aos *hostia taurea*, vítimas sacrificais estéreis oferecidas em honra dos deuses dos infernos:

> [A vítima] que é estéril é chamada *taurea*, de onde vem o nome *Ludi Taurii* que foram instituídos pelo rei Tarquínio, o Soberbo, baseando-se nos Livros Fatais, devido ao fato de que todas as mulheres tinham maus partos (*quod omnis partus mulierum male cedebat*)[47].

Poucos anos depois da fundação da República, em 504 a.C., diz Plutarco que as mulheres grávidas "davam à luz partos imperfeitos e não levavam a termo gestação alguma"[48]. O terror que tomou a cidade obrigou a consulta aos Livros Sibilinos, que precreveram a realização de sacrifícios a Hades (Plutão) e a celebração de jogos. Não há dúvida de que os abortos eram considerados tanto um castigo como uma advertência dos deuses que anunciava a ruptura da *pax deorum*; o próprio Plutarco diz que a cidade ficou assim reassegurada com a esperança de que "a ira divina tivesse sido aplacada"[49].

A terceira epidemia de abortos aconteceu em 472 a.C. Outro historiador grego, Dionísio de Halicarnaso, nos transmite a notícia da seguinte maneira:

> Não muito depois se abateu sobre as mulheres, e especialmente sobre as grávidas, a chamada "pestilencial" e uma mortandade como nunca antes havia ocorrido. Ao abortar e ao parir crianças mortas, morriam com as crianças, e nem as súplicas diante das estátuas e dos altares dos deuses nem os sacrifícios de purificação realizados em favor da comunidade e de certas classes traziam-lhes descanso dos males[50].

Também aqui há garantias de que a epidemia de abortos era um sinal que os deuses enviavam aos homens para colocar à vista um erro ritual. Naquele mesmo ano se decobriu que uma vestal, Urbina, não só tinha perdido sua virgindade, rompendo o voto de castidade, senão que "apesar de não ser pura" realizava os sacrifícios em nome da comunidade [51]. Só quando a sacerdotisa de Vesta, depois de ser açoitada, foi enterrada viva conforme o rito tradicional, "a epidemia que se abatia sobre as mulheres e sua grande mortandade cessaram imediatamente[52].

Santo Agostinho, consultando obras de Varrão, narra como durante a guerra de Pirro, no século III a.C., houve uma nova peste entre as mulheres (*pestilentia gravis exorta est mulierum*): as matronas próximas a serem mães morriam antes de dar à luz[53]. Inicialmente não se pôde descobrir a causa de tal *pestilentia*; o autor cristão diz que o deus Esculápio se desculpou dizendo que ele era o chefe de todos os médicos e não um obstetra (*quod archiatrum, non obstetricem*). Porém novamente depois da consulta dos Livros Sibilinos "publicou-se qual era a causa da peste: muitos indivíduos utilizavam grande número de templos para usos privados"[54].

Os casos conhecidos se sucedem, pois, em um curto intervalo de tempo. Geralmente constituem uma grave advertência dos deuses atrás da qual se esconde uma causa de tipo ritual ou religiosa.

Em Roma, o processo de racionalização do prodígio foi muito mais lento do que na Grécia [55] e foi ainda mais quando aparecia em forma de aborto ou de esterilidade[56]. Prova disso é a opinião emitida por Plínio em um texto pouco conhecido:

> Quando as meninas nascem com o sexo fechado é um presságio funesto: Cornélia, a mãe dos Gracos, é a prova[57].

O naturalista latino se refere a que só sobreviveram três filhos nos doze partos de Cornélia (Tibério, Caio e Semprônia), os restantes foram abortados ou morreram ao nascer. Aristóteles (*Historia Animalorum*, 10, 4, 636b), utilizado por Plínio, menciona a malformação do colo do útero como uma enfermidade inclusive curável. Mas Plínio e mais tarde Solino[58], conforme a mentalidade romana, além disso vêem um anúncio de mau presságio para a descendência.

d) Caráter prodigioso da menstruação

Plínio, que definiu a mulher como *solum... animal menstruale* (*Naturalis historia* VII, 63), assinalou que não era fácil encontrar algo mais perigoso do que o fluxo menstrual das mulheres: *sed nihil facile reperiatur mulierum profluvio magis monstrificium* (VII, 64). Observemos que o naturalista latino emprega o adjetivo *monstrificium*, o que faz da menstruação um prodígio de características semelhantes aos *monstra*, os andróginos ou os abortos e, por isso, mais uma fonte de impureza da mulher.

D. Gouveritch expressou esta idéia da seguinte forma: "neste estado, a mulher, portadora de vida por sua própria natureza, torna-se portadora da morte e perigosa pelo resto de sua vida"[59].

Para respaldar sua afirmação, Plínio dá a conhecer o que acontece quando existe contato ou proximidade com uma mulher que tem a menstruação; a relação é longa, mas vale a pena conhecê-la: o mosto azeda (*sterilescunt tactæ fruges*), os enxertos morrem *(moriuntur insita)*, os brotos do jardim se incendeiam *(exuruntur hortorum germina)*, caem os frutos das árvores *(frutus arborum, quibus insidere, decidunt);* só com o olhar o reflexo dos espelhos se apaga *(speculorum fulgor aspectu ipso hebetatur)*, tornam-se rombudas as pontas das lâminas *(acies ferri præstingitur)*, fica obscurecido o brilho do marfim *(eboris nitor)*, as abelhas morrem nas colméias *(alvi apium moriuntur)*, o bronze e o ferro se oxidam instantaneamente e aquele fica com cheiro desagradável *(aes etiam ac ferrum robigo protinus corripit adorque dirus aes)*. Os cachorros, se degustam o líquido menstrual, tornam-se bravos e sua mordida é portadora de veneno mortal *(et in rabiem aguntur gustato eo canes atque insanabile veneno morsus inficitur)*. Inclusive o betume, substância que flutua e ataca tudo com que entra em contato, pode ser dissolvido só com um fio molhado naquele veneno *(bituminum...ad omnem contactum adhærens præterquam filo, quod tale virus infecerit)*...[60].

Mais adiante, no livro XXVIII, Plínio torna ao mesmo assunto recolhendo mais outras conseqüências da menstruação: o sangue das regras provoca o aborto se toca uma mulher grávida e inclusive se a mulher que tem as regras só passa embaixo dela; pelo mesmo motivo faz abortar as éguas prenhes, bastando tocá-las[61].

Outro autor, Columela, já antes de Plínio tinha escrito sobre os poderes do sangue menstrual. Mesmo que tenha sido utilizado por feiticeira em práticas mágicas, quem escreve é um dos mais prestigiados tratadistas de agronomia[62]; em X, p. 375 ss. recomenda para combater as pragas das hortas, que uma mulher com os pés nus *(nudataque plantas femina)*, submetida pela primeira vez à menstruação normal de sua juventude e vertendo lentamente sangue impuro *(manat pudibunda cruore)*, caminhe triste, com o cabelo solto e a cintura nua em sinal de aflição, dando três voltas ao redor da horta. Quanto este rito tenha sido cumprido, diz finalmente Columela, verás cair das árvores, rolando pelo solo, as lagartas enroscadas e sem vida[63].

Durante o período menstrual a mulher é tão perigosa que pode chegar a eliminar muito de tudo quanto pode ver ou tocar por causa desse poder prodigioso que é o fluxo. O parto de crianças deformes, o aborto, a esterilidade, são, portanto, manifestações de que se valem os deuses para comunicar aos homens seu enfurecimento. Além disso, regularmente a menstruação recordava também a impureza da mulher, próxima ao prodígio. Mas, da mesma forma, a ruptura do voto de castidade não tardou em ter idêntica consideração.

e) O *crimen incesti* das vestais, como prodígio

As vestais constituíam o único sacerdócio feminino oficialmente reconhecido. "Tomadas" *(captæ)* pelo pontífice máximo antes da puberdade (entre os seis e os dez anos) em uma cerimônia que recorda o rito matrimonial, deviam servir à deusa Vesta durante um período de trinta anos[64]. Recrutadas durante a República entre as famílias patrícias, o *status* sexual das vestais era, no entanto, muito ambíguo[65], já que eram a um tempo *virgines*, matronas (usavam a *stola* e as *vittæ* características destas) e inclusive homens, como adverte J. Scheid, pois gozam de privilégios tais como andar precedidas de *lictor**, testemunhar em tribunais, fazer testamento o dispor livremente de seus bens, que eram negados às matronas[66].

Uma das responsabilidades das matronas era manter o fogo sagrado da deusa noite e dia; em caso de se apagar, a vestal responsável podia ser castigada fisicamente pelo *pontifex maximus*. No entanto esta não era sua única obrigação, pois o colégio participava muito ativamente no calendário litúrgico romano[67].

Duas eram as exigências – ambas de caráter fisiológico – impostas às vestais. A primeira, que a moça tinha que estar livre de todo defeito físico: segundo Gélio (*Noites Áticas*, I, 12) considerava-se sacrílego tornar vestal uma que "fosse gaga, meio surda ou com alguma deficiência física"; é interessante essa observância de uma coisa que busca – de certa forma – afastar a vestal do monstruoso e, conseqüentemente, mantê-la em seu estado de pureza.

---

* N. do T.: oficial romano que acompanhava os magistrados com uma machadinha em um feixe de varas para as execuções da justiça.

Em segundo lugar, a vestal estava submetida à obrigação de permanecer virgem enquanto durasse seu sacerdócio. Dionísio de Halicarnasso (II, 67, 2) afirma que, uma vez ultrapassados os trinta anos, nada impedia que as vestais se casassem, se bem que, em geral, elas permaneciam virgens até a morte. Esta exigência simbolizava, como a chama no lar, a pureza da Vesta. Na opinião de muitos estudiosos a virgindade das vestais era equiparável à *pudicitia* que se exigia da matrona romana; esta não deve ser entendida tanto como um voto de abstinência sexual, como de fidelidade a um só homem, simplicidade em vestir e austeridade no comportamento social. Nesta linha também se disse que a virgindade não significa esterilidade mas, pelo contrário, uma maternidade ou fecundidade em potencial[68].

Já vimos como o bem-estar da sociedade e o futuro da República dependiam em boa parte da presença ou ausência dos prodígios que eram transmitidos pela mulher, assim como de que ela desenvolvesse normalmente sua gestação e parto. Mas, de igual maneira, a sorte do Estado era considerada também ligada à virgindade dessas sacerdotisas[69].

Daí a comoção produzida em Roma quando uma vestal infringia seu voto de castidade, o que era conhecido como *crimen incesti*. Ao próprio fato de romper o voto de castidade une-se – e isto parece inquiatar mais os historiadores quando se referem ao assunto – a preocupação de que os ritos sejam executados por mulheres impuras[70].

T. Cornell, em um trabalho sobre este delito religioso[71], observou a "coincidência" ocorrida em Roma entre o *crimen incesti* e os momentos mais graves de crise política e militar[72]. Um exame das fontes permite conhecer as datas em que foram descobertos estes "delitos": durante o reinado de Tarquínio Prisco, em começos do século VI a.C.[73], em 483 a.C.[74], em 472 a.C.[75], em 337 a.C.[76], em 275 a.C.[77], em 266 a.C.[78], em 216 a.C.[79] e em 114 a.C.[80].

Há muitos anos, G. Wissowa observou com grande acerto a semelhança entre o *crimen incesti* da vestal e o *prodigium* monstruoso[81]. Lívio parece equiparar ambas as coisas quando se refere ao ocorrido no ano 216:

> Estavam também aterrorizados, não só por motivo de tão grandes derrotas, além dos outros prodígios *(cum ceteris prodigiis)*, também porque naquele ano duas vestais, Oprímia e Florônia, cometeram estupro (XXII, 57, 5).

Tal hipótese viria confirmada pelo castigo imposto à vestal culpada de *incestum* e que as fontes descrevem com detalhe[82]: a sacerdotisa era levada ao *Campus Sceleratus*, perto da Porta Colina, onde era enterrada viva. O amante, por outro lado, era geralmente executado no Foro. A sorte da vestal impura lembra muito a do andrógino: ambos são eliminados mas sem derramamento de sangue; a vestal é enterrada viva enquanto o andrógino ou o *mostrum* joga-se – vivo também – n'água. Recordemos, finalmente, que – como em dois casos de *prodigia* – a execução da vestal ia acompanhada de preces e sacrifícios expiatórios [83].

A importância que o *incestum* tinha para o Estado está comprovada, na opinião de T. Cornell, pelo fato de que se admitia válido o testemunho dos escravos, quando normalmente estes não podiam testemunhar contra seus amos[84].

Em conclusão: enquanto em umas ocasiões os deuses parecem se servir do *prodigium* para advertir a grave falta religiosa do *incestum* da vestal, em outras se servem desse mesmo delito, transformado em prodígio, para denunciar faltas ou omissões de caráter ritual.

f) A mulher e a expiação do prodígio

Como se deduz de nossas fontes, a expiação ou purificação do prodígio (tanto de *monstra* como de andróginos) era de particular importância para o normal funcionamento da República. A expiação dos *monstra* raras vezes é indicada pelas fontes, que o assinalam quando se trate, em algum caso, de cremação[85]. A que corresponde a pessoas que mudaram de sexo costuma ser sua deportação para uma ilha ou uma *supplicatio*[86]. Mas para o caso dos andróginos o ritual está mais documentado e parece ter havido regras mais fixas.

Podemos dizer que, em termos gerais, *decemviri* e *haruspices* colaboraram na execução do ritual expiatório do andrógino, sempre sob o atento olhar do Senado e dos pontífices, se bem que suas respectivas intervenções na expiação estiveram claramente definidas.

Os arúspices – numa primeira parte do ritual expiatório – foram os encarregados de jogar o *monstrum* ou o *androgynus* n'água. Verbos tais como *proiecerunt, delatus, deportatus, demersus,* permitem pensar que o andrógino era jogado vivo ao mar (como se diz explicitamente para o ano 207 a.C.) e que não eram mortos previamente. O valor catártico ou purificatório da água explica que o andrógino fosse às vezes jogado ao mar, outras, ao Tibre[87].

Os decênviros, por sua parte, uma vez eliminado o prodígio, ordenavam procissões lustratórias para purificar a cidade, geralmente após a consulta aos Livros Sibilinos. Estas procissões, conforme o *græcus ritus*, ficavam a cargo de mulheres que percorriam o núcleo urbano com seus cantos e depositavam oferendas em templos de divindades femininas como Juno, Ceres ou Prosérpina. Assim, enquanto os arúspices, como veremos mais adiante, faziam finca-pé em apontar a mulher como causa dos prodígios, os decênviros, seguindo quase sempre um ritual de origem grega, exigiam sua participação na expiação de *monstra* e *androgyna*.

Desta forma a mulher romana e itálica expiava um prodígio trazido ao mundo por ela mesma. J. Gagé assinalou faz alguns anos que a mulher (e sua fecundidade potencial) constituía um dos principais *remedia* contra prodígios tais como a "esterilidade" da terra, as epidemias e as baixas demográficas, sem dúvida porque se considerava que ela possuía os meios de uma *magie homéopathique*[88].

A expiação dos prodígios era verdadeiramente fundamental: Cícero (*De natura deorum*, III, 5) afirma que Roma nunca teria podido se impor ao mundo *sine summa placatione deorum*. Desta forma a sorte não só da comunidade, mas também da República, descansava na efetividade do ritual expiatório executado pelas matronas romanas.

As cerimônias expiatórias celebradas em 207 a.C., depois do nascimento de um *monstrum* em Frosinone e o raio caído em um templo de Juno, em Roma, põem em relevo o protagonismo assumido pelas matronas no duplo prodígio e em sua *procuratio*: os arúspices responderam que o raio se atinha às matronas romanas que deviam aplacar a deusa com uma oferenda (um vaso de ouro)[89].

De sua parte, os decênviros marcaram um dia para outro sacrifício segundo o seguinte cerimonial: do templo de Apolo partiu uma procissão liderada por um grupo de matronas com duas vacas brancas levando as estátuas da deusa feitas com madeira de cipreste (*duo signa cupressea*). Depois iam vinte e seis virgens, vestidas com largas túnicas, cantando um hino em honra da deusa. Finalmente, depois do coro, vinham os decênviros coroados de louros e vestindo a *toga prætexta*[90].

Depois de passar pela porta de Carmenta, a procissão se dirigiu ao Foro, através da via Yugaria, onde se deteve; ali, dando-se as mãos, as virgens executaram uma dança com movimentos cadenciados dos pés harmonizando com as modulações da voz (*virgines sonum vocis pulsu pedum modulantes, incesserunt*). Percorrendo depois o Velabro e o Foro Boario*, chegaram ao

---

* N. do T.: Espécie de mercado de bois.

De Tanaquil a Lívia (612-38 a.C)

templo de Juno Regina onde os decênviros, depois de imolar as vítimas brancas, depositaram as estátuas da deusa [91].

Merece destacar-se também a importância concedida a *Iuno Regina* nos tribunais daquele ano. As mulheres romanas dirigem-se a uma deusa "matronal" estabelecida em Roma desde que Camilo procedeu a sua *evocatio* em 396 a.C. O fato de seu templo ter sido atingido em 207 a.C. por um raio faz parte dos inúmeros prodígios acontecidos nos templos do Lácio desta deusa durante os anos das guerras púnicas, ao que mais tarde voltaremos.

Lívio assinala que quando no ano 200 a.C. um novo caso de andrógino se apresentou, o ritual expiatório se repetiu com os mesmos elementos; a parte essencial do ritual é sem dúvida constituída pela participação do coro de vinte e seis virgens: em 133 a.C. se diz *virgines ter novanæ canentes urbem lustraverunt* (Obsequens, 29a); em 119 a.C.: *virgines ter novanæ in urbe cantarunt* (Obsequens, 34); em 117 a.C.: *virgines viginti septem urbem carmine lustraverunt* (Obsequens, 36).

No ano 99 a.C. menciona-se a oferenda a Ceres e Prosérpina de um *thesaurus* por parte das matronas e de *dona* por parte das virgens que, além disso, executaram um canto em honra das deusas. Também há oferenda de duas estátuas em madeira de cipestre em honra de Juno Regina (como na expiação de 207 a.C.), que torna a aparecer na cerimônia do ano 97 a.C. (*cupressea simulacra*). Na *lustratio prodigiorum* do ano 92, a última que conhecemos, menciona-se a *stips* a Ceres e Prosérpina e o hino das vinte e seis virgens.

Somente os ritos expiatórios do ano 125 a.C. parecem ter elementos novos. É preciso advertir que, para este caso, a única fonte é Flegonte de Trales, liberto do imperador Adriano, autor de uma obra, *Peri thaumasíon*, em que apresenta dois oráculos gregos proferidos naquela ocasião pela sibila de Cumas, após a aparição de um andrógino[92]. Por isso, os ritos não são recomendados pelos decênviros depois de consultar os Livros Sibilinos, sob a forma de um resposta oracular, pela profetisa que mora em seu antro de Cumas. Na opinião de Breglia Pulci Doria, trata-se de uma composição oracular de época augusta (Diels a atribuiu a Fábio Pictor), porém utiliza cantos muito arcaicos que poderiam remontar ao século IV a.C[93].

De qualquer maneira os rituais expiatórios não se afastam muito dos prescritos nas cerimônias dos anos 207 e 200, caracterizando-se por pertencer ao *græcus ritus*. A sibila começa aludindo a um aspecto que estou procurando colocar em evidência: a mulher como engendradora de prodígio e portanto como responsável por muitas das desgraças que se abatem sobre Roma:

A Mulher

Digo-te que de certa feita uma mulher
vai parir um andrógino, que tudo terá de varão
e tantas [outras] coisas que fazem com que as meninas pareçam mulheres[94]

Uma divindade feminina, a quem só se menciona como "a mesma deusa" (*anassa theá*), talvez Moira, revela o ritual expiatório que é necessário celebrar em honra de Deméter e da "casta Perséfone" (novamente duas divindades femininas). O texto alude a uma oferta em dinheiro: a expressão grega *thesaurós*, equivalente a *stips* em latim, concorda com as oferendas que as matronas vinham fazendo desde a época da guerra púnica. Também é mencionado um sacrifício de 27 touros (o mesmo número de virgens), sem que saibamos com certeza em honra de que divindade, pois o texto apresenta uma lacuna.

Exige-se que sejam também moças (segundo Diels, talvez 27) que executem, conforme o rito grego (*chaistí*), um sacrifício de vacas brancas em honra da *athanáten basilíssan* ("a rainha imortal"); tanto esse epíteto como as vítimas dos sacrifícios concordam com a deusa Juno, que tem um papel de tanto destaque nas *placationes* do ano 207 e do 200. Por último, são mencionadas oferendas de luzes e dons à Deméter e libações sem vinho a cargo de anciãs (*graiai*).

O segundo oráculo[95], mutilado em seus primeiros versos, começa com uma oferenda de vestidos (talvez nupciais) em honra de Perséfone, muito habitual na Grécia e nas cidades do sul da Itália; acrescenta que isso deve ser feito "para que se ponha fim aos males". Há também indicações de um sacrifício a Plutão* que parece ser muito secundário, pois recomenda realizá-lo "quando graças a Deméter e a Santa Perséfone tenhais afastado o jugo de vossas terras". Posteriormente recorda que nem os incrédulos nem os profanos devem se aproximar dos ritos.

A partir do v. 50 alude a um hino "segundo as leis pátrias" (*patríosi nomoisi*) em honra da deusa Hera; ambos os ritos novamente devem ser cumpridos por mulheres.

No v. 65 o oráculo revela o procedimento com que a Sibila faz suas predições:

Quando por toda parte tenhas grandes templos de Hera,
e haja imagens de madeira polida e tudo que te falei, fica sabendo,
em minhas folhas – embaixo da lançadeira**, ao redor do telhado,
trouxe muitos bens, quando tomei as folhas da cerúlea e pingue oliveira – está a libertação do mal[96].

* N. do T.: filho de Saturno e Réia, deus dos mortos e Rei dos Infernos.
** N. do T.: cilindro da máquina de tear por onde passa o fio.

De Tanaquil a Lívia (612-38 a.C)

Pulci Doria acredita que se trata de um oráculo *per sortes,* prática mântica que Virgílio atribuía à *"vidente frenética"*[97]: a Sibila escrevia suas respostas em folhas de oliveira ou de palmeira e as deixava enterradas numa cova até que o vento as dispersasse[98].

Em suma, mesmo que os oráculos transmitidos por Flegonte apresentem novidades em alguns elementos expiatórios, a maior parte deles não era nova na Roma do final do século II a.C.; sua presença no *græcus ritus* tampouco foi obstáculo para que nele se acomodassem outras cerimônias de origem latina.

De qualquer maneira nos interessa ressaltar mais uma vez o protagonismo assumido pela mulher nas procissões, nas oferendas, nos cantos e danças ou nos sacrifícios que compunham estas *lustrationes.* É significativo que as mulheres fossem divididas em grupos por idades (virgens, matronas, anciãs) para atender aos deveres religiosos específicos que se atribuem a cada um deles. Sabemos que os decênviros recomendaram, por causa dos prodígios do ano 217 a.C., que inclusive as libertas reunissem os meios econômicos necessários para oferecer um dom à deusa Ferônia[99].

Não obstante o protagonismo feminino nas expiações, mesmo favorecido pela influência cultural grega (*græcus ritus*), era explicado pelo costume de tornar a mulher responsável pelo nascimento de *monstra* e de *androgyna* e ela própria era fonte de abortos, menstruações e *crimenes incesti*, que os sacerdotes consideravam prodígios enviados pelos deuses para dar a conhecer sua disposição contra a humanidade.

A potencial fecundidade da mulher foi utilizada não só para neutralizar prodígios próprios do mundo feminino, senão para expiar os terremotos e epidemias de fome que os pontífices não duvidavam em atribuir à terra (*Ceres, Tellus*); é por isso que a vemos participar das *supplicationes,* que constituíam, sobretudo, na realização de gestos patéticos e desesperados diante dos altares dos deuses, implorando a paz. A primeira delas teve lugar em 463 a.C. quando "prostradas por toda parte as mães, varrendo os templos com seus cabelos, imploraram o perdão das iras celestiais"[100].

Um texto de Plutarco servirá para fazer uma última reflexão de caráter geral. O historiador grego, que atribui ao rei Numa a proibição de que as mulheres pudessem tomar a palavra na ausência de seus maridos, "acostumando-as ao silêncio", lembra que em uma ocasião

[...] tendo uma mulher defendido no foro uma causa própria, ordenou o Senado a consultar o oráculo sobre o mal que aquele acontecimento anunciava para a cidade (Plutarco, *Numa, synkr.* 3, 10-11).

Uma matrona que se atrevesse a falar em um espaço público era – mais que um fato excepcional – um autêntico prodígio comparável, neste sentido, às palavras ou frases emitidas por animais. O que dizer então, do temor causado por sua menstruação ou seus abortos ou, pior ainda, por trazer ao mundo *monstra* e *androgyna*?

g) Prodígio e moralidade feminina: decênviros e arúspices

Há um aspecto inédito no qual vale a pena deter-se: o vínculo entre o comportamento moral da mulher e a aparição de prodígios[101].

Em geral o comportamento das mulheres romanas, e especialmente da matrona, esteve sob a jurisdição dos edis*; a estes cabia a tutela da moralidade familiar e a perseguição das matronas culpáveis de adultério. Durante a segunda guerra púnica foram estes magistrados que acusaram de adultério perante o povo várias matronas que por isso foram condenadas ao exílio[102].

Mas os poderosos colégios sacerdotais, o dos decênviros e o dos arúspices, tampouco desaproveitaram a aparição de prodígios para estabelecer uma relação causal com a imoralidade feminina. Assim, no ano 295 a.C. produziram-se desastrosas epidemias e chuvas de terra, sendo vários soldados atingidos por raios. Após a consulta dos Livros Sibilinos, Q. Fabio Gurges "impôs uma sanção econômica a algumas matronas (*aliquot matronas*) condenadas perante o povo por adultério (*stupri damnatas*)[103]. As autoridades romanas – e é assim que Lívio o refere em sua narração – estabelecem desta forma uma sutil relação de causa-efeito entre os prodígios e o comportamento das mulheres.

São conhecidos também outros casos em que os decênviros intervieram publicamente para restabelecer os bons costumes da matrona romana. Valério Máximo narra o que aconteceu no ano 114 a.C.:

---

* N. do T.: do latim *ædile,* magistrado romano incumbido da conservação dos edifícios públicos e outras atribuições semelhante as de um vereador atual.

De Tanaquil a Lívia (612-38 a.C)

O Senado, depois de ter consultado os Livros Sibilinos por meio dos decênviros, julgou conveniente consagrar uma estátua a Vênus Verticórdia por considerar ser essa a maneira mais segura de separar do vício e encaminhar à castidade os corações das virgens e das matronas (*quo facilius virginum mulierumque mens a libidine ac pudicitiam converteretur*)[104].

O templo erguido a Vênus Verticórdia em 114, "a que converte os corações" para a castidade, afastando-os de possíveis amores desonestos, pareceu, portanto, uma garantia diante da ruptura do voto de castidade das vestais, acontecido naquele mesmo ano. Ovídio faz eco da mesma notícia quando diz:

> Em tempos de nossos antepassados esqueceu-se da castidade (*pudicitia proavorum tempore lapsa est*) e por isso consultou-se a velha de Cumas que ordenou erguer o templo a Vênus [105].

O fato de que uma falta cometida por uma *virgo* ou uma matrona contra a *pudicitia* (especialmente se estas eram de elevada condição social) deduzido pelos Livros Sibilinos como "ruína para os romanos", mostra claramente até que ponto o futuro da República estava ligado à virtude de suas mulheres.

Para executar o ritual religioso foi escolhida Sulpícia, por ser considerada a mais casta de todas as mulheres romanas (*cunctis castitate praelata est*). Plínio se refere também a esta mulher (filha de Sérvio Patérculo e esposa do cônsul Q. Fúlvio Flacco) como *pudicissima femina*.

Mas desde o fim do século III e começo do II, o prodígio foi cada vez mais uma especial incumbência do arúspices, capazes não só, como os decênviros, de proceder a uma expiação como também a sua interpretação e significado. Sabíamos do uso político do prodígio feito pelos arúspices mas também esse tipo de fenômeno (e sobretudo os casos de *monstra* e *androgyna* foram utilizados por eles para garantir os bons costumes das mulheres e, particularmente, seu comportamento moral. Muitas das interpretações desses adivinhos, plasmadas no *responsum* oficial, tinham uma clara intenção moralizante, advertindo sobre o grave perigo que supunha para a sociedade um comportamento desviado da mulher nesse âmbito.

Os arúspices multiplicaram desde a época das guerras púnicas suas denúncias dos prodígios como castigo pelo mau comportamento feminino. O que aconteceu no ano 207 a.C. é significativo: enquanto três coros de nove moças ensaiavam um hino no templo de Júpiter Stator, um raio

A Mulher

caiu sobre o templo de Juno Regina no Aventino; os arúspices consultados pelo Senado decretaram – como já vimos – que este prodígio se referia às matronas e que deviam aplacar a deusa com um presente (*prodigiumque id ad matronas pertinere haruspices cum respondisset donoque divam placandam esse*). Lívio (XXVII, 37, 7) não especifica nada mais sobre o *responsum* aruspicino, mas para esses adivinhos o prodígio (um raio que cai sobre o templo da deusa Juno) se atribuiu sem dúvida à dissolução das matronas romanas, a quem, por outro lado, a deusa representava[106].

Outro conhecido caso deu-se no ano 114 a.C., quando uma *virgo* chamada Helvia (filha do éqüite romano Pompeu Helvio) foi ferida por um raio *(fulmine icta)* quando viajava a cavalo "e morreu com o vestido abaixado até as virilhas, a língua para fora, de maneira que o raio brilhava do interior de seu corpo até sua boca"[107]. Plutarco (*QR* 83) diz também que a moça ficou "nua e com o manto aberto nas partes íntimas como se fosse de propósito" e o cristão Orosio, que qualifica o episódio de *obscenum prodigium ac triste*, assinala que Helvia "jazia nua em atitude obscena e com a língua um tanto para fora": *nisi quod obscenum in modum nuda et lingua paululum exerta iacuit*[108].

A interpretação aruspicina deste prodígio, sob a forma de um *responsum* oficial, foi que significava (*portendit*) "a desonra para as virgens (*infamiam virgenes*) e para a *ordo* equestre (*et equestri ordini*), dado que os arreios do cavalo estavam espalhados (Obsequens, 37).

Tal prognóstico logo viria a ser confirmado, pois na época três jovens vestais de nobre família foram castigadas por quebrar o voto de castidade (*incesti poenas subierunt*) com alguns éqüites romanos[109]. Plutarco diz, por outro lado, que "os adivinhos declararam que isso era sinal de um terrível opróbio para as virgens vestais"[110]. Temos assim outro exemplo de como os deuses se servem das mulheres – neste caso de Helvia – para anunciar sua hostilidade por seu grave erro – o *crimen incesti* – cometido neste caso por mulheres.

A sensibilidade da psicologia religiosa romana para os prodígios e em particular para os que advertiam um erro ou mácula cometidos por mulheres continuamente foi-se manifestando. Cícero, fazendo eco às interpretações aruspicinas, verifica que quando nascia uma menina com duas cabeças, isso era anúncio de sedição no povo e sedução e adultério na família: *si puella nata biceps esset, seditionem in populo fore, corruptelam et adulterium domi*[111]. Percebe-se, então, o interesse haruspicial pela manutenção dos bons costumes familiares, quiçá como germe da ordem social e moral da cidade.

De Tanaquil a Lívia (612-38 a.C)

Estes textos autorizam, segundo meu ponto de vista, a pensar que os livros da doutrina etrusta consultados pelos arúspices davam grande atenção à mulher em relação aos raios e, em geral, aos prodígios. Plínio, seguindo as *Tuscorum litteræ*, ilustra o raio chamado "claro" (*quod clarum vocant*), que segundo a doutrina etrusca golpeava sem deixar rastro, como aconteceu com Marcia, mulher romana de grande prestígio (*princeps Romanorum*). Ela foi atingida por um raio quando ainda estava grávida (*icta gravida*) : o feto morreu mas ela não teve dano algum[112].

De maneira análoga se entendem outras notícias. Assim, segundo Obsequens, 41, no ano 106 a.C. "em terras de Trébula, uma mulher casada com um cidadão romano foi ferida por um raio sem que isso lhe causasse morte" (*fulmine icta nec exanimata*). A condição de matrona – de mulher casada – deve ter tido um certo significado nos *libri fulgurales* etruscos pois Tácito (*Annales* XIV, 12, 2) diz também que os prodígios registrados na época de Nero, "uma mulher pariu uma serpente e outra foi atingida por um raio quando jazia com seu marido" ([...] *et alia in concubitu mariti fulmine exanimata*). De procedência aruspicial parece também a notícia, transmitida por Plínio (*Naturalis historia* XXVIII, 77), de que as tormentas não resistem às mulheres que se desnudam diante dos raios durante o período de suas regras.

Sérvio, excelente conhecedor da *Disciplina etrusca*, confirmaria a atenção prestada por esta obra à mulher quando recolhe o significado do abeto* pelo raio: *nam fulminata abies interitum dominæ significat* (*Ad Æneida* II, 16).

O calendário brontoscópico de Nigídio Fígulo não vem senão confirmar o estreito controle que os arúspices exerceram – sem dúvida com o beneplácito do Senado e dos pontífices – sobre os costumes da mulher romana. Tal calendário, de origem etrusca, atribuído ao mítico Tages, foi traduzido ao latim pelo conhecido pitagórico Nigídio Fígulo, versão que se conserva no *De ostensis* do bizantino *Lydus*[113].

No calendário (de tipo lunar) marca-se o significado político, social e econômico do trovão para cada um dos dias do ano. Podemos dizer que este texto, inspirado na *Disciplina etrusca*, recebeu sua forma definitiva em Roma; de fato, nele fica estabelecido que as observações dos trovões não podem ser consideradas universais, mas aplicáveis só a Roma[114]. Seu conteúdo foi, portanto, posto em prática pelos arúspices do século I a.C.. Uma parte do mesmo, a que se mostra a seguir, refere-se às mulheres:

---

* N. do T.: planta ornamental cuja madeira hoje serve à fabricação do papel.

A Mulher

a) (dois de junho): "se troveja, o parto será mais fácil para aquelas que tenham tido dores (*tais mèn odinoysais apallagè mallon*); ruína, ao contrário, para os recém-nascidos.

b) (5 de agosto): "se troveja, isto anuncia que as mulheres estão mais astutas (*synetotéras*)."

c) (19 de agosto): "se troveja, as mulheres e os escravos causarão estragos" (*gynaikes kai tò doulikòn tolmései*).

d) (6 de setembro): "se troveja, as mulheres terão poder superior ao da natureza"(*dynamis éstai tais gynaixi krítton e kat'autas*).

e) (19 de novembro): "se troveja, haverá felicidade para as mulheres" (*gynaikon eupragías*).

f) (11 de fevereiro): "se troveja, haverá fecundidade para as mulheres" (*eutokía gynaikon*).

g) (29 de março): "se troveja, as mulheres conquistarão mais poder" (*ai gynaikes tes kreíttonos dóxes anthéxontai*).

Do calendário brontoscópico consultado pelos arúspices – que fazia parte dos *libri fulgurales* da *Disciplina etrusca* – se deduz que duas eram as principais preocupações da doutrina em relação à mulher.

A primeira delas era a descendência e a fecundidade da mulher (cf. citações *a* e *f* de nossa lista). Vimos de que maneira, com efeito, a normalidade do parto e a descendência (tão diretamente relacionados com o nascimento de *monstra* e *androgyna)* preocupavam especialmente os arúspices. Segundo Obsequens, no ano 50 a.C. uma mula prenhe (*mula pariens*) anunciou (*significavit*), juntamente com a guerra civil, a morte dos bons, a transformação das leis e a degeneração da descendência das matronas (*turpes matronarum partus*) [115].

A segunda preocupação que se deduz da leitura desse calendário é que as mulheres podem chegar a ser mais astutas do que os homens; que, equiparadas aos escravos, possam causar dano ou estragos e que possam chegar a conseguir maior poder (cf. citações *b*, *c*, *d*, *g* da relação anterior). Não seria improvável, nesse sentido, que as autoridades romanas tivessem se servido destas e doutras previsões dos arúspices (como as que continham o *Liber Fulguralis* transmitido por Lydo ou o significado dos *prodigia* que já examinamos) para conter o processo de "emancipação" da mulher romana dos finais da República, posto em relevo, por exemplo, na afirmação do matrimônio *sine manu*, a perda dos antigos valores sociais e das atividades domésticas da mulher ou na extensão do divórcio e do celibato [116].

Mas uma análise mais detida das fontes põe também em evidência o temor generalizado dos homens daquela época pelo domínio das mulheres. Dois textos bastarão para ilustrá-lo. Lívio recolhe as seguintes palavras pronunciadas pelo cônsul M. Pórcio Catão quando a *lex Oppia* (195 a.C.) foi abolida:

> Soltai as rédeas de uma natureza indisciplinada, de um animal indômito, e esperai, que elas mesmas colocarão fim a seu desregramento. Se vós não o colocardes, esta é uma pequeníssima amostra do que, imposto pelo costume ou pelas leis, as mulheres suportam a contragosto. O que desejam é a liberdade total, ou melhor, se queremos chamar as coisas pelo que realmente são, é a libertinagem. Realmente, se nisto conseguem o que querem, o que não tentarão?
> Examinai todas as leis referentes à mulher com que vossos ancestrais puseram freio à sua incontinência e submeteram a seus maridos; mesmo obrigadas a todas elas, a duras penas podeis dominá-las. O que, se desejais que degenerem uma a uma e arranquem das mãos essas ataduras e se equiparem completamente a seus maridos (*et exæquari ad extremum viris patiemini*), acreditais que podeis agüentá-las? Desde o preciso momento em que comecem a ser iguais, serão superiores (*Et exemplo simul pares esse coeperint, superiores erunt*) [117].

Cícero põe na boca de Cipião uma longa citação da *República*, de Platão, para demonstrar que se os escravos não obedecessem a seus amos e as mulheres aos homens, a anarquia se adonaria do Estado:

> Pelo que segue que também os escravos se conduzam como livres, as mulheres tenham os mesmos direitos que os homens (*uxores eodem iure sint, quo viri*) e, em tão ampla liberdade, inclusive os cachorros e os cavalos, até os asnos, corram tão desenfreados que seja preciso se afastar de seu caminho [118].

A linguagem usada pelos políticos conservadores para expressar uma mesma preocupação não é diferente da utilizada pelos arúspices, sacerdócio que – não por causalidade – era um dos mais estreitos colaboradores de tal tendência política[119].

Vimos, então, de que maneira os arúspices denunciavam os comportamentos imorais da mulher romana mediante a interpretação de prodígios ou de fenômenos fulgurais. No entanto, nos *libri rituales* (que com os *libri fulgurales* e os *libri haruspicini* formam a *Disciplina etrusca*) também se registram interpretações de idêntico sinal. Vitrúvio, lidando com estes escritos, nos diz:

> Pois bem, tudo isso está referido pelos arúspices nos livros de seus preceitos desta forma: escolher fora das muralhas os santuários de Vênus, de Vulcano e de Marte e isso para que os jovens e as mães de família não se familiarizassem, na cidade, com os prazeres e o desregramento (*uti non insuescant in urbe adulescentibus seu matribus familiarum veneria libido*) [120].

Não há dúvida, portanto, da importância que para as autoridades políticas romanas tinham a castidade e os bons costumes das mulheres. Da moderação e da continência sexual – e, como reflexo dela, da observância do voto de castidade das vestais – fazia-se depender a sorte da República. Neste sentido, podemos dizer que o Estado romano em sua luta contou com um valioso instrumento: a interpretação adivinhatória dos arúspices.

h) Reflexos divinos do prodígio feminino

K. Koch advertiu com acerto que o culto romano considerou as divindades tomando por base o sexo (masculinas e femininas), o que se percebe bem, por exemplo, no ritual de sacrifício[121]. Houve uma correspondência entre as mulheres e as divindades femininas ao ponto de um autor cristão do período imperial, Arnóbio, escrever:

> E pelo fato de as mulheres terem alguma coisa de particular, própria de seu sexo, em conseqüência temos de considerar que também as deusas se submetam a estas leis no final dos meses, tenham e arrastem gestações cheias de náuseas, abortem, criem seus fetos e até dêem à luz aos sete meses com parto prematuro? (*Adversus Nationes* III, 10).

Neste sentido, uma lista dos templos mais afetados pelos prodígios durante o período republicano põe em relevo que, como acontecia na realidade, suas divindades tutelares são femininas. Este é o destino da mulher como "portadora" de *monstra*, *androgyna* e abortos, o que parece explicar a grande quantidade de prodígios de todo tipo que, desde os inícios da segunda guerra púnica, sobrevivem nos templos da deusa protetora por antonomásia da mulher e dos partos: a deusa Juno. Pulci Doria observou que a partir do

De Tanaquil a Lívia (612-38 a.C)

ano 218 a.C. Juno aparece como destinatária de uma série de rituais purificatórios pela aparição, em seus templos, de prodígios de diversas naturezas[122].

Lívio e Obsequens recordam, de fato, os seguintes prodígios registrados em seus templos desde o ano 218 a.C.:

218 a.C.: No templo da deusa Juno de Lanuvium a lança da estátua se agita e um corvo pousa no altar (Lívio XXI, 62, 4)[123].

217 a.C.: [Não se mencionam os prodígios mas as expiações em honra da deusa (Lívio XX, 1, 17)[124].

215 a.C.: A estátua de Juno Sóspita em Lanuvium se cobre de sangue (Lívio XXIII, 31, 15).

204 a.C.: Ouvem-se ruídos terríveis e fragores no templo de Juno Sóspita em Lanuvium (Lívio XXIX, 14, 2). De novo, neste mesmo ano se ouvem ruídos extraordinários (Livio XXXI, 12, 5).

196 a.C.: Aparecem incandescidos os ferros das lanças no templo de Juno Moneta de Roma (Lívio, XXXIII, 26, 6).

188 a.C.: Um raio cai sobre o templo de Juno Lucina, destruindo o *fastigium* (Lívio XXXVII, 3, 1; Obsequens, 1).

181 a.C.: É anunciado que a estátua de Juno Sóspita em Lanuvium chorou (Lívio XL, 19,1; Obsequens, 6).

134 a.C.: Um escudo da Ligúria depositado no templo de Juno Regina é atingido por um raio (Obsequens, 27).

133 a.C.: Ouve-se durante dois días, através de portas fechadas, a voz de um menino no interior do templo de Juno em Roma (Obsequens, 27a).

115 a.C.: O templo de Juno em Roma é atingido por um raio (Plínio, *Naturalis historia* II, 145).

99 a.C.: Na *cella* do templo da deusa Juno de Lanuvium são vistas gotas de sangue (Obsequens, 46).

A atenção prestada à mulher, sobretudo desde a época da segunda guerra púnica, como portadora do prodígio (e com ele da vontade divina), parece corresponder bem à contínua observação de que foram objeto, no Lácio, os templos de Juno, a deusa das matronas.

B. Mac Bain, autor de ume excelente trabalho sobre o prodígio romano, recolhe uma relação de cidades cujos templos registram um *highscoring* de prodígios ao longo da história republicana [125], e nas cabeças dessas listas figuram cidades cujos centros cultuais pertencem a divindades femininas:

1. Lanuvium, sede do culto de Juno Sóspita: 15 prodígios.
2. Terracina, sede do culto da deusa Ferônia: 11 prodígios.
3. Præneste, sede do culto de Fortuna Primigênia: 9 prodígios.
4. Arícia, sede do culto de Diana: 9 prodígios.

Em relação a este mesmo aspecto figura, do meu ponto de vista, o costume romano de lavar periodicamente as estátuas de divindades femininas. O exemplo mais conhecido deste banho ritual (*lavatio*) é sem dúvida o de Cibele, celebrado nas águas do Almo em 27 de março, mas foram outras deusas mais – como Vênus, Fortuna e Juno – as que periodicamente se submetiam a esse ritual [126].

No ano 38 a.C., quando a estátua de *Virtus* caiu de cara contra o chão, os Livros Sibilinos ordenaram lavá-la no mar (Dião Cássio XLVIII, 43, 6-8). Sabemos por Tácito (*Annales* XV, 44, 1) que depois do incêndio 64 d.C., por prescrição dos Livros Sibilinos, as matronas romanas trouxeram água do mar com a qual lavaram o templo e a imagem da deusa Juno. R. Ginouvés afirma categoricamente que foram só estátuas de divindades femininas as que foram submersas no mar e no rio [127].

A *lavatio* das deusas na Antiguidade obedeceu a causas muito diversas, mas em Roma parece responder especialmente à contínua exposição das divindades femininas aos prodígios, assim como a suas funções como símbolo da mulher romana.

II. A MULHER E A ADIVINHAÇÃO NATURAL

1. Introdução

Foi no âmbito da mântica natural, ou inspirada, onde a mulher romana colocou em evidência suas especiais faculdades adivinhatórias. Vimos de que maneira as autoridades políticas e sacerdotais romanas rechaçaram e perseguiram este tipo de manifestações divinas diretas, tão alheias à *divinatio oficial*[128].

De Tanaquil a Lívia (612-38 a.C)

Mas antes de passar a examinar essa receptividade feminina em relação à adivinhação natural, convém conhecer as características que uma sociedade masculina como a romana atribuía à mulher e com as quais pretendia entender melhor essa especial faculdade.

A primeira delas é sua tendência a falar, sua loquacidade e, em relação a isso, seu costume de revelar segredos. Numa sociedade que desde a época de Numa pretendia impor à mulher seu silêncio público, esta maneira de ser supunha uma falta grave [129].

A historiografia antiga oferece numerosos exemplos. Como a escrava que em 331 confessa ao edil Q. Fábio Máximo que a peste que assolava a cidade se devia a uma falta feminina (*muliebris fraude*); ou Hispalda, a escrava que revela às autoridades romanas os mecanismos das bacanais do ano 186, ou Fúlvia, *mulier nobilis,* que descobre o conluio de Catilina em 63 a.C. Mas o mais interessante é a mãe de Papírio, que procurava saber de seu filho (que apesar de sua pouca idade, acompanhava a mãe à Cúria) os temas em discussão no Senado romano. O segredo e a reserva do menino, diz Macróbio, a tornavam ainda mais curiosa, o que não a impedia de revelar a outras matronas o que ela pensava saber [130].

Os ideais romanos estavam muito distantes desse tipo. A lenda em torno da ninfa Lara, transformada depois em *Tacita Muta*, reflete muito bem o que se esperava do comportamento público e privado da mulher. Mas ainda existia outra divindade, Angerona, que servia de referência feminina; deixando de lado as discutidas explicações sobre a natureza e etimologia do nome da deusa, só importa sublinhar que Angerona era representada com a boca fechada e selada[131], acrescentando Macróbio que "intima silêncio com o dedo sobre a boca".

Outro tópico sobre a mulher romana é o que a apresenta, sobretudo quando está ameaçada por um perigo, com os nervos fora de controle e, finalmente, invadida pela histeria. Recordemos, por exemplo, a reação feminina ante a proximidade do exército de Aníbal:

> O pranto das mulheres não só se ouvia desde as casas particulares, como as mães de família, por toda parte, ganhando as ruas, recorriam aos santuários dos deuses varrendo os altares com seus cabelos soltos, de joelhos, estendendo aos céus as mãos e suplicando aos deuses para tirar a cidade de Roma das mãos de seus inimigos e guardar incólumes as mães romanas e seus filhos pequenos (Lívio XXVI, 9, 7-8).

A Mulher

Também diante da ameaça militar de Catilina as mulheres

> [...] ficavam aflitas e se golpeavam, levantavam as mãos suplicantes aos céus, lamentavam a morte de seus filhos, faziam uma pergunta depois de outra, punham-se em sobressalto ao menor ruído, se arrancavam os adornos... (Salústio, *De Catilinæ Conjuratione,* 31, 3)

De igual maneira não podemos omitir a descrição que Lucano nos oferece do estado de ânimo das matronas na véspera da guerra civil:

> As matronas tiraram seus enfeites de antes e aflitas se amontoaram nos santuários: umas espargiram os deuses com suas lágrimas, outras golpearam com o peito o pavimento duro, atônitas espalharam no sagrado umbral os cabelos lisos e com insistentes alaridos feriram ouvidos habituados a serem rogados com preces (Lucano, *Farsalia,* II, 29-34).

Na verdade, trata-se de um tipo de manifestação que podia muito bem se inscrever nas antitéticas relações entre a mulher e a guerra[132]. Mas para a maior parte dos homens esta é a forma habitual do comportamento feminino.

Para Cícero a psicologia religiosa feminina se caracteriza pelo fato de que, diante das desventuras e desgraças, mostra aos gritos e alaridos aos deuses, para aplacá-los, que seus castigos foram duríssimos (*Tuscolanæ*, III, 29). O filósofo romano recomenda, na dor, nada fazer que seja "mesquinho, timorato, desmaiado, servil, próprio de mulheres" (*Tuscolanæ*, II, 23).

Em geral os pensadores latinos – como Cícero e Sêneca – consideram a mulher incapaz de enfrentar a dor com força de ânimo: "Para um homem, há maior vergonha do que pôr-se a chorar como uma mulher?" (*quid est enim fletu muliebri viro turpius?*), pergunta-se Cícero (*Tuscolanæ*, II, 24). Essa exteriorização feminina da dor é particularmente evidente diante da morte. Cícero menciona as "lacerações na maçã do rosto por parte das mulheres, bater no peito, na perna, na cabeça..."(*Tuscolanæ*, III, 26) que a arte romana representa com tanta freqüência.

Mas como adverti antes, trata-se de um excitação que pode se manifestar a qualquer momento e em qualquer circunstância. Lívio recolhe o caso de duas mulheres romanas que, ao ver que seus filhos tinham voltado vivos da guerra, morreram de alegria:

De Tanaquil a Lívia (612-38 a.C)

As mulheres é que de forma especial expressam alegria ou luto. Uma, contam, ao encontrar de repente na porta seu filho, morreu em seus braços; outra, a quem falsamente anunciaram a morte do filho, quando estava em casa, sentada, acabrunhada pela tristeza, morreu de alegria ao ver o retorno deste (Lívio XXII, 7, 13).

Este verdadeiro *topos* fica bem plasmado em uma das obras de Terêncio onde uma personagem feminina, Sóstrata, começa dizendo: "Como todas as mulheres somos loucas e lamentavelmente supersticiosas..."[133].

A medicina, inclusive em época imperial, considerou sempre a histeria como uma doença tipicamente feminina, pois se acreditava que se devia ao deslocamento do útero. Ainda no século II d.C., Galeno menciona como sintomas próprios desta enfermidade a perda da razão e das forças, a respiração agitada ou a contração dos membros [134]. Essa doença estava tão ligada à constituição orgânica feminina que, para tratá-la, se mandava colocar o útero em seu lugar seja mediante manobras mecânicas, seja com faixas, ou procurando evitar os odores que este emanava. Eram fundamentalmente as viúvas as mais expostas a esta enfermidade, causada, segundo se acreditava no Império, "por uma retenção das menstruações e do sêmen"[135].

No entanto, existiam ainda outras patologias femininas de sintomatologia semelhante, como a eclampsia (crise feminina da mulher grávida que podia colocar em jogo a vida da mãe e do filho e que se considerava como uma forma de *hysteria*) ou a mania (*furor, insania* em latim), que se manifestava sem febres, mas com agitações e delírio.

Loquacidade e loucura (esta não só psicológica, mas de certa forma orgânica) eram, pois, as características que se atribuíam à mulher romana e que, na opinião de muitos, explicavam a predisposição feminina para a adivinhação natural [136]. Mas examinemos as diversas formas que assumiu em Roma.

2. A mulher e a *sortitio**

Em muitas ocasiões, após a aparição de prodígios, se tornava necessário que do *ordo matronarum* saíssem algumas mulheres que, representando as demais, realizassem o ritual expiatório. É interessante observar como, nestes casos, as matronas romanas recorriam aos procedimentos que muitas vezes alternavam: a cooptação e o sorteio[137].

---

* N. do T.: em latim, sorteio, é feminino.

A Mulher

Recorreu-se à cooptação, ou escolha interna no *ordo*, segundo nos diz Lívio no ano 207 a.c., quando as matronas convocadas escolheram vinte e cinco entre elas mesmas para que realizassem um sacrifício e uma oferenda em nome das outras[138].

Quando poucos anos depois os Livros Sibilinos recomendaram que "a mais casta das matronas romanas" dedicasse uma estátua a Vênus Verticórdia, para isso seguiu-se um procedimento duplo. Primeiro foi selecionado um grupo de cem mulheres e entre estas "a sorte designou dez (*ex centum autem sorte ductæ*) para escolher a que lhe parecesse a mais virtuosa"[139]. Quer dizer, as matronas recorrem – duas vezes – à *sortitio* e, finalmente, à *cooptatio*. Como resultado final, Sulpícia, esposa de Fúlvio Flacco, foi escolhida como *santissima femina*.

Põe-se desta maneira em relevo um espontâneo recurso à adivinhação natural, da qual o sorteio era parte, já que evidentemente era a divindade que dirigia a mão de quem extraía a *sors*; já vimos que o menino (ou a menina) que extraía as *sortes* de Præneste fazia isso sob inspiração da deusa (*Fortunæ monitu*). Da mesma forma, o célebre relevo do templo de Hércules, em Óstia, representa o herói entregando pessoalmente a *sors* a um menino[140]. Não é difícil que, dada a especial devoção das mulheres por Fortuna Primigênia, deusa dos nascimentos mas também divindade oracular, tenha sido esta uma constante referência, um modelo divino, neste tipo de atividades oraculares femininas.

Há mais, sabemos que quando se apresentava a necessidade de preencher uma vaga no colégio das vestais, também se recorria à *sortitio*. A *lex Papia* ordenava que o *pontifex maximus* escolhesse primeiramente vinte *virgines*, e uma delas, designada por um sorteio em assembléia pública (*sortitioque in contine*, diz Gélio), era tomada (*capta*) pelo pontífice para ser sacerdotisa de Vesta[141].

Essa prática ainda estava vigente na época de Augusto, mas Gélio diz que em sua época o sorteio (exigido por lei) não era indispensável; pode ter acontecido, portanto, nos começos do Império uma reação contra a *sortitio*, expressão vinda diretamente da vontade divina. No entanto, uma inscrição comprova, no final do século III a.C., a fórmula *diis electa*, o que nos faz pensar na vigência desse procedimento[142].

Ao contrário, nenhum sacerdócio masculino parece ter conhecido este sistema, sem dúvida desprezado pela classe política romana. Nem sequer a influência da filosofia platônica pôde, pelo menos durante a República, alterar esta norma; Platão se mostrou partidário, além da eleição direta, do sorteio (em grego *kleros,* de onde vem "clero"), já que considerava que os escolhidos mediante este procedimento eram "agraciados, por serem preferidos pela própria divindade"[143]. O sacerdócio designado por sorteio era visto, de fato, em muitas das religiões antigas, como uma graça ou um dom dos deuses que manifestavam assim sua vontade; não parece, no entanto, que Roma subscrevesse esse critério, ao menos para o sacerdócio masculino[144].

Na realidade, tal sistema não era bem-visto – como já vimos – pelas autoridades romanas, que mantiveram a *sortitio* não só longe da adivinhação oficial como também da vida pública. É conveniente recordar que quando o Senado se viu obrigado a escolher o *vir optimus* que recebera em Roma a deusa Cibele, as fontes silenciam qualquer procedimento que não fosse o da escolha ou do comum acordo entre os senadores. *Sortitio* e cooptação para escolher a *sanctissima femina,* mas consenso senatorial para designar o *vir optimus*[145].

3. A profecia extática feminina: do *thiasos* ao teatro

Muitas mulheres romanas encontraram no culto de Baco, desde os finais do século III a.C., a oportunidade de mostrar livremente seus dotes para adivinhação natural ou inspirada e, particularmente, para o êxtase profético. Mas no ano 186 a.C. o Senado, ao reagir contra o novo rito de iniciação em expansão, reprimiu também esta espontânea manifestação de seus seguidores[146].

Não é meu propósito analisar com detalhes esse episódio, que suscitou uma exaustiva bibliografia[147], mas tão-só representar em grandes linhas o lugar reservado nas bacanais romanas para a adivinhação feminina.

Tal e como foram conhecidos os mistérios dionisíacos na Itália meridional, eles conservaram muitos dos traços das antigas orgias gregas. Um dos melhores conhecedores da religião dionisíaca, R. Turcan, assinala que a orgia dionisíaca permitia ao bacante sair de "si" para se reunir com o deus na exaltação extática da homofagia*, da dança e do vinho. Era uma prática de extroversão coletiva e periódica que se repetia – originalmente – cada dois anos. Esta espécie de mística corporal e de libertação

---

* N. do T.: Uso de carne crua na nutrição.

psicossomática tem efeitos temporais (a duração dos *ekstasis*) e não os efeitos, a longo prazo, de uma purificação contínua[148]. A orgia era, portanto, um meio para chegar ao estado de Baco, quer dizer, para se identificar com o deus, o que só acontecia em caráter definitivo com a morte. Em Roma, os iniciados se repartiam em grupos (*thiasoi*), distribuídos por diversos pontos da cidade (em especial no *lucus Similæ*, perto do Tibre). Lívio insiste continuamente em que "no princípio o santuário não foi aberto senão às mulheres, não se admitindo homem algum" (XXXIX, 3). Quando o cônsul Postúmio pronunciou seu discurso diante do Senado contra essas associações ilícitas, denunciou também que

> [...] considerável parte era formada por mulheres e elas foram a origem deste mal; depois, homens, completamente afeminados, corrompidos e corruptores, exaltados, entorpecidos pelas vigílias, pelo vinho, pelo ruído e pelos gritos noturnos (Lívio XXXIX, 15, 9).

Com certeza, hoje sabemos que foram exclusivamente as mulheres que, numa primeira fase, participaram das Bacanais. Faziam-no atraídas não tanto pelo exotismo do ritual como pelos novos valores que o dionisismo encerrava; essa participação se constituía numa forma de reação contra a religião oficial, de cujo culto estavam excluídas[149]. Lívio insiste repetidamente na atuação das mulheres nos cultos de Baco com expressões como *primo sacrarium id feminarum fuisse* (XXXIX, 13, 8) ou *mulierum magna pars est* (XXXIX, 15).

Este protagonismo das mulheres viria confirmado também pela intervenção da Pácula Ânia, uma matrona da Campânia, cidadã romana que, segundo Lívio introduziu durante seu sacerdócio importantes reformas no culto de Baco "como se estivesse sob inspiração dos deuses (*tamquam deorum monitu*). Foi portanto essa mulher, qualificada por J. Bayet de "sacerdotisa-vidente"[150], quem começou a iniciar os homens nos ritos báquicos.

Pácula Ânia nos apresenta um dos principais aspectos das liturgias dionisíacas: o êxtase profético. Certamente, além das danças com ritmos corporais bruscos, da música, das vestimentas de couro, esse ritual compreendia também as *vaticinationes*.

Lívio (XXXIX, 13, 11) nos diz, com efeito, que os homens "como possessos, faziam vaticínios (*vaticinari*) entre frenéticas contorções corporais (*cum iactatione fanatica corporis*)". Mas a alienação parecia ainda maior nas mulheres que, segundo Lívio, simulavam um prodígio:

De Tanaquil a Lívia (612-38 a.C)

as matronas, ataviadas como bacantes, com o cabelo solto corriam até o Tibre com tochas acesas e depois de submergi-las na água as tiravam com as chamas intactas porque continham enxofre vivo e cal (Lívio XXXIX, 13, 12).

O cônsul Postúmio, consciente do perigo que tal estado de coisas supunha para a ordem político-religiosa romana tradicional, assinalou em seu discurso que os novos deuses "conduzem as consciências, prisioneiras de ritos estrangeiros degradantes como se estivessem acicatadas pelas Fúrias, a toda espécie de delito, a toda espécie de desregramento" (Lívio XXXIX, 15, 3).

Entre os múltiplos motivos que o Senado pensava ter para declarar ilegais os cultos orgiásticos dionisíacos, um deles era sem dúvida a prática da *naturalis divinatio* e o êxtase profético, quer dizer, a posse de homens e mulheres pelo deus. Diante do *furor* dos *fanatici*, Postúmio contrapõe em seu discurso uma *bona mens*. De fato, poucos anos antes, os pontífices tinham autorizado a construção do templo de *Mens* para esconjurar os perigosos efeitos do culto de Vênus, deusa do amor, sob cuja tutela estava o *venenum*, uma substância de significado ambivalente[151].

Precisamente o fato de que as mulheres tomassem vinho (um desses *venena*) durante as reuniões secretas até se embebedar, tornava ainda mais repugnante a liturgia misteriosa aos olhos da tradição romana. O vinho, como a música, tinha nos iniciados efeitos extáticos e constituía um meio para facilitar a posse ou a "invasão" do deus. Sumidas pela embriaguez em um estado de agitação frenética, as mulheres ficavam enlouquecidas (como as mênades) e faziam profecias fora de si. Recordemos que na Trácia (de onde procede o culto de Baco) existia – segundo nos diz Macróbio, *Saturnalia* I, 18, 1 – um santuário consagrado a Líber (Dionísio) no qual os que iam fazer oráculos (*vaticinaturi*) previamente bebiam muito vinho.

No século II d.C., Plutarco, bom conhecedor dos ritos orgiásticos báquicos, estabeleceu com clareza a relação entre a adivinhação e o consumo de vinho:

> Mas o eflúvio ou o sopro adivinhatório é muito divino e muito santo, seja que se propague diretamente através do ar, seja por meio de uma correnteza em um líquido. Pois quando se mistura com o corpo infunde nas almas uma atmosfera insólita e desusada cuja peculiaridade própria é difícil de descrever com exatidão, mas a razão permite compará-la de muitas maneiras. É provável que, pelo calor e pela dilatação, alguns poros se abram às impressões do futuro, como o vinho, quando sobe à cabeça, provoca muitos sentimentos e revela palavras reservadas e secretas[152].

A Mulher

Para os romanos a embriaguez feminina era uma coisa duplamente reprovável: em primeiro lugar por ser o próprio Dionísio que se oferecia a seus adoradores no vinho (também na seiva amarga e tóxica das folhas de louro que mastigavam) mas, além disso, porque à mulher romana era vetado desde tempos muito antigos o consumo do vinho puro (*temetum*)[153]. Precisamente nas *poleis* da Grécia e da Magna Grécia o vinho puro (não misturado com água) constituía, como diz E. Montanari, "o veículo ritual de uma religião de posse centrada sobretudo em Dionísio Baco"[154]. No entanto, a proibição do *temetum* (e o rechaço das autoridades romanas a seu consumo pelas mulheres durante as Bacanais) foi explicada também – completando assim o ponto de vista de Montanari – pelo temor de que as mulheres "falassem", entendendo a expressão no sentido de "revelar segredos", "adivinhar"[155].

Tampouco faltavam às autoridades romanas argumentos de índole moral para reprimir as Bacanais do ano 186 a.C. Lívio, por exemplo, denuncia constantemente a imoralidade das mulheres romanas nos cultos báquicos:

> Como os ritos eram promíscuos e se misturavam homens e mulheres e tinha se acrescentado a permissividade da noite, não havia delito nem imoralidade que não se tivesse perpetrado (Lívio XXXIX, 13, 10).

Cícero (*De Legibus*, II, 15, 37) define que "é preciso estabelecer com sumo cuidado que a honra feminina (*mulierum famam*) fique definida pela luz do dia (*lux clara*) a vista de todos", acrescentando depois que "a antiga consulta ao Senado contra as Bacantes e o julgamento e repressão de que os cônsules se utilizaram, com intervenção inclusive das forças armadas" foi uma expressão "deste gênero de disposições". Desponta assim nesta época um elemento que reaparecerá com maior força durante o Império: a freqüente associação de práticas adivinhatórias femininas à imoralidade.

Vimos que, ao longo da história da República, os colégios sacerdotais dos *decemviri* e *haruspices* zelaram pela manutenção dos bons costumes femininos, valendo-se em grande parte da interpretação dos prodígios. Pois bem, nos discursos de Postúmio, os *senatusconsulta* são equiparados aos *responsa* dos arúspices de forma a garantir os bons costumes: *Hacvos (Quirites) religione innumerabilia decreta pontificum, senatusconsulta, haruspicum denique responsa liberant*[156]. A alusão do cônsul aos arúspices não pode ser passada por alto: a presença destes no assunto das Bacanais se justifica – como já vinha ocorrendo desde o ano 207 a.C. – como arma do Estado para combater a imoralidade e os costumes desviados das mulheres romanas.

De Tanaquil a Lívia (612-38 a.C)

O tema da *insania* e do *furor* báquicos das mulheres acabará, no entanto, constituindo um lugar comum nas letras de finais da República. O teatro de Plauto se torna eco disso e assim, em *Amphitruo* (703), Sósia, um dos personagens da obra, pergunta a outro:

> Não sabes que se pretendes contrariar uma bacante em seu delírio báquico, a louca se tornará mais louca e mais vai te bater? (*Bacchæ bacchanti si velis advorsarier ex insania insaniorem facies*).

Varrão também, no século I a.C., opinava que "as bacantes não poderiam realizar tais excessos sem ter a mente fora de si" (*a Bacchantibus talia fieri non potuisse, nisi mente commota*)[157]. Aos gritos das bacantes aludem também Virgílio e Ovídio[158]. Este inclusive diz (*Tristes*, 129) que a bacante ferida "não percebe sua lesão enquanto está [com a mente] transportada depois de ter lançado seus alaridos em ritmo solto". Como já vimos, os romanos atribuíam este mesmo estado à pítia de Delfos ou à Sibila de Cumas ou, inclusive, a figuras divinas como Carmenta.

A vinculação do "possuído" e o mundo feminino aparece refletida no vocabulário latino. O adjetivo *cerritus* é empregado com muita freqüência por Plauto para indicar o "louco furioso"[159]. Pois bem, os gramáticos latinos (além de traduzir *cerritus* por *insanus* ou *furiosus*) não duvidavam de ter tirado o termo da deusa Ceres (ou *Cereris*) fazendo dela a causadora ou transmissora da loucura das mulheres[160]. H. Le Bonniec, em seu estudo sobre essa deusa[161], considera que essa função corresponde, com efeito, à velha divindade itálica em sua condição de deusa dos infernos e dos *larvati* (espíritos dos mortos que aparecem aos homens sob forma de fantasmas enlouquecendo-os de terror).

A perseguição às diversas formas da adivinhação natural não foi, no entanto, um obstáculo para que a mulher romana tomasse contato direto, por meio das tragédias que começam a ser representadas em Roma a partir do ano 240 a.C., com personagens femininas da mitologia grega, célebres por seus dotes mânticos. As obras teatrais de Lívio Andrônico, Névio e Ênio, mesmo que por desgraça mal conservadas, seguiram, o sabemos, muito de perto a produção de Eurípides e manifestaram um interesse particular pelo ciclo troiano[162].

Muitas dessas tragédias, portanto, deram a conhecer ao público romano figuras femininas da mitologia grega que representavam um tipo de adivinhação inspirada fundada no êxtase com a divindade (do gênero da Pítia ou da Sibila), precisamente o que as autoridades romanas consideravam mais afastado do *mos maiorum*.

Mas é preciso recordar também que nas próprias tragédias gregas – e isso vai se acentuar na visão latina – a maior parte das protagonistas era castigada pelos deuses ou estava condenada a não ser acreditada pelos seus, apesar de que no final se cumpriam seus prognósticos. A tragédia romana acabou se constituindo, portanto, em um excelente elemento de propaganda utilizado pelo poder em sua luta contra a adivinhação extática ou natural.

Um caso especialmente ilustrativo é o *Licurgus*, de Névio, cujo modelo é, provavelmente, a tetralogia perdida que Ésquilo dedicou a esta personagem, rei dos edônios, da Trácia. Segundo a lenda, o monarca se interpôs diante de Dionísio quando este se dirigia à Índia, sendo por isso castigado pelo deus[163]. Mas o que nos interessa destacar aqui é o enfrentamento entre o rei da Trácia e as bacantes que acompanhavam o deus; o choque está registrado em todas as versões conhecidas: sabemos que elas foram representadas na *Lykurgheia*, de Ésquilo; Diodoro (I, 20; III, 65) diz que foram atacadas e passadas no punhal por Licurgo; e Nonno as apresenta em suas *Dionisíacas* (XXI, 1) lutando violentamente contra o monarca.

Mas é Névio quem enfatiza especialmente o confronto entre as bacantes e Licurgo. Elas aparecem (próximas ao *prodigium* romano) como mulheres que carregam serpentes de crista alta sobre o peito, sem dano algum. (*Lycurgus*, fr. 18: *Alte iubatos angues inlaesae gerunt*), adornadas com peles de feras (fr. 24: *poenis decoratas feris*) enquanto com o tirso* acompanhavam o ritmo báquico (fr. 19: *quæque incedunt, omnis arvas opterunt*) e, em seu estado de alienação, sem opor resistência à guarda de Licurgo, caminham serenas para a morte; Névio diz concretamente (fr. 35): "desarmadas (*sine ferro*), como rebanhos mansos avançam para a morte (*ut pecua manibus <sueta> ad mortem / meant*)". Se em Eurípedes (*Bach.* 748) o movimento das bacantes é descrito como semelhante ao vôo dos pássaros, em Névio elas aparecem conduzidas como animais que uivam com língua canora (fr. 22: *ducite / eo cum argutis linguas mutas quadrupedis*).

Mesmo que no caso de que o *Licurgus*, de Névio, não tenha tido uma relação direta com a repressão pública das Bacanais do ano 186 a.C. (como foi sugerido), sabemos que foi repetidamente representada ao longo da

---

* N. do T.: bastão enfeitado com hera e pâmpanos, e terminando em forma de pinha, com que se representavam Baco e as bacantes.

República, o que seria explicado pelo interesse exemplificante que essa obra tinha para a *nobilitas* senatorial.

Se das bacantes passamos às profetisas gregas, podemos comprovar que suas práticas adivinhatórias não merecem no teatro romano juízos muitos diversos. Uma delas, quiçá a mais representativa, é Cassandra, que assume um destacado papel em *Alexandre*, de Ênio[164]. Cassandra é filha do rei Príamo e de Hécuba. Por uma série de circunstâncias, que variam segundo as diversas versões, tanto ela como seu irmão Heleno receberam o dom profético. No entanto é reveladora a forma diferente com que o Deus Apolo outorga a cada um deles essa faculdade: Cassandra era uma profetisa inspirada que emitia seus vaticínios possuída pelo deus, enquanto Heleno interpretava o porvir examinando as aves e os signos externos. O próprio Cícero se pergunta, tornando-se eco do que se esperava de ambos os sexos em Roma:

> [...] o rei da Ásia não viu seu filho Heleno e sua filha Cassandra, um profetizando por augúrios (*alterum auguriis*), a outra por agitação da mente e inspiração divina (*alteram mentis incitatione et permotione divina*)?[165].

Nessa obra de Ênio, Cassandra recupera primeiro os acontecimentos anteriores à ação: o sonho de Hécuba, a exposição de Paris ordenada por Apolo e a sorte reservada ao menino. A tragédia continua com um monólogo de Cassandra que, repentinamente possuída por Apolo, profetiza as desgraças que Alexandre vai desencadear sobre o reino de Pérgamo, o que obriga Hécuba a se perguntar:

> Mas como? Aquela que há pouco se manifestava tão prudente e de tão virginal modéstia, de repente parece enfurecida com olhares que abrasam (*oculis... ardentibus*) (Ênio, *Alexandre*, 18).

Ao que Cassandra responde:

> Mãe, a melhor esposa entre as mulheres, vejo-me arrastada aos oráculos proféticos (*missa sum superstitiosis hariolationibus*). Apolo me obriga enlouquecida e não contra minha vontade a predizer o futuro (*neque me Apollo fatis dementem invitam ciet*) (Ênio, *Alexandre*, 18)[166].

Aos poucos vai aumentando seu furor divino: vê a chegada da frota grega ("já no imenso mar se prepara uma imensa frota; um enxame arrasta consigo a destruição. Está a ponto de chegar, a garbosa tropa encherá o

A Mulher

litoral de navios de rápidas velas": *Alexandre,* 19), vê Helena, a compara a uma das Fúrias ("[...]ah, olhai! Alguém estabeleceu um pleito entre três deusas; por meio deste pleito chegará uma mulher da Lacedemônia, uma das Fúrias": *Alexandre,* 20), a morte de Heitor ("Oh! Luz de Tróia, irmão Heitor, que infeliz és assim com teu corpo feito uma chaga! Quem te arrastou dessa maneira até nós para que te víssemos assim?": *Alexandre,* 28), a introdução na cidade do cavalo de madeira e a queda de Ílio* ("Com um grande salto entrou no cavalo, cheio de guerreiros, com cujo parto vai fazer perecer a grande Pérgamo": *Alexandre,* 29).

Ênio, utilizando os elementos da tradição, relata a história de Tróia por meio de vaticínios de Cassandra, arrastada sempre por uma força sobre-humana. Cassandra está consciente de que possui o dom da profecia, mas o aceita resignadamente como castigo de Apolo.

Certamente parece ser este o aspecto em que a tradição latina se deteve mais particularmente: Apolo, desdenhado por Cassandra, se vinga outorgando-lhe o dom de anunciar o porvir ou de revelar o passado mas privando-a do poder de persuasão: Cassandra pode saber o futuro, mas não é capaz de convencer os que a escutam da certeza de seus prognósticos. A linha que separa esta circunstância da loucura era muito tênue e não surpreende que, na versão de Licofron de Cálcis[167],** a jovem inspirada, tida como louca, figura encerrada em uma caverna onde não vê a luz do dia.

Pensemos, pois, nos efeitos que tiveram – por meio das obras teatrais de Ênio ou de Lívio Andrônico[168] – tanto esta personagem feminina como sua forma de adivinhar, sobre o público romano.

É na *Eneida,* de Virgílio, onde, sempre pela boca de personagens masculinas, melhor fica manifesta a dramática situação da heroína troiana. Anquises*** reconhece que as peripécias de Enéias tinham sido advertidas pelas profecias de Cassandra, em quem não acreditou:

> Meu filho, só Cassandra me profetizava estes acontecimentos. Agora recordo que, ao prever o destino de nosso povo, falava com freqüência de Hespéria****. A quem poderiam convencer os vaticínios de Cassandra? (*aut quem tum vates Cassandra moveret?*)[169].

---
* N. do T.: ou Ílion, variante de Tróia.
** N. do T.: Autor de *Alexandre,* viveu por volta de 320-250 a.C.
*** N. do T.: amante de Afrodite, com quem teve um filho: Enéias.
**** N. do T.: como os gregos chamavam a Itália, e os romanos, a Espanha.

De Tanaquil a Lívia (612-38 a.C)

As últimas palavras de Anquises revelam o desprestígio deste tipo de anunciação – especialmente da boca de uma mulher – que costumava ser substituída em Roma pela dos homens à adivinhação artificial: "Acatemos a Febo – diz a seguir o próprio Anquises – e alertas sigamos melhores sinais (*et moniti meliora sequamur*). Assim falou, e todos obedecemos com aclamações suas palavras"(*Æneida*, III, 188-189).

O fato de que os anúncios da Cassandra, frutos da adivinhação natural ou inspirada (como os da Pítia, ou da Sibila) jamais tivessem crédito explica o contínuo interesse dos autores latinos – hostis sempre a este tipo de mântica próprio das mulheres – por tal personagem. Cícero, (*Ad Atticum*, 8, 11, 3) alude a ela depreciativamente quando escreve a seu amigo Ático: "Dou meus oráculos sem divagar com aquela em quem ninguém acreditou, mas prevendo por conjeturas...(*Prosthespito igitur non hariolans, ut illa cui nemo credidit, sed coniectura prospiciens*)". Suas palavras colocam uma vez mais em evidência a oposição entre o delírio inspirado da profecia (*hariolatio*) e suas próprias conjeturas (*coniectura*), fundada sobre um método racionalista[170].

Em Sérvio, provavelmente seguindo fontes muito anteriores hoje perdidas, encontramos uma pequena variante do mito de Cassandra: Apolo, frustradas suas esperanças de conquistar a jovem, lhe outorga o dom da profecia mas lhe tira o poder de convencer os homens cuspindo-lhe na boca no momento em que ia beijá-lo em apreço pelos benefícios. O cuspe neutraliza ou aniquila não sua capacidade para realizar vaticínios, mas a de persuadir de que estes são corretos[171].

No entanto não é só Cassandra a única mulher dotada de inspiração divina que desfila na cena romana: também Medéia, protótipo do furor feminino[172], e Melapina, mãe dos gêmeos Eolo e Beoto. Conservamos um fragmento de Ênio (fr. 128) no qual este diz: "Agora não há discussão alguma quanto ao ser um prodígio (*quin monstrum sit*). Eu te digo e te prognostico (*hoc ego tibi dico et coniectura auguro*)". A pobreza do léxico latino para designar este tipo de adivinhação explica o uso, neste caso, do verbo *auguror*, que toma o sentido de anunciar ou predizer[173].

Também Andrômaca, esposa de Heitor e nora de Príamo, aparece em outro fragmento de Ênio, recebendo uma visão:

> Vi alguma coisa cuja visão vou conjeturar com grande dificuldade (*vidi videre quod me passa ægerrime*): Heitor era puxado por uma quadriga e o filho de Heitor era arremessado pela muralha de Tróia[174].

O protagonismo assumido por todas elas tem, em geral, como finalidade evidenciar ao público os defeitos de uma das formas especificamente femininas de adivinhação: a visão profética.

4. O sonho feminino

a) Introdução

Excluída não só da "adivinhação oficial", como de muitos ritos religiosos (a prece, o sacrifício), a mulher romana encontrou no sonho premonitório o meio mais direto e acessível de se colocar em contato com a divindade. Este procedimento pertence também à adivinhação inspirada ou intuitiva, na qual, como vimos dizendo, a mulher se destacou sobre o homem por suas faculdades especiais[175].

Cícero escreve a respeito em seu tratado sobre a adivinhação: "As almas humanas, quando não são governadas pela razão nem o saber (*sine ratione et scientia*), são espontaneamente excitadas de duas maneiras: nos acessos de loucura e nos sonhos (*uno furente, altero somniante*)[176]. Em I, 113, insiste na mesma idéia: a alma humana cumpre a adivinhação natural (*naturaliter divinat*) quando está livre e não tem vínculos com o corpo, o que acontece só com os adivinhos e os adormecidos (*aut vatibus... au dormientibus*).

O que provoca os sonhos ou dita os Livros Sibilinos é, pois, em sua opinião, uma inspiração furiosa; esse *furor* convém especialmente à mulher, enquanto os homens especialmente dotados para a *ratio* e a *scientia* estavam, conseqüentemente, menos dotados para os sonhos proféticos[177].

Mas detenhamo-nos nesta última questão: a aparente menor disposição do homem para os sonhos premonitórios. As fontes não só recolhem um número menor de sonhos masculinos do que femininos como se tornam eco de uma atitude céptica dos homens com relação ao valor premonitório dos sonhos. Assim, na *Eneida*, o deus Tiberino, depois de anunciar o futuro em um sonho a Enéias, quis deixar-lhe uma prova, sem dúvida temendo a reação do protagonista, "para que não creias – lhe diz – que o sonho te forma imagens falsas"(VIII, 43).

É a reação ao despertar, a meu ver, que marca a diferença entre os dois sexos. Entre os homens (ao menos das classes sociais altas) encontramos dois tipos normais de reação. A primeira é a busca de uma confirmação do sonho por meio de uma adivinhação por sinais, indutiva. Lívio (VIII, 6) relata que os dois cônsules do ano 338 a.C. tiveram uma mesma visão enquanto dormiam: um homem, mais corpulento do que o normal, de presença majestosa, conta-lhes a maneira de vencer o inimigo. Mesmo assim, ambos decidiram realizar um sacrifício para ver se as entranhas da vítimas "davam presságios de acordo com o que haviam visto nos sonhos". Como convinha à dignidade dos magistrados, o sonho é corroborado ou negado por um método, como o aruspicino, próprio da *artificiosa divinatio*.

Mas na maioria dos casos, o sonho premonitório costuma provocar incredulidade e ceticismo no homem. A história de Tito Latínio, um ancião e possuidor de um rico patrimônio, como pontualiza o historiador grego Dionísio de Halicarnaso (VII, 68, 4), é eloqüente a respeito: Júpiter surge duas vezes no sonho ordenando-lhe que comunique ao Senado a repetição dos ritos. Mas este, ao despertar, não o faz "por vergonha... de levar perante o Senado visões cheias de presságios e de terrores, não que se rissem dele". Por seu lado, Lívio diz que Latínio não contou o sonho por temor de ser objeto de "burla pública" e Valério Máximo, simplesmente, que não o teve em conta[178].

Esta atitude masculina de desconfiança com o sonho que anuncia o futuro é especialmente patente entre intelectuais, magistrados, senadores e, em geral, nos grupos sociais superiores. Em *Farsalia*, de Lucano, Júlia, primeira esposa de Pompeu, aparece a este durante uma visão noturna, tirando a cabeça através de uma fenda na terra e erguendo-se "qual Fúria no sepulcro em chamas", e anuncia a seu antigo marido o fatal desenlace – tanto dele como de seu exército – que a guerra civil lhe depara. Frente à reação de Cornélia (sua segunda esposa) diante dos sonhos – à qual posteriormente aludirei – Pompeu, ao despertar, se dirige às armas, perguntando-se: "Para que amedrontarmo-nos com o pesadelo de uma visão inútil?" (*Farsalia*, III, 38: *quid... vani terremur imagine visus?*).

Mas o que provavelmente subjaz nessa atitude masculina não é tanto a incredulidade nos sonhos premonitórios, como o temor ao ridículo, a hilaridade – por parte dos concidadãos – no caso de se realizarem ou, simplesmente, de revelá-los.

Por esta razão nos diz Cícero *(De Divinatione*, II, 85) que o sonho recebido repetidamente por Numério Suffustio, *honestum hominem et nobilem*, em que os deuses lhe ordenavam romper uma rocha de sua localidade (o que daria lugar ao "achado" das *sortes* de Præneste), suscitaram-lhe tal terror, que decidiu cumpri-los "apesar de seus concidadãos caçoarem deles (*irridentibus suis civibus*)".

Pelo contrário, a literatura latina se faz eco, com muita freqüência, da poderosa atração que as mulheres romanas sentiram pelos sonhos e pelas visões oníricas. Na *Eneida*, de Virgílio, enquanto Enéias e os seus estão ocupados em celebrar os ritos fúnebres em honra de Anquises, Íris, por vontade de Juno, assume o aspecto de Beroe (mulher troiana de estirpe nobre) e incita as outras mulheres a destruir as naves troianas. Para dar maior autoridade a suas palavras e convencer o quanto antes possível as mulheres, inventa ter visto por *somnium* a *imago* de Cassandra:

> Vinde comigo e queimemos as infaustas naves. Que vi em meus sonhos a imagem da vidente Cassandra dando-me tochas acesas (*Nam mihi Casandræ por somnium vatis imago ardentes dare visa faces*)[179].

Não obstante, à margem da literatura, as fontes se interessaram mais pelos sonhos femininos relativos ao culto ou à política do que por outros cujo interesse era meramente privado[180].

b) Oniromancia cultural

Os sonhos femininos – coletivos e individuais – foram em algumas ocasiões autorizados pelas autoridades romanas para respaldar a escolha de um determinado tipo de cerimônia expiatória. Trata-se, naturalmente, de *procurationes*, protagonizadas só por mulheres que procuram assim polir suas faltas rituais cometidas por elas mesmas.

Assim, no ano 105 a.C., uma matrona sentou-se no trono de Júpiter Capitolino (*in solo Iovis*), coisa que foi atribuída à loucura da mulher (*quasi mente commota*). Tentou-se neutralizar o sacrilégio com uma lustração do Capitólio, que não deve ter sido suficiente, a julgar pelos prodígios que sobrevieram imediatamente depois (serpentes negras que mordem nas *tibicines*). No entanto, os deuses fizeram ver às matronas, mediante um sonho coletivo, o remédio que devia seguir-se nestas ocasiões:

> Um certo número de matronas, tendo recebido a mesma advertência no sonho conjunto e na mesma noite, ofereceram elas mesmas um sacrifício que foi repetido várias vezes e um *carmem* em honra dos deuses[181].

De Tanaquil a Lívia (612-38 a.C)

Outro célebre caso foi o protagonizado por Cecília Metela, filha de Baleário e mulher de Silas, que cerca do ano 90 a.C.

> [...] disse que em um sonho havia tido trabalho para fazer Juno Sóspita retornar, que ia embora porque seus templos estavam maculados (*immunde sua templa*) e, por isso, restituiu ao templo – que tinha sido desonrado para infames e desonestos fins carnais das matronas (*matronarum sorditis obscenisque corporis coinquinatum ministeriis*) e nos quais inclusive, ao pé da estátua da deusa, havia o cubículo de uma cadela com seus filhotes – seu antigo esplendor depois de purificá-lo mediante preces (*supplicationibus habitis*)[182].

Só por sua condição de grande dama pertencente a uma das mais antigas e prestigiosas famílias romanas, o sonho de Metela foi levado em consideração pelas autoridades políticas e religiosas, desejosas – como no caso anterior – de que fosse uma mulher que expiasse – por *supplicationes* – uma falta cometida também por mulheres. De igual forma que a *sortitio* era o método empregado para designar essas matronas que representavam seu *ordo* nas expiações, o sonho é o veículo natural ao qual recorrem as mulheres para conhecer e escolher o procedimento expiatório que os deuses consideravam mais adequado.

c) Sonhos premonitórios femininos: Calpúrnia e Cornélia

No âmbito histórico o mais conhecido dos sonhos premonitórios femininos foi, sem dúvida, o de Calpúrnia, a mulher de César, inscrito dentro dos numerosos presságios que anunciaram ao ditador a proximidade de sua morte (*omina mortis*) no ano 44 a.C. Suetônio (*De vita duodecim Cæsarum*, 81, 3) diz que Calpúrnia sonhou "que afundava a frente de sua casa (*fastigium domus*) e que seu marido era crivado de punhaladas em seus braços". O sonho foi acompanhado por fenômenos excepcionais, pois foi assinalado também que subitamente as portas de seu dormitório se abriram sem que ninguém as tivesse empurrado.

Obsequens narra o acontecimento praticamente nos mesmos termos que Seutônio:

> Sua esposa Calpúrnia sonhou (*somniavit*) que a frente de sua casa (*fastigium domus*) [...] tinha desmoronado. As portas da casa, à noite, apesar de estarem fechadas, se abriram sozinhas, de forma que Calpúrnia acordou com o clarão da lua (Obsequens, 67).

A Mulher

Em ambas as versões (Obsequens silencia a visão do assassinato), Calpúrnia sonha um mau presságio, como era o desmoronamento do *fastigium*, um elemento arquitetônico ornamental próprio dos templos, que o Senado romano, entre outras considerações honoríficas, fez com que fosse erguido na casa privada de César. A queda do *fastigium* pressagiava, sem dúvida, a queda de César.

Mas é Plutarco quem – em sua biografia de César – nos oferece a versão mais completa do sonho de Calpúrnia. Adverte, em primeiro lugar (*Cæs.* 63, 8), que as portas e janelas do quarto se abriram ao mesmo tempo; um fenômeno com as características do prodígio que viria, por isso, a colocar em evidência uma advertência divina. César escutou Calpúrnia pronunciar, apesar de estar dormindo profundamente, palavras ininteligíveis e gemidos inarticulados.

Plutarco reproduz (*Cæs.* 63, 9) as versões diferentes do sonho que Calpúrnia teve aquela noite. Segundo alguns, sonhou que segurava nos braços o corpo de seu marido degolado e que o chorava; para outros, a visão (*ópsin*) foi diferente: seus lamentos e choros teriam sido provocados pela queda do *fastigium*.

Já vimos de que maneira, em geral, foi escassa a atenção prestada pelos protagonistas da política romana aos sonhos premonitórios das mulheres, e o caso de César viria a confirmar essa atitude. Valério Máximo, depois de narrar a maneira como Calpúrnia teria visto César em sonhos "coberto de inúmeras feridas e expirando em seus braços", aterrorizada por essa "horrível aparição", não cessou de pedir-lhe no dia seguinte que não fosse ao Senado. E acrescenta a seguir:

> Mas César, para que ninguém pudesse pensar que tinha mudado sua maneira de agir movido pelo sonho de uma mulher, não quis deixar de ir à audiência do Senado, onde, no transcorrer desta, foi atacado e morto pelos parricidas[183].

A atitude de César não é, pois, muito diferente da adotada por Tito Latínio, Numério Sufústio ou Enéias no poema de Virgílio. Mas voltemos à versão de Plutarco, sem dúvida a mais interessante. Segundo o biógrafo grego, Calpúrnia suplicou a César não sair de casa e anular a sessão do Senado (onde seria assassinado), acrescentando:

> Se não concedes importância a meus sonhos, indaga o porvir por outros meios adivinhatórios e por sacrifícios (*ei de ton ekeínes oneíron elachista phrontízei, sképsasthai dià mantikes álles kai hieron peri tou méllontos*)[184].

De Tanaquil a Lívia (612-38 a.C)

Não se pode expressar melhor a diferença que existia entre um e outro sexo na prática adivinhatória. Calpúrnia pede a César que corrobore seus temores por meio de procedimentos da mântica artificial, como a aruspicina, nos quais ele com certeza confiava mais; uma coisa análoga ao que – como vimos – tinham feito os cônsules no ano 338 a.C. É bem conhecida, neste sentido, a figura do arúspice Espurina, inseparável conselheiro de César[185]. Existe, portanto, uma confrontação entre Calpúrnia e Espurina ou, se quisermos expressá-lo em outros termos, entre adivinhação natural e adivinhação artificial.

A atitude de César diante de uma e de outra é clara: por uma parte, mostra uma absoluta incredulidade quanto ao sonho de sua mulher; neste sentido Plutarco (*Cæs.* 63, 11) nos diz que o ditador começou a parecer inquieto pois nunca antes tinha reparado que Calpúrnia, "como tantas mulheres, fosse supersticiosa (*en deisidaimonía*)". Mas, ao mesmo tempo, depois de recorrer aos arúspices (*manteis*), estes, depois de diversos sacrifícios (*pollà katathysantes*), declararam que os signos eram desfavoráveis, decidiu – submetendo-se a seus ditames – enviar Marco Antônio para dissolver o Senado (*Cæs.*, 63, 12).

Poucos anos depois, o poeta Tibulo proclamará de forma muito parecida a confiabilidade da observação das entranhas especialmente quanto aos sonhos, vãos, enganosos e cruéis:

> Os deuses me outorgam coisas melhores e me auguro que não sejam verdadadeiros os pesadelos que um péssimo sonho me trouxe a noite de ontem.
> Ide longe, fátuos, e livrai-me de vossa falsa visão:
> deixai de querer encontrar fé entre nós.
> Os deuses pressagiam a verdade, anúncios do destino que acontecerá verdadeiramente predizem as entranhas examinadas pelos iniciados etruscos;
> os sonhos brincam temerários na noite falaz
> e mentirosos são os que querem amedrontar os espíritos assustados
> (*et pavidas mentes falsa timere iubent*)(*Elegiæ* III, 4, 1-9).

Porém voltemos ao sonho feminino. Lucano nos descreve em sua *Farsalia* o sonho de outra mulher, Cornélia, esposa de Pompeu. Ela tem este sonho durante sua estada na ilha de Lesbos (no ano 49 a.C.) na ausência do conquistador a caminho de Tessália[186]; provavelmente não é histórico (mesmo que possa estar baseado em algum tipo de informação perdida), mas oferece analogias com o de Calpúrnia, enquanto que também pressagia o futuro de seu marido. E neste sonho ela dirige sempre seus pensa-

A Mulher

mentos ao lugar onde transcorrem naquele momento os acontecimentos políticos e militares[187]. Nestes versos o poeta diz, dirigindo-se a Cornélia:

> Os pressentimentos (*præsagia*) te revolvem atormentados cuidados, teu sonho encontra-se agitado por um espavorido temor (*trepida quatitur formidine somnus*); a noite toda se ocupa de Tessália, e, uma vez passadas as trevas, corres aos escolhos de um abrupto escarpado na própria beira do litoral; e, observando as ondas és a primeira a ver como balançam ao longe as velas da nave que avança. E não te atreves a perguntar nada sobre a sorte de teu esposo[188].

Como no caso de Calpúrnia, o afeto de Cornélia por seu marido, sua constante preocupação com ele, explicam essas ânsias noturnas que ela mesma depois não se atreve a confirmar ou a desmentir. A. Grillone assinala que este sonho é diferente de outros narrados no poema (os de Pompeu: III, 8-40 e VII, 7-24, e César: 764-789) pela origem psicológica da visão fundida nos obscuros preságios de Cornélia. Com razão este estudioso adverte que os tristes sonhos que afligem Cornélia nos mostram um Lucano muito diferente, um Lucano que, não tendo abandonado completamente os quadros macabros e os tons violentos, aparece entretanto comovido diante do apaixonado amor da mulher[189].

Mas detenhamo-nos neste ponto para recordar, mais uma vez, que os sonhos premonitórios fazem parte da adivinhação natural. Quando Plutarco narra o trágico desenlace de Pompeu, assassinado na costa de Alexandria por colaboradores de Ptolomeu XIII, alude brevemente a Cornélia para dizer que enquanto seu marido descia da embarcação para entrar na que ia para Áquila, onde o esperavam seus assassinos, ela "muito antes chorava sua morte"[190]. Esse pressentimento faz parte, juntamente com suas repetidas versões oníricas, de uma especial faculdade para a adivinhação natural, completamente ausente, como vimos, em seu marido, incapaz de crer nas aparições noturnas de sua primeira esposa nem de perceber o menor risco instantes antes de ser assassinado.

A literatura latina tampouco ficou alheia ao interesse pela peculiar facilidade da mulher para os sonhos. Quando Ênio compôs seu poema épico *Annales*, começou utilizando o sonho feminino como recurso literário para narrar as origens da linhagem romana. Ilia (identificada, seguindo a tradição iniciada por Névio, como a vestal Réia Sílvia) narra seu sonho a uma irmã (filha como ela de Enéias e de Eurídice); nesse poema se alude a um fato que sucederá mais tarde:

a violação de Ilia por Marte, que assim a tornará mãe de Rômulo e Remo. Ilia, "apavorada pelo sonho" (*exterrita somno*) e chorando (*lacrimans*), diz a sua irmã:

> Oh filha de Eurídice, a quem nosso pai amou, meu corpo está neste momento sem forças e sem vida, pois me pareceu (*nam me vissus*) que um varão de belo aspecto me carregava de arrasto por amenos salgueiros, ribeiras e paragens desconhecidas; depois, irmã minha, parecia-me (*videbar*) que sozinho e durante muito tempo seguia tuas pegadas... Logo me pareceu (*videtur*) que nosso pai me dizia: "Filha, antes vais ter que suportar desgraças, mas depois tua sorte ressurgirá das águas de um rio". Depois de me falar dessa maneira, desapareceu de repente, irmã, e não se deixou ver por mais que o desejasse em meu coração e ainda que chorando levantasse minhas mãos aos amplos espaços azuis do céu o chamava com tenras palavras. O sonho me deixou com o coração entristecido (*Vix ægro cum corde meo me somnus reliquit*)[191].

Os fatos se apresentam a Ilia, durante o sonho, como acontecerão na realidade. Ela narra os acontecimentos de forma um tanto inconsciente, cabendo ao leitor – que conhece seu significado e as conseqüências da violação – a comoção. Um autor como Ênio, que tinha retratado com traços exagerados a mulher em pleno delírio profético, como no caso de Cassandra, não renuncia a apresentar a mulher nesta outra versão da adivinhação intuitiva ou natural: o sonho premonitório.

A visão onírica de Ilia-Réia Sílvia foi objeto de grande atenção na literatura latina da época de Augusto. Ovídio nos oferece em seus *Fastos* sua própria versão:

> Que a visão que tive em sonhos seja benéfica e feliz, é o que suplico! Será que não era muito clara tratando-se de um sonho? Eu estava cuidando do fogo de Ílio quando a fita de lã (*vitta*), escorregando de meus cabelos, caiu diante do sagrado lar. Delas surgem ao mesmo tempo – admirável prodígio – duas palmeiras: uma delas era maior do que a outra, e com seus pesados ramos cobria o mundo inteiro e sua copa atinge os astros mais altos...[192].

A visão da vestal Réia Sílvia – as palmeiras que surgem do fogo é, na realidade, um prodígio que, como convém à sua condição feminina, ela é incapaz de interpretar. As duas palmeiras simbolizam Rômulo e Remo, seus filhos; a maior delas, Rômulo, origem da grandeza romana, que será divinizado como Quirino. Mas é aos arúspices e, em geral, ao sacerdócio masculino – nunca à mulher – que compete, como vimos, a interpretação do *prodigium*.

d) O sonho da mãe grávida

Durante os meses em que a mulher estava grávida, todas as suas preocupações se concentravam no filho que carregava em suas entranhas. Vimos que existiam várias divindades – como Carmenta ou as Parcas – que, ao mesmo tempo que protegiam a mulher no parto, anunciavam o futuro do recém-nascido.

Para esclarecer as diversas incógnitas que se cingiam sobre o futuro filho – o sexo, seu aspecto físico, seu futuro, etc. – a mulher podia recorrer aos adivinhos, se bem que existiam métodos adivinhatórios do tipo "doméstico" que traziam vantagens econômicas. Foi este o caso, por exemplo, da ovoscopia[193], que chegou a ser praticada por Lívia quando no ano 39 a.C. estava grávida de Tibério (filho de seu primeiro marido Tibério Cláudio Nero, antes portanto de contrair matrimônio com Augusto). Suetônio diz o seguinte:

> De fato, Lívia, durante sua gravidez (*prægnans*), em seu desejo de averiguar se daria à luz um menino (*na marem editura esset*), subtraiu um ovo a uma galinha choca e o acalentou alternativamente com suas próprias mãos, outras com as de sua doméstica, até que finalmente irrompeu da casca um pintinho com uma bela crista (*pullus insigniter cristatus*)[194].

Mas foi sobretudo no sonho que a mãe pensou ver anunciado o futuro de seu filho. Durante a gravidez, e devido ao irregular estado de seu organismo, as mães tinham visões oníricas ou sonhos carregados de símbolos de todo tipo que prefiguravam o porvir do filho: "Prognósticos, augúrios e anseios são coisas ilusórias; seu coração devaneia como o de uma parturiente", como diz o *Eclesiástico*, 31 (34), 5-6.

Este tipo – exclusivamente feminino – de sonho premonitório já aparece na tragédia romana. A Cassandra de Ênio recorda que "estando minha mãe grávida (*mater gravida*) pareceu-lhe, em sonho, que estava dando à luz uma tocha em chamas (*parere se ardentem facem vissa est*)"[195].

Fora da ficção literária este tipo de sonhos é mencionado com alguma freqüência nas biografias das grandes figuras históricas. Suetônio diz de Virgílio:

> [...] estando grávida dele, sua mãe sonhou que tinha dado à luz um ramo de loureiro, o qual, assim que tocou a terra, pôs raízes e cresceu logo até atingir o tamanho de uma árvore, plenamente desenvolvida, coberta de frutos e flores das mais diversas espécies[196].

De Tanaquil a Lívia (612-38 a.C)

O loureiro, árvore de Apolo, o deus da inspiração poética, pressagiava obviamente o nascimento do maior dos gênios literários romanos. O sonho da *Magia Polla*, a mãe de Virgílio, quando ainda estava grávida do futuro poeta, atraiu sempre o interesse dos biógrafos. Ainda em fins do século IV ou começo do século V d.C., Focas, autor de uma *Vita Vergilii*, reproduz tal sonho quando escreve:

> Ao sentir a premência da carga já amadurecida em seu ventre (*cum maturo premeretur pondere ventris*) sonhou ter parido um ramo do bosque de Febo (*Phoebei nemoris ramum fudisse putavit*). Oh! Sonho indício da verdade!... Interprete o loureiro, a mãe foi assegurada e assim conheceu a arte de seu peso (*Facta est interprete lauro certa parens onerisque sui cognoverat artem*)[197].

É interessante observar que em todas as versões – salvo a tardia de Focas – é mencionado o sonho de *Magia Polla* (concretamente um prodígio), mas não se diz jamais que ela tivesse apanhado seu significado. Existe inclusive uma versão que menciona Lucrécio, o irmão de *Polla*, que tinha interpretado o sonho do loureiro assim como outras premonições *post partum* da glória de Virgílio[198]. Como é o caso da Réia Sílvia de Ovídio, fica evidenciada a incapacidade feminina para a interpretação do prodígio, inclusive quando este se apresenta em sonhos.

De qualquer maneira esse sonho deve ter sido muito popular, pelo menos na cidade de Mântua, já que sabemos pelo próprio Suetônio[199] que as mulheres grávidas (e as que tinham dado à luz recentemente) nos começos do Império veneravam religiosamente e faziam seus votos sobre a chamada "árvore de Virgílio", um álamo que cresceu com prodigiosa rapidez no lugar onde nasceu o poeta.

NOTAS

1. Sobre os prodígios, fenômenos extraordinários da natureza, cf. L. Wüllker, *Die geschichtliche Entwicklung des Prodigienwesens bei den Römern*, Leipzig, 1903; Delcourt, 1938; R. Bloch, "Les prodiges romains et la procuratio prodigiorum", em *Mélanges Fernand de Visscher*, Bruxelas, 1950, 119-131; Bloch, 1968; MacBain, 1982; K. Berger, "Hellenistische-heidnische Prodigien und die Vorzeichen in der jüdischen und christlichen Apokaliptik", em *ANRW* II, 23.2,1428-1469.
2. *DH* VII, 68, 1: [...] *in polleis choríois, kai theiasmois kátochoi gynaikes oiktras emanteyonto kai deimàs te pólei tychas*. Propercio, II, 34, 54, assinala que a mulher não se pergunta *nec si consulto fulmina missa tonent*.
3. Tácito, *Annales*, XIV, 32, 1: a estátua da Vitória caiu e ficou de costas "como se estivesse fugindo do inimigo". No restante citaremos Tácito segundo as edições de J. L. Moralejo, *Tácito, Annales* (2 vols.), Madri, 1979 e 1980; Tácito, *Historias*, Madri, 1990.
4. *Annales*, XIV, 32, 1: *Et feminæ in furorem turbatæ adesse exitium canebant externosque fremitus in curia eorum auditos; consonuisse ululatibus theatrum visamque speciem in æsuriuo Tameæ subversæ, coloniæ*.
5. Lucano, *Farsalia*, I, 674-695. Sobre a incompatibilidade entre a guerra e o mundo feminino, cf. as reflexões de N. Loreaux, "Paura e agitazione del guerriero", em *Il femminile e l'uomo greco*, Bari, 1991, 68-83.
6. Cícero, *De divinatione*, I, 79. Sobre Roscius: s.v. *Roscius, RE* IA,1 (1924), *coll.* 1117.
7. Ovídio, *Metamorfosis*, X, 452 ss. O único caso em que as mulheres interpretam um prodígio está registrado por Plutarco, *Cícero*, 19-20, e Dião Cássio, XXXVII, 35, 4. Nos primeiros dias de dezembro do ano 63 a.c., Terência (esposa de Cícero, então cônsul) preside a cerimônia anual em honra de Bona Dea. No altar de sacrifício, quando o fogo parecia já apagado, se elevaram repentinamente as chamas. As virgens vestais identificam aquela luz espontânea com um presságio da deusa ao cônsul e instam Terência a que exorte seu marido a realizar o que tinha meditado pelo bem da pátria, quer dizer, executar os dois cúmplices de Catilina. Weinstock, em *RE* VA 1, *coll.* 711, considera que o prodígio pode ter sido uma maquinação das vestais, em colaboração com Terência como vingança porque algumas das virgens (entre elas, a vestal Fábia, irmã de Terência) tinham sido julgadas no ano 73 por relações ilícitas com Catilina, do que foram absolvidas. Cf. Balsdon, "Fabula Clodiana": *Historia* 25 (1966) 77 ss. São, pois, as vestais as que interpretam esta cena de empiromancia; sobre seu estatuto comum ao das matronas mas também ao dos homens e magistrados, cf. Beard 1980.
8. Na opinião de Bloch 1968, 106, *monstrum* se vincula com *monere* (advertir) e *miraculum* com *mirus* (maravilhoso, fenômeno extraordinário).
9. Bloch 1968, 84-85. Festo 146L define *monstra* como *naturæ modum egredientia, ut serpens cum pedibus, avis cum quattor alis, homo cum duobus capitibus, iecur cum distabuit in coquendo*. Por sua parte Cícero, *De natura deorum*, II, 14, estabelece uma diferença entre os prodígios, segundo sua gravidade: *Tertiam quæ terreret animos fulminibus, tempestatibus, nimbis, nivibus, grandinibus, vastitate, pestilentia, terræ motibus et sæpe frementibus lapideisque, imbribus et gutteis imbrium quasi cruentis, tam labibus aut repentinis terrarum hiatibus, tum præter naturam hominum pecudumque portentis, tum facibus visi cælestibus...*
10. Sobre os arúspices durante a República continua sendo fundamental, apesar do tempo transcorrido, Thulin, 1905-1909. Cf. também Hubeaux, "L'aruspice et la sentinelle": *Phoibos* 5 (1950-1951) 73-85; J. Heurgon, "Varron et l'haruspice Tarquitius Priscus", em *Varron, grammaire antique et stylistique latine*, Paris, 1978, 101-104; J.R. Wood, *The*

haruspices in the Romam World to the end of the Republic, Londres, 1982; D. Briquel, "Etrusca Disciplina et origines étrusques", em *Adivination dans le monde étrusco-italique, Cæsarodunum suppl.* 52, 1985, 3-22 e, em geral, a bibliografia recolhida em minha monografia (Montero 1991, 181-186).

11. Lívio V, 15, 1 diz que (nos começos do século IV a.C.) o Senado rechaçou vários porque apoiados em um só testemunho: *quorum pleraque, et quia singuli auctores erant.*
12. Sobre tais *tabulæ* como fontes da historiografia antiga, cf. Bloch 1968, 138, que considera que o costume de fixar a *Tabula* na *Regia* remonta ao ano 296 a.C. e que dela surgiu no ano 130 a.C. um trabalho histórico, os *Annales Maximi*, redigido pelo *pontifex maximus* Mucio Scevola. Cf.: E. Rawson, "Prodigy lists and the use of Annales Maximi", CQ 21, 1971, 158-169; B.W. Firer, *Libri annales pontificum maximorum: the origins of annalistic tradition*, Roma, 1979.
13. *L. Wülker, Die geschichtliche Entwicklung des Prodigienwesens bei den Römern*, Leipzig, *1903;* F. Luterbacher, *Der Prodigienglaube und Prodigienstil der Römer*, Burgdorf, 1904.
14. Mac Bain, 1982.
15. Lívio XXXI, 12, 8: *Foeda omnia et deformia errantisque in alienos fetus naturæ visa.* No ano 133 nasceu em Reate uma mula com cinco patas (Obsequens, 28: *Reate mulus cum quinque pedibus natus);* no ano 122, em Satura, nasceu um terneiro com duas cabeças (Obsequens, 31: *Saturæ vitulus biceps natus*); no ano 95, um cordeiro com duas cabeças (Obsequens, 50: *agnus biceps*) e em 92, um galo com quatro patas (Obsequens, 53: *pullus gallinaceus quadripes natus).* Em outros casos os animais falavam, sendo suas palavras cuidadosamente recolhidas pelos pontífices (Lívio III, 10. 6; XXVII, 11 e Obsequens, 53). Na categoria de prodígios entravam igualmente os partos anormais como o de uma mula (Lívio XXVI, 23, 4-6), ou de uma vaca que pariu um potro (XXIII, 31, 19), ou os terneiros gêmeos achados no ano 93 a.C. no ventre de um terneiro macho (Obsequens, 52). Sobre os prodígios na obra de Lívio: F. Brunell Krauss, An *interpretation of the omens, portents and prodigies recorded by Livy, Tacitus and Suetonius,* Philadelphia, 1931; E. Saint-Denis, "Les énumerations de prodiges dans l'oeuvre de Tite Live": *RPh* 16-17 (1942-1943) 178 ss.
16. Sobre a historicidade desta "lei" muito se discutiu, mesmo que segundo Delcourt 1938, 50, "nous n'avons aucune raison de rejeter sur ce point le précieux témoignage de Denys, bien au contraire". Para o geral, cf. Nardi, 1971, 7-41, com abundante bibliografia sobre o tema. Ainda em época severiana o jurista Paulo afirma que os meninos nascidos deformes não são livres: *Dig.* I, 5, 14.
17. Cícero, *De legibus,* III, 19, referindo-se à criação da figura do tribuno da plebe, diz: "Depois, uma vez suprimido rapidamente, qual menino evidentemente monstruoso, em virtude da lei das Doze Tábuas, foi novamente engendrado pouco tempo depois, não sei como, e nasceu ainda mais deforme e repugnante" *(tamquam ex XII tabulis insignis ad deformitatem puer).* Compartilhando a opinião de Delcourt 1938, 50: enquanto Rômulo autoriza matá-los, a legislação decenviral o ordena.
18. Assim, no ano 214 a.C., durante a segunda guerra púnica, um menino exclama no ventre de sua mãe: triunfo! (Lívio XXIV, 16, 6).
19. Lívio XXIV, 16, 6, 13: *ex muliere virum factum* (em Spoletium no ano 214 a.C.). Como bem assinala Mac Bain 1982, 217, n. 238, este fenômeno forma "a separate conceptual category and were at all times handled differently from androgynous birth". Outros casos parecidos são recolhidos por Plínio, *Naturalis historia* VII, 36: no ano 171 a.C., em Cassino, uma moça submetida ainda à *patria potestas* se transformou em um rapaz *(Casini puerum factum ex virgine sub parentibus)* sendo desterrada a uma ilha deserta por ordem dos arúspices. Nesta mesma paisagem Plínio recolhe também outros casos registrados em diversos pontos do Império. Cf. também Diod., XXII, 12. Segundo Plínio, (*Naturalis historia*

VIII, 173) era comum considerar como prodígio não só os *monstra* como os filhotes de híbridos (como as mulas) ou de mulheres estéreis.
20. Lucano, *Farsalia*, 1, 589: *sterilique nefandos ex uteru fetus...*
21. Cf. Montero 1994b. Essa distinção não é anterior à conclusão da segunda guerra púnica, precisamente quando a escravidão assume uma extraordinária importância na economia romana. É a partir de então que logicamente se intensifica a oposição entre livres e escravos e também quando começam surgir as primeiras revoltas de servos e escravos. A primeira alusão a meninos monstruosos de origem livre tem lugar, concretamente, em 194 a.c. (Lívio XXXIV, 45, 7: *pueros ingenuos Arimini sine oculis ac naso)*, quer dizer, dois anos depois da *coniuratio servorum* na Etrúria.
22. Obsequens (49 e 53), sempre seguindo Lívio é nossa única fonte.
23. Segundo Plínio, no início das guerras sociais (cerca de 91 a.c.) uma escrava deu à luz uma serpente ao mesmo tempo que se registravam partos monstruosos de variadas formas sucedidos nos modos mais diversos (*NH* VII, 34: *Namque et serpentem peperit inter initia Marsici belli ancilla).* E em 83 a.c., na cidade etrusca de Clusium uma matrona dá à luz uma cobra viva que, por indicação dos arúspices, foi jogada no rio e começou a nadar contra correnteza (Obsequens, 57: *In Etruria Clusii mater familiæ vivum serpentem peperit, qui iussu aruspicum in profluentem deiectus adversa aqua natavit).* Sobre este mesmo acontecimiento, cf. App., *BC* 1, 83: "uma mulher deu à luz uma serpente em vez de uma criatura humana". Obsequens, 58 colhe a notícia de que em 75 a.c. foram vistas duas cobras no leito da esposa de Didio Lélio, lugar-tenente de Pompeu.
24. *Hermaphroditus:* Plínio, *Naturalis historia* VII, 34, 11; 262,34. Como nome próprio aparece em Ovídio, *Metamorfosis*, III, 285-388 e em Marcial VI, 68, 9. Cf. Gell. IX, 4, 16: *hermaphroditos olim androgynos vocatos.* Em *Metamorfosis*, de Ovídio, a ninfa do lago Salmacis, perto de Halicarnasso, se enamora do filho de Hermes e Afrodite e se une a ele tão estreitamente que acabam formando um mesmo ser. Diodoro (IV, 6, 5) lhe atribui a mesma genealogia. Sobre o deus, cf. a excelente monografia de M. Delcourt, *Hermaphroditea. Recherches sur l'être double promoteur de la fertilité dans le monde classique,* Bruxelas (*coll.* Latomus 86), 1966.
25. M. Delcourt (cit. n. 24), p. 9.
26. "E o nascimento de um andrógino não foi um prodígio funesto?" (Cícero, *De divinatione,* I, 98). Sobre o andrógino, cf. M. Eliade, *Mefistófeles y el andrógino,* Barcelona, 1986.
27. Políbio, III, 12. Seguimos a edição de M. Balasch, *Polibio, Historias,* 3 vol., Madri, 1981-1983.
28. Pulci Doria 1983, p. 77. Plínio, *Naturalis historia* VII, 35 cita o caso de um menino que, nascido no ano em que Aníbal destruía a cidade de Sagunto (218 a.C.), retornou ao útero materno: *est inter exempla in uterum protinus reversus infans Sagunti quo anno deleta ab Hannibale est.*
29. Lívio XXVII, *11,4:Sinuessæ natum ambiguo inter marem ac feminam sexu infantem...*
30. Lívio XXVII, 37, 5-7: *Frusinone natum esse infantem quadrimo parem [...] ut Sinuessæ biennio ante, incertus mas an femina esset [...]Id vero haruspices ex Etruria adciti foedum ac turpe prodigium dicere: extorrem agro Romano, procul terræ contactu, alto mergendum. Vivum in arca condidere provectumque in mare proiecerunt. Decrevere item pontifices ut virgines ter novenæ per urbem euntes carmen canerent.*
31. Lívio XXXI, 12, 6-8: *In Sabinis incertus infans natus masculus an femina esset alter sedecim iam annorum item ambiguo sexu inventus... ante omnia abominandum semimares iussique in mare exemplo deportari, sicut proxime...*
32. Lívio XXXIX, 22, 2: *Ex Umbria nuntiatum est semimarem duodecim ferme annos inventum... id prodigium abominantes arceri Romano agro necarique quam primum*

iusserunt. Cf. Obsequens, 3: "Na Úmbria foi encontrado um hermafrodita de uns doze anos aproximadamente e foi morto por ordem dos arúspices". A seguir citarei segundo a edição de A. Moure Casas, *Julio Obsecuente. Libro de los prodigios*, Madri, 1990.

33. Obsequens, 22: *Lunæ androgynus natus præcepto aruspicum em mare deportatus*.
34. Obsequens, 27a: *In agro Ferentino androgynus natus est in flumen deiectus. Vírgines ter novenæ canentes urbem lustraverunt*.
35. Flegonte, *Mirab.* X = FGH II B 257.
36. Obsequens, 32: *In foro Vessano androgynus natus in mare delatus est*.
37. Obsequens, 34: *Androgynus in agro Romano annorum octo inventus et in mare deportatus. Virgines ter novenæ in urbe cantarunt*.
38. Obsequens, 36: *Saturniæ androgynus annorum decem inventus et mari demersus. Virgines viginti septem urbem carmine lustraverunt*.
39. Obsequens, 43: *Aruspicum responso populus stipem Cereris et Proserpinæ tulit. Virgines viginti septem dona canentes tulerunt*. Ainda que não é mencionado no texto de Obsequens, há comum acordo em suprir a referência a um andrógino: MacBain 1982, 131.
40. Obsequens, 46: *Populus stipem matronæ thesaurum, et virgines dona Cereri et Proserpinæ tulerunt. Per virgines viginti septem cantitatum. Signa cupressea duo Iunoni Reginæ posita*. Como no caso anterior, o prodígio fica pressuposto.
41. Obsequens, 47: *Androgynus in mare deportatus*.
42. Obsequens, 48: *Supplicatum in urbe quod androgynus inventus et in mare deportatus erat ... cupressea simulacra Iunonis Reginæ posita per virgines viginti septem quæ urbem lustraverunt*.
43. Obsequens, 50: *Androgynus Urbino em mare deportatus*.
44. Obsequens, 53: *Arretii duo androgyni inventi... populus Cereri et Proserpinæ stipem tulit. Virgines viginti septem carmen canentes urbem lustraverunt*.
45. Sobre o aborto em Roma, além de Nardi 1971 e 1981, cf. MK Hopkins, "Contraception in the Romam Empire": *CSSH* 8 (1965) 124-151; W.A. Krenkel, "Erotica I: der Abortus em der Antike": *WZ Rostock* 20 (1971) 443-452. Não incluímos em nossa relação os abortos ocorrids no ano 215 a.C. dado seu caráter voluntário (como vingança pela promulgação da *lex Oppia*). As palavras de Ovídio (F I, 233 s.) são claras ("Para não dar à luz, as temerárias mulheres, expulsam o peso que crescia em suas entranhas") e só podem ser interpretadas como uma alusão aos abortos provocados pelas mulheres romanas. Tem mais, tais abortos parecem ser provocados mediante a introducção de algum instrumento daninho: Ovídio emprega a expressão *ictu cæco* que, na opinião de Nardi 1971, p. 262, alude a algum instrumento introduzido no útero.
46. Martínez-Pinna, 1994, *passim*. Sérvio (*Ad Æneida*, II, 140) e Festo (441L; 478L) atribuem a introducção dos *ludi taurii* ou *taurei* ao rei Tarquínio, o Soberbo, seguindo as prescrições dos *libris fatales*.
47. Sérvio, *Ad Æneida*, II, 140. a divinidade feminina em cuja honra são celebrados os sacrifícios poderia ser a etrusca *Phersipnai*, equivalente à grega Perséfone, conhecida mais tarde em Roma por Prosérpina. Cf. G. Zuntz, *Persephone*, Oxford, 1971; S. Montero, "Perséphone en los *Libri rituales* etruscos": *Gerión* 2 (1984) 61-65. Os *ludi taurii* citados por Lívio para o ano 186 a.C. aconteciam, segundo Varrão (*LL* V, 154), no Circo Flaminio.
48. Plutarco, *Popl.* 21, 1.
49. Plutarco, *Popl.* 21, 1. A epidemia acontece no quarto consulado de Valério Puplícola. As fontes recolhem várias lendas de diferentes membros da *gens Valeria*: de Valério (Valério Máximo,4, 5; Zós. II, 2, 1), de Valério de Tusculum (Ps. Plutarco, *Parall. min.* 22B; FHG 286 F5) e de Valéria Luperca, uma mulher de Falerii que ia ser sacrificada sobre o altar de Juno Curitis para expiar uma epidemia. A deusa, no entanto, não aceitou o sacrifício e

deixou cair do céu um martelo com o qual Valéria, golpeando ligeiramente os enfermos, salvou a cidade da epidemia (Ps. Plutarco, *Parall. min.* 35B = FHG 286 F10). Sobre este mito, Th. Köves Zulauf, "Valeria Luperca": *Hermes* (1962) 214-238.)
50. DH IX, 40, 2.
51. DH IX, 40, 3.
52. DH IX, 40, 4.
53. Aug., *CD* III,17,3:[...] *nam priusquam maturos partus cederent gravidæ moriebantur.*
54. Aug., *CD* III, 17, 3: *Tunc ergo dictum est eam esse causam pestilentiæ, quod plurimas ædes sacras multi occupatas privatim tenerent.*
55. Diógenes Lærcio, autor de uma biografia sobre Empédocles (483-423), contemporâneo da última *pestilentia* romana, relata que os habitantes de Selinunte contrairam a peste pelo fedor de um rio próximo poluído, que não só provocava a morte de muitos deles como também dificultava os partos das mulheres. Empédocles fez desembocar naquele rio outros dois, muito próximos, com cuja mistura as águas mudaram e a peste cessou (*Emp.* 12. Cf. Clem. Alej., *Strom.* VI, 30, que afirma que o sábio grego deteve um vento que fazia estéreis as mulheres). Outros autores gregos atribuem – num esforço de racionalismo – a esterilidade da mulher ao ar e à água, quer dizer, a causas naturais.
56. As *pestilentiæ* do ano 331 (Lívio VIII, 18) e do ano 180 (Lívio XL, 37, 1-4), ambas causadas inadvertidamente pelo uso de *medicamenta* por parte das matronas romanas (que, além de curar os problemas de saúde ou higiene próprios de seu sexo, facilitavam o parto ou mantinham a fidelidade do marido), foram consideradas pelas autoridades como um prodígio apesar de terem sido detidas as autoras de esta *muliebri fraude*. Cf. Gagé 1963, 263 ss.; Pailler 1987, 123 ss.
57. Plínio, *Naturalis historia* VII, 69.
58. Solin. I, 67: *Feminis perinde est infausta nativitas si concretum virginale fuerit: quo pacto genitalia fuere Corneliæ quæ editis Gracchis ostentum hoc piavit sinistro exitu liberorum.*
59. Gourevitch, 1984, 96. Cf. A. Ernout, "La magie chez Pline l'Ancien", em *Hommage à J.Bayet*, Paris, 1964, 90-95.
60. Plínio, *Naturalis historia* VII, 64. Plínio conclui recordando que um mal tão grande aparece na mulher cada trinta dias: *et hoc tale tantumque omnibus... malum*.
61. Plínio, *Naturalis historia* XXVIII, 81.
62. Sobre o uso do sangue menstrual como remédio, Plínio, *Naturalis historia* XXVIII, 82-84; D. Gourevitch, 1984, 101-103. Aplicações na magia, Tupet, 1976, 81-84.
63. Sobre magia e religião em Columela, cf. a bibliografia recolhida por R. Martin, "État présent des études sur Columelle", em *ANRW* II, 32, 3 (1985), 1959-1979. Sobre a nudez na religão, J. Heckenbach, *De nuditate sacra sacrísque vinculis*, R.V.V. IX, 3, Giessen, 1911.
64. Gell. I, 12, 14 colhe a fórmula pronunciada pelo *pontifex maximus*, a partir desse momento a vestal escapava à *patria potestas*, ficando submetida à autoridade do *pontifex*. Da abundante bibliografia sobre as vestais, destacaremos: F. Guizzi, *Aspetti giuridici del sacerdozio romano. Il sacerdozio di Vesta*, Nápoles, 1968; E. Del Basso, "Virgines vestales": *AASN* 85 (1974) 161-149. Sobre Vesta, H. Hommel, "Vesta und die frühromische Religion, em *ANRW* I.2, 397-420.
65. M. Beard, "The sexual status of Vestal virgins": *JRS* 70 (1980) 12-27; Scheid, 1990, 12-27.
66. Scheid, 1990, 431-432 seguindo a M.Beard (cf. n.65).
67. Recordaremos o protagonismo assumido pelas vestais na festa dos *Argei* ou *Argea*, em 16-17 março (Fest. 14,18L), e nas *Fordicidia* de 15 de abril (Ovídio, F IV, 629 ss.), nas *Parilia* de 21 de abril (Ovídio, F IV, 735 s.) e, sobretudo, nas *Vestalia* de 9 e 15 de junho.

De Tanaquil a Lívia (612-38 a.C)

68. P. Grimal, "Vierges et virginité", em *La première fois ou le roman de la virginité perdue à travers les siècles et les continents*, Paris, 1981, 206 ss. Cf. também C. Martínez López, "Virginidad-fecundidad: en torno al suplicio de las vestales", em *Homenaje al profesor Marcelo Vigil, Studia Historica 6* (1988), II, 137-144. La "solidaridad" (como a chama Gagé) das vestais com as matronas romanas está comprovada pela participação conjunta em celebrações tipicamente matronais como as *Matralia* ou a festa da *Bona Dea*.
69. Assim o expressa, por exemplo, Plínio (*Ep.* IV, 11, 7) em seu relato sobre a vestal Cornélia, que antes de ser condenada à morte por Domiciano exclama: "César me considera impura quando eu costumava presidir as cerimônias sagradas que lhe valeram a vitória, o triunfo!"
70. Nos ritos expiatórios do ano 207 a.c. se insistia em que a mulher que participasse devia ser *pureque et caste*. Cícero atribuía às XII Tábuas este triplo preceito que parece pensado para as vestais: "Apresente-se pura (*caste*) perante os deuses. Comporte-se com piedade (*pietatem*); afastem a ostentação (*opes*)" (*Leg.*II, 19). Gagé 1963, 147 o assinala também em termos claros: "Dans la conception romaine classique l'irreprochable virginité des Vestales est la plus haute défense religieuse contre les divers périls de souillure".
71. T. Cornell, "Some observations on the "crimen incesti"", em *Le délit religieux*, Roma, 1981, 27 ss.
72. T. Cornell (*cf.* n. 71, p. 34): "It is no coincidence that cases of incestum were discovered times of acute crisis".
73. O caso mais antigo transmitido pelas fontes é o da vestal Pinária. Cf. DH III, 67, 3.
74. Lívio II, 42, 10; DH VIII, 89, 4.
75. DH IX, 40, 3.
76. Lívio VIII, 15, 7; Orósio, III, 9, 5.
77. Lívio XXI, 32, 3.
78. Orósio, IV, 5, 9.
79. Lívio XXIII, 57, 2-5; Plutarco, *Fab.* 18, 3.
80. Obsequens, 37; Dião Cássio XXVI, fr. 87; Plutarco, *QR* 83.
81. G. Wissowa, "Vestallinnenfrevel": *ARW* 22 (1924) 281 ss.
82. Lívio VIII, 15, 7; DH II, 67 ss.; Plutarco, *Num.* 10. Cf. o longo estudo de A. Fraschetti, "La sepoltura delle Vestali e la città", em *Du châtiment dans la cité. Supplices corporels et peines de mort dans le monde Antique*, Roma, 1984, 97-129. Sobre o castigo das vestais, cf. também F. Hampl, "Zum Ritus des Lebendigbegrabens von Vestalinnem", em *Festschrift für R. Muth*, Innsbruck, 1983, 66 ss.
83. Ao menos nos anos 216 e 114 estes comportam vítimas humanas.
84. Cornell (*op. cit.* n. 71), pp. 34-45. Este autor não comparte o critério de G. Wissowa e nega que o *incestum* tenha tido o valor de prodígio; um signo dos deuses, diz, não é a mesma coisa que uma ofensa humana ou um erro, sendo o primero uma conseqüência do segundo (*op. cit.*, 31). Sem querer entrar na polêmica, involuntariedade existia também nas matronas que em 331 a.C. distribuem o *venenum* entre a população e no entanto, ainda que condenadas à morte (como as vestais), o caso foi considerado como um *prodigium*.
85. Obsequens, 25; Lívio XXXVI, 37,2.
86. As fontes registram dois casos (nos anos 214 a.C. e 171 a.C.), ambos expiados pelos arúspices. Cf. Lívio XXIV, 10, 6-13; Plínio *Naturalis historia* VII, 36. MacBain 1982, 119.
87. Le Gall, *Recherches sur le culte du Tibre*, Paris, 1958, 85, donde insiste no caráter ctoniano do rio que desemboca no mar, via de acesso aos infernos. É importante a diferença entre esta *procuratio prodigii* e a pena dos parricidas, jogados ao mar dentro de um odre junto a uma macaca, uma cobra e um cão. Cf., para isso, a obra de E. Nardi, *L'otre dei parricidi e le bestie incluse*, Milão, 1980, 117-121. Da expiação do andrógino de 186 a.C. se diz que os magistrados, "assustados por aquele prodígio, dispuseram que

A Mulher

se tirasse o menino do territorio romano e o matassem no ato" (*prodigium abominantes arceri Romano agro necarique quam primum iusserunt*). MacBain, 1982, considera que "death by drowning is not stated but may certainly be understood"; Obsequens menciona a expressão *aruspicium iussu necatus* para este mesmo prodígio.
88. Gagé 1963, 131.
89. Lívio XXVII,37,8.
90. Lívio XXVII, 37,4-15. Esta cerimônia se ajustava ao *græcus ritus* dos *decemviri*, ainda que não se descartem elementos latinos ou itálicos. Cf. G. Wisowa, *Religion und Kultus der Römer*, Munique, 12, 191; *J.Gagé, L'Apollon romain. Essai sur le culte d'Apollon et le développement du "ritus græcus" à Rome dès origines à Auguste*, Paris, 1955, 355. Em sentido contrário, Pulci Doria 1983, 120 ss. Sobre os coros na Grécia, C. Calame, *Les choeurs de jeunes filles in Grèce archaïque*, I, Roma, 1977.
91. Lívio XXVII, 37, 11-15.
92. H. Diels, *Sibyllinische Blätter*, Berlim, 1890, 123, já o considerava como o mais antigo oráculo conhecido. Posteriormente se refiram a ele A. Giannini, *Paradoxagraphorum græcorum fragmenta*, Milão, 1965, e Pulci Doria, 1983.
93. Pulci Doria 1983. Cf. o cap. I: *I problemi posti dagli oracoli e la datazione del Diels* (p. 36-39) para se ver o estado da questão.
94. Flegonte 257 *FGH 36*.10 (vv. 4-5); sigo a tradução de Caerols 1991.
95. Flegonte 257 *FGH* 37.5.
96. Flegonte 257 *FHG* 36.10 (vv. 65 ss.). Caerols 1991, 882.
97. Pulci Doria 1983, 33. Virgílio, *Æneis*, III, 441-446: "Uma vez ali, chegarás à cidade de Cumas e aos lagos divinos e ao Averno ressonante de bosques, verás a vidente frenética que do fundo de um rochedo canta o destino e confia às folhas sinais e nomes. Todas as respostas que escreve nas folhas a virgem as põe em ordem e as deixa trancadas na cova".
98. Sérvio, *Ad Æneida*, III, 444, menciona folhas de palmeira: em *foliis palmarum Sibyllam scribere solere testatur*. A contradição pode explicar-se admitindo a possibilidade de que a Sibila utilizava vários tipos de folhas.
99. Lívio XXII, 1, 18. Cf. Plutarco, *Fab.* 2; Macróbio, *Saturnalia* 1, 6,13-14; Orósio, IV, 15, 1. É uma questão complicada saber se nos rituais expiatórios participavam matronas que pertenciam à ordem patrícia ou se – como parece – tal participação se ampliava às matronas plebéias. As fontes insistem constantemente na elevada condição social das mulheres.
100. Lívio III, 7,8, com motivo de uma *pestilentia* (cf. Orósio, 11, 12, 2; DH IX, 67). A *supplicatio* é qualificada por Wülker como *das Hauptsühnemittel* (o principal meio de expiação) dos decênviros. Geralmente as mulheres dirigem suas preces, durante estas expiações, também a divindades femininas; assim, no ano 174 a.C. se efetuam *supplicationes* diante dos templos de Ceres, Liber e Libera (Lívio XLI, 28). No ano 91 a.C., segundo Obsequens, 46, se produziu um rugido (*fremitus*) que deu a impressão de dirigir-se do inferno até o céu; o prodígio foi interpretado (*portendit*) como presságio de fome e miséria (*inopiam famemque*) e para proceder a sua expiacão se recorreu às mulheres, que aplacaram as divindades da terra, Ceres e Prosérpina. Cf. Le Bonniec 1958, 424 ss. Idêntico ritual expiatório tinha acontecido já no ano 104 a.C. quando nas proximidades de *Volsinii* saiu da terra uma labareda que viu-se chegar ao céu (Obsequens, 43). Segundo a mesma perspectiva devemos ver também a intensa participação da mulher nos *ludi sæculares*, instituídos pelos *decemviri*, coisa que, por se afastar de nosso tema não trataremos aqui cf. Brind D'Amour, "L'origine des jeux séculaires", *ANRW* II, 16.1, 1394 ss.
101. Cf. Montero 1993 com a bibliografia a respeito.

De Tanaquil a Lívia (612-38 a.C)

102. Lívio XXV, 2, 9.
103. Lívio X, 31, 8. Com o dinheiro das multas mandou construir o templo de Vênus, próximo ao Circo Máximo.
104. Valério Máximo, VIII, 15, 12. Sabemos por fontes tardias que os decênviros estabeleceram disposições tutelares para mulheres, meninos, *lunatici* e andróginos; cf. *Dig.* XXVII, 10, 1.
105. Ovídio, F IV, 157 ss.
106. A recomendação dos arúspices acontece, pois, oito anos depois da *lex Oppia*, uma lei suntuária promulgada no ano 215 a.c. que proibia as mulheres de ter mais de meia onça de ouro (Lívio XXXIV, 1). A taça de ouro entregue pelas matronas à deusa como oferenda obrigou, sem dúvida, a realizar um sério esforço econômico.
107. Obsequens, 37: [...] *in agro Stellati filia eius virgo equo insidiens fulmine icta exanimataque, vestimento deducto in inguinibus, exserta lingua, per inferiores locos ut ignis ad os emicuerit.*
108. Orósio, *Historiæ Adversus paganos*, V1, 21.
109. Obsequens, 37.
110. Plutarco, *QR* 83. Cf. Dião Cássio, 26, fr. 17. Sobre os juízos das vestais nos remetemos novamente a A. Fraschetti, *Le sepolture rituali del Foro Boario*, em *Le Delit religieux*, Paris,1981, 51-115.
111. Cícero, *De divinatione*, I, 121, quiçá o mesmo caso recolhido por Obsequens, 51 para o ano 91 a.C.
112. Plínio, *Naturalis historia* II, 137: [...] *partu exanimato ipsa citra ullum aliud incommodum vixit.* Além do naturalista latino, outras fontes recolhem o episódio: Apul., fr. 25; Lyd., *Fulg.* 44. Cf. P. Mastandrea, um neoplatônico latino: *Cornélio Labeone (testimonianze e frammenti)*, Leiden, 1975, 82-83, afirma que provavelmente Plínio e Apuleu bebem de uma fonte comum, talvez o libro III de *De Rerum divinarum*, de Varrão. Talvez seja oportuno recordar que, depois da morte de César, no dia em que Augusto entrava em Roma, "apesar de estar o céu sereno e límpido, de repente, um círculo parecido com o arco-íris rodeou o disco e no mesmo instante descarregou um raio sobre o túmulo de Júlia, filha de César..." (Suetônio, *Aug.* 95). O prodígio foi interpretado por *periti*, obviamente, os arúspices.
113. Piganiol, 1951. *Nigídio Fígulo "Astrologo e mago". Testimonianze e frammenti.* Organizado por D. Liuzzi, Lecce, 1983, cuja edição seguimos. Sobre a doutrina etrusca dos raios, cf. S. Weinstock, "Libri Fulgurales" *PBSR* 19 (1951) 122-153.
114. Piganiol, 1951, 79-87.
115. Recordaremos novamente que Sérvio (*Ad Æneida*, II, 140) e Festo (441L e 478L) dão como motivo da celebração dos *ludi taurii*, instituídos por Tarquínio, o Soberbo, por prescrição dos *libri fatales* etruscos, os numerosos abortos e crianças nascidas mortas das mulheres romanas. Também a passagem de Lucano (*Farsalia*, I, 590-591) em que o arúspice Arruns ordena queimar "em infaustas chamas os abomináveis frutos de ventres estéreis".
116. Sobre o processo de emancipação da mulher romana durante este período, cf. J.F. Gardner, *Women in Romam Law and Society*, Londres, 1986; Yam Thomas, "La divisione dei sessi nel diritto romano", em *Storia delle donne. L'Antichità*, Bari, 1990, 103-176.
117. Lívio XXXIV, 2, 12-33 (seguimos ed. de J.A. Villar Vidal, *Tito Livio. Historia de Roma desde sua fundación*. Livros XXXI-XXXV, Madri, 1993). Lívio não reproduz literalmente o discurso de Catão mas sim capta o essencial dele (cf. F. Della Corte, *Catone censore*, Florença, 1969, 213 ss.). Em geral, cf. P. Desideri, "Catone e le donne (Il debbatito liviano sull'abrogazione de la lex Oppia e la condizione giuridica della donna romana)", em *Atti del Convegno nazionale di studi sua "la donna nel mondo antico"*, Turim, 1987, 265; Cantarella 1991b, 38 ss.
118. Cícero, *De Repub.* I, 43, 67.
119. O temor a este tipo de "domínio" da mulher ou dos filhos porém reduzido ao âmbito familiar é expressado também no significado aruspicino que os *regalia exta* tinham no

A Mulher

âmbito privado: *privatis et humilioribus hereditates, filio familiæ deminationem* (Fest. 289L). Cícero, *Catilininariæ*, III, 19, recorda que no ano 65 a.c. vários objetos sagrados foram fulminados no Capitólio; arúspices chegados de toda Etrúria predisseram, entre outras coisas, "a guerra civil e doméstica," (*bellum civile ac domesticum*).

120. Vitrúbio, *De architectura*, I, 7. Sobre a adivinhação etrusca em Vitrúbio, cf. A. Boethius, "Vitrubio e il tempio tuscanico": *SE* 24 (1955-1956) 137-142; C. Tosi, "La città antica e la religione nell'De architectura di Vitrubio", em *Religione e Città*, Roma, 1984, 425-429; R. Chevallier, "Note sur Vitruve et 1'haruspicine étrusque: problèmes d'orientation. Éléments pour une enquête topographique", em *Les écrivains du siècle d'Auguste et l'Etrusca Disciplina.II. Cæsarodunum: suppl..* 63 (1993) 5-206.
121. K. Koch, *Der römische Jupiter*, Frankfurt, 1937, 88.
122. Pulci Doria 1983, 148-149 pensa que, "tutte le Junone dei Lazio partecipano al fenomeno". No dia 1º de março as matronas e a *flaminica Dialis* se deslocaram até o santuário de Juno Lucina para propiciar com preces a procriação e os partos. Juno não seria, entretanto, a única divindade feminina ligada aos prodígios: também Mater Matuta (Lívio VII, 33,1), Fortuna (Lívio XXIX, 36, 8; XXXIV, 53, 5 e XLIII, 13, 4-5) e Vesta (Cícero, *De divinatione*, I, 45; Lívio V, 32).
123. Cf. Valério Máximo I, 6, 5, Lívio assinala que como expiação do prodígio se realizou naquela cidade uma oferenda de 40 libras de ouro e, em Roma, as matronas consagraram a Juno uma estátua de bronze no Aventino.
124. Doações em prata, *hostiæ maiores* e oferendas das matronas a Juno Regina, em Aventino, e a Juno Sóspita, em Lanuvium.
125. MacBain, 1982, 12, onde diz que eles destacam um grande número de "prestigious pan-Italian cult centers and other places whose mayor local industry was religion". Omito Cumas, sede do culto da Sibila (sete prodígios), da relação.
126. Champeaux, 1982, 389 ss.
127. R. Ginouvés, *Balaneutiké. Recherches sur le bain dans l'antiquité grecque*, Paris, 1962, 283-289.
128. É significativo, neste sentido, que enquanto a adivinhação natural conheceu em grego uma quantidade de sinônimos que nos transmite Pollux (*Onom*. 1, 15-18: *enthusiasme, manía*), a língua latina, pelo contrário, não podia expressá-la senão por perífrases (*vaticinatio, divinatio per furorem, furor divinus*), sem dúvida porque lhe era desconhecida. Para o mundo grego, cf. Iriarte 1990, 75 ss.
129. Em uma das comédias de Plauto (*Rudens*, 114) se lê: "Se elas se calam é porque a mulher que se cala vale mais que a que fala (*Eo tacent, quia tacita bona, mulier semper quam loquens*). Tanto Angerona como Tacita-Muta simbolizavam no plano divino este silêncio da mulher sobre o que Finley insistiu tanto: "The Silent Women of Rome": *Horizon* 7 (1965) 57-64 (=*Aspects of Antiquity: Discoveries and Controversies*, Londres, 1968, 129-142). Ao contrário, E.F. Bloedow, "Mulier silens sed non muta": EMC 15 (1971) 71-91.
130. Macróbio, *Saturnalia*, 1, 6, 18 como explicação de *prætexta*. Cf. Gel. 1, 23, 4-13.
131. Sobre Angerona não existe nenhuma monografia. Só G. Dumézil, *Déesses latines et mithes vediques*, Paris, 1956, 44-70, dedicou-lhe alguma atenção comparando-a com o herói de Vedas, Atri. Cf. também M. Renard, "À propos d'Angerona et d'une urne étrusque", em *Hommages à Dumézil*, Bruxelas, 1960, 168-171. Sua comemoração se celebrava em 21 de dezembro, coincidindo com o solstício de inverno. O calendário epigráfico de Præneste diz que a "representaram no altar de Volúpia com a boca vendada" (*CIL* I, 377: *Statuerunt ea ore obligato in ara Volupiæ*) e Plínio, (*Naturalis historia* III, 65), diz que era representada *obligato obsinatoque*, quer dizer, com a boca fechada e vedada.
132. As esposas e as mães tinham sobre a guerra, como já se disse antes, uma ação nefasta, pois, como demonstra a lenda do rapto das sabinas, ou o episódio da esposa e da mãe de

De Tanaquil a Lívia (612-38 a.C)

Coriolano, só com suas presenças a terminavam. Desejosa, como diz Boëls, de preservar a paz que pode garantir os frutos de sua fecundidade, a mulher é por natureza hostil à atividade guerreira. Ovídio (*F*III, 393-398) recorda a proibição de contrair matrimônio no mês de março, quer dizer, quando se iniciava a campanha militar. Tomar mulher quando os salios brandiam seus escudos sagrados seria, segundo Boëls, uma provocação sacrílega, um *omen* desastroso que pressagiaria a ruína de todo o exército. Cf. Böels 1973, 77 ss.

133. Ter., *Heaut.* 649-650: *ut stultæ et misere omnes sumus religiosæ...* Uma bibliografia exaustiva sobre este autor em G. Cupaiuolo, *Biblioteca terenziana* (1470-1983), Nápoles, 1985. O termo *superstitio* teve durante a República, ao contrário, o sentido de "prática adivinhatória não contemplada oficialmente", como bem observou Grodzinski, 1974b, 39. Cf. *ILS* 8393; A. Pociña, "Hilar, parir y llorar: los elogios de Claudia, Helvia Prima y Eucaris", em *Studia Græcolatina Carmen San Millán in Memoria Dicata,* Granada, 1988, 349-361.

134. *De locis affectis* VI, 5; Gourevitch, 1984, 133.

135. Galien., *De locis affectis,* VI,5.

136. G. St. West, *Women in Vergil's Æneid, Diss.,* Los Angeles, 1975, considera que Virgílio, em harmonia com a ideologia augusta, proclama a necessidade de que o furor das mulheres, incapazes de autocontrolar-se, é a causa, por isso, de graves desastres, seja submetido ao governo e autoridade masculinas. Tácito *(Annales,* XIV, 30, 2) diz, em sua arenga, que o general Suetônio Paulino animou seus soldados a não temer um exército "mulherengo e fanático" *(ne muliebre et fanaticum).* Em geral, sobre o caráter da mulher romana, A. Riebi, *Die Zeichnung weiblicher Charaktere bei den römischen Epikern von Livius Andronicus bis Virgil,* Viena, 1952.

137. Ambos os procedimentos mostram um aspecto, destacado por Gagé, 1963, em sua excelente monografia, que é o da "designação, convocação, cooptação entre as matronas".

138. Lívio XXVII, 37, 8: *ipsæ inter se quinque et viginti delegerunt.* Gagé, 1963, 130, se pergunta: "tirage au sort ou désignation suivant un critère de superiorité, nous ne savons". No entanto o verbo *delego* dá a entender mais a idéia de eleição – talvez por consenso majoritário – do que de sorteio. Os edis curuis [N.doT.:curul, antigo magistrado romano.] convocaram ao Capitólio todas as matronas que moravam em Roma e em dez milhas ao redor, e elas mesmas escolheram vinte e cinco, para que recebessem certa quantidade com a qual podiam fabricar uma taça de ouro, que foram depositar no templo de Aventino, onde as matronas ofereciam um sacrifício. Do ponto de vista econômico oferece grande interesse esta expiação, pois a *lex Oppia,* uma lei suntuária promulgada oito anos antes (215 a.C.), proibia às mulheres, "ter mais de meia onça de ouro", (Lívio XXV, 1). Lívio assinala que no ano 207 a.C. cada uma das matronas tomou uma importância de seu própio dote (com a qual fabricou a taça de ouro), o que obriga a pensar em certos esforços econômicos.

139. Valério Máximo VIII, 15, 12; Plínio *Naturalis historia* VII,120 recolhe a notícia de forma muito mais enxuta: *Sulpicia, Paterculi filia, uxor Fulvii Flacci, electa ex centum præceptis.*

140. Sobre o relevo ostiense, cf. G. Beccatti, "Il culto di Ercole a Ostia e um nuovo rilievo votivo": *BCAC* 67 (1939) 37-60. A mulher e o menino são com muita freqüência, indistintamente, utilizados na adivinhação natural.

141. Gel. I, 12, 11-12: *Sed Papiam legem invenimus, qua cavetur ut pontificis maximi arbitratu virgines e populo viginti legantur sortitioque in contione ex eo, numero fiat et, cuius virginis ducta erit, ut eam pontifex maximus capiat eaque Vestæ fiat.*

142. Uma inscrição do século III d.C., em uma das estátuas das sacerdotisas de Vesta situada no *atrium* de seu templo no Foro, diz: *Cælia Claudiana V(irgo) V(estalis) Maxima a diis electa merito sibi talem antistitem numen reservare voluit* (CIL VI, 2139). A vestal é *diis electa,* o que faz pensar no uso da *sortitio* como meio para sua designação. Cf. Guerra, 1987, 258.

143. Plat., *Leg.* 759b: "[...] E nas nomeações deles todos é mister que se proceda às vezes com eleição e outras com sorteio, misturando assim em cada divisão do território ou da cidade

[...] E quanto aos sacerdotes, confie-se à divindade o fazer as coisas segundo seu gosto e proceda-se a sorteio colocando assim a escolha em mãos do divino acaso..." (trad. J.M. Pabón-M. Fernandez Galiano).

144. Guerra 1987, 322 ss.

145. O Senado escolhe por comum acordo Cipião como *vir optimus:* Lívio XXIX, 11, 6. A consagração de um templo, se não tinham sido previamente designados *duumviri* especiais *(ædi dedicandæ),* era feita pelo cônsules e, se ambos estavam presentes em Roma, a extração de *sortes* decidia a quem correspondia. Poucas vezes, no entanto, se é que houve alguma, os magistrados acataram este procedimento. Em 495 a.C. a designação para a destinação do templo de Mercúrio foi encomendada pelo Senado ao povo romano, que nomeou um centurião primipilar [N.do.T.: primeiro centurião da legião] (Lívio II, 27, 5-6). Em 431 a.C., o cônsul Cn. *Iulius,* na ausência de seu colega, consagrou o templo de Apolo sem recorrer à extração de *sortes (absente collega sine sorte dedicavit),* pelo que, posteriormente, protestou *Quinctius* (Lívio IV, 29, 7). Recordemos as palavras já citadas de Cícero, *De divinatione,* II, 41 contra a *sortitio.*

146. O dionisismo, muito arraigado na Itália grega, irrompeu com força durante a segunda guerra púnica; provavelmente quando a dominação romana se estendeu a toda a Magna Grécia, começou a se difundir o culto a Dionisio, que acabaria eclipsando ao *Liber* itálico. Sobre *Liber:* A. Bruhl, *Liber Pater. Origine et expansion du culte dionysiaque à Rome et dans le monde romain* (BEFAR, 175), Paris, 1953; E. Montanari, "Figura e funzione di Liber Pater nell'età repubblicana": *SMSR* 50 n.s., 8/ 2 (1984) 245-264. Sobre o culto de Dionisos-Baco na Itália, além de Jeanmaire, 1978 e Paillier, 1988, cf.: H. Gregoire, "Bacchos, le taureau et les origines de son culte", em Mélanges *Ch. Picard,* I, Paris, 1949, 401-405; M.P. Nilsson, *The Dionysiac Mysteries of the Hellenistic and Romam Age,* Lund, 1957; R. Merkelbach, *Die Hirten des Dionysos. Die Dionysos-Mysterien der römischen Kaiserzeit und der bukolischen Romam des Longus,* Stuttgart, 1988; J. Granet, "Dionysos contre Rome": *Pallas,* 36 (1990) 53-70; R. Turcan, "L'élaboration des mystères dionysiaques à l'époque hellénistique et romaine: de l'orgiasme à l'initiation", em *L'Initiation. Les rites d'adolescence et les mystères,* I, Montpellier, 1992, 215-233 com abundante bibliografia. Para os aspectos iconográficos, S. Boucher, *s.v. Bacus,* em *LIMC* IV, 1, 908 ss. Sobre Baco durante o Império, L. Foucher, "Le culte de Bacchus sous l'Empire Romain", em *ANRW* II, 17.2, 684-702.

147. Sobre as Bacanais do ano 186 a.C., cf. especialmente Paillier, 1986, com toda a bibliografia. Sobre a participação feminina: D. M. Kolney, "Dionysus and Women's Emancipation": *Class. Bull.* 50(1973-1974) 1-5; A. Henrichs, "Greek Maenadism from Olimpias to Messalina": *HSCPh* 82 (1978) 156-159; R. Kræmer, "Ecstasy and Possessiom: The Attraction of Women to the Cult of Dionysos": *HThR* 72 (1979) 55-80, em sua maior parte referidos ao mundo grego.

148. Turcan, 1989, 294.

149. É preciso ter presente a cifra de 7.000 iniciados que citam as fontes para valorizar em sua justa medida o enorme poder de atração deste movimento. Entre as mulheres figuravam não só escravas, mas também matronas da *nobilitas.* Cf. Montanari, 1988, 125, n.72.

150. J. Bayet, *La religión romana. Historia política y psicológica,* Madri, 1984, 165.

151. Sobre o termo *venenum* cf. Tupet, 1976, *passim;* R. Schilling, *La religion romaine de Vénus. Depuis les origines jusqu'au temps d'Auguste,* Paris, 1982. Tal vocábulo indica toda bebida (ou filtro bebível) capaz de produzir efeitos sobre o comportamento da pessoa que a ingerisse; podia, pois, se tratar tanto de vinum (capaz de embriagar) como de filtros de amor, porção mágica ou de verdadeiro veneno mortal. A *Vinalia* de 23 de abril era uma festa celebrada tanto em honor de Vênus como de Júpiter. Sabbatucci, 1988, 135 crê que "anche nei Vinalia se debba atribuire a Giove uma funzione moderatrice: il dio em questa occasione

De Tanaquil a Lívia (612-38 a.C)

moderava Venere e piú precisamente l'uso del "vino di Venere" che poteva ridurre un uomo alla condizione di un Fauno". Vênus não esteve isenta de algumas características adivinhatórias prematuramente anuladas; assim por exemplo, em Ênio, *Annales*, I, 25, Ilia a invoca para que "desças do céu para me visitar durante pouco tempo" (*ut me cælo visas*). Nesta mesma obra se assinala que Vênus doou a Anquises "o dom da profecia e uma inteligência própria dos deuses": *fari donavit, divinum pectus habere*. No ano 217 a.C. Q. Fabio Máximo dedicou um templo a Vênus Erucina no Capitólio (após uma prévia consulta dos Libros Síbilinos, que ordenaram trasladar a Roma o culto da Afrodite de Eryx, na Sicília). Porém no pensamento teológico dos pontífices ficou manifesta a necessidade de amenizar a *voluptas* da deusa com o culto do deus *Mens*. Ergue-se, contíguo ao de Vênus, também naquele mesmo ano, um templo a Mens, de formas e dimensões idênticas (Lívio XXIII, 31, 9; Montanari 1988, 159).

152. Plutarco, *De defectu oraculorum*, 432 E. Prossegue sobre os efeitos da música e o vinho no delírio báquico no ano 437. E. Fírmico Materno, em seu *De errore*, VI, 8, falará também de ébrias *puellas* e de *vinolentos senes*.
153. Sobre a proibição do *temetum* na mulher, cf. M. Durry, "Les femmes et le vin" *REL* 33 (1955) 108-113; M. Gras, "Vin et societé à Rome et dans le Latium à l'époque archaique", em *Modes de contacts et processus de transformation dans les sociétés anciennes*, Pisa, 1983, 1067-1075. O *temetum era* utilizado no sacrifício, o que excluía a mulher, como recorda Festo, 72L. Sobre a mulher e o sacrifício, Cazanove, 1987, 159-173; Scheid 1990, 424-464.
154. Montanari 1988, 147; cf. também p. 122 sobre o vinho nos ritos báquicos.
155. Cf. G. Piccaluga, "Bona Dea: due contributi alla storia del suo culto": *SMSR* 35 (1964) 195 ss.; Cantarella 1991, 62 diz que o verbo "falar" pode se entender em dois sentidos: o de fazer profecias, adivinhar e o de parlar ou mexericar, divulgando segredos familiares. Não obstante, existiam outros dois elementos que facilitavam o êxtase: o uso de certas ervas e a música báquica. Fírmico Materno, *De errore*, VI, 5-6, diz que a *ars magica* de Dionisio "se apropria do espírito das mulheres por meio de drogas e encantamentos (*venenis quibusdam et carminibus*) e as faz cometer, em pleno delírio, crimes bárbaros.
156. Lívio XXXIX, 16,7: "Os liberam deste escrúpulo inumeráveis decretos dos pontífices, decretos do Senado e, por último, respostas dos arúspices". Sobre o cônsul Posturnio, cf. o cap. XI da citada obra de Paillier. Sobre Lívio e as Bacanais, P.V. Cora, "Livio e la repressione dei Baccanali", *Athenæum*, 62 (1974) 82-109.
157. Varrão, *Apud*. Ag. *CD VI*, 9, 1. ainda no fim do século I d.C. Tácito, *Annales*, XV, 78, se refere às insanientes *Bacchæ*.
158. Virgílio, *Æneis*, VII, 395: as mulheres "enchem o ar de trêmulo ulular durante os ritos báquicos". Ovídio, *Metamorfosis*, III, 530 s.: os homens se deixam vencer pelas *feminæ voces*.
159. Plaut., *Amph*. 775-777; *Poen*. 527 *ss; Menech*. 890; *Rud*. 1006. Depois de Plauto, como observa Le Bonniec 1958, seu uso é raro, ficando registrado em Cícero, *Ad Atticum*, VIII, 5, 1 e Horácio, *Satiræ* II, 3, 176-178.
160. Destacaremos só as definições de Sérvio, *Ad Æneida*, VII, 377: *lymphata: percussa furore Lympharum, sicut cerritus a Cerere decimus*, e Festo (*s. v.*): *Laruati furiosi et menti moti, quasi larvis exterrit*.
161. Le Bonniec, 1958, 171-175, com a bibliografia anterior. Este autor deixa claro que não se trata de um empréstimo da grega Deméter.
162. Sobre o teatro latino: O. Ribbeck, *Die römische Tragödie im Zeitalter der Republik*, Leipzig, 1875 (=Hildesheim, 1968); G.E. Duckworth, *The Nature of Romam Comedy*, Princeton, 1952; E. Paratore, *Storia del teatro latino*, Milão, 1957; W. Beare, *The Romam Stage*, Londres, 1964; F.H. Sandbach, *The Comic Theater of Greece and Rome*, Londres, 1977; P. Grimal, *Le théâtre antique*, Paris, 1978.
163. Sobre Névio e sua produção teatral: E. Frænkel, "Nævius", em *RE, suppl*. VI, *coll*. 662 s.; H.B. Mattingly, "Nævius and the Metelli": *Historia* 9 (1960) 114 ss.; M. Barchiesi, *Nevio epico*.

Storia, interpretazione, edizione critica dei frammenti del primo Epos Latino, Pádua, 1962.
164. Sobre o mito de Cassandra, cf. Davreux, 1942, 59. Esta autora observa na p. 65 que, com as características do entusiasmo profético das Bacantes de Eurípides, a "Cassandre de Seneque est semblable à une bacchante en délire... La fureur prophétique qui s'empere d'elle est comparé a un fin qui l'embrase: *extingue flammas pectori infixas meo...* Succede alors une description du persornnage qui rapelle dans ses grandes lignes celle de la Sibylle de Cumes fite par Virgile".
165. Cassandra como vidente invadida por Apolo não aparece, no entanto, na *Ilíada* onde, pelo contrário, é o áugure Heleno que recebe inspirações diretas mas sem furor. Cf. *Il.* VI, 252; XIII, 363 ss.; XXIV, 669, etc. Cícero, *De divinatione*, I, 66, cita a Cassandra de Ênio como exemplo de profetisa "entusiástica".
166. É interessante ressaltar a ambígua expressão *superstitiosis hariolationibus* com as quais se define a ação profética de Cassandra. *Superstitiosus* tem habitualmente o significado de "clarividente", mas aqui aparece com um sentido pejorativo, enquanto que *hariolor* designa o fanático. Cf. Montero 1993b. O vocabulário de Ênio reflete, pois, uma pobreza léxica ao se referir à adivinhação natural, pela qual, de qualquer maneira, sente um profundo desprezo.
167. *Alex.* vv. 349 ss.; 1451-1474. Sobre Lícofron de Cálcis, cf. a bibliografia apresentada na recente edição de M. Fusillo-A. Hurst-G. Padriano, *Licofronte. Alessandra*, Milão, 1991. Sob o nome de Alexandra se esconde a troiana Cassandra que profetiza desde a destruição de Tróia até a fundação de Roma por Enéias. É possível que o poema de Lícofron de Cálcis tenha sido conhecido por Ênio; de qualquer maneira o fato de que Cassandra apareça nele anunciando o poderio de Roma (vv. 1226-1228; 1439-1450) explica quiçá o êxito do mesmo.
168. Conservamos um fragmento de *Equos Troianus* de Lívio Andrônico onde se encontra a súplica dirigida por Cassandra ao deus Apolo para que este a ajude a dissuadir os troianos de introduzir o cavalo na cidade, o que pressupõe tanto uma visão do que pouco depois ia acontecer como a incredulidade de suas profecias. Cf. R. Lallier, "L'Equos Trojanus d'Andronicus", em *Mélanges Graux*, Paris, 1984, 177 ss.
169. Virgílio, *Æneis*,III,182-187.
170. Cf. Guillaumont 1984, 112-113.
171. Sérvio, *Ad Æneida*, II, 247. Davraux, 1942,70.
172. Sobre Medéia na literatura latina, cf. o recente trabalho de Arcellaschi, 1990.
173. Aludindo à *coniectura*, aparece também em Cícero, *De orat.* I, 95: *quantum auguror coniectura*; *Ad Atticum*,II, 9, 1: *quantum coniectura auguramur.*
174. Ênio, fr. 30. Na realidade, o recurso à adivinhação inspirada aparece não só nos trágicos gregos (adaptados por Roma nos finais do século III a.C.), como também na poesia helenística: em Alexandre de Etólia, Apolônio de Rodes, Teócrito ou Calímaco, a visão profética é freqüente e constitui inclusive um recurso estilístico para evocar lendas, relatar mitos, etc., alcançando sua culminação na citada *Alexandra*, de Lícofron de Cálcis, de começos do século III a.C.
175. Sobre o sonho em Roma, além de Grillone, 1967, cf. F. Loretto, *Träume und Traumglaube in den Geschichtswerken der Römer*, Diss. Graz, 1957; A. La Penna, "Polemiche sui sogni nella storiografia latina arcaica", em *Aspetti del pensiero storico latino*, Turim, 1978, 115-116. Sobre os sonhos e seu significado na obra de Virgílio, H. R. Steiner, *Der Traum in der Æneis*, Berna, 1952; C.J. Mackie, "*Nox erat... Sleep and Visions in the Aeneid*": *G&R* 38/1 (1959-61), 11-21. No cap. 6 ofereceremos a bibliografia correspondente aos sonhos em época imperial.
176. Cícero, *De divinatione*, I, 4.
177. Cícero, *De divinatione*, I, 113.

De Tanaquil a Lívia (612-38 a.C)

178. Latínio considerou o sonho "como mais um dos muitos sonhos disparatados": Cícero, *De divinatione*, I, 55; Lívio VII, 68, 4; Valério Máximo I, 4, 7; Latâncio, *Inst. div.* II, 7, 20. A história de Tito Latínio (Lívio) e Annio (Valério Máximo) é a mesma, mas narrada em épocas diferentes.
179. Virgílio, *Æneis*, V, 659-660. As matronas mal acabam de reagir diante da intervenção da falsa Beroe e só quando vêem que Iris levanta vôo nas próprias asas, "atônitas pela visão e levadas por sua fúria, se põem a gritar e roubam o fogo dos altares secretos" (V, 559-660).
180. Como, por exemplo, os sonhos de Dido: "Enéias em pessoa a persegue em seus sonhos de louca e sempre vê a si mesma sozinha, abandonada, sempre sem companhia caminhando por um longo caminho e em uma outra terra descarta buscar os toris..." (Virgílio, *Æneis, IV*, 464-468). O interesse da política pelos sonhos femininos se explica pelo desejo de justificar um mandato direto dos deuses. Conhecemos o caso de Stennius Mettius, chefe dos mamertinos, que no ano 270 a.C. recebeu em sonhos a visão de Apolo a lhe ordenar a celebração de um *ver sacrum* (Fest., 150L: *exposuit se vidisse in quiete præcipientem Apollinem*). A personagem pertence também à nobreza indígena. No entanto não conhecemos ritos de culto instituídos em Roma após um sonho ou uma visão de algum membro da aristocracia romana. Quanto à passagem de Festo, cf. Gagé 1955, 239-240.
181. Gran. Licin., 33. Cf. Gagé 1963, 152 n. 1. De novo aqui se repete a expiação matronal por uma falta cometida por uma delas.
182. Obsequens, 55. J. Carcopino, *Sylla ou la monarchie manquée*, Paris, 1931, 183 ss., a qualificou de "grande dama inspirada". Quanto à atenção prestada pelo Estado a determinados tipos de sonho, o juízo de Cícero, *De divinatione*, I, 4, é claro: "O Senado tampouco descuidou dos sonhos, pois por sua importância pareciam necessários para tomar decisões que afetaram o Estado *(Nec vero somnia graviora, si quæ ad rem publicam pertinere visa sunt, a summo consilio neglecta sunt)*. Oportunamente vimos Lúcio Júlio, cônsul com P. Rutilio, encarregado de reconstruir o templo de Juno Tutelar, por decreto do Senado em conseqüência de um sonho de Cecília, filha de Baleárico (ex *Cæciliæ,Balearici filiæ, somnio*)". Cf. também *De divinatione*, I, 44 e II, 66.
183. Valério Máximo I, 7, 2. Cabe recordar que poucos anos depois teve lugar o sonho da mulher de Pilatos, que não consegue salvar Cristo. Mateus o narra em seu *Evangelio*, 27, 19 nos seguintes termos: "Não se meta nos assuntos deste homem justo, pois hoje sofri muito em sonhos por sua causa."
184. Plutarco, *Cæs.* 63, 10.
185. O melhor trabalho sobre a colaboração dos arúspices com César é o de E. Rawson: "Ceasar, Etrúria and the Disciplina Etrusca", *JRS* 68 (1978) 132-152. Cf. também F.H. Massa Pairault, "Octavien, Auguste et l'Etrusca Disciplina", em *Les écrivains du siècle d'Auguste et l'Etrusca Disciplina. Cæsarodunum, suppl.* 60 (1991) 5-22.
186. Cornélia foi esposa de P. Licinio Crasso (m. 53 a.C.) e depois de Cneo Pompeu, a quem acompanharia até o Egito, onde este morreu no ano 48 a.C. A narração de Plutarco (*Pomp.*, 74) tem pontos em comum com a de Lucano, mas se afasta no estado de ânimo de Cornélia. Cf. W. Rutz, "Die Träume des Pompeius in Lucans Pharsalia": *Hermes, 91* (1963) 334-345.
187. Grillone, 1967, 101 define o carácter de suas visões em termos que também poderiam definir os sonhos da mulher de César: "una mescolanza di presagi e di ansiose paure".
188. Lucano, *Farsalia*, VIII, 43-49
189. Grillone 1967, 101 ss.
190. Plutarco, *Pomp.* 78. O episódio é narrado também por Valério Máximo I, 8,9; Dião Cássio, 42, 5, 6; App. *BC* II, 86; Lucano, VIII, 712 ss. O poeta latino diz que *Cornélia* "temeu a desgraça" e que, "fora de si, segurava ambas as mãos". Cf. A. Pérez Largacha-S.Montero, "Los funerales de Pompeyo" SCO 45 (1995) p. 449-463. Sobre a morte desta personagem:

A Mulher

R. Seager, *Pompey. A Political Biography*, Oxford, 1979.
191. Ênio, *Annales*, 24. O uso de *visus* (v. 39), *videbar* (v. 41) e *videtur* (v. 44) contribui segundo Grillone, 1967, 22 para explicar o sonho "come frutto dell'animo di Ilia". Cícero, *Lucull.* 27, 28 e 16, 51, escreveu sobre o verbo *videor* e o uso que Ênio faz dele. Seguimos a edição de M. Segura Moreno, *Quinto Ennio, Fragmentos*, Madri, 1984.
192. Ovídio, *F* III, 9-40.
193. Cf. Bouché-Leclercq, 1879-1882, I, 180. Pérsio, *Sat.* V, 185, alude também aos "perigos que anuncia o ovo quebrado (*ovoque pericula rupto*)"; se o ovo introduzido na cinza quente se quebrava, anunciava grandes perigos. Sua escoliasta (*Ad* V, 185) faz a respeito o seguinte comentário: *Sacerdotes, qui explorandis periculis observationem faciebant, observare solebant ovum igni impositum, utrum in capite an in latere desudaret; si autem ruptum effluxerit, periculum portendebat ei, pro quo factum fuerat sacrum.* Cf. Isid., *Orig. s.v. ovispex.*
194. Suetônio, *Tib.* 14, 2. Plínio, em sua *Naturalis historia* X, 154, narra o episódio quase nos mesmos termos: assinala que Lívia em sua primeira juventude (*prima sua iuventa*), quando esperava Tibério *ex Nerone gravida*, "como desejava absolutamente trazer ao mundo um macho (*virilem sexum*), se serviu deste tipo de prognóstico, típico das mulheres jovens (*hoc usa est puellari augurio*)". Segundo o naturalista, Lívia aquecia o ovo em seu seio (*ovum in sinu fovendo*) e depois o dava a uma babá para que esta fizesse a mesma coisa. Finalmente acrescenta que este tipo de augúrio – é por isso que no princípio sente desprezo por ser próprio de moças – não resultou falso (*nec falso augurata proditur*). Sobre Lívia, N. Purcell, "Lívia and the womanhood of Rome": *PCPhS* (1986) 78-105.
195. Ênio, *Alexandra*, 21.
196. Suetônio, *Vita Vergilii*, 11-19.
197. Focas, *Vita Vergilii*, vv. 37-43. Sobre Focas, cf. G. Brugnoli, *Foca: Vita di Virgilio*, Pisa, 1984, com notícia biográfica sobre o autor e abundante bibliografia. Vid. também Donato, *Vit. Virg.* 1-2.
198. Refiro-me, concretamente, a *Expositio Gudiana*, 11-17; *Periochæ Vossianæ*, 9-14; *Vita Monacensis*, 1, 9-14; *Vita Noricensis* I, 10-16, recolhidos por K. Bayer, *Vergil-Viten en Vergil Landleben. Bucolica-Georgica-Catalepton*, ed. J. und M. Götte, Munique, 1970,211-455.
199. Suetônio, *Vita Virgilii*, 1. É provável que seja este um velho costume que relacionava o parto com as árvores. Suetônio, *Vesp.*, 5, 2, diz que cada vez que Vespásia (mãe do imperador Vespasiano) dava à luz, um carvalho de seu sítio emitia subitamente de seu tronco um ramo que dava a conhecer o destino que aguardava a cada filho.

De Lívia a Serena (38 a.C.-384 d.C.)

4

A DEUSA

I. A *GENS CORNELIA* E A ADIVINHAÇÃO NATURAL

Nos últimos anos da República e, sobretudo, nos começos do Império, Roma começa a se abrir lentamente para a adivinhação natural. Entre os diversos fatores que propiciaram este processo merece se destacar o colégio dos decênviros que, se bem que custodiava e interpretava os Livros Sibilinos conforme a tradição, manteve em vigor as velhas profecias da Sibila, recorreu com certa freqüência a Delfos e concedeu grande protagonismo às matronas nas explicações dos prodígios; foi ele, aliás, que importou certos cultos femininos como o de Cibele. Este colégio (ou, ao menos, muitos de seus membros) se constituirá, do meu ponto de vista, em motor de um processo de abertura do Estado para a adivinhação natural e o profetismo feminino[1].

Uma *gens* especialmente ligada ao colégio decenviral foi, desde suas origens, a *gens Cornélia*, como o demonstra a presença no mesmo, por exemplo, de L. *Cornelius Lentulus* (213-173 a.C.), P. *Cornelius Sulla* (cerca 212 a.C.), *Cn. Cornelius Scipio Hispanus* (cerca 139 a.C.) ou *P. Cornelius Dolabella* (51-43 a. C)[2].

Cornélio Epicado, liberto do ditador Silas (88-79 a.C.), sustentava em seu tratado de *cognominibus*

> [...] que Sibila – e, a partir daqui, Silas – foi o nome dado àquele que instituiu pela primeira vez um culto baseando-se nos *Livros Sibilinos*. E como ele usava o cabelo dourado e bem penteado, os que se lhe pareciam foram chamados Silas, daí se chamam, hoje em dia, a modo de burla, de silas os afeminados[3].

De Lívia a Serena (38 a.C. - 384 d.C.)

O primeiro dos Cornélios que teve este *cognome* foi o decênviro *P. Cornelius Sulla*, conhecido também como *Rufus Sibylla*, ao qual alguns autores atribuíram o oráculo do 207 a.C. e que, por sua qualidade de pretor (em 212 a.C.) recebeu as profecias do adivinho *Marcius*[4].

Seguindo, pois, uma tradição familiar, não surpreende que fosse sob a ditadura de Silas, após uma catástrofe que alguns autores crêem tenha sido provocada, quando tivera lugar a restauração dos Livros Sibilinos: em 6 de julho de 83 a.C. ocorreu o incêndio do Capitólio e com ele a destruição da coleção sagrada[5]. Iniciados os trabalhos de reconstrução do templo, no ano de 76 foi nomeada uma comissão de três pessoas para recolher os oráculos perdidos da Sibila e recompor, desta forma, os livros sagrados. É neste mesmo ano que, nas emissões de Marílio Torquato, a figura e o nome da Sibila aparecem pela primeira vez nos reversos monetários romanos.

Sabemos que a maior parte dos mil versos recolhidos pela comissão procediam da sibila de Eretria, pátria da sibila cumana[6]. No entanto, Lactâncio menciona também outras cidades gregas e itálicas visitadas pela comissão senatoria1[7]. Deixaremos à margem o problema dos oráculos falsos que, ditados por particulares, se introduziram na coleção até que Augusto, antes de depositá-la no templo de Apolo Palatino, procedesse a expurgá-la.

Merece, em todo caso, se destacar a iniciativa – tomada aparentemente pelo senado romano – de nomear uma comissão oficial com o encargo de visitar – da Itália até Tróia – as diversas sibilas com o fim de reconstruir novamente os Livros; Roma se abria assim, como poucas vezes no passado, ao profetismo feminino de origem grega. Como conseqüência disto houve um processo de desnaturalização dos Livros Sagrados, que ficaram expostos às influências estrangeiras.

O marcado caráter profético do novo material contrasta, como advertiu J. J. Cærols[8], com os ritos e prescrições expiatórios que a antiga coleção continha. Mas não é menos certo que os novos Livros se converterão em um instrumento político a serviço do Senado e dos melhores generais, propiciando-se assim o início de sua decadência.

Não surpreende desta forma que os Livros Sibilinos, submetidos durante boa parte do século I a.C. ao controle da *gens Cornelia*, a citassem expressamente em certas ocasiões. Segundo Salústio, Cornélio Lêntulo costumava dizer que os Livros Sibilinos anunciavam que o *regnum Romæ* tinha sido destinado em profecias a três indivíduos da *gens Cornelia* (Cinna, Silas e ele mesmo)[9]; outros autores recolhem com insistência esta mesma informação[10].

A Deusa

Mas este assunto forma parte do contínuo recurso dos *Cornelii* à adivinhação natural cuja prática, mesmo já mal considerada entre as mulheres, foi pessimamente vista entre os membros de uma *gens* tão ilustre. Tal tradição, mantida ao longo dos dois últimos séculos da República, contribuiu significativamente para abrir em Roma novos horizontes ao profetismo. Das numerosas ramificações abrangidas pela *gens*[11], ao menos três delas – as dos Cipiões, Lêntulos e Silas desembocaram nesta perigosa prática.

Os numerosos trabalhos sobre Cipião, o Africano, e, particularmente, aqueles centrados na dimensão sobre-humana e divinizada de sua personalidade[12] nos permitirão recordar a contínua inter-relação do universo político e militar romano e a adivinhação natural. Uma de suas formas habituais foi o sonho: a Cipião aparece Netuno em um sonho e lhe promete sua ajuda revelando-lhe a forma de superar a maré durante a conquista de Cartago Nova no ano 209 a.C.[13]; também seu cargo de edil é anunciado repetidamente em sonhos[14]. Outra, seus encontros noturnos com Júpiter no Capitólio[15].

No ano 205 a.C., o oráculo de Delfos recomendou que a deusa Cibele fosse acolhida pelo melhor dos cidadãos, designando-se como tal Públio Cornélio Cipião (Nasica), sobrinho do Africano (Lívio XXIX, 14). Se aceitamos, como sugere H. Graillot, a não historicidade da consulta da Pítia, haveria que pensar que foi a própria *gens Cornelia*, à qual estava vinculada uma tradição oracular e sibilística, que elaborou e difundiu esta pretendida consulta.

A personalidade de Cipião como figura de dimensões sobre-humanas, sua vida, caracterizada pela contínua intervenção da divindade, e, sobretudo, sua capacidade adivinhatória explicam uma estranha tradição sibilística de origem etólia datada tradicionalmente depois da guerra síria [Selêucidas]. Flegonte de Trales incorpora a uma de suas obras (*Peri thaumasíon*) uma lenda extraída do filósofo Antístenes[16] em que se apresenta o general romano Públio no santuário pan-helênico de Naupacto de Etólia; este, louco e fora de si, começou a profetizar tanto em verso como em prosa.

Os versos contêm oráculos que anunciam desgraças para a Itália e a Sicília, causadas por inimigos que, procedentes da Ásia, levarão também destruição e escravidão para Roma e seus habitantes; Públio precisa que se trata de um monarca que se aliará com o rei de Epiro. As profecias em prosa dizem aos soldados que sejam arrolados sob suas tarefas alguns acontecimentos que acontecerão de imediato (como a passagem para a Ásia, a vitória sobre o rei Antíoco e sobre os gálatas, etc.). Depois segue a visão de uma invasão da

Europa por parte de uma coalizão de reis que causará ruína e estragos. Finalmente Públio, fora de si, sobe em um carvalho para anunciar a seus soldados que, como confirmação destes fatos, será morto e devorado por um lobo vermelho. Tudo se cumpre pontualmente, salvo que o lobo respeita a cabeça de Públio, que começa a falar em verso, profetizando uma nova invasão e a ruína da Itália.

E. Gabba foi quem inicialmente deu maior atenção a este texto, considerando que os acontecimentos futuros aos que Públio se refere não podem ser outros que a guerra contra Antíoco e a expedição do Vulso contra os gálatas (189-188 a.C.); recentemente, no entanto, foram feitas outras propostas[17]. Mas o que nos interessa em maior medida – e neste aspecto existe unanimidade entre os críticos modernos – é que o sujeito das profecias não pode ser outro senão Públio Cornélio Cipião.

O oráculo (anti-romano como muitos outros de caráter sibilino que circulavam no século III a.C.) anuncia (*ex eventu*), por uma parte, a conquista romana da Ásia – que já tinha acontecido – e, por outra, a futura invasão asiática da Europa quiçá, como sustenta E. Gabba, por Antíoco ou Aníbal. Porém para dar-lhe maior credibilidade se escolhe Cipião, uma personagem conhecida em Roma por sua inspiração divina e seus dotes proféticos. Não faltam tampouco alguns elementos oraculares gregos, como o carvalho de onde anuncia sua própria morte, a mesma árvore de onde profetizava a sacerdotisa de Dodona[18].

E à figura de Cipião Emiliano, como observa Pulci Doria[19], se liga uma tradição profética que herda de seu pai. Uma delas é o famoso *somnium Scipionis* a que Cícero dedicou um tratado[20]. Porém ainda caberia acrescentar outras mais, como o oráculo emitido pela sibila de Cumas no ano 125[21] e a consulta oracular dos santuários: o de Clúnia em Hispânia e o de Tanit em Cartago, sobre os quais mais adiante voltaremos.

Porém da *gens Cornelia* foi Silas quem, com seu próprio exemplo, favoreceu em maior medida uma abertura ao profetismo greco-oriental como demonstram vários fatos conhecidos[22].

Silas mostrou uma especial devoção por Apolo de Delfos; o próprio Apiano nos transmitiu o oráculo que a pítia deu ao ditador quando este chegou a Delfos e a interrogou sobre seu futuro[23]. Pouco depois de sua morte, o colégio de decênviros começou a exibir o trípode, o delfim e o corvo como símbolos próprios; os três fazem alusão à história do santuário grego e, pelo menos o primeiro deles aparece especialmente ligado ao transe profético da Pítia.

A Deusa

Silas fez também consultas oraculares à deusa grega Afrodite, cujo santuário oracular de Pafos era um dos mais ativos do Mediterrâneo oriental [24]. Plutarco recorda também suas consultas ao antro oracular de Trofônio na Grécia[25]. Porém não olvidemos a Itália, onde Silas mostrou publicamente sua devoção pela Fortuna de Præneste, segundo nos diz Plínio, mediante a doação de um rico pavimento polícromo de mármore (*lithostroton*)[26].

Outra prática adivinhatória de Silas – sempre dentro da mântica natural – foram os sonhos. Plutarco (*Syll.* 17) diz que Silas tinha visões noturnas nas quais lhe aparecia Júpiter Olímpico em toda sua grandeza e, em outras ocasiões, a deusa Afrodite[27]. Sabemos igualmente que o ditador introduziu em Roma o culto da deusa capadócia Mã (caracterizada pelo delírio profético de seus seguidores e identificada pelos romanos com Belona) após um sonho[28].

Uma moeda emitida sob sua ditadura representa Silas, deitado na grama, vendo em sonhos Vitória, em pé, que lhe oferece uma longa palma, e Diana, sentada, que está quiçá com uma capa[29]. Segundo os estudiosos, reproduziria o sonho que teve no ano 83 a.C., durante seu regresso a Roma, no qual lhe apareceu a deusa ordenando-lhe exterminar seus inimigos.

De forma parecida, na véspera do encontro com o filho de Mário teve outro sonho premonitório no qual via o pai de seu inimigo aconselhar seu próprio filho que tivesse cuidado no dia que estava começando, pois lhe traria grandes infortúnios (Plutarco, *Syll.* 28, 8 e 12).

Poucos dias antes de Silas morrer encontrou em sonhos o seu filho (morto pouco antes de Metela) para pedir-lhe que o acompanhasse para junto de sua mãe (Plutarco, *Syll.* 37, 3).

O próprio Silas reconhece em suas memórias que, pouco antes de se afirmar com a ditadura, não hesitou em se aproveitar das promessas de vitória dadas por um escravo de Capadócia em pleno delírio profético[30].

Ainda depois de Silas, aparecem outros membros da *gens Cornelia* recorrendo à prática da adivinhação natural. De Lêntulo, que como vimos tinha reclamado para si o "poder real" que um oráculo da Sibila tinha destinado a sua família, diz Cícero (*De Catilinæ Conjuratione* IV, 2) que, empurrado pelos vates (*inductus a vatibus*), considerava que seu nome estava marcado pelo destino. Porém Floro esclarece que proclamava isso à maneira de um profeta inspirado (*vaticinans*)[31].

Por volta do ano 48 a.C., Lúcio Cornélio Lêntulo Crus, decênviro, quando percorria a costa egípcia, teve uma visão na qual contemplava o corpo de Pompeu queimando em uma fogueira, coisa que se pôde comprovar depois[32].

Finalmente, segundo relatam Plutarco (*Cæs.* 47, 3-6) e Gélio (NAXIV, 18), no mesmo dia da batalha de Farsália, outro Cornélio profetizou o desenlace da mesma desde a cidade de Pádua. Plutarco diz que esta personagem era, além de familiar ao historiador Tito Lívio um adivinho reputado (*eudókimos... mantiké*). Por sua parte Gélio deixa bem claro que não se trata de um adivinho qualquer; diz que era "um sacerdote ilustre por seu nascimento, respeitável pela santidade de suas funções e pela pureza de sua vida".

O relato de Plutarco é um tanto surpreendente, pois diz que o adivinho, observando o vôo das aves, soube do início da batalha anunciando que os homens se preparavam para o combate; pouco depois, enquanto observava os signos augurais, pulou de seu lugar e gritou "em um transporte de entusiasmo" (*met' enthousiasmou*): És o vencedor, César! A técnica augural e o êxtase profético nunca foram compatíveis em Roma. Porém o biógrafo grego esclarece, de qualquer maneira, que a visão chega ao sacerdote por meio da adivinhação natural ou inspirada.

Gélio nos diz que Cornélio Culeão experimentou um repentino entusiasmo e anunciou que via ao longe uma batalha encarniçada, com retiradas, perseguições, matanças, fugas, assaltos, gemidos e feridas. Trata-se de um *hariolus*[33], já que, como diz expressamente Gélio, "via tudo com clareza, como se estivesse no campo de batalha" anunciando que, no final, César seria o vencedor. O ceticismo e inclusive o descrédito que este tipo de anúncio merecia em Roma se reflete no fato de que a profecia de *CuleolIus* passava naquele momento por loucura causando profundo assombro o fato de que seus prognósticos se confirmassem.

Ainda durante as guerras civis, depois da batalha de Farsália, Cipião Salucius fez circular da África um antigo oráculo, ainda que Plutarco não indique sua procedência, e segundo ele, ser próprio da família dos Cipiões vencer sempre na África[34].

Os motivos pelos quais a *gens Cornelia* se abriu à adivinhação natural ao longo de sua história não são conhecidos; no entanto – e à margem da cultura helenística que impregna, por exemplo, o ramo dos Cipiões – tudo indica, como as próprias fontes põem em relevo, que seus membros se valeram dela para afiançar suas aspirações ao poder unipessoal; neste sentido não fizeram senão se adiantar à época imperial, na qual, como veremos, os chefes militares colaboraram com profetisas estrangeiras para afiançar seu carisma.

O recurso às consultas oraculares ou aos sonhos premonitórios de destacados membros da *gens* facilitou uma acolhida menos hostil da adivinhação natural entre as ordens sociais superiores. Porque o resto da sociedade romana deu provas suficientes de seu desejo de recorrer à adivinhação natural como parecem demonstrar, ao menos, os fatos: o ressurgimento das tradições oraculares itálicas e a prática adivinhatória no âmbito das novas religiões orientais.

II. A profecia de Vegóia

A circulação na Itália de um oráculo conhecido como a "profecia da ninfa Vegóia" é preciso ser entendida em seu justo contexto. Alguns autores, como J. Gagé, já consideraram que os *legati* da comissão encarregada de reconstruir os Livros Sibilinos visitaram as sibilas da Sicília e das *coloniæ Italicæ* com o propósito de fazer um vácuo no profetismo itálico[35]. Sabemos, por exemplo, da "atividade política" da sibila de Tibur, que ela colaborou com o partido de Mário e que o *liber* da sibila tiburtina foi removido do templo, no ano 76 a.C., por L. Gélio Poplícola, figura muito ligada a Pompeu.

No ano 91 a.C. o tribuno Lívio Druso anunciou um programa para a propriedade da terra. Sua política provocou uma marcha dos proprietários etruscos mobilizados por ordem do cônsul Filipe[36]. Neste ambiente de tumultos e protestos, veio a ser conhecida a "profecia" de Vegóia. Esta era uma Lasa (una ninfa, em etrusco) ligada à região de Chiusi, a *Lasa Vecu* ou *Vecuvia*, conhecida pela tradição literária e iconográfica[37].

Nessa profecia, conservada nos *Gromatici Veteres*, Vegóia se dirige a Arruns Veltymnus nos seguintes termos:

> Saiba que o mar foi separado da terra (*scias mare ex æthera remotum*). Quando Júpiter reivindicou as terras da Etrúria estabeleceu e ordenou que as planícies fossem medidas e os campos limitados. Conhecendo a avareza humana (*hominum avaritiam*) e a paixão (*cupiditem*) suscitada pela terra, quis que tudo fosse definido com sinais nos confins (*terminis*). Estes sinais, quando alguém, um dia, levado pela avareza ao acabar o oitavo século (*octavi sæculi*), não contente com os bens que tinha recebido, deseje os de outros, serão violados com manobras dolosas, serão removidos e deslocados pelos homens. Porém quem os tiver removido e

De Lívia a Serena (38 a.C. - 384 d.C.)

deslocado para engrandecer a sua propriedade e diminuir outras será, por este delito, condenado pelos deuses (*damnabitur a diis*). Os que tiverem deslocado os sinais serão atingidos pelas piores enfermidades e agoniados nos membros mais débeis. A terra será depois sacudida por tempestades e tormentas que a farão vacilar; as colheitas irão mal, serão arruinadas pela chuva e o granizo, morrerão na canícula e serão destruídas pela ferrugem. Haverá numerosas discórdias no povo (*dissensiones in populo*). Saiba que estes castigos terão lugar quando tais delitos se verificarem (*cum talia scelera committuntur*) ...[38].

O tom profético das palavras de Vegóia fica explícito em uma série de expressões características (*scias...voluit*). A profecia, assim como os *libri Vegoici* sobre o significado dos raios, explicam que Vegóia tenha sido freqüentemente qualificada de "profetisa" ou de "sibila"[39]. De fato, sabemos que as revelações da ninfa Vegóia faziam parte dos *libri rituales* etruscos e eram consultados pelos arúspices ainda no século IV d.C.

A segunda parte da profecia, referida aos sinais do confim e ao direito da terra em uma época de crises e de temores sociais prévios ao desencadeamento da guerra social e da transição a um "novo século" etrusco, é bem diversa – tanto por sua natureza como por sua finalidade – do preâmbulo. Muitos foram os autores que trataram disso, esforçando-se sobretudo em identificar os transgressores do *ius terrae Etruriae*[40].

É óbvio que a profecia de Vegóia se inscreve em um âmbito geográfico determinado e faz alusão a uma situação sócioeconômica muito concreta. Podemos considerá-la – seguindo Valvo – como uma reação do proprietário médio etrusco contra os *domini* latifundiários para que estes deixassem de ampliar suas posses – por meio de pressões, abusos, violências – a custo dos mais débeis. Valvo assinalou acertadamente que na "profecia" devemos ver um documento elaborado em um ambiente hostil à aristocracia latifundiária etrusca e no entanto atento a conservar a ordem constitucional[41]; essa ordem estava baseada, quanto ao direito de propriedade, em fundamentos cosmogônicos e religiosos, típicos do mundo etrusco.

De qualquer maneira devemos constatar que, para impedir uma injustiça social, os proprietários etruscos – já muito romanizados em começos do século I a.C. – fazem suas reclamações na forma de uma profecia apocalíptica feminina, sem dúvida conscientes dos efeitos que esta podia causar; o vazio existente neste âmbito das tradições romanas os obriga a recorrer a seus antigos costumes religiosos e, em especial, ao mundo das revelações dos livros da *Disciplina etrusca*.

A Deusa

III. Os cultos orientais e a adivinhação

Também nos finais da República a sociedade romana entrou em contato com divindades de origem grega e oriental, cujo sacerdócio praticava – se bem que não de forma sistemática – a adivinhação extática[42].

Já nos referimos, no capítulo precedente, à prática de vaticinações nos rituais báquicos romanos do ano 186 a.C. Talvez seja oportuno recordar que a companheira de Espártaco, o célebre escravo originário da Trácia que protagonizou uma revolta de escravos na Itália do ano 73 ao 71 a.C., é qualificada por Plutarco de "profetisa, submetida aos transes dos mistérios dionisíacos, dotada de virtudes proféticas e possuída pelo deus durante as orgias de Dionísio"[43].

É o caso também dos *galli*, os sacerdotes da deusa Cibele; Pérsio em uma de suas sátiras alude aos "perigos que anunciam os *galli* de elevada estatura e a sacerdotisa estrábica com seu sistro"[44]* e Juvenal cita o sacerdote de Cibele que faz uso de seus poderes proféticos para advertir as mulheres, com fortes gritos, do perigo da chegada do mês de setembro[45].

Estes sacerdotes estavam submetidos à autoridade do *archigallus* que, invadido igualmente pelo delírio sagrado, profetizava, transformando-se – como diz Bouché Leclercq – em um oráculo vivo. Conhecemos inscrições latinas em que os devotos da deusa iam ao taurobólio** *ex vaticinatione archigalli*[46].

Mais interessante ainda é a seguinte disposição jurídica do período imperial, conservada nos *Fragmenta Vaticana*:

> Fica escusado das tutelas aquele que, de acordo com uma previsão (*ex vaticinatione*) do *archigallus*, faz um sacrifício no porto de Óstia pela saúde do imperador[47].

Dois fatos sobre o sacerdócio metróaco merecem ser observados. O primeiro deles é que o Estado romano, ao menos inicialmente, proibiu seu recrutamento entre os cidadãos"[48]; sem dúvida se compatibilizavam dificilmente, como já vimos, o furor divino com a condição de *civis*. Em segundo lugar que, como para entrar ao serviço da deusa se lhes exigia a castração, eram freqüentemente chamados de afeminados e inclusive – em literatura – falam de si mesmos no feminino[49]. Esta última natureza sim parecia estar, pelo contrário, à luz das tradições romanas, mais em consonância com o transe profético.

---

* N. do T.: antigo instrumento musical, metálico, em forma de arco, atravessado por varetas.
**N. do T.: Taurobólio, sacrifício do culto de Mitra onde os sacerdote ou os fiéis se banhavam no sangue do touro imolado. Mitra, grande divindade dos Persas, gênio dos elementos naturais e juiz dos mortos, era a figura central de uma religião que se expandiu à Grécia e ao Império Romano.

De Lívia a Serena (38 a.C. - 384 d.C.)

Segundo Dião Cássio, após os prodígios do ano 38 a.C., certas pessoas, "inspiradas pela Mãe dos deuses" declararam que Cibele estava zangada com elas[50]. Esta notícia estaria diretamente relacionada com outra que nos transmite o mesmo historiador: em torno do ano 7 d.C., Augusto fez um voto para os *ludi Megalenses* porque "algumas mulheres tinham feito incisões de letras em seus braços e tinham praticado uma espécie de adivinhação"[51]. Dião Cássio conclui dizendo que o imperador tinha averiguado que este não era um caso de posse divina (*theoy katéscheto*), senão que as mulheres tinham agido de forma completamente deliberada[52].

Esta notícia, à qual se deu pouca atenção, tem mais sentido se a examinarmos à luz do ritual da deusa capadócia Mã-Belona cujo culto, como advertiu R. Turcan[53], estava estreitamente vinculado ao de Cibele. Seus adoradores eram conhecidos em Roma com o significativo nome de *fanatici* e protagonizavam um ritual em que, exaltados com a dança e a música, se feriam com facas e machadinhas; e neste estado de transe, começavam a vaticinar. Tibulo nos oferece a seguinte descrição do delírio das servidoras de Mã:

> Assim ordena o deus que se faça, assim a grande sacerdotisa mo vaticinou com sua divina oração. Ela, quando está agitada pelo frenesi de Belona (*Bellonæ motu est agitata*), nem a ardente chama nem, alienada (*amens*), o retorcido açoite teme. Ela mesma, em seu furor, faz cortes com uma lâmina em seus braços (*ipsa bipenne suos cædit violenta lacertos*), e ilesa, vertendo seu sangue, borrifa a deusa, permanece em pé, sua espádua aberta por um gancho, permanece em pé, lacerado seu peito e canta as premonições que a grande deusa lhe comunica (*et canit eventus, quos dea magna monet*)[54].

Os versos de Tibulo concordam bem com a informação de Dião Cássio especialmente pelo que se refere tanto às feridas dos braços como à prática da adivinhação extática"[55]. A epigrafia com freqüência põe em relevância a existência de mulheres romanas entre as sacerdotisas e devotas da deusa Mâ-Belona; asssim em uma inscrição a ela dedicada, em Roma, se lê: *Nicæ / Pompeiæ / Fanati / cæ monu / mentum*[56].

Se dos mistérios greco-anatólicos passamos aos orientais, tampouco é difícil reconhecer práticas adivinhatórias no ritual de seus fiéis e sacerdotes. Cabe recordar que durante o transcurso da primeira rebelião de escravos que teve como cenário a Sicília (135-132 a.C.), um escravo de origem síria, Euno, proclamado chefe dos escravos e pastores insurrectos, chegou a arrastar mais de 20.000 homens com a ajuda de sua fingida comunicação com

A Deusa

a deusa síria Atargatis (*fanatico furore simulato*, diz Floro)[57]. Euno era invadido primeiro pelo delírio sagrado de Atargatis enquanto agitava seus cabelos como a pítia em transe e anunciava o que esta lhe havia transmitido[58]. Porém a descrição mais minuciosa do êxtase frenético do sacerdócio da deusa síria nas cidades do Ocidente nos ofereceu, anos mais tarde, Apuleio:

> logo irrompem dentro como fanáticos, fazem longas reverências entre lúbricas contorções, formando círculos com seus cabelos soltos; às vezes concentram em si mesmos seu furor, mordendo-se a carne e acabando cada um por fincar-se no braço o punhal de duplo fio que usava. Entretanto um deles se distingue por seu acentuado frenesi: arrancava do fundo de sua religião freqüentes suspiros e, como se em sua pessoa transbordasse o espírito divino, fingia sucumbir a um delírio irresistível: como se diante da presença da divindade os homens não devessem superar a si mesmos, senão, ao contrário, apequenar-se ou adoecer[59].

Mais adiante Apuleio (*Met.* VIII, 29) narra como os sacerdotes ambulantes da deusa, inventando uma profecia, pediram como pagamento a um camponês um de seus carneiros.

Os exemplos sobre a prática da mântica natural dentro dos cultos orientais poderiam se multiplicar, já que, desde os tempos de Ênio, eram conhecidos em Roma os *isiaci coniectores* que ofereciam seus serviços adivinhatórios também de forma itinerante.

Com tudo isto pretendo só indicar que a sociedade romana, e em particular a mulher, ao entrar em contato com os fiéis e os sacerdotes destas divindades greco-orientais, encontrou a possibilidade de recorrer aos serviços que estes ofereciam na prática da adivinhação natural ou inspirada e que até então se lhe vinha negando. Não obstante nenhum destes dois fatores – o ressurgimento de tradições oraculares itálicas ou a prática adivinhatória das novas religiões mistéricas – foi tão decisivo para a definitiva abertura de Roma a novas formas de adivinhação como a conquista romana do Mediterrâneo e sua integração no Império.

NOTAS

1. A bibliografia sobre os XV *viri* foi recolhida já no capítulo 3. Recordemos que o colegiado *sacris faciundis* foi no século IV a.C. o primeiro a se abrir à plebe, 77 anos antes que o dos pontífices e áugures. Para a época imperial cf. J. Scheid, "*Les prêtres officiels sous les empereurs julio-claudiens*", em *ANRW* II, 16.1, 610-654; L. Schumacher, "Die vier hohen römischen Priesterkollegien unter den Flavien, den Antoninem und den Severem (69-235 n. Chr)" em ANRW II, 16.1, 655-819.
2. Cf. G.J. Szemler, *The Priests of the Roman Republic. A Study between Priesthood and Magistracies*, Bruxelas (*coll.* Latomus 127), 1972, 157-166.
3. Char.110.3K: *Sibyllam Epicadus de cognominibus ait appelatum qui ex[his] Sibullinis libris primo fecit, deinde Syllam.* (Trad. Caerols, 1991, 830).
4. Cf. J. A. Hildebrant, s.v. *Sibyllæ, Sibyllini libri,* em *Dictionnaire des Antiquités grecques et romaines IV*, 2, Paris, 1911, 1290. Cf. Lívio XXV, 12, 13; XXVII, 3, 5; *Fest.* 43SL. Sobre a personagem, Szemler, *op. cit.* (n. 2), 158.
5. Cic., *Verr:* II, 431, 69; DH IV, 62, 6; Tácito, *Historiæ*,III, 72; Plínio, *Naturalis historia* XXIII, 16.
6. Segundo Fenestrella *apud* Lactâncio, *Institutiones Divinæ,* 1, 6, 14.
7. Lactâncio, *Institutiones Divinæ,* 1, 6, 11. A mesma opinião em Tácito, *Annales,* VI, 12.
8. Caerols, 1991, 437.
9. Salústio, *De Catilinæ Conjuratione*, 48, 2 *ex libris Sibyllinis regnum Romæ tribus Corneliis portendi.*
10. Floro, *Epitoma,* II, 12, 8, diz também que uma profecia procedente dos *Sibyllinis versibus* prometia o *regnum* à *gens Cornelia*. Cf. Cícero, *Catilinariæ*, 3, 8-9; Quint., *Inst.* 5, 10, 30; Plut., *Cic.* 17, 1 e 4 assianala que o oráculo não procede dos *Libros Sibilinos* e sim é uma falsificação de adivinhos e charlatães. Sobre a profecia, Gabba. 1975, 14-15; Caerols, 1991, 440-444. Segundo o estudioso italiano não se pode duvidar da "tradizione sibillistica" da *gens Cornelia*, favorecida, ao menos no ramo dos poderosos Cipiões, por seu conhecido filoelenismo.
11. Assim, as dos *Cossi, Cipiões, Rufini (Sulla), Lentuli, Dolabellæ, Blasiones, Cethegi, Merulæ*. Stammbäume, da *gens,* em Groag, s.v. Cornelius, *RE* IV, 1, *coll.* 1290, 1359, 1387, 1429, 1515. Não obstante, Macróbio, *Saturnalia,* I, 16, 7, recorda que essa *gens* celebrava suas próprias festas e tinha ritos funerários comuns, o que sem dúvida contribuiu para estreitar os vínculos entre seus componentes.
12. Dos numerosos trabalhos consagrados a esta figura, destacaremos: P. Grimal, *Le siècle des Scipions*, Paris, 1953; H.H. Schullard, *Scipio Africanus, Soldier and Politician*, Londres, 1970. Sobre os aspectos religiosos, além de Gabba, 1975, R. Seguin, "La religion de Scipion l'Áfricain": *Latomus,* 33 (1974) 3-21; M. Jaczynowska, "La genesi repubblicana del culto imperiale. Da Scipione l'Africano a Giulio Cesare": *Athenæum,* 73 (1985) 285-295.
13. Políbio, X, 9-16; Lívio XXVI, 42-48 são fontes essenciais. Gabba 1975, 10 considera que o discurso de Cipião a seus soldados em Lívio XXVI, 41, 5-25 contém "tutta l'atmosfera di presagi e di divinazione"; os deuses aparecem-lhe em sonhos garantindo-lhe o êxito de sua empresa.
14. Políbio, X, 4-5: "Públio disse a sua mãe que tinha tido duas vezes o mesmo sonho: parecia-lhe ter sido eleito edil junto a seu irmão, e subiam desde o ágora e que ela saia para recebê-los à porta, os abraçava e beijava". uma vez o sonho feito realidade, diz Políbio: "Isto fez com que os que antes já tinham ouvido falar de seus sonhos acreditassem que Públio Cornélio tinha tratos com os deuses, não só dormindo, mas em pleno dia e em vigília... e não só viu coroados seus planos pelo êxito, como além disso pareceu que agia conforme inspiração divina". Igual idéia reproduz Lívio XXVI, 19, 4, a mesma também que o próprio Cipião inculcava em seus soldados (Lívio XXVI, 41, 18).
15. Lívio XXVI, 19, 5. J. Aymard, "Scipion l'Africain et les chiens du Capitole": *REL* 31 (1953) 111-116.

A Deusa

16. FGrHist 257F 36, cap. III; Gabba, 1975, 7-11. Sobre a identificação de Antístenes e o oráculo, J. Janda, "D'Antisthène auteur des succesion des philosophes": Listy Filologiké 89 (1966) 341-364; E. Martinelli, "In margine ad un frammento di Antistene", *FGrHist* 257 f 36": *RSA* 8 (1978) 123 são.; Jörg-Dieter Gauger, "Phlegon von Tralleis, mirab. III", *Chiron,* 10 (1980) 225-261. Cf. também as considerações gerais de Breglia, 1983, 252 ss.
17. Jörg-Dieter Gauger, *op. cit.*, distingue três núcleos fundamentais na profecia Porém a data, em seu conjunto, no período da guerra mitridática. Igual critério, Breglia, 1983, 253.
18. Cf. Herod. II, 53-57; DH I, 14, 5. Sobre Dodona, Parke, The Oracles of Zeus, Oxford, 1967.
19. Pulci Doria, 1983, 222.
20. P. Boyancé, *Études sur le songe de Scipion*, Paris, 1936; K. Büchner, *Somnium Scipionis*. Quellen, Gestalt, Sinn, Hermes Einzelschrift, 36 (1976).
21. Pulci Doria considera que foi especialmente valorizado pelos *æmilii*.
22. Sobre Silas e a religião, cf. A. Keaveney, "Sulla and the Gods", em *Studies in Latin Literature and Roman History*, vol. III, Bruxelas (*coll.* Latomus), 1983, 44-79. Sobre os sacerdócios desempenhados pelo ditador, B.W. Frier, "Sulla's Priesthood": *Arethusa,* 2 (1962) 187-189. Em geral sobre sua figura, A. Keaveney, *Sulla the Last Republican*, Londres, 1987; H. Behr, *Die Selbstdarstellung Sullas*, Berlim, 1992.
23. *App.*, BC 1, 97: na resposta se recomenda uma oferenda a Afrodite para que obtenha imenso poder. Chipre, sede do principal centro cultual de Afrodite, deu força à estirpe de Enéias. O oráculo põe em relevo a descendência troiana dos romanos através dos vínculos com Enéias e Afrodite. Cf. E. Marioni, "Silla, Delfi e l'Afrodite di Afrodisia. Per uma interpretazione di Appiano, *BC* I, 97, 451-455", em *Studi di Antichità in memoria Clementina Gatti*, Milão, 1987, 193-236.
24. O oráculo foi transmitido por Apiano, BC 1, 97. A deusa aparece-lhe em sonhos (de forma não muito diferente de Mâ). Ele assume o título de *Epaphroditos*. é ela quem assume a proteção do exército e quem apóia a causa do ditador. Cf. A. Alföldi, "Zum Gottesgnadentum des Sulla", *Chiron,* 6 (1976) 143-158.
25. Plutarco, *Syll.,* 17. Sobre Trofônio, cf. Levin, 1989, 1640 ss.
26. Plínio, *Naturalis historia* XXXVI, 139: *lithostrata coeptuare iam sub Sulla; parvolis certe crutis exstat hodieque quod in Fortunæ delubro Præneste fecit*. Sobre tal mosaico existe um rico debate desde os tempos de Marucchi, especialmente sobre sua possível identificação com o célebre mosaico do Nilo; cf., além de Champeaux 1987, 224 n. 46, Lavagne, 1989. Trata-se, como muito bem expressou Champeaux, 1987, 232, de um ato de piedade, de uma homenagem a Fortuna e, mais concretamente, de uma ação de graças por sua vitória sobre os seguidores de Mário. Cf. M.A. Levi, "Fortuna-Felicitas nella politica di Silla", em *Tra Grecia e Roma: temi antichi e metodologie moderne*, Roma, 1980, 167-172.
27. App., *BC* 1, 97. Cf. L. Robert, "Inscriptions d'Aphrodisias": *AC* 25 (1966) 415 ss. O episódio costuma ser datado cerca do ano 87 a.C.
28. Plutarco, *Syll.* 9, 7-8. A visão de ver cair por terra seus inimigos deu-lhe ânimo para a batalha que posteriormente ganharia. Como agradecimento favoreceu a adoção de seu culto em Roma, caracterizado – como mais adiante veremos – pelo delírio profético de seus seguidores.
29. H. Cohen, *Descripción de las monedas de la republica romana*, Madri, 1976 (Paris-Londres, 1857): ÆMILIA 12: lam. L
30. Plutarco, *Syll.,* 27. É interessante observar que, segundo o poeta Estácio (*Silv.* V, 3, 293), os três grandes inspirados do passado de Roma foram Numa, confidente de Egíria, Cipião, o Africano, iluminado pelos sonhos de Júpiter, e Silas, onde não falta Apolo (*sic nam sine Apolline Sylla*).
31. Flor. II, 12, 8. Caerols, 1991, 489 n. 345 explica muito bem: "Parece que, desta maneira,

se quisesse converter Lêntulo em um profeta, um homem divinamente inspirado, um vate. Dado que seguindo a risca se relata como sua própria estupidez leva ao descobrimento da conjura de Roma, é legítimo pensar que Floro utilizou esse termo buscando o contraste e a ironia: o homem que supostamente vê o futuro sob a inspiração de deus, se converte em um visionário, um louco, um desatinado pretendente ao poder".

32. Valério Máximo, I, 8, 9, que o considera um caso de "telepatia" entre um homem e os deuses.
33. Montero, 1993 b, p. 119: é o único *hariolus* cujo nome conhecemos.
34. Plutarco, *Caes.* 52, 4: ... *hos prosekon æi Skipionon génei kratein en Libye*. César, seu inimigo, deve ter tomado muto seriamente este prognóstico, pois, na tentativa de colocá-lo a serviço de sua causa, situou Cipião Salvito (membro da mesma *gens*) na primeira fila das batalhas como se fosse o chefe do exército.
35. Gagé, 1955, 442 ss.
36. Cf. M. Sordi, "La legislazione di Druso e l'opposizione degli Etruschi": *Ævum* 62 (1988) 61 ss.
37. Sérvio, *Ad Æneida*, VI, 72; Am. Marc. XVII, 10, 2. Cf. a monografia de L. Rallo, *Lasa, iconografia e esegesi*, Roma, 1975. Sobre Vegóia, F.H. Massa-Pairault, "Lasa-Vecu, Lasa Vecuvia": *DArch*, 3 (1988) 133-143.
38. *Grom. Vet.* I, p. 35 ed. Lachmann. Sobre este *corpus*: M.J. Castillo Pascual, "Agrimensura y agrimensores: el Corpus agrimensorum romanorum": *Hispânia Antiqua*, 17 (1993) 143-158.
39. Thulin, 1905-1909, I, 5; Pfiffig, 1975, 58.
40. E. Cavaignac, "À propos de Végoia. Note sur le servage étrusque": *REL* 37 (1959) 104-107; J. Heurgon, "The date of Vegóia's prophecy": *JRS* 49 (1959) 41-45; A.J. Pfiffig, "Eine Etruskische Prophezeiung": *Gymnasium*, 68 (1961) 55-64; S. Mazzarino, "Le droit des étrusques": *Iura*, 12 (1961) 30 ss.; G. Piccaluga, "Vegóia", em *Minutal. Saggi di storia delle religioni*, Roma, 1974, 133-150; R. Turcan, "Encore a prophétie de Vegóia", em *Mélanges J. Heurgon*, Roma, 1976, II, 1009-1019; Valvo, 1987; Valvo, 1988.
41. A. Valvo, "Termini moti, domini e servi" (cit. n. 40) 450. S. Mazzarino, "Sociologia del mondo etrusco e problemi della tarda etruscità": *Historia*, 6/1 (1957) 112, falou já, há anos, da "tendenza democratica" do fragmento de Vegóia.
42. Além de Turcan, 1989, o leitor encontrará uma síntese sobre os cultos de mistérios em W. Burkert, *Ancient Mystery Cults*, Londres, 1987. Entretanto a questão da prática adivinhatória em tais cultos é, pelo que conheço, praticamente inédita.
43. Plutarco, Cras. 8: *mantiké dê kaikatokbos tois ton Dionysam orgiasmois*. Tal mulher anuncia que a serpente enroscada na cabeça de Espartaco durante o sonho significava uma grande força que se resolveria de forma feliz.
44. Pers., *Sat.*,V, 186-187.
45. Juvenal, *Saturæ*,VI, 511 ss. Durante a invasão gaulesa da Ásia Menor, no século II a.C., os *galli* de Cibele, vindos de Pesinunte, anunciaram "com um canto frenético (*Galli Magnæ vaticinante fanatico carmine*) que a deusa abria aos romanos o caminho da guerra e lhes concedia a vitória e o domínio daquela região": Lívio XXXVIII, 18, 9. um fato parecido sucede durante a guerra de Roma contra Antíoco: cf. Lívio XXXVII, 9, 9-10. Artemidoro os cita, dizendo-os *gálloi*, entre os adivinhos que não merecem credibilidade. Em geral, Graillot, 1912, 301, 306-307.
46. Bouché-Leclercq, 1879-1882, IV, 309 n. 2.
47. *Frag. Vat.* 148: *Is qui in Portu pro salute imperatoris sacrum facit ex vaticinatione archigalli, a tutelis excusatur*.
48. Dião Cássio, II, 19. Porém o *archigallus* é geralmente, já sob o Império, um romano.
49. Como o faz Catulo, (LXIII, 8 ss.) falando de Artis depois de sua mutilação voluntária. Cf. Apuleio, *Met.* VIII, 25, 4.
50. Dião Cássio, XLVIII, 43, 4.

A Deusa

51. Dião Cássio, LV, 3 1, 2: *hótigyné tis é tón brachíona grámmata átta entemoysa etheíasé tiva*.
52. Dião Cássio, LV, 31, 3.
53. Turcan, 1989, 48-49. Este estudioso recolhe tanto testemunhos epigráficos (*CIL* VI, 30851) como literários (Juvenal, *Saturæ*,VI, 511; Apuleio, *Met.* VIII, 25, 3) que mostram como a Belona anatólica estava ligada à deusa Cibele.
54. Tíbulo, I, 6, 45-50.
55. Turcan, 1989, 48 diz destes sacerdotes: "Au comble du vertige qu'excitaient a percussion des tambourins et le ululement sinistre des trompettes, ils se tailladaient les bras pour asperger l'idole de rouges éclaboussures, avant de prédire l'avenir à l'assistance médusée".
56. Dessau, 4166
57. Sobre a revolta de Euno: Diodoro, XXXIV-XXXV, 2, 1 ss. e 3, 1; Floro, II, 7, 7 e Orósio, V, 6, 4. Diodoro, XXXIV, 2, afirma que "passava por mago e fazedor de milagres. Fingia receber em sonhos as ordens divinas e prever o porvir. Floro, II, 7, 7 nos diz que "simulando um furor fanático (*fanatico furore simulato*) ofereceu sua cabeleira à deusa síria e, pretendendo agir por ordem dos deuses, chama os escravos à libertade e às armas". Finalmente acrescenta: "Para provar que agia por instigação do céu (*ut divinitus fleri probaret*) tinha simulado em sua boca uma noz cheia de enxofre incandescente, de sorte que, agitando seu hálito ligeramente, lançava chamas ao falar". Este *miraculum* atraiu um grande número de seguidores a sua causa. Sobre Atargatis, cf. M. Hörig, *Dea Syria. Studien zur religiösen Tradition der Fruchtbarkeitsgöttin in Vorderasien*, Neukirchen, 1979; Id., "*Dea Syria-Atargatis*", em *ANRW* II, 17.3, 1536 ss.; H.J.W. Drijvers, *s.v. Dea Syria*, em *LIMC* III, 1, 355 ss.
58. Diodoro, XXXVI, 5, 1-2 narra a revolta em finais do século II a.C. encabeçada por Sálvio e Atenião; aquele, outro escravo de origem síria, utilizava a aruspicina para consolidar seu carisma como chefe, este, procedente de Cilícia, conhecia também a arte de consultar os astros.
59. Apuleio, *Met.*VIII, 27.

5

A ADIVINHA

I. Velhas e novas adivinhas

Tanto as transformações religiosas que se produziram durante o Império como a lenta abertura de Roma para novas formas de adivinhação explicam que durante este período as adivinhas se propagaram com maior intensidade do que no passado pela península itálica. Assim, aparecem novos termos (porém escassamente documentados durante a República) para designá-las, *divina*[1] ou *divinatrix*[2], e novas práticas.

De modo que parece estender-se entre as mulheres uma atividade que já nos consta desde o século II a.C.: a dos *metoposcopi (metoposkópoi* em grego), isto é, "os que lêem o rosto"[3]. Trata-se de uma das aplicações da *physiognomía*, ciência que permitia conhecer o caráter humano mediante o exame das formas, as atitudes e, sobretudo, dos traços do rosto. Desde o século IV a.C. os gregos pensavam, no entanto, que a fisionomia podia também antecipar o porvir[4]; a crença de que certos sinais corporais podiam anunciar a duração da vida de cada indivíduo, ou inclusive determinados planos obteve especial interesse em Roma.

Numa passagem de Plauto é mencionada uma vidente capaz de ler nas sobrancelhas *(quæ supercilio spicit)*, o que caberia considerar como a mais antiga referência à leitura da fisionomia em Roma[5]. É provável que as mulheres tivessem presumido possuir especiais habilidades para este tipo de adivinhação, já que também o *Satíricon* apresenta uma escrava *(ancilla)*, Criseis, que dirigindo-se a Polieno lhe diz:

> Veja bem: não entendo de augúrios *(nec auguria novi)* nem me preocupa nunca o horóscopo dos astrólogos *(nec mathematicorum cælum curare soleo)*; no entanto, pela cara adivinho o caráter das pessoas, e com só ver teus andares sei o que pensas *(ex vultibus tamen hominum mores colligo et, cum spatiantem vidi, quid cogites scio)*[6].

De Lívia a Serena (38 a.C. - 384 d.C.)

Criseis põe em relevo nestas palavras sua habilidade para avaliar a fisionomia mas também admite sua ignorância sobre a velha adivinhação augural. No entanto, a aplicação da fisionomia à prefiguração do porvir de cada indivíduo se exerceu – dentro e fora de Roma – em níveis muito diferentes. Podemos afirmar que as mulheres *motoposcopæ* que Plauto e Petrônio citam pertencem a um único grupo de pessoas; que, só com sua intuição, sem nenhum tipo de conhecimento, tratavam de tirar algum proveito econômico desta atividade.

Pelo contrário, o *metoposcopos* chamado por Narciso, durante o reinado de Cláudio, para que, após estudar o rosto de Britânico, dissesse se chegaria a ser imperador[7], pertencia pelo nível de seus conhecimentos a um reduzido e prestigioso círculo de homens. Seus ditames, evidentemente, não se baseavam na simples intuição, mas em tratados que em muitos trechos dependiam da obra de Aristóteles.

Possuímos um tratado latino de fisionomia, o *De Physiognomia Liber*, de um autor anônimo do século IV d.C. Como acontece com outros tantos de caráter adivinhatório, este tratado, escrito por um homem, dirige-se exclusivamente a este gênero; se dá por certo, inclusive, que a mulher não acede a este tipo de obra (o mesmo que acontece na interpretação dos sonhos) e, portanto, se pretende informar ao homem o que os sinais físicos femininos revelam. É suficientemente significativo que nos prolegômenos da obra, enquanto o *masculinum animus* reúne todas as qualidades, o caráter feminino seja descrito baseado só em defeitos:

> O caráter masculino é violento, impulsivo, sem rancor, generoso, reto, não se deixa diminuir nem enganar pelo artifício e pelo engodo, deseja ser conduzido pelo mérito e é magnânimo, o caracter feminino é engenhoso, colérico, rancoroso, sem piedade, invejoso, sem resistência à fadiga, desejoso de instruir-se, hipócrita, áspero, irrefletido e preguiçoso[8].

Com uma introdução destas características, não surpreende que as *feminæ* ou *mulieres* sejam mencionadas no *De Physiognomia Liber* unicamente para ilustrar o comportamento afeminado do homem[9].

Não obstante tudo isso, pode-se dizer que durante o Império a figura da adivinha de origem latina ou itálica continuou sendo muito excepcional: as práticas adivinhatórias estiveram, fundamentalmente, em mãos das magas de origem estrangeira, geralmente gregas ou tessalianas. Apuleio (*Met.* I, 8, 4) diz que Méroe, originária de Larissa, é maga e adivinha *(saga et divina)*.

A Adivinha

Outro caso é o da feiticeira Oenotéia, sacerdotisa de Príamo, na novela de Petrônio, quem realiza juntamente com práticas mágicas outras de caráter mântico. O protagonista da obra, Encolpio, narra como

> [...] a velha colocou sob minhas mãos um garrafão de vinho, logo estendeu igualmente todos os meus dedos, os purificou com alho-porró e aipo, e pronunciando uma oração, jogou um pouco de vinho em umas avelãs. Segundo flutuavam ou iam ao fundo, ela deduzia sua previsão *(ex hoc coniecturam ducebat)*[10].

Aos procedimentos adivinhatórios destas magas deve ter-se referido também Tertuliano (*Apol.*, 23) quando alude "às cabras e às mesas" que são capazes de prever o futuro *(et capræ et mensæ divinare consuerunt)*.

Outras são de origem oriental como aquela mulher judia à qual se refere Juvenal (VI, 508), "que em Roma vende à mulher os sonhos que esta deseja".

A substituição das adivinhas e feiticeiras itálicas pelas estrangeiras pôde vir favorecida pela tardia abertura de Roma à *externa divinatio*. Um pagão romano do século IV d.C. como Amiano Marcelino faz uma vibrante defesa das sibilas e legitima sua forma de adivinhar. A exaltação das sibilas são para ele manifestações divinas por meio da linguagem humana:

> Em física, sendo o sol a alma do mundo, do qual as nossas não são mais do que centelhas, quando o foco envia seu calor em proporção às suas emanações, lhes comunica o conhecimento do porvir. Daí o ardor interno das sibilas, as torrentes de fogo de que se sentem penetradas (Am. Marc. XXI, 1).

Roma começa a mudar também sua atitude com respeito à pítia de Delfos e, em geral, à velha adivinhação itálica. Para isto pôde ter contribuído de forma decisiva a influência do platonismo[11] e, sobretudo, do estoicismo[12]. Primeiro, Crísipo e, depois, Possidônio (cujos ensinamentos através de sua escola em Rodes influíram extraordinariamente nos espíritos cultivados romanos) defenderam todas as formas de adivinhação. Este último se esforçou, além disso, em explicar com detalhe a mântica natural: no sonho, ou na loucura provocada pela divindade, como era o caso de Cassandra ou da pítia de Delfos, o espírito se libera das ataduras do corpo, se aproxima mais do espírito divino do qual nasceu e, desse modo, pode participar do conhecimento temporal – que compreende também o porvir – característica da mente divina.

De Lívia a Serena (38 a.C. - 384 d.C.)

Dentro desta corrente filosófica, figuras tão destacadas como Sêneca, Epicteto ou Marco Aurélio, aceitaram com poucas reservas o fundamento da adivinhação e, especialmente, as visões dos sonhos, se bem que é verdade que dentro dela se levantaram algumas vozes contrárias"[13].

Mas também é preciso advertir que esta aproximação em direção da adivinhação natural feminina de origem grega veio a coincidir – salvo períodos muito concretos como os reinados de Adriano e Antonino Pio – com uma decadência generalizada da atividade dos oráculos e, conseqüentemente, de seus profetas. Nem sequer as sibilas têm, durante o Império, papel algum em uma época em que o cristianismo, pelo contrário, recorre a elas nas províncias orientais[14]. Poderíamos dizer, pois, que Roma se abre à velha adivinhação das pítias e sibilas quando esta já não existe[15].

A decadência da velha feitiçaria itálica, praticamente ausente das consultas políticas imperiais pôde ocorrer também, ao menos durante os últimos séculos do Império, no arraigamento da teurgia, uma de cujas principais aplicações foi a adivinhação. Desde a época de seus fundadores (Juliano "o Caldeu" e Juliano, "o Teurgo") no século II d.C., sua prática ficou sempre em mãos de homens e – diversamente do que ocorreu com a magia tradicional – a mulher ficou excluída dela.

Não obstante, o Teurgo costumava contar com o transe de um *medium*, escolhido – segundo nos diz Jâmblico – entre pessoas jovens e as mais simples[16]; novamente parece ter-se recorrido à mulher como "encarnação" da divindade para que esta se manifestasse através dela revelando o passado e o futuro.

De qualquer maneira o declínio da velha *saga* itálica e, em geral, da feitiçaria feminina romana é dado fundamentalmente, como já se disse, pela superioridade (numérica e "profissional") de adivinhas, profetisas ou videntes vindas das províncias ou consultadas *in situ* pelos chefes e oficiais romanos.

II. As adivinhas e os chefes militares

O que os militares romanos buscavam sobretudo em suas consultas a mulheres com dotes proféticos, seja na Itália seja em outras províncias, não era outra coisa senão consolidar suas aspirações políticas ou criar um clima favorável entre suas tropas nos momentos prévios ao combate.

A Adivinha

Quiçá possamos considerar Mário como precursor desta política, pois são conhecidas suas estreitas relações com a profetisa *Martha*. Foi quando, nos primeiros anos do século I a.c., que o profetismo oriental chegou em Roma cativando a muitos dos melhores generais da época. O caso de Mário é bem conhecido graças ao testemunho de Plutarco, que escreve:

> Mário se alegrou de ouvir estas palavras e tranqüilizava os soldados dizendo que não desconfiava deles senão que esperava conhecer de certos oráculos o tempo e o lugar da vitória. Ele carregava consigo, sobre uma liteira, com grande aparato, uma mulher síria de nome Marta, que profetizava e fazia sacrifícios em seu nome. Anteriormente ela tinha sido expulsa do Senado quando quis anunciar os fatos do futuro e prever o começo da guerra. Depois tinha se dirigido às mulheres e dado provas de suas qualidades, especialmente à mulher de Mário[17].

Dois fatos valem a pena ser destacados da exposição de Plutarco. Por uma parte, o rechaço frontal do Senado, depositário do *mos maiorum*, às profecias de Marta sobre a próxima invasão dos cimbros (106 a.C.); o Senado "expulsa" a profetisa síria, sem dúvida, por contrariar as formas tradicionais da adivinhação romana. Em segundo lugar, Plutarco diz expressamente que se acredita que Marta esteja entre as mulheres, sempre mais identificadas, como estivemos vendo, com o método natural ou inspirado de suas profecias. Foi precisamente Júlia, a mulher de Mário, quem, impressionada como outras matronas romanas pela veracidade de seus prognósticos (sobre a sorte de um combate de gladiadores), a enviou a seu marido.

O biógrafo grego faz alusão também ao método adivinhatório de Marta. Diz que nos sacrifícios esta se apresentava usando um duplo manto de púrpura e carregando uma lança adornada com fitas e grinaldas *(Mar. 17, 4)*. Toda esta parafernália provocava a dúvida entre as pessoas – segundo nos diz Plutarco – acerca de se Mário fingia com esta mulher *(synypokrinómenos)* ou se, verdadeiramente, acreditava em seus dotes proféticos.

Também a historiografia latina esteve dividida neste sentido, pois enquanto Valério Máximo (I, 5, 5) diz que o general romano "era muito versado na arte de interpretar os prognósticos" *(interpretandarum religionum peritissimus)*. Frontino afirma que, neste assunto, Mário *simulabat*[18]. O desconcerto é explicável se temos em conta não só a velha hostilidade romana para com este tipo de adivinhação como também a calculada ambigüidade da política religiosa dos generais romanos.

De Lívia a Serena (38 a.C. - 384 d.C.)

F. Chamoux assinala que a crença de Mário na veracidade dos oráculos, testemunhada freqüentemente pelas fontes, faz pensar que o crédito que concedia a Marta não era fingido[19]. Se assim é, Mário – como pouco depois Silas – se abre sinceramente ao mundo da adivinhação oriental, particularmente, em sua forma natural ou inspirada, ainda que ninguém ignore que esta servia bem à defesa de seus próprios interesses. De qualquer maneira foi ele quem rompeu com o secular bloqueio do exército à prática oracular, evidenciada, como vimos, na proibição senatorial à consulta de Lutácio Catulo.

De fato, Marta, carregando sua lança, se apresentava com a aparência de uma divindade guerreira, o que a tornava especialmente adequada para prever o desenlace das batalhas e a sorte do exército, coisa muito habitual no Oriente. R. Turcan crê, neste sentido, que não é difícil que Marta se tivesse aproveitado da devoção de Mário por Cibele para atraí-lo para a deusa síria Atargatis, de características – como vimos – muito semelhantes[20].

Mário inaugura assim uma tradição que se intensificará durante o Império: o costume de os efetivos militares consultarem profetisas sírias tanto nos acampamentos como em seus lugares de origem. Uma inscrição bilíngüe de Nília, gravada sobre um marco funerário erigido por um veterano em honra de *Hochmæa*, nos diz que esta mulher era profetisa *(vates)* de *Dea Syria Nibathena*. Na opinião de Y. Haijar haveria a possibilidade de se tratar de uma intérprete de oráculos e *omina*[21], porém segundo meu ponto de vista parece mais provável a idéia – proposta também por este mesmo autor – de que "penetrée du souffle surnaturel" ela revelara aos consultantes a vontade divina. Esta *virgo e vates* (de novo virgindade e profecia estreitamente unidas) ao serviço de *Dea Syria* não seria muito diferente de Marta.

Mas a presença em Roma de profetisas e videntes de origem oriental, ligadas ou não ao culto de divindades do mistério, não conseguiu eclipsar, já desde os primeiros anos do Império, a adivinhação praticada pelas sacerdotisas das províncias ocidentais. Quiçá a menor vigilância – quanto à Itália – por parte da administração provincial romana das diversas formas proféticas femininas na Gália, Germânia, África e Hispânia ou a tardia conquista destas terras, explique que o profetismo feminino não só tenha conseguido subsistir como ainda gozara de maior vigor que na Itália, onde não deixou de ser uma atividade marginal. Examinemos os casos transmitidos pelas fontes.

A Adivinha

1. Clúnia

Quando Galba, na primavera do ano 68 d.C., decide unir-se a Vindex contra Nero, existiam, segundo Suetônio, não só ótimos auspícios e augúrios senão também "o vaticínio de uma moça de nobre linhagem"[22]. Suetônio põe, pois, em aberta contraposição a adivinhação artificial, em mãos de áugures e arúspices, e a natural, própria de mulheres sob a inspiração divina.

Pouco depois, Galba estabeleceu seu centro de operações em Clúnia (na Hispânia Tarraconense)[23], donde o surpreendeu a notícia da derrota de Vindex, até então governador da Gália Narbonense*. Galba necessitava de um respaldo divino em sua luta contra Nero e suas aspirações imperiais. Quando seu exército o tinha já proclamado *imperator,* foi dado a conhecer que

> [...] o sacerdote de Clúnia, advertido por um sonho *(somnio monitus),* tinha exumado do sacrário outro oráculo muito parecido *(quod eadem... ex penetrali),* formulado duzentos anos antes por uma moça dotada do dom da profecia *(a fatidica puella pronuntiata)*[24].

O biógrafo latino recolhe o oráculo versificado: "Dia virá em que surgirá da Hispânia o senhor e dono do mundo *(principem dominumque)*". Galba prestou grande atenção à profecia, pois em dezembro de 68 d.C. – nos desesperados últimos momentos de seu principado – fez referência à cidade hispânica em suas moedas[25]. Assim pois, Galba, para consolidar suas aspirações, não duvida – em duas ocasiões – de apoiar-se em desmesurados oráculos emitidos por uma *virgo* e uma *puella* em estado de transe.

Porém, além disso, se Suetônio está certo e o oráculo – como ele diz – tinha já sido feito de forma parecida duzentos anos antes, não seria impossível – tendo em conta os precedentes que já conhecemos – que seu destinatário tivesse sido Cipião Emiliano, durante a conquista da Numância (133 a.C.).

2. Cartago

O santuário da *Dea Cælestis* nas proximidades de Cartago foi objeto de consultas oraculares por alguns imperadores dos séculos II e III. A *Historia Augusta* nos diz o que aconteceu nos tempos do imperador Antonino:

---

* N. do T.: onde hoje é a Narbona, (fr. Narbonne), em Aude, França.

De Lívia a Serena (38 a.C. - 384 d.C.)

A sacerdotisa de *Dea Cælestis* de Cartago, que por inspiração desta divindade costuma vaticinar coisas verdadeiras *(quæ deæ repleta solet vera canere)*, em uma ocasião em que previa o porvir a um procônsul que, como de costume, lhe perguntava sobre a situação do Estado e sobre seu poder futuro, quando chegou a falar dos imperadores, ordenou que contassem com voz clara as vezes que ela nomeava Antonino e então, diante do assombro dos presentes, repetiu oito vezes o nome de Antonino Augusto[26].

À margem deste e de outros episódios anteriores, como a *evocatio* dirigida por Cipião Emiliano no ano 146 a.C. antes de tomar Cartago (provavelmente não sem antes ter mantido um diálogo com a deusa oracular, como era o preceito[27]), existe um aspecto do culto de *Dea Cælestis* que oferece grande interesse.

Há alguns anos G. Ch. Picard propôs a existência no santuário desta deusa de *canes* profetas[28]; sabemos que nos templos cananeus existiam hieródulas chamadas "cadelas" (KLBM), termo que por extensão se aplicou aos servidores de divindades não cananéias (os *galli* de Cibele, por exemplo, são chamados *Canes Megales)*. Em latim, como atesta a epigrafia, foram designados *sacrati*.

Na opinião de G. Ch. Picard estas mulheres tinham o poder de profetizar e interpretar a vontade da deusa que as possuía temporariamente mediante o transe e falava por meio delas; com o tempo, essa função substituiu a prática da prostituição sagrada. No entanto, como vimos, no século II d.C. as fontes clássicas fazem menção somente a uma sacerdotisa-profetisa encarregada do santuário. Tudo aponta para que Roma, considerando que as revelações desordenadas das "cadelas", ou *canes*, ameaçavam a estabilidade política e social do Império, decidiu reservar o monopólio das predições e profecias a uma só sacerdotisa, escolhida na nobreza local.

As autoridades provinciais romanas reconheciam, no entanto, sua autoridade profética, já que o procônsul a visitava oficialmente ao menos uma vez por ano. Esta *vates* se expressava em latim e não em púnico: o procônsul e sua comitiva, como se depreende do texto da *Historia Augusta*, não tinham necessidade de traduzir suas palavras, que, naturalmente, iam sempre a favor dos interesses do Império. Existe neste sentido uma inscrição na qual Picard lê: *Pro sal[ute / Imp. Pii Aug.[hoc m?/un[us] iussu [De/æ C(a)elestes .../ria Sirp[ica? ex /v(oto) d(edit)*[29]. Ainda que mal conservada, essa inscrição dá a entender que uma mulher, Sirpica, tinha recebido de *Cælestis*, median-

A Adivinha

te um oráculo, a ordem de dedicar um marco à saúde do imperador, quiçá o próprio Antonino Pio.

Não podemos pensar, pois, que a atividade profética de moças ou sacerdotisas nas províncias ocidentais obedecia à liberdade implantada por Roma; ao contrário, o profetismo anárquico, abandonado às *fanaticæ*, como demonstra a história do santuário de *Dea Cælestis*, foi substituído em muitos casos por uma atividade adivinhatória bem regulamentada.

3. As profetisas germânicas: Véleda

Mas quiçá durante os primeiros séculos do Império foram a Germânia e a Gália as regiões que deram ao Império um maior número de adivinhas; as faculdades mânticas destas mulheres não foram desaproveitadas pelos oficiais do exército nem pelos imperadores romanos, profundamente atraídos por sua forma de prognosticar o futuro.

As fontes gregas e latinas destacaram os dotes proféticos das mulheres germânicas. Estrabão, seguindo Possidônio, afirma que as mulheres dos cimbros seguiam seus maridos durante a guerra

> [...] acompanhadas de sacerdotisas de cabelos acinzentados, encarregadas de proferir os oráculos *(prománteis hiéreiai)*. Vestidas de branco, envoltas em um xale de linho abrochado sobre a espalda, usavam um cinturão de bronze e caminhavam com os pés nus"[30].

O geógrafo grego descreve com detalhe o método adivinhatório utilizado por estas sacerdotisas. Diz-nos que os prisioneiros eram introduzidos no interior de uma grande cratera de bronze, cuja capacidade foi calculada entre uns 400 e 800 litros[31]. Valendo-se de um estrado, levantavam a cabeça do prisioneiro e cortavam pessoalmente com uma espada sua garganta: do sangue que se estendia pela cratera, tiravam uma profecia *(manteían tinà epoioynto)*. Outro método, segundo segue narrando Estrabão, consistia em abrir o corpo do prisioneiro e, após examinar suas entranhas, anunciar a sorte do combate.

César relata no *De bello gallico* que quando interrogou os prisioneiros sobre o motivo pelo qual Ariovisto (rei dos suevos) recusava o combate, aqueles lhe responderam que era por um costume *(consuetudo)* germânico segundo o qual "as mães de família decidiam *sortibus et vaticinationibus* se convinha ou não empreender a batalha"[32].

A variedade de métodos adivinhatórios praticados tanto pelas sacerdotisas como, em geral, pelas mulheres germânicas é confirmada por um texto de Plutarco no qual o polígrafo grego assinala que durante a guerra de César contra Ariovisto

> [...] as mulheres sagradas adivinhavam o futuro observando os redemoinhos formados pelas águas dos rios e tiravam indícios dos vórtices e do borborinho das corredeiras. Precisamente então impediram os germânicos de empreender a batalha antes de que tivesse aparecido no céu uma nova lua[33].

Dião Cássio, por seu lado relata que a rainha dos bretões, Budícia, recorre aos augúrios dos animais terrestres para alentar os seus no combate contra os romanos:

> Tendo dito isto, soltou uma lebre que ela tinha sobre seu regaço; ao fazer um feliz presságio à carreira do animal, a multidão começou a lançar gritos de alegria (Dião Cássio LXIII, 6).

Mesmo com esta variedade de métodos adivinhatórios, não parece que as mulheres tenham recorrido àqueles próprios da adivinhação indutiva; o texto de Dião Cássio não nos diz que a rainha interpretava pessoalmente os augúrios terrestres do animal.

A autoridade que as mulheres germânicas deviam exercer sobre os homens, inclusive em tempos de guerra, parece responder à idéia de que elas estavam diretamente inspiradas pela divindade, ao menos é o que nos diz Tácito:

> Tem mais, pensam [os germânicos] que há nelas alguma coisa de santo e profético *(sanctum aliquid et providum),* pelo que não desprezam seus conselhos nem desdenham suas respostas *(Germ.* VIII, 2).

O caso mais representativo é, no fim do século I d.C., o da adivinha germânica Véleda, pertencente à tribo dos brúcteros; seu nome é de origem celta *(vales, veleta)* e significa, segundo alguns autores[34] "vidente". Tácito, a quem devemos a maior parte de nossa informação sobre ela, nos diz que tinha grande autoridade sobre os brúcteros

> [...] de acordo com um costume dos germânicos pelo qual muitas mulheres eram consideradas profetisas *(quo plerasque feminarum fatidicas)* e, ao crescer a

A Adivinha

superstição, também como deusas. Então se acrescentou a autoridade de Véleda, pois tinha previsto *(prædixerat)* os êxitos dos germânicos e o extermínio das legiões *(Hist.* IV, 61).

Sua figura devemos situá-la durante os anos 69 e 70 d.C., dentro da revolta galo-germânica encabeçada pelo batavo Júlio Civil, cidadão romano e prefeito das tropas auxiliares, quem por sua vez nela arrastou as tribos gaulesas e germânicas. Véleda foi a autêntica "inspiradora religiosa e conselheira política do chefe batavo", cujo prestígio foi dado precisamente, como nos diz Tácito, pelo cumprimento de suas predições durante os primeiros anos de combate.

Este profundo respeito não só de seu povo como de outras tribos, e inclusive do próprio Civil, por sua figura, se traduziu em sua atuação como árbitro diante de quem se sancionavam pactos (Tácito *Historiæ*, IV, 65, 3), assim como em diversos gestos de submissão: Véleda recebia como mostra desse reconhecimento prisioneiros romanos (como o próprio legado da legião Múnio Lupércio) ou presentes tão assombrosos como a trirreme* pretoriana capturada pelos germânicos[36].

A santidade desta *virgo*, identificada por muitos – como bem observa Tácito – com uma deusa *(et augescente superstitione arbitrantur deas)*, explica as medidas para mantê-la em um certo isolamento, fazendo-se especialmente inacessível aos estranhos. Tácito nos diz que os legados enviados pelos terícteros não puderam falar pessoalmente com Véleda:

> Ela estava em uma alta torre, e um escolhido dentre seus achegados levava as consultas e respostas *(consulta responsaque)* como se fosse o intermediário de uma divindade *(Historiæ* IV, 65).

Porém a sorte de Véleda mudou radicalmente após sua captura e posterior traslado a Roma; e isto ocorreu durante a vitoriosa expedição de Rutilo Gálico, no ano 78 d.C., contra os germânicos do baixo Reno. Muito se especulou sobre os últimos anos, em território itálico, sobre a profetisa germânica. Parece mais do que provável que Véleda foi exibida no triunfo celebrado em Roma por Gálico, mas depois teve de ser tratada com respeito, sendo recluída em algum templo próximo de Roma. Em uma época em que o Estado romano abria suas portas a novas formas de

---

* N.do T.: galera dotada de três ordens de remadores.

adivinhação, e conhecendo as inquietudes espirituais de Vespasiano, os dotes oraculares de Véleda não deviam ser desaproveitados, especialmente na meditação – desta vez a serviço de Roma – entre as diversas tribos germânicas.

Muitas destas hipóteses foram felizmente corroboradas pelo achado, em 1926, de uma inscrição na localidade latina de Árdea, magnificamente estudada por M. Guarducci[37]. Ainda que conservada em mau estado, essa inscrição é uma resposta oracular não de Véleda, mas sim dela, dirigida quiçá ao imperador Vespasiano. Com efeito, na penúltima linha parece aludir ao motivo da consulta: "para que não a alimentes ociosa... *(tèn argèn hína mé tréphes)*". Guarducci acredita ser provável uma consulta oracular de Vespasiano a algum santuário itálico ou grego quando, recém-capturada a profetisa, sua presença devia delinear não poucos problemas[38]. Mas a inscrição aconselha o imperador – em um tom aliás irônico – que dedique a sacerdotisa germânica a trabalhos de limpeza do santuário, o que não sabemos se ele finalmente o ordenou[39].

De qualquer maneira parece-nos que Véleda tivesse perdido totalmente, durante sua estada na Itália, seus traços de profetisa e vidente. A inscrição de Ardea a menciona como *makrés*, e também como *parthénos*, quer dizer, como virgem, aproximando-se muito assim de figura de uma sibila.

Que os Flávios não deveriam se aproveitar do prestígio de Véleda como profetisa, parece sugeri-lo uma notícia transmitida por Dião Cássio: Domiciano honrou a uma virgem de nome *Ganna*, sucessora, de certa forma, de Véleda ou imitadora dela, conhecida entre as tribos celtas também por sua inspiração oracular"[40].

Mas o elenco de célebres profetisas germânicas começa antes de Véleda e Ganna. Tácito nos recorda que os germânicos veneraram "em outra época" a profetisa Aurínia (*Germ.* VIII, 3). Roma deve ter encontrado desde o começo da conquista de Germânia a oposição destas adivinhas, colaboradoras dos chefes militares germânicos. Um caso especialmente significativo é o de Druso, filho de Lívia, de quem durante suas campanhas na Germânia, diz Suetônio:

> Infligiu além disso numerosas derrotas ao inimigo e não deixou de acossá-lo até que apareceu-lhe uma mulher estrangeira *(species barbarae mulieris)* e de estatura superior à humana e lhe proibiu, falando em latim, que prosseguisse sua marcha vitoriosa (Suet., *Claud.* 1, 2).

A Adivinha

A aparência física dessa mulher (*humana amplior*) corresponde bem ao adjetivo *makres* que Véleda recebe na inscrição de Árdea; a alta estatura dos germânicos é quase um *topos* na literatura latina porém – como com a virgindade – parece ter sido atribuído somente às profetisas.

Não obstante pode-se dizer que, aos poucos, o poder romano procurou aproveitar-se dos serviços oraculares destas mulheres; Roma, longe de tentar anulá-las, procurou atraí-las. Pouco tempo antes de Vespasiano assumir o poder, sabemos por meio de Suetônio que Vitélio obedecia aos vaticínios de uma adivinha da tribo dos catos, que trouxera consigo da Germânia; o historiador disse que ele mais tarde seria imperador:

> Suspeita-se também que teve a ver com a morte de sua mãe, pois se afirma que proibiu, encontrando-se enferma, que lhe dessem de comer, motivo pelo qual o vaticínio de uma mulher da terra dos catos (*vaticinante Chatta muliere*) em quem acreditava como se fosse um oráculo. Esta mulher tinha prognosticado que seu reinado seria duradouro e estável se sobrevivesse à morte de seus pais. (Suetônio, *Vitel.*, 14, 5).

No entanto é um costume prevalentemente político e militar o que parecem fazer destas profetisas os imperadores romanos do século I. d.C.. Neste sentido, há anos foi dado a conhecer um *ostrakon* achado em Elefantina, no Alto Egito, e datado do século II d.C., em que, junto aos nomes de militares e civis romanos aparece o de *Baloyboyrg Sénoi sibylla*[41]. Na opinião de M. Guarducci esta vidente chamada Waluburg, pertencente ao povo germânico dos semnões devia estar no Egito fazendo parte do séquito de um oficial romano[42]. De qualquer maneira, é interessante a denominação de "sibila" que bem teria sido conveniente a outras sacerdotisas anteriores a ela, como a própria Véleda.

4. As druidesas

Estreitamente ligadas às profetisas germânicas aparecem outras videntes – citadas sobretudo a partir de meados do século III a.C. – como são as druidesas ou druidas (*dryades*).

A primeira vez que as *dryades* aparecem mencionadas é no governo de Alexandre Severo (222-235 a.C.). As palavras da profetisa gaulesa são incluídas entre os *omina* que anunciavam a morte do imperador:

> Uma mulher druida gritou-lhe, quando passava, no idioma dos gauleses: "Vai, mas não esperes vitória nem confies em teus soldados"[43].

De Lívia a Serena (38 a.C. - 384 d.C.)

Para o biógrafo da *Historia Augusta* o anúncio da sacerdotisa não tardaria em se cumprir, já que, pouco depois, o imperador morreu nas mãos de seus soldados.

Meio século depois, o imperador Aureliano efetuou uma consulta pessoal *(Aureliano consulenti responsa sunt)* a estas adivinhas, que a *Historia Augusta* recolhe da seguinte forma:

> Em certa época, Aureliano consultou as druidesas das Gálias (*Gallicanas consuluisse Druiadas*) para saber se seus descendentes seguiriam ostentando a dignidade imperial. Mas elas lhe responderam (*illas responsisse*) que nenhum nome chegaria a ser tão ilustre na nação como o dos descendentes de Cláudio (*Vit. Aurel.* 44, 3).

O próprio biógrafo faz constar o acerto da profecia que, em sua opinião, se referia à dinastia de Constâncio Cloro, descendente de Cláudio II[44].

A terceira e última menção desta druidesa na *Historia Augusta* corresponde a uma das biografias de Flávio Vopisco; segundo este, a informação lhe foi transmitida por seu avô, que por sua vez a tinha obtido do próprio Diocleciano (284-305 d.C.):

> Em uma ocasião em que ele [Diocleciano] se deteve por algum tempo em uma pousada na Gália, na região dos tungros, quando ainda militava nos graus mais inferiores do exército e com uma druidesa fazia as contas dos víveres que tinha comido por dia e esta lhe dizia: "Diocleciano, és demasiado avaro, e demasiado poupador", e Diocleciano, dizem, lhe respondeu: "Já serei generoso, mas quando chegar a ser imperador". E, ao escutar estas palavras, dizem que a druidesa exclamou: "Diocleciano, não pretendia fazer pouco de ti, pois serás imperador quando tiveres dado morte a Apro"[45].

O biógrafo acrescenta que Diocleciano, apesar de aparentar ter apanhado o anúncio na brincadeira, nas caçadas procurou sempre matar os javalis (*aper,* em latim) com as próprias mãos. Esta profecia da druidesa nós a podemos considerar, com certeza, como um *omen imperii,* quer dizer, como um presságio do poder imperial. Teremos ocasião mais adiante de comprovar que muitos políticos e militares romanos recorreram com freqüência à emissão feminina desse tipo de presságio.

Destas alusões da *Historia Augusta* (nossa única fonte) parecem sair diversos fatos. Primeiro, que as druidesas encontravam-se só na Gália e não em território itálico, onde talvez teriam sido muito perigosas no caso de consultas políticas; o último dos textos deixa entrever, entretanto, as infiltrações

A Adivinha

delas nos acampamentos romanos destacados nessa província. Em segundo lugar, os biógrafos colocam em evidência o claro interesse dos imperadores, pelo menos nos casos de Aureliano e Diocleciano, pelas *dryades* gaulesas. Aquele as consulta pessoalmente sobre uma questão tão delicada como sua sucessão e este parece levar muito a sério o anúncio da druidesa sobre seu ascenso ao poder. Nada ou pouco nos é dito sobre o procedimento adivinhatório de tais adivinhas, se bem que se depreende das fontes o método cleronomântico, já citado, assim como que, em algumas ocasiões, respondiam de forma coletiva.

Obviamente não podemos tomar em sentido literal o que estas biografias do tempo do Império nos dizem em relação aos encontros entre imperadores e *dryades;* é possível, inclusive, que os anúncios tenham sido, na verdade, profecias *post eventum*. Porém, de qualquer forma, refletiam, do meu ponto de vista, o interesse – sempre político – de alguns imperadores pelos dotes adivinhatórios destas sacerdotisas.

Maiores problemas delineia a identificação destas *dryades*. A maior parte dos estudiosos modernos está de acordo em reconhecer que estas adivinhas nada tinham a ver com o antigo sacerdócio céltico, de natureza exclusivamente masculina[46]. G. Zecchini crê que, considerando o todo, estas mulheres podem ser comparadas com as que, segundo Possidônio, eram consagradas a Dionísio (possuídas por Dionísio: *Dionyso katechoménas)* e viviam em uma ilha, à qual os homens não podiam ter acesso, na desembocadura do Loire[47]. Tampouco descarta o estudioso italiano sua semelhança com as sacerdotisas chamadas *Gallizenæ* que, ligadas ao culto de Deméter e Core, viviam segundo Artemidoro e Pompônio Mela nas ilhas do litoral britânico[48]. De qualquer maneira, a aparição das *dryades* no século III d.C. é, na opinião de G. Zecchini, um indício da nostálgica recuperação do passado por parte da população rural celta[49].

NOTAS

1. Petrônio, *Satiricon*. VII, 2. Cf. M. Coccia, "Multa in muliebrem levitarem coepit iactare (le figure femmenili do *Satiricon* di Petrônio)", em *Le donne nel mondo antico*. Atti do II Congresso, Turim, 1989, 121-140.
2. Marc. Capel. I, 7. Tertuliano, *De anim*. 46, habla das *artes divinatrices*.
3. Sobre a *physiognomonia*: E.C. Evans, *Physiognomics in the ancient World*, TAPHS 59/5 (1 969); J. Schmidt, *s.v. Physiognomik*, em *RE* XX, 1, coll. 1064-1074. As obras de fisionomia foram recolhidas por R. Foerster, *Scriptores Physiognomonici Graeci et Latini*, Teubner, 1893. Os fundamentos desta ciência eram atribuídos aos gregos (Pitágoras, Hipócrates), se bem que também foram detectadas influências orientais.
4. Assim se deduz da obra de Polemão (século II d.C.) ou do testemunho do próprio Artemidoro. Cf. R.A. Pack, "Arteimidorus and the Phisiognomist": *APhATP* 72 (1941) 321-324.
5. Plaut., *Mil.* 694. Cf. Montero, 1994a.
6. Petrônio, *Satiricon*, 126.
7. *Suetônio*, Tit. 2, 1. Outro deles poderia ser aquele, citado pelo gramático Apião, que presumia conhecer, através dos quadros pintados por Apeles, os anos de vida que restavam aos retratados (Plínio, *Naturalis historia*, XXXV, 88).
8. Seguimos a edição de J. André, *Anonyme Latin, Traité de Physiognomie*, Paris, 1981,que em 21-24 alude ao interesse dos latinos por esta ciência. Nesta obra, sobre o tratamento da mulher cf. *De physiog*. 39, 74, 85 e 115. Sobre a difusão da fisionomia na Roma imperial: E.C. Evans, "Roman descriptions of personal appearance in History and Biography": *HSCPh* 46 (1935) 43-84; Id., "The Study of Physiognomy in the second Century A.D.": *APhTP* 72 (1941) 96-108; Id., "Physiognomics in the Roman Empire": *Class. Journ.* 45 (1950) 277-282.
9. O autor anônimo utiliza também o velho método zoológico que permite estabelecer paralelos entre o homem e os diferentes tipos do reino animal; uma semelhança física implicava também uma semelhança de carácter. Dito método é aplicado à mulher só em duas ocasiões. A primeira se refere à semelhança física de certas mulheres com a tartaruga – "animal preguiçoso, estúpido e voraz" – para acrascentar que a mulher deste tipo é "estúpida, ineficaz e ingrata" (*De Phisiog*. 127: *Huiusmodi mulier inepta, inefficax, ingrata*). A segunda, como a coruja, "animal preguiçoso e inconstante"; a mulher que apresenta analogias físicas com ela, "não é fiel nem a seus filhos nem a seu marido, ignora a economia, não sabe fazer nada e gosta de falar" (*De Phisiog*. 129: *Huiusmodi mulier nec filiis fidelis nec marito, parsimoniae ignara, manu iners, linguae indulgens*).
10. Petrônio, *Satiricon*, 137, 10. Mais adiante, Petrônio (*Satiricon*, 137, 11) descreve a feiticeira que "abrindo o peito do ganso, tirou-lhe o fígado, muito firmemente aderido, e nele me leu o porvir" (*Recluso pectore extraxit fartissimum iecur et inde mihi futura praedixit*).
11. Cf. F. Pfeffer, *Studien zur Mantik in der Philosophie der Antike* (Beiträge zur klassischen Philologie, org. por E. Heitsch, R. Merkelbach, C. Zintzen 64), Meisenheim am Glan 1976.
12. Sobre estoicismo e religião: G. Rocca-Serra, "Les philosophes stoïciennes et le syncretisme", em *Les syncretismes dans les réligions grecques et romaines*, Paris, 1973, 22 ss.; P. Grimal, "La religion des stoïciens de Séneque à Marc Aurele", em *Religion, superstición e magia no mundo romano*, Cádiz, 1985, 35-38, em particular sobre a atitude dos estóicos diante da adivinhação: R. J. Hankinson, "Stoicism, Science and Divination": *Apeiron* 21/2 (1988) 123-160. Sobre estoicismo e mulher: Ch. Favez, "Un féministe romain: Musonius Rufus": *Etud. Lettres* 8 (1933) 3-4.
13. Entre estas vozes contrárias à mântica, mas de forma alguma majoritárias, figuravam Panécio ou Blósio de Cumas (mestre de Tibério Graco). Quiçá por isso durante o Império a prática estóica de alguns políticos obrigou-lhes a abandonar a adivinhação com a idéia de que eram os valores morais que Deus tinha dado ao homem e não a revelação profética que devia orientar a ação do homem.
14. O cristianismo fez uma exceção no que se refere às sibilas; tanto elas como os *Libros Sibilinos* tiveram muitas preleções em autores eclesiásticos antigos como o autor de Hermas, Justino, Teófilo de Antioquia, Clemente de Alexandria, Tertuliano e, sobretudo, Lactâncio. Este foi quem pela primeira vez descobriu o acróstico *Iesus Christus Dei Filius Salvator* em

um dos oráculos da sibila de Eritréia (cf. *Constantini oratio ad sanctorum coetum*, 18-19; Aug., *CD* XVIII, 23, 2.). Também Agostinho, provavelmente seguindo Varrão, dedica sua atenção às sibilas. A atração que as sibilas exerceram sobre o cristianismo se explica pelo tom, apocalíptico em certas ocasiões, de suas respostas versificadas, em que se pensou reconhecer um anúncio do mistério de Cristo. Assim, Agostinho cita em suas *Epistolas* (*Epist.* 104, 11 = *PL* 33, 393; cf. *Epist.* 258, 5 = *PL* 33, 1073) os versos da sibila de Cumas divulgados por Virgílio: "Já chegou a idade última *(ultima... Aetas)* anunciada nos versos da sibila de Cumas; já começa de novo uma série de grandes séculos. Voltam já a virgem e os reinos saturninos". Pensemos também nos efeitos que os versos seguintes da Sibila podiam causar na mentalidade cristã "...favorece o recém-nascido infante, com o qual concluirá, primeiramente, a idade de ferro e começará a do ouro em todo o mundo [...] desaparecerão os vestígios de nossa antiga maldade e a terra se verá livre de seus perpétuos terrores" *(ibid.)* Não surpreende, pois, que Agostinho comente a respeito: "Talvez aquela vate *(illa vates)* ouviu algo com ânimo do único Salvador e se sentiu inspirada a dá-lo a conhecer" (Epist. 104, 11; cf. A. Kurfess, "Die Sibylle in Augustins Gottesstaat", *Theologische Quartalschrift* 117 [1936] 532-542. Também é útil o comentário de M. Fuertes Lanero na edição espanhola de Agostinho na BAC). Para um cristão o Verbo de Deus podia iluminar não só os que acreditavam nele, como também os pagãos. Não obstante, muitas vezes são razões de ordem prática as que explicam o trato favorável dispensado pelo cristianismo às sibilas e seus livros: "Se há certamente, como se diz, alguns presságios das sibilas acerca de Cristo ou de Hermes Trismegisto ou de Orfeu ou de outros vates gentílicos, eles podem ajudar em alguma coisa os pagãos para convertê-los a Cristo" (Aug., *Contra Faustum man.* XIII, 1 = *PL* 42, 281). Por outro lado tampouco podemos olvidar que as profecias hebréias, recolhidas no Antigo Testamento, constituíam, por sua vez, uma das principais provas da veracidade da mensagem cristã. Cf. o trabalho clássico de A. Néher, *La esencia del profetismo*, Salamanca, 1975.
15. Durante o Império, alguns autores latinos enfatizaram que, no passado, o papel de Apolo era inspirador de pítias e sibilas, minimizando entretanto, a importância destas. Tibulo diz: "Sob tua inspiração [Apolo], jamais fraudou a Sibila que predisse os arcanos do destino em versos de seis pés" (II, 5, 15). O método da pítia era popular ainda no século IV d.C., mas sua presença já pertence a um passado saudoso. Amiano XXIX, 1, 29 relata que, na época do imperador Valente, duas destacadas figuras da administração, Patrício e Hilário, construíram com ramos de louro um tripé imitando o de Delfos *(ad similitudinem Delphicae)* para recitar sobre ele palavras místicas e descobrir coisas secretas.
16. Jámbl., De *Myst.* III, 77. Sobre a teurgia cf. E.R. Dodds, "Theurgy and its relationship to Neoplatonism": *JRS* (1946) 55-69; P. Boyancé, "Théurgie et télestiqué neo-platonicienne": *RHR* 147(1955)189-209; H. Lewy, *Chaldean oracles and theurgy. Mysticism magic and platonism in the Later Roman Empire*, Paris, 1978.
17. Plut., *Mar.* 17. Sobre Marta, RE *s.v. Martha* XIV, coll. 2001,
18. Frontino, *Strat.*I, 11, 12: *a qua se dimicationum eventus praediscere simulabat.*
19. F. Chamoux "A prophétesse Martha",en *Mélanges d'Histoire ancienne offerts à W. Seston*, Paris, 1974, 82.
20. Turcan 1989, p. 137.
21. *IGLSVI*, 1967, nº 2929:...*Ochmaeae / virgini vati / Deae Syri(ae) Nihat (henae) / fecit.*Cf. Youssuf Hajjar, "Dieux et cultes non heliopolitains de la Béqa", em *ANRW* II, 18.4, 1521-1522.
22. Suetônio, Galba 8, 2:*et confirmabatur cum secundissimis auspiciis et ominibus tum virginis honestae vaticinatione.* A noticia é recolhida também por Dião Cássio LXIV, I, 1. Sobre este imperador: J. Sancery, *Galba ou l'armée face au pourvoir*, Paris, 1983.
23. Cf. J.M. Abascal Palazón, "La legio VII Gemina. Balance de la investigación y perspectivas", em *Actas del I Congreso Internacional Astorga Romana*, Astorga, 1986, 317-328.
24. Suetônio, *Galb.* 9.
25. Em cinco variedades distintas de sestercios: C.H.V. Sutherland, *The Roman Imperial Coinage*, I.2, Londres, 1984 254, nº 473 com a legenda HISPÂNIA CLVNIA SVL(picia) no reverso.

De Lívia a Serena (38 a.C. - 384 d.C.)

26. *Historia Augusta, Vita Macr.* 3, 1. O oráculo da sacerdotisa pronuncia oito vezes o nome de Antonino, considerando os presentes que se referia aos anos de governo de Antonino Pio. Transcorrido aquele tempo foi preciso buscar outro significado: oito era o número de membros da dinastia. Enquanto Syme e Barnes consideraram esta passagem uma invenção da *Historia Augusta*, Zecchini 1983, 153 ss. a acredita autêntica; em sua opinão pode ter sido emitido sob Antonino Pio e não ser entendido até que os imperadores africanos do século II-III o retomaram valorizando-o de outro ponto de vista. (Cf. também G. H. Halsberghe, "Le culte de Dea Caelestis", em *ANRW* II, 17.4, 2003-2223). Depois, outros imperadores, como Pertinax ou Macrino, puderam beneficiar-se de suas consultas (cf. *Vita Pert.* 4, 2; Zecchini 1983, 180-160).
27. A fórmula de Cipião Emiliano é conservada por Macrob., *Sat.* III, 9, 7. Cf. Sérvio, *Ad Æneida* XII, 841. A estátua foi levada a Roma no ano 122 após a fundação da *Colonia Iunonia Karthago*. Cf. "Scipione Emiliano, Caio Gracco e l'evocatio di Gionone da Cartagine": *Aevum* 64 (1990) 69-75. no ano 46 a.C. Metelo Cipião cunha moedas com a imagen da deusa.
28. Picard 1959.
29. Picard 1959, 44 = R. Cagnat, A. Merlin, L. Chatelain, *Inscr. Latines d'Afrique*, 1052.
30. Estrabão VII, 2, 3.
31. F. Bourriot, "A tombe de Vix et le mont Lassois, essai d'interprétation": *Rev. Hist.* 234/2 (1965) 285-310. em geral, J.J. Hatt, "Essai sur l'évolution de la religion gauloise": *REA* 67 (1965) 84 ss. Uma proposta atualizada destes problemas em I. Fauduet, *Les temples de tradition celtique*, Paris, 1993.
32. César, *De bell. g*all. I, 50, 4: ... *ut matres familiae eorum sortibus et vaticinationibus declararent utrum proelium committi ex usu esset necne.*
33. Plut., *Caes.*, 19.
34. Cf. G. Walser, *s. v. Veleda*, em *RE* VIII A, *coll.* 617 ss. Outros autores pretendem, no entanto, que seu nome deriva do gótico Vilipa, que significa "benevolência", "graça".
35. Para Zecchini 1984, 107. M. Guarducci a qualifica de "inspiradora e guia da revolta".
36. Legado: *Hist.*, IV, 61; trirreme: *Hist.*V,22.
37. Guarducci 1945, 163-176; Guarducci 1950-1951,75-87, onde se recolhe a bibliografia publicada a respeito daqueles anos.
38. Guarducci 1950-1951, pp: 85-86.
39. Cf. o final da inscrição que M. Guarducci traduz como "...spazzi (?) e smoccoli una doppia narice di bronzo" .
40. Dião Cássio, LXVII, 5, 2, diz que, depois de ser honrada por ele, retornou a casa.
41. O *ostrakon* foi publicado por Schubart em 1917: cf. E. Schröder, "Walburg, die Sibylle": *Archiv für Religionswissenschaft* 19 (1919) 196-200; K. Helm, "Walaburg, die Wahrsagerin": *Beiträge zur Geschichte der deutschen Sprache und Literatur* 43 (1918) 337-340; Guarducci 1945,170 n. 35; R. Delorez, "La divination chez les Germains", em *La Divination* (ed. A. Caquot-M. Leibovici), Paris, 1968, 272.
42. Guarducci 1945, 170. A estudiosa italiana admite também a possibilidade de que pudesse estar em uma guarnição de soldados germânicos.
43. *Historia Augusta, Vita Alex. Sev.* 60, 6. é Zecchini 1984, 115 ss. que prestou maior atenção a estas adivinhas.
44. *Vita Aurel.* 44, 5: "Constâncio, do mesmo sangue que ele, possui já o poder imperial e penso que também seus descendentes chegaram a atingir a glória que as druidesas lhe profetizaram (*quae a Druiadibus pronuntiata sit*)". É preciso recordar, em apoio ao biógrafo, que o primeiro dos Cláudios (41-54 d.C.) tomou severas medidas contra os druidas.
45. *Hist. Aug., VitaCar. Numer.Carin.*14.
46. Sobre as *dryades*: Le Roux, "Introduction générale à l'étude de la tradition céltique": *Ogam* (1967) 316-318; Id., *Les druides*, Paris, 1961, 50-51. Tal é o critério também de Zecchini 1984, 116.
47. Poseid. fr. 56 Jacoby = Estrab. IV, 4, 6.
48. Artem., fr. 36 Hagenow = Estrab. IV, 4, 6. Pomp. Mel. III, 48.
49. Zecchini 1984, 116.

6

A MULHER

É lógico supor que o chamado processo de emancipação da mulher romana[1] especialmente a lenta desaparição do matrimônio *cum manu* e a evolução da tutela, contribuiu também para uma maior liberdade de movimentos da mulher no âmbito adivinhatório.

Porém neste processo tampouco deve ter sido desprezível o papel desempenhado pela desaparição do prodígio ou, pelo menos, por sua decadência. O abandono da *tabula pontificis*, onde se inscreviam os prodígios observados e, o que é ainda mais significativo, a desaparição do ritual da *procuratio* ou expiação do prodígio, cujo protagonismo recaía sobre a mulher[2] são provas determinantes de sua perda de importância durante o Império. Desta forma, a mulher deixou de ser um ponto de observação dos decênviros e dos arúspices como no passado tinha ocorrido.

Não obstante, dos poucos prodígios registrados durante o Império, o *monstrum* e o andrógino eram os que seguiam suscitando um maior temor religioso. Filóstrato diz que na época de Nero uma mulher pariu um *monstrum* numa cidade da Sicília:

> Ao chegarem eles a Siracusa, uma mulher da classe alta pariu um monstro como nunca se havia dado à luz; pois a criatura tinha três cabeças, cada uma com seu próprio pescoço, mas todo o restante era de um só corpo. Alguns, dando interpretações grosseiras, afirmaram que a Sicília – que tem três promontórios – pereceria se não se pusessem de acordo e vivessem em paz... Outros afirmaram que Tufão, que estava dotado de múltiplas cabeças, ameaçava a Sicília com um desastre inesperado[3].

De Lívia a Serena (38 a.C. - 384 d.C.)

Mas merecem ser observados alguns fatos que surgem do relato de Filóstrato. Em primeiro lugar que o *monstrum* não é eliminado, como no passado, mas exposto ao público para ser interpretado pelos entendidos em prodígios (como o próprio Apolônio de Tiana)[4]. Também é notória a ausência de toda menção à expiação do prodigio. O próprio Filóstrato menciona nesta mesma obra a uma jovem (cuja família era de categoria consular), morta no dia de sua boda, que quando começou a chover, exalava vapor de seu rosto *(Vita Apol.* IV, 45*)*. O fato não parece ter sido considerado como um prodígio e a moça foi ressuscitada por Apolônio de Tiana.

Ainda existem testemunhos mais significativos, como o de Fedro. Numa de suas fábulas, *Æsopus et rusticus*, escrita na mudança de era, nos diz que o proprietário de um rebanho viu nascer de suas ovelhas cordeiros com cabeça humana *(agnos humano capite)*. O prodígio o assustou tanto que decidiu consultar os adivinhhos *(hariolos)*. Destes, uns lhe anunciaram que concernia à vida do dono e outros que sua mulher lhe era infiel *(coniugem esse adulteram)* e que anunciava a ilegitimidade de seus filhos *(insitivos... liberos)*, mas que o perigo se poderia evitar expiando por meio do sacrifício de animais *(sed expiari posse maiore hostia)* (III, 3).

Até aqui tudo parece ajustar-se perfeitamente à tradição: a consulta aos adivinhos (que parece convir melhor aos arúspices que aos hariolos), o conteúdo do *responsum* (ligado à moralidade da mulher) e inclusive a expiação recomendada. No entanto, continua Fedro, Esopo, que se encontrava presente, aconselhou o dono do gado que, se queria deter a ameaça do prodígio, desse mulheres aos pastores. E a lição moral da fábula não é menos contundente contra a vigência do prodígio: "um homem com experiência, melhor do que um adivinho, está apto para dizer a verdade *(usu peritus hariolo veracior)*"[5].

Alguns anos depois, Plínio afirma em sua *Naturalis historia*: "Houve um tempo *(olim)* em que se chamavam andróginos e eram considerados como seres monstruosos *(et in prodigiis habitos)*, enquanto hoje são objeto de diversão *(nunc vero in deliciis)*[6]. Os meninos de duplo sexo já não são, pois, queimados ou jogados n'água, mas exibidos para divertir o público.

Por outro lado, a ginecologia grega praticada durante o Império contribuiu também para afastar o prodígio da esfera divina ao considerar o *monstrum* simplesmente como um caso de *dystocia* (alumbramento difícil)[7]. A mesma sorte teve o aborto, que, praticado livremente durante a época augusta, deixa de ser identificado também com o prodígio[8].

A Adivinha

Seguindo novamente a divisão tradicional da *divinatio* em indutiva ou *artificiosa* e intuitiva ou *naturalis*, examinemos, pois, como se desenvolveram as relações da mulher romana com uma e outra ao longo do Império.

I. A MULHER E A ADIVINHAÇÃO INDUTIVA

1. A mulher e as consultas aruspicinas

A mulher romana, durante o Império aberta a todos os tipos possíveis de adivinhação, não deve ter desprezado tampouco as velhas consultas aruspicinas. Mas estas, no entanto, nunca chegaram a ter a popularidade, por exemplo, dos horóscopos e das especulações astrológicas. Influiu neste distanciamento a hostil atitude mantida tradicionalmente pelos arúspices com respeito ao comportarmento moral feminino?

Seria conveniente ter presente uma vez mais a origem social das consultantes, pois se bem que não dispomos de muita informação, sabemos que as numerosas disposições imperiais que castigavam, desde os tempos de Tibério, as consultas secretas aos arúspices, atingiram também as mulheres da aristocracia e devem ter dissuadido muitas delas de consultar assiduamente os melhores arúspices do momento[9]. Mas este tipo de clientela – tão interessado, por exemplo, na sucessão do Império – não é, evidentemente, o mesmo que, por exemplo, menciona Juvenal:

> Te promete um terno amor, o magnífico testamento de um rico sem filhos, aí está o que promete o arúspice da Armênia ou da Comagena *(Armenius vel Commagenus haruspex)*, quando examina as entranhas palpitantes de uma pomba. Observará o coração dos frangos, as entranhas do cachorrinho, e alguma vez também as de um menino (Juvenal, *Saturæ*, VI, 548-552).

Em outra ocasião Juvenal menciona as frívolas consultas aruspicinas femininas sobre os comediantes ou os atores trágicos; o poeta deixa claro que a mulher "ficou pálida diante da cordeira aberta" mas também que era ao arúspice (a quem, entretanto, "lhe iam sair varizes") a quem competia dar a resposta *(Saturæ* VI, 77 ss.).

De Lívia a Serena (38 a.C. - 384 d.C.)

Neste sentido Juvenal, como muitos outros autores, dá a entender que durante o período imperial não parece ter-se dissipado a idéia de que a adivinhação "artificial", "por signos", corresponde ao homem (e, em particular, aos arúspices), o único capacitado para sua correta interpretação. Dois casos, referentes a ilustres mulheres, o corroboram.

O primeiro deles é o de Tértula, a quem seu filho Flávio Sabino (casado com Vespásia e pai, portanto, do futuro imperador Vespasiano) lhe descreveu o prodígio que tinha lugar cada vez que sua mulher dava à luz: um antigo carvalho consagrado a Marte emitia subitamente de seu tronco um ramo que dava a conhecer o destino que aguardava a cada um dos filhos. Suetônio diz que um arúspice, interpretando o *prodigium*, lhe havia anunciado que seu filho seria imperador[10].

A reação de Tértula ao conhecer a interpretação aruspicina não foi outra senão a que caberia esperar de qualquer matrona romana, alheia ao mundo da *interpretatio prodigiorum*: "Mas esta começou a rir às gargalhadas assombrada de que, enquanto ela ainda estava em seu juízo, seu filho, em troca, já estava caduco" (Suet., *Vesp*. 5, 2). O conhecimento do futuro a partir da interpretação do prodígio era considerado uma verdadeira *techne* que descansava sobre a *Disciplina etrusca* dos arúspices e ao qual, portanto, a mulher continuava longe de poder ter acesso.

Outro caso de características parecidas é o protagonizado por Assíria (359 d.C.). Durante o governo de Constâncio se apresentou na casa de Barbácio, uma das mais altas autoridades militares do Império, um enxame de abelhas[11]. Para os arúspices, esse *prodigium* tinha um significado muito desfavorável: o próprio Plínio (*Naturalis historia*, XI, 55) assinala que as abelhas pousadas no campo de Druso durante sua vitória em Arbalon (11 d.C.) "demonstram que não tem validez absoluta a opinião dos arúspices, para quem isto é sempre um presságio funesto (*qui dirum id ostentum existimant semper*)". Conforme, pois, a suas tradições, os arúspices responderam a Barbácio, que se encontrava em vésperas de algum acontecimento grave" (*discrimen magnum portendi responsum est*)"[12].

Assíria, esposa de Barbácio, "tão indiscreta quanto imprudente", diz Amiano, preocupada pelo *responsum* aruspicino (que, por outro lado, não tinha sido comunicado a ela mas a seu marido), decidiu "em sua inquietude mulheril" escrever a seu esposo, ausente em uma expedição, pedindo-lhe que "como próximo sucessor de Constâncio (cuja morte Assíria considerava muito próxima) não a pospusesse à imperatriz Eusébia, apesar de sua extraordinaria beleza" (Am. Marc. XVIII, 3, 1). O episódio de Assíria não pôde ter um desenlace mais trágico: interceptada a carta por autoridades romanas, tanto ela como seu marido foram decapitados com a aplicação da lei *de maiestas*.

É evidente que Assíria, uma mulher quiçá de origem grega, interpretou o "grande perigo" anunciado pelos arúspices em relação ao acesso de seu marido ao trono imperial; mas o que a ela mais preocupava dessa futura situação era ver-se deslocada por Eusébia, a quem via já como viúva. Assíria interpreta de forma equivocada não já o *prodigium*, mas o *responsum* aruspicino, ao deixar-se levar por seus sentimentos e inquietudes pessoais. Seu erro não foi a indiscrição, mas o atrevimento de adiantar o sentido do *responsum*, o que competia só aos homens.

Os motivos de Assíria para proceder de forma tão precipitada são comuns aos de outras muitas mulheres da alta sociedade romana e bem diferentes das inquietudes que movem aos seus maridos: os ciúmes, o amor, o matrimônio.

2. A mulher e a magia adivinhatória

a) os julgamentos de *maiestas*

Durante o Império a mulher não rompeu suas relações com magos e feiticeiras. A magia adivinhatória foi uma atividade à qual recorreram as mulheres de todas as classes sociais. No entanto, as fontes da época imperial distinguem com freqüência as consultantes em função de sua condição social"[13]. Assim parecem demonstrá-lo, no que respeita à aristocracia romana, as consultas de *Claudia Pulchra* e *Servilia*.

No ano 26 d.C., durante o principado de Tibério, se celebrou um julgamento de lesa-majestade contra *Claudia Pulchra*, filha de Cláudia Marcela e neta de Otávia (a irmã de Augusto). A acusação, formulada pelo pretor Domício Afro, se traduzia nas acusações de adultério e malefício (*devotiones*) contra o *princeps*, e tentativa de envenenamento.

Cramer considera justificadamente que as *devotiones* fazem alusão à prática da magia adivinhatória ou à consulta dos adivinhos sobre o êxito de suas práticas mágicas contra Tibério. Mesmo que os motivos de Cláudia sejam desconhecidos, este estudioso acredita que ela agiu assim em benefício de seu filho[14].

De Lívia a Serena (38 a.C. - 384 d.C.)

Alguns anos depois, sob o governo de Nero, *Barea Soranus* e *Thrasea Pætus* foram acusados de lesa-majestade[15]. Neste mesmo ano foi inculpada também Servília, filha de *Barea Soranus*, acusada de ter feito doações com a venda de seu enxoval de noiva e um colar aos magos: *quod pecuniam magis dilargita esset* (Tácito, *Annales* XVI, 30, 2). Tácito não nega os fatos mas assinala que Servília havia atuado por amor filial, e acrescenta:

> [...] e pela imprudência própria de sua idade havia consultado *(nom tamen alius consultaverat)*, mesmo que só acerca da salvação de sua casa, se Nero se deixaria aplacar, e se da investigação do Senado se derivariam conseqüências terríveis (*Annales* XVI, 30, 2).

Antes de ser condenada à morte, como seu pai, Servília se defendeu sem êxito da acusação de lesa-majestade por haver recorrido aos serviços dos magos para a realização de práticas maléficas contra o imperador. Não há dúvida de que Servília os consultou e não aos adivinhos, pois – sempre segundo Tácito – o tribunal lhe perguntou pelo dinheiro destinado a sacrifícios mágicos (*quo pecuniam faciendis magicis sacris contraheret: Annales* XVI, 31, 1).

No entanto a acusação de *maleficiis* era provavelmente injusta, pois a finalidade desse sacrifício parece ser adivinhatória e não mágica; sabemos que os *magi* realizavam sacrifícios geralmente de caráter imprecatório mas também outros "imiscuindo-se no âmbito dos arúspices", destinados a conhecer o porvir.

O que deve ter decidido sua sentença à pena de morte foram os antecedentes familiares: segundo Dião Cássio (LXII, 22, 3), *Barea Soranus* tinha se servido já de sua filha para realizar práticas mágicas. Dião Cássio diz com clareza que, estando enfermo Nero, pai e filha tinham realizado certo sacrifício, sem dúvida "este sim" de caráter maléfico[17].

O desejo de Servília era só, como diz Tácito na passagem citada, saber de *incolumitate domus et an placabilis Nero, an cognitio senatus nihil atrox adferret* e não utilizar os efeitos da magia negra contra o imperador. Tácito, que descreve Servília como uma filha que ainda não havia completado os vinte anos, "condenada à viuvez e ao abandono pelo recente desterro de seu marido Ânio Polião", põe na boca daquela as seguintes palavras pronunciadas em sua própria defesa:

> Não invoquei deuses ímpios, nem pratiquei maléficios, nem pedi em minhas sofridas preces outra coisa que tu, César, e vós, senadores, desejaríeis sem causar dano algum a este que é o melhor dos pais... (*Annales* XVI, 31, 1).

É, pois, a *pietas,* a devoção filial, a que empurra a jovem a recorrer ao rito adivinhatório, mas vítima da tênue linha separatória entre as práticas adivinhatórias e as práticas mágicas, acabou encontrando a morte.

b) Antropomancia

As fontes se interessam em muito menor medida pelas consultas à magia adivinhatória de mulheres de baixa extração social. Apuleio menciona uma consumada feiticeira cujos serviços são contratados por uma mulher para que ponha fim violentamente à vida de seu marido que a havia repudiado por adultério. A feiticeira decide dar-lhe o golpe de misericórdia "excitando contra ele a sombra de uma mulher morta à mão armada"[18]. O homem, um moleiro honesto e enganado por sua esposa, morre como resultado das evocações necromânticas da feiticeira.

Este texto nos introduz em uma prática análoga a esta, muito arraigada nas províncias orientais (sobretudo no Egito e na Síria), mas também conhecida no Ocidente, que foi a *antropomancia;* e esta se voltou "de certa forma" contra a mulher ao ser utilizada como vítima preferida no sacrifício com fins adivinhatórios. O objetivo desta técnica não era outro senão familiarizar-se com as entranhas do cadáver (o fígado, particularmente) ou com o feto, no caso das mulheres grávidas, para "mediante seu exame" conhecer o porvir. Trata-se de uma prática mágica, subordinada à magia adivinhatória, que, como já tive ocasião de assinalar em outro trabalho[19], é produto de uma antiga influência sobre esta da aruspicina etrusco-romana.

Tanto autores pagãos como cristãos mencionam esta prática mágico-adivinhatória. Eusébio, por exemplo, assinala que por causa dos preceitos divinos escutados por Constantino, Maiêncio fazia uso de práticas mágicas:

> Com vistas à magia fazia abrir em forma longitudinal mulheres grávidas, esquadrinhar as entranhas das crianças recém-nascidas ou degolar leões, e criava abomináveis invocações sobre demônios *(HE* XIV, 5).

É verdade que para dispor do feto de uma criança não era imprescindível a morte ritual da mãe, já que bastava esperar um aborto; mas Sérvio *(Ad Æneida* VI, 107) diz precisamente o contrário: *sine hominis occisione nom fiebant.*

De Lívia a Serena (38 a.C. - 384 d.C.)

Por sua parte Amiano Marcelino, em concordância com o erudito latino, diz que o tribuno *Pollentianus*, sob o reinado de Valente,

> [...] foi considerado culpado por ter aberto o ventre de uma mulher viva, de ter extraído prematuramente o fruto que ela portava e de ter ousado, depois de ter evocado os manes* do inferno, praticar um rito adivinhatório sobre a mudança havida no Império (Am. Marc. XXIX, 2, 17).

Uma acusação de tais características, centrada desta vez na prática aruspicina de esquadrinhar as entranhas femininas, é lançada tardiamente contra o imperador Júliano por Teodoreto. Segundo este, Júliano fez celebrar sacrifícios humanos com fins adivinhatórios no templo de Carras, antes de empreender sua campanha contra os persas; anos depois "diz o autor cristão" foi achado no templo o cadáver de uma mulher suspensa pelos cabelos, os braços estendidos e desventrada para arrancar dela as entranhas e com as quais conhecer o resultado do encontro com os persas[20]. Por último, tampouco falta o testemunho de Rufino da Aquiléia *(HE* 11, 24), quem declara que depois de se destruir o Serapeum da Alexandria, ficaram expostos numerosos casos de "crianças assassinadas e jovens virgens desventradas para praticar a inspeção das entranhas" (...*parvulis despicatisque ob fibrarum inspectionem virginibus)*.

Deixemos de lado o controvertido problema da veracidade de tais acusações que, quase nunca comprovadas, costumam partir em geral das hostes inimigas; o que pode se considerar certo é que tal prática estava muito difundida no Império[21].

Os sacrifícios humanos com fins adivinhatórios não estavam limitados só às mulheres: também as crianças "especialmente as de pouca idade" eram utilizadas com idêntica finalidade. Por esta razão muitas mães eram sacrificadas, como vimos, para extrair delas o feto. A poesia da época de Augusto oferece abundantes testemunhos destes sacrifícios infantis realizados por magas ou feiticeiras. Uma inscrição encontrada em Esquilino faz *Iucundus* falar, uma criança de quatro anos, vítima das manipulações mágicas de uma feiticeira:

> A feiticeira de mão cruel me arrancou a vida (*Eripuit me saga manus crudelis*); enquanto esteja sobre a terra e faça dano com sua arte, vós, pais, protegei vossos filhos! (*CIL* VI, 3, 19747).

---

* N. do T.: deuses do inferno que purificam as almas na mitologia etrusco-romana.

A Mulher

Provavelmente o caso mais conhecido – além de ser também o mais discutido – é o do imperador Heliogábalo, que a *Historia Augusta* acusa de averiguar se os deuses lhe eram propícios mediante o exame das entranhas de crianças sacrificadas[22].

Em princípio a mente da mulher era considerada em muitos aspectos equiparável à da criança por sua receptividade para a inspiração dos deuses e, portanto, para a revelação do futuro. Recordemos os *iuvenes* da *evocatio* de Veios ou o *puer* que extrai as sortes de Præneste; Apuleio recorda ter lido em Varrão o caso de Trales, "uma criança à qual se consultava por meios mágicos sobre o fim da guerra de Mitrídates"[23]. Porém as crianças não tinham a capacidade profética da mulher e a prova disso é que para emitir suas predições deviam com freqüência, como sabemos que fazia Nigídio Fígulo, ser submetidas a "encantamentos" (talvez a uma hipnose)[24].

Os sacrifícios da mulher e da criança não se justificavam, pois, da mesma maneira. Na biografia de Apolônio de Tiana (VII, 11) escrita por Filóstrato, seu protagonista é acusado de ter realizado o sacrifício de um jovem árcade com fins adivinhatórios: "Dizem que sacrificaste uma criança com o objetivo de conhecer o vaticínio que revelam as entranhas dos animais jovens". Estas palavras dizem tudo: não cabe dúvida de que se escolhe a criança (inclusive fetos arrancados do ventre materno) em razão de simbolizar o próprio futuro, de ser o porvir em potência.

No entanto não parece ser esta a causa dos sacrifícios de mulheres com fins adivinhatórios. Se se consultam suas entranhas é sem dúvida pelo crédito que a mulher merecia no âmbito da adivinhação natural como transmissoras da vontade divina.

Platão tinha formulado já, por ocasião de sua explicação dos fundamentos da hepatoscopia grega, sua teoria acerca da função adivinhatória do fígado humano; este era como um espelho que, depois de ter servido em vida de refletor do pensamento divino e ter produzido a adivinhação intuitiva, guardava depois da morte traços das imagens contempladas pela alma[26].

Esta teoria platônica foi acolhida com êxito por distintas escolas filosóficas, de forma que ainda no século III d.C. Porfírio adverte dos perigos de suprimir a adivinhação que se realiza por meio das vísceras: "Porém quem isso faça, que elimine também os homens, pois, segundo dizem, o futuro se manifesta mais em suas vísceras" (*De abst.* II, 51, 1). A especial faculdade da mulher para prever em estado de transe, segundo a teoria platônica, como conseqüência da atividade do fígado, explica sem dúvida que seus órgãos internos fossem os mais interessantes de consultar. De qualquer maneira, é significativa a quase total ausência de alusões a homens adultos como vítimas de sacrifícios para tais práticas adivinhatórias.

Essa teoria se estendeu rapidamente ultrapassando os círculos platônicos, até tornar-se uma crença popular, o que explicaria o costume de certos adivinhos e sacerdotes de comer as entranhas de mulheres e crianças, em um desejo talvez de reforçar suas faculdades mânticas[27].

c) A mulher no *Lapidário*

Durante o Império circulou uma literatura de caráter mágico-religioso que tratava das qualidades e poderes de certas pedras. Uma das obras mais conhecidas é o *Lapidário Órfico* que, escrito em grego, deve ter sido composto no fim do século IV d.C.; trata-se de um compêndio do qual derivam outros lapidários latinos, intimamente enlaçados entre si e estes, por sua vez, com os orientais[28].

Na parte final da obra se recolhe um catálogo mineralógico com uma exposição das virtudes das pedras, entre as quais não faltam as que possuem propriedades adivinhatórias. A respeito do ímã ou "pedra da Magnésia", diz:

> Eu te convido a comprovar se tua esposa guarda seu leito e seu corpo puros do contato de outro homem. Leva a pedra e esconde-a embaixo da cama, entoando com teus lábios suavemente uma cantilena que encanta os mortais, e ela, sumida todavia nas delícias do sonho, estenderá seus braços para ti e desejará te abraçar. Porém, se a divina Afrodite a atormenta com desejos impudicos, ela, caindo de cabeça do alto, ficará estendida no chão (*Lap. Órf.* 318-325).

Como nos tratados de fisiognomonia ou nos de sonhos (que mais adiante analisaremos), vemos que também no *Lapidário* seus ensinamentos são especialmente dirigidos ao homem, a cujo alcance se põem certos recursos para vigiar a moralidade ou – neste caso – a fidelidade da mulher.

Em tal obra é Heleno, filho de Príamo e Hécuba, quem fala ao leitor, revelando os segredos das pedras, como por exemplo que a neurita "inspira à esposa o desejo por seu marido" *(Lap. Orf.* 754) e assumindo assim os traços de uma ciência ou arte. Pelo contrário, se recorda (vv. 764-766) que Cassandra, irmã de Heleno, "irritada contra ela, o deus do arco de prata lhe ordenou fazer profecias incríveis para os ouvidos troianos".

Desta forma o autor do *Lapidário* põe em clara confrontação a *techne* masculina frente à inspiração profética feminina.

Outro lapidário especialmente dirigido aos maridos, este escrito em latim, é *Damigeron-Evax*. Nele se recolhem também as propriedades mágicas e adivinhatórias das pedras. Elas fazem parte, por exemplo, das características da galactite:

> Se uma mulher pare com dificuldade, ata-a [a galactite] ao redor de seu músculo esquerdo com um fio feito de lã de uma ovelha fecunda; ela parirá imediatamente sem dor, pois procura o olvido de todas as dores enquanto resiste[29].

Mas, como no *Lapidário Órfico*, também as aplicações propriamente adivinhatórias deste texto latino pretendem ser úteis aos homens. Assim, no capítulo dedicado à ave chamada *upupa* ("topetuda"), se diz:

> Se arrancas o coração do animal vivo e o situas sobre o púbis de uma mulher que dorme, se ela teve relações com outro homem, ela o dirá em seu sonho (*et si viventi cor contuleris et dormenti mulieri super pectinem posueris, si cum alio viro coit, dicet per somnium*)[30].

De forma análoga, Plínio, repetindo algum tratado de magia, assinala o seguinte:

> Se se arranca inteiramente a língua de uma rã viva e depois de ter submergido a rã na água esta se põe no lugar onde bate o coração de uma mulher que dorme (*inponat supra cordis palpitationem mulieri dormenti*), esta responderá com a verdade a quase todas as perguntas *(Naturalis historia*, XXXII, 49).

A inclusão nos lapidários ou nos tratados de magia das propriedades adivinhatórias dos órgãos de certos animais se explica quiçá pelas qualidades que se atribuíam a alguns deles neste âmbito. Em Roma existiu desde a época antiga a idéia de que alguns animais eram capazes de delatar o comportamento imoral de homens e mulheres; não será necessário insistir novamente no ritual da serpente de Lanúvio, capaz de reconhecer a donzela que havia perdido a virgindade. Durante o Império não parece ter-se perdido esta crença. Eliano, um autor que escreve no século II d.C., se refere ao cão siciliano nos seguintes termos:

> [...] declarou a guerra aos adúlteros e é inimigo mortal desta ralé. O adúltero, quando aquela lasciva mulher ficou sabendo que seu marido acabava de chegar de viagem, tinha se ocultado na casa de sua amante, e estava a bom recato segundo ele ingenuamente acreditava... Porém as coisas não lhe saíram como

esperava, nem muito menos, porque ocorreu que o cachorrinho aquele não deixava de latir e de golpear a porta com suas patas, tanto que alarmou o amo, que começou a suspeitar, por causa de seu comportamento, que ali havia alguém fechado. E, como é natural, pôs abaixo a porta e apanhou o adúltero (*HA* VII, 25).

Mais adiante Eliano crê que é chegado o momento de falar "da cólera do elefante diante de um matrimônio agravado". Recorda, neste sentido, que em Roma um elefante matou um casal de adúlteros; a mulher era esposa de Tito, "um varão modelo de virtude":

> Mas no caso deste elefante aqui [Roma], se acrescenta que, além de matar o casal, os tinha coberto com roupas e que, quando chegou seu tratador, havia tirado as roupas e os tinha mostrado deitados agarradinhos um ao outro e que, até a própria presa com que os havia transpassado, se via, também esta, ensangüentada (*HA* XI, 15).

Lendas deste tipo são conseqüência da estendida crença no instinto dos animais não só para advertir o homem sobre suas empresas, como para delatar e castigar o adultério. Isso explicaria, por sua vez, que alguns deles foram incorporados aos tratados mágicos que, como os lapidários, não descuidavam tampouco desta faceta.

De qualquer maneira tais lapidários, gregos ou latinos, gozaram em Roma e na Itália de grande popularidade, sendo consultados por magos e feiticeiros, mas também pelos naturalistas. Plínio *(Naturalis historia,* XXXVI, 142) não hesita em recomendar a seus leitores para fumigar com azeviche *(gagates)* para descobrir assim a virgindade da mulher.

3. A MULHER E A ASTROLOGIA

A característica fundamental deste novo período é, sem dúvida, o fato de que a mulher romana entra em contato com a astrologia, uma pseudociência que teve seu auge a partir precisamente da época augusta. É verdade que Roma conheceu a astrologia desde o começo do século II a.C. e que sua prática penetrou rapidamente em todas as classes sociais; nem muitos dos membros do famoso círculo de Cipião, nem os homens cultos do século I a.C., nem literatos como o próprio Virgílio foram alheios a este novo método adivinhatório. Porém não se pode dizer que a astrologia calasse verdadeiramente em Roma até bem começado o Império[31].

A Mulher

Por outro lado, os astrólogos romanos foram pouco numerosos e nunca chegaram a se destacar, sem dúvida eclipsados por seus colegas greco-orientais. Inclusive os tratados sobre astrologia que foram divulgados no Império eram de origem grega, egípcia ou síria. Neste sentido merece ser observado o auge que tiveram estas compilações no século II d.C., data em que circularam os *Apotelesmata* de Pseudo-Manethon, as *Anthologias* de Vettius Valens ou o *Tetrabiblos* de Cláudio Ptolomeu[32].

a) A mulher nos tratados astrológicos

Diferentemente da fisiognomonia ou da aruspicina, a astrologia prestou, direta e indiretamente, uma grande atenção à mulher tratando-a com uma maior igualdade frente ao homem. Um dos testemunhos mais claros neste sentido é o do astrólogo Fírmico Materno, o qual em sua *Mathesis* (II, 14, 4) afirma que o que se refere à *genitura*[33] dos homens *(virorum genituris)* pode se aplicar igualmente à das mulheres *(mulierum genituris)*, já que o astro de Vênus designa a esposa *(uxoris)* e o de Marte o marido *(maritis)*[34].

Os tratados de astrologia tomaram em consideração os traços peculiares da condição feminina e não deram à mulher um tratamento tão discriminatório como o que esta recebe em outras disciplinas adivinhatórias; homens e mulheres são objeto de idêntico estudo. A prova disso é que, em geral, os compêndios astrológicos não são especialmente dirigidos aos homens, como vimos que acontece no *De physiognomia Liber* ou no *Lapidário Órfico* e como veremos que acontece também em *A interpretação dos sonhos* de Artemidoro.

Como aos homens, desta ciência interessava à mulher o fato de que o futuro e o instante da morte podiam ser anunciados, com base na posição dos astros, desde o nascimento. Porém o interesse feminino pela astrologia ia muito mais além, porquanto esta, além de distinguir entre planetas masculinos (Saturno, Júpiter, Marte) e femininos (Lua, Vênus) ou signos zodiacais masculinos e femininos, cuja influência se exerce sobre um ou outro sexo, atendia de forma muito especial a dois significativos momentos da vida da mulher:, o da concepção – já que o destino da criança ficava fixado nesse instante", e o do parto. O astrólogo Vettius Valens distinguiu, como muitos outros, os signos "fecundos" dos "estéreis", subdivididos por sua vez em signos propícios para a concepção e signos propícios para o nascimento[35].

À rica terminologia astrológica pertence a expressão "lugar de concepção", cuja definição nos proporciona Censorino:

> no momento em que o embrião é concebido, o Sol se encontra necessariamente em um signo e numa partícula deste signo: é o que [os caldeus] chamam propriamente o lugar de concepção[36].

Também a astrologia era capaz de determinar a saúde do embrião no seio materno e inclusive o sexo da criança que ia nascer. Assim, Ptolomeu oferece seu próprio método para determiná-lo *(Tetrab.* III, 2, 6) enquanto que, combinando elementos astrológicos e matemáticos, o Pseudo Hipócrates *(De nat. puer.* VI, 1) assinala que se o embrião se movia no sétimo mês da gestação, este não poderia ser senão de sexo feminino, já que aquele mês estava sob a influência da Lua[37].

Os signos zodiacais (e a posição dos planetas) eram, como antes se disse, de particular importância no momento da concepção, pois alguns deles (como Capricórnio, Aquário e Peixes) eram favoráveis para a fecundação e o bom desenvolvimento da gestação, enquanto outros (como Touro, Gêmeos ou Áries) podiam causar abortos[38]. Por último, não faltaram diversos sistemas capazes de determinar, tendo por base o momento astrológico da concepção, a data do parto[39].

Vitrúvio *(De architectura* IX, 6) nos diz que um astrólogo chamado *Achinapolus* fazia horóscopos tirados da concepção; quatro séculos depois, referindo-se a eles, Agostinho se pergunta: "Então? Por que andam dizendo que se se pudesse conhecer a hora da concepção *(si hora conceptionalis inveniatur),* não sei quantas coisas esses adivinhos poderiam prever?" *(CD* V, 5). Esta crença estaria particularmente estendida entre as altas classses sociais e inclusive nos meios intelectuais. O pensador cristão recorda que um sábio chegou a escolher a hora de se unir à sua mulher *(qua cum uxore concumberet)* a fim de gerar um maravilhoso filho *(filium mirabilem).* Também no seu *De civitate Dei* o escritor africano reproduz um sistema astrológico que considerava que o destino da saúde reside na concepção, e o do resto da vida, no nascimento[40].

Quanto ao nascimento, era antes de tudo determinante o mês da gestação em que este ocorria. Macróbio, desenvolvendo um complexo sistema médico-astrológico *(De Som. Scip.* 1, 6, 62), concluía que o sétimo mês de gestação era o mais favorável para o nascimento, enquanto o oitavo, sob a dependência de Marte e Saturno, se mostrava perigoso.

A Mulher

O médico e filósofo Sexto Empírico (cujo ápice podemos situar entre os anos 180-190 d.C.)[41] narra o método com que popularmente os astrólogos observavam em Roma o momento do nascimento:

> [...] durante a noite, o astrólogo caldeu se sentava junto a parturiente até que esta tivesse dado à luz um filho, e quando o parto havia ocorrido, dava subitamente com um gongo o sinal àquele que estava no topo. Este, apenas o tivesse ouvido, tomava nota do signo zodiacal que então surgia, considerando-o um horóscopo, enquanto que se o parto acontecia de dia, tomava nota dos relógios solares e dos movimentos do sol[42].

Este esforço dos astrólogos para conhecer o instante preciso do nascimento é corroborado também por outras notícias. Nigídio Fígulo, o mais prestigioso astrólogo e mago do final da República, anunciou que acabava de nascer o dono do mundo quando lhe informaram "da hora exata do parto" *(ut horam quoque partus acceperit)*[43]. Esta criança não era outro senão Augusto, filho de Átia; no caso da aristocracia romana, o parto da mulher pôde ter sido provocado ou atrasado para fazê-lo coincidir com um momento favorável da carta astral.

Sexto Empírico foi em sua época um dos mais firmes detratores da astrologia, assinalando – contra o critério dos astrólogos – a impossibilidade de determinar o horóscopo no momento da concepção ou do nascimento. A medicina, nos diz, ignora o instante preciso da concepção do homem tanto pelo comportarmento do sêmen, como pela diversidade das funções fisiológicas femininas. Em sua opinião, o sêmen masculino é alterado na matriz, chegando só em um segundo momento "aos vasos do útero que estão prontos para engoli-lo" (*Adv. math.* 59). Desta forma – denuncia Sexto Empírico – os astrólogos ignoram o tempo em que se produz essa alteração e, portanto, ignoram também o momento exato da concepção. De igual forma descarta que possa ser determinada a concepção mediante certos indícios aos quais deviam recorrer os astrólogos

> como, por exemplo, o fato de que depois do coito os sêmens femininos se tornam secos ou de que se feche a boca da matriz e cessem as menstruações começando, pelo contrario, os desejos *(Adv. math.* 62*)*.

Sexto crê que, da mesma forma, tampouco pode se estabelecer o horóscopo baseado no momento do parto, seja porque não existe acordo sobre o evento que o determina, porque tal acontecimento "seja o que for" está sujeito a uma multiplicidade imponderável de circunstâncias *(Adv. matk.* 55*).*

Santo Agostinho leva a polêmica – em suas *Confissões* – para outro terreno: a confrontação entre os horóscopos tirados do nascimento e a condição social dos pais. O pensador cristão cita um personagem chamado Fermin – uma pessoa instruída nas artes liberais e exercitada na eloqüência – quem lhe contou a seguinte experiência levada a efeito por seu pai:

> Dizia que havia ouvido contar a seu pai que quando sua mãe esteve grávida para tê-lo, também esteve grávida ao mesmo tempo uma criada daquele amigo de seu pai. Isto não pôde passar desapercebido a este senhor, posto que se preocupava com extraordinária diligência de saber o momento do parto até de suas cadelas.
> Sucedeu que, contando com o maior esmero os dias, as horas e os minutos, um os de sua esposa, e o outro os de sua criada, as duas deram à luz ao mesmo tempo, e assim se viram obrigados a estabelecer até nos mais mínimos detalhes as mesmas constelações para os dois recém-nascidos, um para seu filho, e outro para seu criado (*Confissões* VII, 8*).*

O final do relato é fácil de advertir: sendo em ambos os casos idêntica a posição dos astros no momento "idêntico também" do nascimento, Fermin cresceu rodeado de riquezas e recebeu todo tipo de honras, enquanto que o criado, seguindo a condição de seus pais, serviu a seus senhores.

Estas polêmicas, entre uma parte da tradição filosófica e científica, como a que Sexto Empírico – ou mais tarde o próprio Agostinho – representavam, e as pretensões astrólogicas da época põem em evidência, em todo caso, um fato incontroverso: o relevante papel que tanto na teoria como na prática a astrologia concedia à mulher como condicionadora da vida futura do filho: o sexo, a saúde, o caráter, o instante da morte viriam mediatizados pela gestação ou pelo instante da concepção ou do nascimento.

Tendo presente a diversidade de teorias astrológicas sobre o momento decisivo que determinará o futuro do indivíduo, não pode surpreendernos que astrólogos como Máximo de Tiro utilizassem sua ciência para conhecer os dias mais propícios em que a mulher podia abortar[44]. O texto mais interessante é, neste sentido, o *De die natali,* de Censorino, onde se mostra a influência dos astros durante os meses de gravidez. Os triângulos e quadrados que marcam a inscrição no círculo zodiacal de um hexágono têm, na opinião dos astrólogos, uma grande influência no desenvolvimeto do feto *(De die nat.* 8, 1-8, 5*).*

A Mulher

Não obstante, grande parte das polêmicas e enfrentamentos entre as distintas escolas de astrologia ficou resolvida com a publicação da obra de Cláudio Ptolomeu. De sua produção, escrita na Alexandria do século II d.C., se destaca sobretudo o *Tetrabiblos*, um rigoroso tratado de astrologia que se manteve em vigor até o século XVI. Segundo F. Feraboli, aos numerosos repertórios em circulação na antiguidade Ptolomeu opõe uma ordem rigorosa e linear, com boas conexões e estrutura, sustentando a astrologia sobre um sistema de precisas correspondências geométricas e derivando-a de uma série de deduções lógicas[45].

O mais destacável da mesma é, sem dúvida, o esforço de Ptolomeu para distinguir entre astrologia e astronomia. Ptolomeu rechaça a astrologia de seu tempo, exotérica e ocultista, que era praticada por charlatães e incompetentes, e a reabilita, como sustenta Feraboli, com a condição de investigar uma certa regularidade, de esclarecer a natureza das sincronias e de valorizar a intensidade dos efeitos[46]. O rechaço do material astrológico anterior e, sobretudo, as retificações, a sistematização e as inovações de Ptolomeu configurarão uma nova astrologia de cujo tratamento sairá reforçada a mulher.

Em seu encaminhamento geral divide a astrologia em universal e genetlíaca ou individual[47]. Ptolomeu não foge da polêmica sobre a qual se centrava a crítica dos detratores da astrologia: a possibilidade de determinar o momento preciso em que se exerce a influência celeste sobre a concepção e o início da formação do feto. Trata-se de uma polêmica que, de certa forma, pode se pôr em termos do dualismo masculino/feminino: se se aceita a possibilidade de que o horóscopo possa se determinar no momento da concepção, será o varão, o masculino, o elemento preponderante; se, pelo contrário, aceitamos o do parto, dito protagonismo o assumirá a mulher.

Neste sentido, Ptolomeu começa reconhecendo que a influência astral se exerce sobre o sêmen, sobre o embrião e sobre o feto; mas será definitivamente a natureza a que dará impulso ao parto só quando "as condições celestes são parcialmente similares às da concepção", quer dizer, harmônicas e adaptadas à constituição do feto. Essa importância concedida ao momento do parto é claramente posta em evidência em III, 2, 20 ss.:

> Se bem seja possível definir uma origem [do homem] primária e outra secundária, só em relação ao tempo a importância do nascimento é secundária, mas em substância este é igual e inclusive maior no tocante à concepção... A criatura, no momento do nascimento, adquire muitos elementos que antes, no

De Lívia a Serena (38 a.C. - 384 d.C.)

ventre da mãe, não tinha, os caracteres típicos da natureza humana, como a posição ereta do corpo.

Ao se pronunciar desta forma pelo nascimento, não surpreende ao leitor de sua obra o destacado papel que Ptolomeu concede à mulher. Antes de analisá-lo, é preciso advertir que o astrólogo, que por sua origem geográfica se refere à mulher greco-egípcia[48], tem o firme propósito de elevar à universalidade suas previsões astrológicas femininas. Tendo em conta o impacto de seus escritos na Itália, e em todo o âmbito do Império, conviria que examinássemos – seguindo o estudo de Liviabella Furiani[49] – o tratamento que a mulher recebe no *Tetrabiblos*.

Ptolomeu se interessa, como outros teóricos da adivinhação, pela vida sexual; mas, à diferença de muitos tratados, "homens e mulheres parecem estar em condições paritárias em matéria de sexualidade"[50]. Isto constituiria uma novidade para a parte grega do Império, onde a sexualidade feminina se caracterizava por uma forte inibição, mas também para a *pars* latina, onde as diferenças de comportamento e a consideração social entre um e outro sexo continuavam sendo abissais. Homens e mulheres são citados ao mesmo tempo nos problemas de natureza sexual, referindo-se a ambos os sexos como semelhantes e inclusive, certas ocasiões, com idênticas expressões (III 14, 171, 21 ss. e 172, 10 ss.; 171, 16 ss. III 14, 172, 6 ss.).

Ptolomeu cita as adúlteras (III, 14, 172, 10; IV, 5, 189, 4) mas também os adúlteros (III, 13, 164, 16; III, 14, 171, 22; IV, 4, 180, 3). Os homens, quando Vênus e Júpiter estão em posição não dignificada, são também "brutais com as mulheres" (III, 14 180, 24), da mesma forma que Vênus e Marte, em posição não dignificada, fazem aos homens "corruptores de mulheres e virgens" (III, 14, 30). Ptolomeu condena com dureza as práticas pederastas masculinas, que chega a considerar uma enfermidade[51], mas da mesma forma adverte também que com a conjunção de planetas masculinos "as mulheres terão parte ativa também em relação a outras mulheres" (IV, 5, 140, 19).

Pelo contrário, no *Tetrabiblos* se pondera especialmente a fidelidade conjugal, valorizada tanto no homem como na mulher (III, 13, 160, 1). É verdade, como diz Liviabella, que da mulher espera Ptolomeu as virtudes tradicionais – afeto e obediência ao marido, laboriosidade, atenção aos filhos, beleza, graça e simpatia[52] – mas não é menos o que do marido se exige, além de mútua fidelidade, atividade e laboriosidade, utilidade à família e até beleza[53], qualidades masculinas que raras vezes são reclamadas em outros tratados de conteúdo adivinhatório.

A Mulher

Porém maior ainda é a atenção prestada pela astrologia de Ptolomeu à maternidade e preocupação – que chega certas ocasiões a alcançar tons dramáticos – pela vida da mãe, exposta – conforme nos é recordado – à morte por aborto (espontâneo ou provocado)[54], aos partos prematuros e às embriotomias (III, 12 149, 27 ss.; 150, 1) assim como à gestação de crianças mortas (II, 9, 126, 5).

Ptolomeu não evita tampouco se pronunciar contra a prática, tão freqüente no mundo antigo, da exposição dos recém-nascidos (III, 9, 126, 17 ss.); resulta neste sentido significativa a ausência de qualquer tipo de justificação (econômica, jurídica ou ética) do abandono de crianças de sexo feminino, algo que vinha ocorrendo tradicionalmente em Roma.

Esta atitude diante da mulher, tão avançada para seu tempo, não impede que Ptolomeu creia necessário relegá-la à casa e aos assuntos domésticos, como se depreende sobretudo de termos tais como *oikouroí*, *oikonomikaí*, etc. Não obstante, as freqüentes alusões do astrólogo a heranças e dons que o homem pode receber das mulheres (IV, 2, 174, 18; IV, 4, 179, 9 ss.) ou à possibilidade de que uma mulher permita a um homem – sob uma conjunção astral favorável – fazer novas amizades e progredir socialmente, fazem pensar que Ptolomeu tem muito presente a mulher da alta condição social, a quem seria especialmente dedicada a obra; isso contribuiria também para explicar o silêncio do astrólogo alexandrino sobre a participação da mulher no mundo do trabalho.

Esta diferenciação social está patente, sobretudo, nas relações entre homens e mulheres: se Vênus se encontra em posição ocidental, os homens "terão relações com mulheres de extração inferior, com escravas ou com estrangeiras" (IV, 5, 17); se Marte está em posição ocidental, "com mulheres de extração superior, com casadas ou com donas" (*ibid.*). Porém se Vênus está em conjunção com Marte e o Sol, "as mulheres terão relações com escravos ou pessoas de baixa extração ou estrangeiros", e se é Vênus que se aproxima do Sol, "com pessoas de nível superior ou com patrões" (IV, 5, 135, 19).

Por último não se subtrai Ptolomeu à idéia "tão difundida nos livros de adivinhação" da periculosidade da mulher; quando os astros são desfavoráveis, esta pode chegar a ser uma das causas da morte do homem: assim, em IV, 9, 60, 11, quando Saturno aparece acompanhado de Vênus, o fim do varão estará marcado por "venenos ou por insídias femininas" (*gynaikeíon epiboulon*). Mas até neste ponto Ptolomeu chega. a ser justo, pois acusa também os homens de um grau semelhante de periculosidade para a mulher[55].

b) A mulher e as consultas astrológicas

Se da teoria da ciência astrológica passamos à sua aplicação prática nos deparamos que, longe de existir uma continuidade entre ambas, a mulher não recebeu esse tratamento equânime com respeito ao homem que parece depreender-se dos tratados astrológicos. As previsões cotidianas dos *caldei* ou *mathematici* (de origem babilônia, egípcia, grega ou itálica), levadas em seu afã de servir às necessidades humanas em troca de uma compensação econômica, tiveram pouco em comum com os esforços racionalistas dos teóricos da astrologia que as escolas filosóficas, particularmente a estóica, acolheram sem reservas.

Obras de astrologia como as de Ptolomeu, quiçá por seu caráter "científico", poucas vezes coseguiram deslocar a astrologia popular da que, por exemplo, o Satiricon, de Petrônio, representa; para Trimalcão, Virgem "é o signo das mulheres, dos escravos fugitivos e dos que carregam grilhões" (*Satir.* 39, 9).

A maior parte das consultas astrológicas femininas de que temos notícia parte de mulheres da aristocracia romana e se concentra ou no período da dinastia júlio-claudiana; pertence, pois, ao que H. Cramer chamou a "conversão da nobreza romana à fe profunda na astrologia fatalista"[56]. Muitas delas foram levadas aos tribunais acusadas de haverem transgredido a proibição estabelecida por Augusto no ano 11 d.C. sobre as consultas de *salute principis*.

Emília Lépida é a primera mulher conhecida da aristocracia romana que, ao consultar os astrólogos, se viu envolvida em um julgamento de *maiestas*[57]. Tácito (*Annales* XII, 22) recorda sua condição de bisneta de Lúcio Silas e Cneu Pompeu e sua pertença à prestigiosa gens Æmilia. No ano 20 d.C., à denuncia por ter simulado um filho de Públio Quirino, se acrescentaram acusações de envenenamento "e de especulações por meio de adivinhos caldeus contra a casa do César (*quæsitumque per Chaldæos in domum Cæsaris*)". Emília, apesar da atitude clemente de Tibério, foi declarada culpada e enviada ao exílio.

A Mulher

O que move Emília Lépida nesta consulta astrológica é, indubitavelmente, um interesse de caráter político; mas também é evidente que não era seu futuro pessoal o que neste âmbito lhe interessava conhecer, já que sua condição de mulher a impedia ter acesso a qualquer cargo administrativo. Daí que alguns autores tenham pensado em seu irmão, Mário Lépido, a quem Augusto chegou a considerar como um firme candidato à sucessão do Império[58], ou em seu segundo marido, Mamerco Escauro. Deste, à diferença do anterior, não se conhecem aspirações políticas porém, na opinião de Cramer, elas puderam ter sido despertadas pela ambiciosa Emília especialmente quando, um ano antes (19 d.C.), ocorreu a morte de Germânico[19].

Poucos anos depois, no tempo do imperador Cláudio (48 d.C.), outra mulher de grande fortuna pertencente à nobreza romana, Lólia Paulina (casada no ano 38 d.C. com Calígula)[60] foi novamente levada aos tribunais por fazer averiguações sobre o destino do *princeps*. Nesta ocasião Lólia foi acusada por outra mulher, Agripina, que, segundo Tácito, havia sido sua rival no matrimônio do imperador, de ter tido tratos com "caldeus e magos" e ter consultado o oráculo de Claro (*obiceret Chaldæos, magos, interrogatumque Apollinis Clarii simulacrum*) acerca das núpcias imperiais (*super nuptiis imperatoriis*). (Tácito, *Annales* XII, 22, 1).

Dado que o matrimônio do imperador Cláudio afetava, como é evidente, o seu próprio futuro, Lólia foi considerada culpada de um crime de *maiestas*; seus bens foram confiscados e ela desterrada da Itália. Mais tarde Roma enviou um tribuno para que a obrigasse a se suicidar[61].

O mais surpreendente é que Agripina (irmã de Calígula, esposa de Cláudio e mãe de Nero) tenha acusado Lólia Paulina de realizar tais práticas (Tácito, *Annales* XII, 1, diz literalmente que "preparou contra ela imputações e um acusador") quando, segundo essas mesmas fontes, ela mesma recorria com freqüência às consultas astrológicas sobre o futuro de outros membros da casa imperial[62].

Sabemos que ao agonizar o imperador Cláudio (morto no ano 54 d.C.), Agripina consultava já regularmente os astrólogos, pois, segundo Tácito, esperava que "chegasse o momento indicado pela prescrição dos adivinhos caldeus"[63]. A morte do imperador foi oficialmente dada a conhecer várias horas depois de que esta tivesse acontecido; na opinião de J.P. Martin, com isso a finalidade de Agripina não era outra senão fazer coincidir a notícia com a conjunção planetária mais favorável para que, desta forma, o novo reinado – quer dizer, o de seu filho Nero – pudesse ser fecundo e feliz[64]. Isso ocorreu no terceiro dia antes dos idos de outubro (13 de outubro de 54 d.C.), perto do meio-dia. Parece evidente que a imperatriz agiu assim aconselhada diretamente por algum dos mais eminentes astrólogos da corte.

Tácito insiste com freqüência no recurso de Agripina à astrologia para ajudar seu filho a conseguir o poder. Diz o historiador que no ano 59 d.C., próximo de sua morte, já durante o governo de Nero

> fazia muitos anos que Agripina pensava que isso [o assassinato] seria seu fim, e tinha desdenhado dar-lhe importância; pois uns caldeus, quando os consultou acerca de Nero *(nam consulenti super Nerone responderunt Chadæi)*, lhe responderam que haveria de reinar e de matar a sua mãe; ela disse: "Que a mate, desde que reine" *(occidat, dum imperet)*[65].

Recentemente J.P. Martin[66] sustentou que Agripina inculcou estas idéias em seu filho, ao qual mostraria as vantagens de utilizar a astrologia em seu próprio proveito. Neste sentido cabe recordar que Agripina deu a Nero pedagogos e mestres de origem grega ou oriental, impregnados de conhecimentos astrológicos. Martin cita os nomes dos libertos *Anicetus* e *Beryllus* mas, sobretudo, do egípcio Chaeremon, um dos mais reputados astrólogos da época[67]. Entre os preceptores do jovem Nero teria se encontrado também *T. Claudius Balbillus*, filho, quiçá, do célebre astrólogo *Claudius Thrasyllus*. Na opinião do estudioso francês, Balbilo contou – graças a seus conhecimentos astrológicos – com o favor de Agripina, que se serviu dele na luta política por seu filho, participando da eliminação de Britânico e profetizando no ano 41 o destino político de Nero[68].

O final do governo de Nero foi especialmente rico neste tipo de consultas astrológicas femininas. No ano 52 d.C., Fúrio Camilo Escriboniano foi desterrado da Itália por ter consultado os caldeus sobre o fim do imperador[69]. Sua mãe, Víbia, foi implicada na acusação, sendo-lhe imputado "não suportar com paciência sua sorte anterior, pois tinha sido relegada" (Tácito, *Annales XII*, 52, 1). Tácito alude, com efeito, a um acontecimento anterior àquela data: a condenação à morte do pai de Fúrio, Camilo Escriboniano (cônsul no ano 32 d.C.), por encabeçar uma revolta armada na Dalmácia em começos do reinado de Cláudio, sentença acompanhada quiçá do desterro de Víbia, sua mulher.

A tradicional inimizade entre as duas famílias – a dos Júlio-Cláudios e a dos Camilos Escribonianos –, ao que também Tácito faz alusão, assim como o ressentimento acumulado por Víbia durante seus anos de desterro, explica a consulta de Fúrio Camilo e de sua mãe de *salute principis*. As acusações, mesmo que não sejam mencionadas expressamente, parecem ter sido uma vez mais as de *lesa-majestade*.

Do perigo político destas consultas e a proliferação dos astrólogos em Roma, é significativo o fato de que naquele mesmo ano (52 d.C.) o Senado ordenara a expulsão da Itália dos "caldeus" e "matemáticos" mediante um decreto que Tácito, carregado de razão, qualifica de "tão rigoroso quanto inútil". No entanto, este tipo de medidas repressivas nunca chegou a afetar a corte imperial, que acolhia prestigiosas gerações de astrólogos gregos ou orientais. Assim, segundo o próprio Tácito, "a intimidade de Popéia – esposa de Nero, morta em 55 d.C. – havia acolhido a muitos astrólogos, péssimo enxoval para um príncipe" (*Hist.* I, 22).

Com o estabelecimento da dinastia flávia (69 d.C.) se reduziu o número de julgamentos por participar em consultas astrológicas (de fato, não conhecemos nenhum em que participara uma mulher); isso pôde ser devido a que o princípio de sucessão hereditária tornou inútil qualquer especulação sobre o novo imperador.

No entanto, a fé das mulheres da alta sociedade romana na astrologia não se debilitou nos anos seguintes, como vêm provar, ao menos, dois testemunhos.

O primeiro deles provém de Plínio, o Jovem, que em várias de suas cartas alude a Verânia, viúva de Pisão (que adotou politicamente o imperador Galba no ano 68 d.C.), assassinado por Otão em 15 de janeiro de 69 d.C.; ela mesma, segundo nos diz Tácito *(Hist.* I, 47), teve a inteireza de comprar a cabeça de seu marido que seus assassinos haviam guardado para vendê-la.

É possível que o fato de que Ptolomeu-Seleuco, um dos mais prestigiosos e influentes astrólogos da época, tivesse anunciado a morte de Galba, a rápida ascensão de Otão assim como o súbito desaparecimento de Pisão (Tácito, *Historiæ* I, 22), fortalecesse – como sugere H. Cramer[70] – a fé de Verânia na astrologia.

Trinta anos depois, nos dias de Nerva ou de Trajano, a viúva de Pisão era uma mulher de idade que padecia de uma grave doença, ainda que dispusesse de recursos econômicos. Em sua enfermidade foi visitada por uma célebre personagem da época, *M. Aquilius Regulus*, conhecido por sua colaboração com Nero e Domiciano assim como, provavelmente, por sua inimizade com Pisão. Plínio *(Epist.* II, *20)* nos oferece dele uma sombria descrição mesmo que saibamos que, entretanto, gozou de considerável reputação como advogado e orador[71].

Régulo interrogou primero Verânia, no leito, sobre o dia e a hora de seu nascimento *(quo die, quo hora nata interrogavit).* Depois, adotando um ar grave, o olhar fixo, os lábios entreabertos, os dedos agitados, começou a fazer cálculos, "mantendo a pobre mulher na expectativa". Finalmente, comunica-lhe que estava na "época climatérica", mas que sairia da enfermidade *(Habes, inquit,. climatericum tempus, sed evades).* O termo *climatericum,* pertencente ao vocabulário astrológico, designava os anos da vida durante os quais cada qual estava particularmente exposto aos riscos da saúde; eram aqueles cuja cifra era divisível por 3, 7 ou 9.

Como bom romano e para maior segurança, Régulo consulta um arúspice *(haruspicem consulam)* e, após o sacrifício, assegura a Verânia que "as entranhas das vítimas estão de acordo com os astros".

Levada por sua fé na astrologia, Verânia autoriza Régulo a que administre sua fortuna; pouco tempo depois morria "maldizendo o perverso". Plínio sugere que a confiança da mulher na ciência astrológica, somada a sua penosa situação, explica que se deixara enganar por Régulo. Verânia era "crédula por seu perigoso estado" e a "arte dos caldeus presumia revelar aos enfermos como e quando sair da enfermidade.

Por outro lado, personagens como Régulo, que sem exercer a astrologia de forma profissional, quer dizer, sem ser um *mathematicus* ou um *caldæus,* acreditavam ter esses conhecimentos, que não deveriam ser excepcionais. E mais, as incessantes consultas de Régulo a outros adivinhos podem, em última instância, indicar que ele não agiu com Verânia de má-fé. Não obstante, não deixa de ser significativo que Régulo, como corresponde à sua dignidade social, recorresse à prática da aruspicina tradicional para corroborar os signos astrológicos.

O segundo testemunho a que me referia "que vem coincidir cronologicamente com o episódio de Régulo" procede da conhecida VI sátira de Juvenal sobre os corrompidos costumes das mulheres da alta sociedade[72]. Um autor satírico, em alusão à mulher romana de seu tempo, assinala:

> Porém a maior confiança se dá aos caldeus*(Chaldæis set maior erit fiducia):* o que disser o astrólogo o crerá como comunicado pela fonte de Hamon, porque os oráculos de Delfos emudeceram e a obscuridade do fogo atormenta o gênero humano *(Sat.*VI, 553-556).

A Mulher

Talvez seja oportuno, por sua semelhança com o caso de Verânia, citar os versos de Juvenal, onde se faz alusão a que "mesmo que [a mulher] esteja prostrada por uma enfermidade, nenhuma hora lhe parece mais oportuna para tomar o alimento do que a indicada por Petosiris [célebre astrólogo egípcio]" (VI, 580-581: *ægra licet iaceat, capiendo nulla videtur aptior hora cibo nisi quam dederit Petoritis).*

Juvenal assinala com acerto que tipo de astrólogo é o que as mulheres aristocráticas ou de dinheiro consultam; suas palavras concordam com a crítica de Tácito à inutilidade das medidas repressivas contra os caldeus:

> O principal deles [dos astrólogos] é o que sofreu mais desterros... A fidelidade de sua arte depende de que suas mãos tenham estado atadas e tenha permanecido longo tempo no cárcere de seus acampamentos. Nenhum astrólogo que não tenha sofrido condenação terá talento, senão o que quase pereceu, se lhe tenha acontecido de quase ser enviado às Cícladas e, por fim, tenha podido escapar da pequena Serifo *(Sat.* VI, 557-564).

Ficam excluídos, pois, deste prestigioso grupo os muitos "caldeus" que, presumindo conhecimentos astrológicos, ofereciam seus serviços de forma itinerante à plebe, aos que também se refere Juvenal:

> A este, pergunta *(consulit)* tu Tanaquil [tu mulher] sobre a lenta morte de sua mãe enferma de icterícia; mas sobretudo por ti [pelo marido], e quando enterrará sua irmã e seus tios, e se a sobreviverá seu adúltero amante. Podem os deuses dar-lhe alguma coisa a mais? *(Sat.*VI, 565-568).

Chegando a este ponto é oportuno refletir sobre estes textos. Em todos eles, inclusive após os versos cruéis de Juvenal, se repete o principal motivo das consultas astrológicas femininas: o futuro dos seus; nem sequer o exagero próprio da sátira latina é capaz de ocultar o que à mulher romana preocupava verdadeiramente: a enfermidade da mãe, a morte do marido ou da irmã, a saúde ou o futuro dos filhos, etc.

Se examinarmos as razões últimas das consultas efetuadas aos magos e aos astrólogos pelas mulheres da família júlio-claudiana vemos que, geralmente, estas obedecem também aos mesmos motivos: saber o que a vida depara aos membros mais diretos do círculo familiar, como o marido (no caso de Emília Lépida), o filho (Cláudia Pulchra, Agripina, quiçá também Víbia) ou o pai (Servília).

De Lívia a Serena (38 a.C. - 384 d.C.)

O interesse da mulher romana por saber antecipadamente qual será o futuro dos filhos se põe em evidência não só em vida destes como, muito especialmente, ao trazê-los ao mundo. Neste sentido pode-se dizer que durante o Império as velhas divindades oraculares femininas "como Carmenta, as Parcas ou Fortuna" são sustituídas pelas predições dos astrólogos. É a mulher "talvez em maior medida do que o marido" quem solicita o horóscopo de seus filhos.

O astrólogo Horo afirma numa das *Elegias* de Propércio ter advertido uma mãe sobre qual iria ser o futuro de seus filhos, contra os planos que esta lhes tinha reservado:

> Fiz a predição, quando Árria apresentava seus filhos gêmeos (*cum geminos produceret Arria natos*) – a seus filhos ela lhes dava as armas, ainda que o deus o impedia –, que não tornariam a trazer suas lanças aos penates* paternos: pois agora suas duas piras asseguram meu crédito. Lupércio, protegendo a cabeça ferida de seu cavalo, ai, não teve cuidado de si mesmo e cai com o corcel, e Galo, enquanto no acampamento defende o estandarte a ele encomendado, sucumbe ante o curvo bico ensangüentado de sua águia. Filhos predestinados, duplo luto para sua cobiçosa mãe! (*duo funera matris avaræ!*). O acerto me foi concedido, mas para meu pesar (Prop., *Eleg.* IV, 1, 89-99).

Mas na maioria dos casos a mãe costumava depositar – inclusive por toda a vida – sua completa confiança nos horóscopos que os astrólogos apresentavam no instante do nascimento dos filhos. Em *vita* do imperador Vitélio, Suetônio narra o seguinte:

> Quando os astrólogos comunicaram aos pais [de Vitélio] seu horóscopo, estes se horrorizaram tanto, que seu pai pôs sempre o máximo empenho em que, pelo menos enquanto ele vivesse, não se lhe confiasse nenhuma província; sua mãe, tão logo soube que o haviam proclamado imperador, começou de imediato a chorá-lo como se já tivesse morrido (*mater et missum ad legiones appellatum imperatorem pro afflicto statim lamentata sit*) (Suetônio, *Vitel.* 3, 2).

Juvenal faz alusão a outro tipo de inquietude feminina: o amor; não olvidemos que uma das "doze casas" da carta astrológica era a do matrimônio[73]. Sobre ele as mulheres romanas de média ou baixa condição social interrogam os astrólogos; merece ser observado o silêncio total das fontes sobre as consultas astrológicas por parte das mulheres da família imperial a

---

* N. do T.: deuses domésticos dos romanos e dos etruscos.

A Mulher

respeito do amor (se algum dia se encontrará a pessoa amada, se esta corresponderá ou não, etc.). O caso de Júlia Domna é significativo: um horóscopo a designava, sendo ainda menina, como futura mulher de um soberano[74]; dito prognóstico a permitiu ser escolhida como esposa no ano 185 d.C. de Sétimo Severo "então comandante da IV legião da Cítia* e perito em temas astrológicos" e, anos mais tarde, ser a imperatriz de Roma[75]. Como havia sucedido séculos antes quando Lólia Paulina e Agripina se serviam da astrologia para atrair o imperador Cláudio, Júlia Domna (ou o entorno familiar) recorre a esta ciência movida por interesses e ambições (nem sempre pessoais) e não para conhecer o homem amado.

De qualquer maneira a freqüente intervenção dos "caldeus" nos temas amorosos explica que para a mentalidade romana tradicional a *divinandi curiositas* fosse associada na mulher à *impudicitia*, ao adultério e, em geral, à imoralidade. Assim se observa não só nos versos de Juvenal *(Saturæ* VI, 82-113; 161-199), como também nos citados crimes de *maiestas:* recordemos que Cláudia Pulchra foi acusada de adultério e de *devotiones* (malefícios) e que Lépida, esposa de Cássio, foi culpada no tempo de Nero de incesto com o filho de sua irmã e ao mesmo tempo de ter praticado "ritos nefastos" (Tácito, *Annales* XVI, 8, 2-3).

Nessa época Petrônio escrevia seu *Satiricon;* na célebre cena do banquete o liberto Trimalcão, desgostoso com Fortunata, recorda que no passado o astrólogo Serapa anunciou-lhe a natureza perversa de sua mulher:

> Dispuseste de tua mulher em tais e quais circunstâncias. És pouco afortunado com amigos. Ninguém te retribui com a devida gratidão. És dono de vastos latifúndios. Estás criando uma víbora em teu seio (Petrônio, *Satiricon* 77, 1-2).

Pode-se considerar, neste sentido, que o antigo propósito dos arúspices como garantias da moralidade feminina e a fidelidade conjugal foi, em muitos aspectos, se substituindo, durante o Império, pelos astrólogos, que assinalavam a mulher como a causa das desgraças familiares e que inclusive chegavam a acusar de práticas adúlteras. Existem, ao menos, duas notícias que apontam nessa direção.

Segundo a *Historia Augusta,* Faustina, filha de Antonino Pio e mulher do imperador Marco Aurélio, se enamorou ardentemente de um gladiador, o que confessou a seu marido durante a convalescença de uma enfermidade. O imperador consultou os astrólogos *(quod cum ad Chaldæos Marcus*

---

* N. do T.: Seythas, noroeste da Ásia.

rettulisset), que lhe recomendaram que após ter matado o gladiador, Faustina devia banhar-se em seu sangue e logo se deitar com seu esposo. Após seguir o conselho, a imperatriz se viu livre dessa paixão[76]. A notícia é de duvidoso caráter histórico e o procedimento recomendado pelos astrólogos, mesmo que não seja infreqüente, tampouco é o habitual[77], mas o biógrafo não a teria incluído se não fosse conhecida de seus leitores a intervenção dos astrólogos nos problemas de infidelidade feminina.

Em outra das biografias imperiais se narra que quando nasceu Diadumeno, filho de Macrino (217-218 d.C.), os astrólogos disseram com admiração, ao conhecer seu horóscopo, que era filho do imperador mas sugeriram – em coincidência com o que se pensava popularmente – que sua mãe era culpada de adultério *(quasi mater eius adulterata esset)*[78].

Os serviços dos astrólogos devem ter sido, pois, freqüentemente reclamados pelas mulheres nos temas do amor e do matrimônio, mas também sobre a quantia do dote matrimonial e, em geral, sobre a fortuna do futuro cônjuge. O poeta latino Juvenal menciona neste sentido as consultas das mulheres aos caldeus que vadeavam pelo circo:

> O fado plebeu está no circo e no aterrado da muralha, que em seu longo pescoço nu mostra colares de ouro, consulta diante de duas estacas e das colunas dos delfins se há de se casar com o que vende capotes, deixando o taberneiro *(an saga vendenti nubat caupone relicto) (Saturæ* VI, 588-591).

Apuleio corrobora este testemunho. Nas *Metamorfosis* (II, 12, 4) menciona um astrólogo capaz de assinalar a data que garantia um matrimônio indissolúvel. Em outra de suas obras situa na cidade norte-africana de Oea* as consultas de Rufino (sogro de seu enteado) aos caldeus *(quos Chaldæos)* sobre o proveito que tirará do matrimônio sua filha *(quo lucro filiam collocaret)*[79].

É evidente que devem ter existido mais outros tantos motivos, como os relacionados com o dinheiro[80], com a saúde ou com o parto[81]; mas o amor, o matrimônio, a infidelidade figuram entre os principais, não sendo difícil ao leitor de Juvenal distingui-los de outros que, evidentemente, fazem parte da essência da sátira latina:

> Quando tem o prazer de que a levem até o primeiro milheiro, consulta no livro a hora oportuna *(hora sumitur ex libro);* se sente coceira em um canto do olho, pede o colírio depois de observar o horóscopo *(inspecta genesi)... (Saturæ* VI, 577-579).

---
* N. do T.: cidade da Província Tripolitana, provavelmente localizada nas proximidades da atual Trípoli (Tunísia).

Três séculos depois, Amiano Marcelino, inspirando-se quiçá no próprio Juvenal[82], apresenta dois esposos que decidem fazer testamento sem que nenhum deles deixe de recorrer aos intérpretes de horóscopos *(eisdemque subseruntur genitalium fatorum interpretes controversi)*. Estes *fatorum interpretes* não responderam a ambos da mesma maneira: ao esposo falaram de prefeituras a escolher, de decesso de mulheres nobres e ricas; à esposa, de medidas urgentes para os funerais de seu marido"[83].

II. A MULHER E A ADIVINHAÇÃO NATURAL

1. A mulher e os *omina imperii*

A constante preocupação do homem romano pelo sobrenatural o fazia pensar reconhecer signos da vontade divina também na emissão de palavras ou frases pronunciadas de forma fortuita, ou não intencionada, por outra pessoa, mas que eram interpretadas, por quem as havia escutado, como um bom ou mau presságio. Este tipo de adivinhação, conhecido em grego como "cledonomancia", descansava, pois, sobre o *omen (kledón* em grego), palavra que os latinos consideravam derivada de *os, oris*, "boca", como também *oraculum*[84]. A intervenção divina se considerava mais evidente quando o sujeito falante tinha menor capacidade de atenção e estava mais alheio aos problemas de quem escutava o *omen;* quiçá por isso os romanos atribuíram às crianças e, sobretudo, às mulheres maior crédito como emissores de *omina*.

Não obstante, convém ter presente outra razão adicional, que é a pertinência da adivinhação ominal à adivinhação natural ou intuitiva. Bouché-Leclercq assinalou magistralmente faz muitos anos que entre uma *sors* ou palavra escrita, tirada ao azar da urna por uma mão que a *Providentia* dirige, e um *omen* ou "palavra viva", ditada pela *Providentia*, não existiam diferenças apreciáveis[85]. Esta seria uma razão para que, em mais uma tentativa de se proteger da adivinhação natural, o romano se arrogara o direito a aceitar *(accipere)* o *omen* mas também a rechaçá-lo *(execrari, abominari)* mediante a adição de outras palavras, ou inclusive a transferi-lo.

Desta forma os *omina* tinham, na prática, um valor muito menor que os presságios determinados pela vista *(auspicium)*, cuja interpretação corria a cargo dos áugures e que, além disso, não podiam ser anulados.

De Lívia a Serena (38 a.C. - 384 d.C.)

Um caso que pode ilustrar a especial capacidade feminina para a emissão de *omina* é o que protagonizou Cecília Metela, por volta do ano 131 a.C. Segundo Valério Máximo, quando esta grande dama romana estava com sua sobrinha em um templo, esta, cansada de permanecer em pé, pediu a sua tia que lhe permitisse se sentar, ao que esta respondeu: "Como não! Já te cedo, com sumo gosto, meu próprio assento". Poucos dias depois Cecília morria e Metelo, seu esposo, contraía matrimônio com a jovem[86].

Porém o que aqui nos interessa ressaltar é que essas especiais faculdades da mulher para a adivinhação intuitiva foram aproveitadas durante o Império pela propaganda oficial, como mostra continuamente a historiografia antiga. Trata-se de uma utilização política dos *omina imperii* (quer dizer, os presságios favoráveis ao poder imperial) muito semelhante ao que ocorreu com os sonhos femininos.

Os políticos e militares romanos que aspiravam ao trono recorreram de forma esmagadora à emissão feminina dos *omina*; estes circularam pelo Império para consolidar suas aspirações políticas ou formavam parte de tradições familiares que foram utilizadas posteriormente por alguns historiadores para magnificar suas biografias. De qualquer maneira, desde o começo do Império se deu uma instrumentalização política tanto dos *omina* como dos sonhos femininos. Examinemos, pois, os casos conhecidos.

Quando Cúrcio Rufo, incorporado, na época do imperador Tibério, ao séquito de um questor, se encontrava na cidade de Hadrumentum (África), diz Tácito que "apareceu-lhe a figura de uma mulher de aspecto sobre-humano" *(species muliebris ultra modum humanum)* e ouviu uma voz que lhe dizia: "Tu és, Rufo, o que há de vir a esta província como procônsul". Diz Tácito que com tal *omen (tali omine)* "cresceram suas esperanças" e, após ocupar a pretura e o consulado, obteve o governo da província da África, cumprindo-se assim o anúncio. Este tipo de predições, mais ou menos espontâneas, devem ter favorecido em muitos casos um *cursus honorum* mais rápido[87].

A *vita* de Clódio Albino (imperador, 195-196 d.C.) conta que, apenas nasceu, sua babá, ao cobri-lo com um pano largo de cor púrpura, deu-lhe "jocosamente" *(ioco)* o nome de *Porphyrius*, vocábulo relacionado com a púrpura (ambos do grego *pórphyre*) e, conseqüentemente, com o poder[88]. As babás, como teremos ocasião de comprovar, foram objeto de grande atenção historiográfica por seu protagonismo em prodígios, *omina* e sonhos relacionados com as crianças que alimentavam.

A Mulher

O dia em que nasceu Diadumeno (César, em 217 d.C.), como coincidia com o natalício do imperador Antonino, uma mulher que vivia próxima a ele *(mulier quædam propinqua)* exclamou: "Que se chame Antonino" *(Antoninus vocetur)*. Seu pai, Macrino, não se atreveu a dar-lhe o nome próprio de um imperador mas foi considerado um *omen imperii*[89]. Apesar da escassa credibilidade da notícia, com certeza parece que Macrino, ou as pessoas do círculo próximo a ele, não duvidou em fazer uso deste suposto testemunho com o fim de emparentar-se com uma dinastia legítima após ter usurpado o poder.

A mãe do imperador Aureliano (275 d. C), sacerdotisa do *Sol Invictus* na Dácia ou na Mesia, quando discutia com seu marido, exclamou: "Olhai o pai de um imperador" *(en imperatoris patrem)*. O biógrafo da *Historia Augusta* sobre ela diz que aquele fato demonstrou suas faculdades adivinhatórias[90] e que ficou patente que teve um certo conhecimento do destino *(ex quo constat illam mulierem scisse fatalia)*.

Um *omen* de características diferentes foi emitido pela esposa de Septimio Severo. Ao nascer Antonino Geta, uma galinha pôs naquela casa um ovo cor de púrpura; Basiano (Caracala, mais tarde), seu irmão, sendo ainda criança, o apanhou e o jogou no chão. Sua mãe, Júlia Domna, pronunciou então, em tom jocoso *(dixisse ioco)* – como a *nutrix* de Clódio Albino –, a frase "maldito fratricida, acabas de matar teu irmão" *(HA, Vit. Get. 3, 3)*. O biógrafo diz novamente que a frase foi dita para fazer rir *(ioco dictum est)*, mas que o imperador deu-lhe maior importância que o resto dos presentes. Só depois, quando Caracala assassinou seu irmão Geta, se reconheceu que Júlia "havia falado impulsionada por uma força divina" *(divinitus effusum ad probatum est)*.

Essa força divina que se manifesta de forma espontânea na mulher foi convenientemente instrumentalizada pela antiga historiografia não só para legitimar as aspirações políticas dos futuros imperadores ou dos usurpadores, senão também para justificar seus fatos de governo. Sendo ainda César, quando Juliano entrou na cidade de Viena, uma anciã cega *(anus quædam orba luminibus)* perguntou que entrada se celebrava; quando lhe responderam que era a de Juliano, exclamou que ele restabeleceria os templos dos deuses *(exclamavit hunc deorum templa reparaturum)*[91]. Não era obstáculo algum para a propaganda pagã que aquela mulher fosse velha e cega; para mostrar aos cidadãos romanos o apoio dos deuses a uma política que já se mostrava contrária a dos imperadores cristãos, bastava sua condição feminina, uma natureza especialmente sensível à revelação divina.

Da mesma forma, as biografias imperiais se tornam eco com certa freqüência da emissão de *omina mortis* (quer dizer, dos anúncios da morte de um imperador) por mulheres. Assim, na *vita* de Maximino o Jovem (235-238 d.C.), lemos:

> Os presságios de sua morte foram estes: certa mulher se apresentou com uma lúgubre vestimenta e com os cabelos soltos diante de Maximino, quando em companhia de seu filho marchava contra Máximo e Balbino, e exclamou: "Maximinos, Maximinos, Maximinos" e sem dizer mais, morreu; parece que quis acrescentar. "Socorrei-me" *(HA, Vit. Max. 31, 5, 1)*.

2. A mulher e os santuários oraculares

Em princípio caberia pensar que a abertura de Roma às províncias greco-orientais e a maior permissividade de suas autoridades com relação às práticas oraculares pusessem a mulher em contato com aqueles santuários onde, desde tempos antigos, vinha se exercendo a adivinhação natural ou inspirada.

No entanto, uma leitura detida das fontes não autoriza a generalizar tal situação. Em primeiro lugar porque, como já se disse, os santuários oraculares, concentrados em sua imensa maioria na parte oriental do Império, continuaram sendo muito escassos e, em geral, de pouca importância no Ocidente. Pelo contrário, no Egito, como observou H.M. Schenke[12], havia quase tantos oráculos como deuses. Na Síria e Palestina existiram durante o período greco-romano, segundo o estudo de Y. Hajjar, 44 deuses e deusas de caráter oracular (quase todos eles com seus respectivos templos) e uns quinze métodos adivinhatórios diferentes[93]. Na Ásia Menor e na Grécia continuaram funcionando os oráculos tradicionais (Claros, Dídima, Delfos, Trofônio, etc.) aos que se somaram outros novos (Abonuteichos)[94]. A situação do Ocidente permaneceu, no entanto, inalterada: os grandes santuários oraculares foram poucos e submetidos a um estreito controle político.

Quando a mulher de fala latina teve ocasião de se deslocar para as cidades greco-orientais, deve ter se sentido atraída – como revela a epigrafia – pela atividade destes oráculos. Assim, Flávia dedica uma inscrição a *Mater Matuta* cumprindo uma indicação da deusa Juno transmitida através do oráculo da localidade Síria de Deir el Qal'a, onde era venerada associada a Baalmarqod[95].

Porém tais casos devem ter sido poucos. Luciano de Samosata *(Alej. Abon.* 30) diz que quando a fama do oráculo de Alexandre de Abonuteichos, na Ásia Menor, se difundiu pela Itália e chegou a Roma, só os que dispunham de maiores recursos econômicos e pertenciam às categorias sociais superiores se apressaram em chegar a tal localidade para consultar o oráculo o quanto antes possível.

Um exame das inscrições achadas em tais santuários põe em relevo que os consultantes romanos eram, em sua maior parte, oficiais do exército e altos funcionários da administração, enquanto que as mulheres apenas figuram entre eles; os poucos nomes conhecidos permitem identificá-las como esposas daqueles a quem acompanhavam em suas missões. O oráculo de Memnón, no Egito, proporcionou algumas inscrições de seus consultantes, catalogadas por E. Bernand. Entre estas, duas são dedicadas por mulheres: *Funisulana Vetulla* (n° 8) e *Rufilla* (n° 51); a primeira (fevereiro, 82 d.C.), esposa de C. *Tetius Africanus,* prefeito do Egito a quem acompanha pela terceira vez, e a segunda (150 d.C.), "fiel esposa" do centurião*Marius Gemellus.*

As próprias imperatrizes rara vez visitaram os santuários oraculares greco-orientais e em muito poucas ocasiões os itálicos. Sabemos que Lívia, a mulher de Augusto, doou uma letra E de ouro para a fachada do templo de Apolo em Delfos, quiçá para substituir uma mais antiga, de bronze, mas não existem notícias de nenhum tipo de consulta oracular à Pítia[96].

Popéia, a esposa de Nero, deu à luz na colônia de Antium (Tácito, *Annales* XV, 23, 1), sede de uma das *villæ* imperiais, mas também como já vimos do culto oracular das *Fortunæ;* caberia a possibilidade de que a eleição obedecesse ao desejo da mãe de conhecer o futuro de sua filha, mas nada seguro pode se dizer, como tampouco das freqüentes visitas de Agripina a essa mesma colônia latina[97].

Neste sentido, a viagem empreendida ao Egito por Sabina (130 d. C), acompanhando seu marido, o imperador Adriano, até o oráculo de Memnón, não podemos considerá-la de todo habitual. Ambos foram conduzidos por Júlia Balbilla, neta provavelmente do astrólogo Balbillus, ao mencionado oráculo, que, mediante um de seus colossos, deixava-se ouvir ao despontar o sol da manhã. Conservamos uma lembrança daquela consulta nos quatro epigramas inscritos sobre o colosso por Balbilla, que não somente fazem alusão à consulta imperial como mencionam expressamente a presença de Sabina[98]. A consulta de Sabina é, sem dúvida alguma, histórica, porém, como ia assinalando recentemente E. Bernand, faz parte de uma mistura de devoção e curiosidade própria de uma elite que dispunha dos meios econômicos para viajar[99].

Devemos também ter presente que os imperadores romanos foram, em geral, muito prudentes em suas consultas aos grandes santuários oraculares. Macróbio narra, em um texto pouco conhecido, que, diante da insistência de seus amigos, o imperador Trajano consultou o oráculo de Zeus em Heliópolis (Síria) sobre o êxito de sua próxima campanha contra os partas. Mas o erudito latino deixa claro que Trajano "se comportou segundo a mentalidade romana *(egit Romano consilio),* em sua tentativa de verificar primeiro a credibilidade do oráculo divino para desmascarar um possível engano por parte dos homens"[100]. Se tais eram as precauções dos imperadores, dificilmente suas esposas podiam ser conhecidas pela assiduidade de suas visitas oraculares.

Outras notícias não vêm senão corroborar o caráter excepcional das consultas femininas romanas aos centros oraculares greco-orientais. Vimos anteriormente que, segundo Tácito *(Annales* XII, 22), Lólia Paulina foi acusada de consultar – junto a astrólogos e magos – o *Apollinis Clarii simulacrum.* O termo *simulacrum* obriga a pensar que não se trataria de uma consulta pessoal ao oráculo de Claros na Ásia Menor, muito longe de Roma, mas de uma pequena cópia de sua estátua, usada em Roma com fins adivinhatórios[101]. De igual forma sabemos que se podiam formular perguntas por escrito ao oráculo de Claros e conhecemos, neste sentido, um serviço de correspondência tanto com este oráculo como com o de Bês, no Egito[102].

Se a tudo o anteriormente exposto acrescentamos que certos santuários oraculares – como o de Hércules em Gadir – proibiam o ingresso às mulheres (Sil. Ital. III, 21), não poderá surpreender-nos que as matronas romanas tivessem que se conformar com visitar os santuários oraculares locais, nos quais (ao menos na Itália) se praticava uma adivinhação *per sortem* e onde não existiam profetisas. É o caso de Cíntia, a amante de Propércio, que recorre ao templo de Fortuna no Præneste: "por que acodes, oh Cíntia – se pergunta o poeta – , às incertas sortes de Præneste *(Prænestini dubias... sortis)?" (Eleg.* II, 32, 3). É provável que Propércio aluda também à visita de Cíntia a outro célebre oráculo latino, o de Hércules em Tibur, quando volta a se perguntar "Por que então a carruagem te transporta a Tibur sacro, a Hércules?".

A adivinhação *per sortem* deve ter sido o procedimento adivinhatório ao qual as mulheres romanas continuaram a recorrer preferentemente, como faz também Délia de Tibulo:

> [...] a qual [Délia], ao me deixar partir da cidade, se diz, antes tinha consultado a todos os deuses (*omnes consuluisse deos*). Ela tomou os sagrados sortilégios de um rapaz três vezes (*illa sacras pueri sortes ter sustulit*): dos três a ela o jovem respondeu augúrios seguros. Todos asseguravam o regresso... (1, 3, 9-13).

É difícil saber se as mulheres de todos os estratos sociais participaram igualmente destas consultas; não podemos esquecer que Cíntia e Délia nunca tiveram em Roma a consideração das matronas e que, provavelmente, o deslocamento aos santuários itálicos oraculares dependia, em grande parte, da autorização do marido. Propércio – ainda não o sendo – não vê com agrado as viagens de Cíntia a Præneste, das quais suspeita serem uma escusa para se encontrar com algum jovem amante[103]; o poeta parece se somar assim a uma idéia muito difundida – como já vimos – que vinculava as consultas adivinhatórias femininas com o adultério.

3. A mulher e os sonhos

Apesar dos novos métodos adivinhatórios conhecidos pela mulher romana durante o Império, nenhum deles alcançou a popularidade da que já gozava a interpretação dos sonhos. Não podia ser de outra forma: o sonho continuava oferecendo – diante de outros tipos de mântica – muitas vantagens, enumeradas por um teórico tardio como Sinésio de Cirene:

> Podemos dirigir a este tipo de adivinhação mulheres e varões, pobres e ricos, particulares e governantes, os da cidade e os do campo, artesãos e oradores. Ela não declara proscrita nenhuma raça, idade, fortuna ou profissão. Em toda parte está à disposição de todos, como uma profetisa diligente, boa e discreta conselheira*(De somn.* 13, 145d).

Também nos diz que para conseguir esta faculdade adivinhatória "não há necessidade de fazer, bem apetrechado, um longo caminho ou uma navegação além das fronteiras, como a Delfos ou ao santuário de Amon, mas que basta lavar as mãos, guardar silêncio e ir dormir" *(De somn.* 11, 143d). Por último, Sinésio não esquece outros elementos que a fazem superior como, por exemplo, ser mais barata que a magia adivinhatória:

De Lívia a Serena (38 a.C. - 384 d.C.)

Também se necessitam quantiosos gastos e não menos sorte para conseguir planta cretense, uma pluma de ave egípcia, um osso ibérico e, por Zeus!, qualquer outra maravilha que nasça ou cresça em algum rincão da terra ou do mar[104].

Os sonhos se reforçaram também como instrumento adivinhatório durante o Império pelo apoio prestado pelo estoicismo[105] e mais tarde pelo próprio cristianismo[106].

Certamente, como assinala Sinésio e atesta a epigrafia latina, o homem recorrerá com maior assiduidade, durante este período, a dito procedimento. Inclusive as altas classes sociais romanas depositarão sua confiança nos sonhos premonitórios sem que exista mesmo esse temor – expresso por Tito, Latínio ou Numério Suffustio – de não ser acreditado ou a ser objeto das burlas dos outros.

Tanto a crença dos imperadores romanos no valor premonitório do sonho, como seu recurso a ele com fins políticos, constituem, neste sentido, as provas mais palpáveis da mudança de mentalidade ocorrida[107]. Mas isso não pode nos fazer esquecer que o sono constituía uma manifestação da adivinhação natural e que, portanto, a mulher seguiu mostrando – como no passado – mais aptidões que o homem neste âmbito. A prova disso é que foi o sonho feminino – e não o masculino – o que a propaganda imperial romana preferiu utilizar, sem dúvida porque aquele suscitava entre a população maior credibilidade.

Roma conheceu durante este novo período um auge extraordinário da chamada oniromântica, ou arte de interpretar os sonhos. Um autor latino como Macróbio chega a distinguir até cinco tipos distintos de sonhos *(somnium, visio, oraculum, insomnium e visum),* dos quais os três primeiros são de caráter profético[108].

Dentro da complexa variedade de sonhos de tipo adivinhatório, quase todos os autores que escreveram sobre eles, desde Artemidoro a Sinésio de Cirene, coincidem, com ligeiras variantes, em assinalar dois gêneros. O primeiro deles, e o mais freqüente e comum, seria aquele cujo conteúdo é enigmático e ao qual, portanto, é necessário aplicar a arte interpretativa; o segundo, pelo contrário, o formam os sonhos transparentes e claros que não necessitam de nenhum tipo de interpretação[109]; nós os examinaremos, pois, separadamente, tendo sempre a mulher como sujeito.

A Mulher

a) O sonho simbólico feminino

Com efeito, muitos sonhos não tinham um claro significado, fazendo-se necessária sua interpretação; para isso existiam, fundamentalmente, duas possibilidades: os livros teóricos de oniromancia e as consultas aos *interpretes somniorum*. Para os homens e mulheres de modesta condição social a leitura de tratados teóricos (em sua maior parte escritos em grego), acompanhada de uns diários dos sonhos *(epinyktídes)* era uma coisa quase inacessível. Um dos autores que recomenda fazer uso deles, escreve no entanto:

> Assim, pois, todo aquele que goze de ócio e de uma vida acomodada, que se aplique a escrever uma relação do que lhe tinha acontecido tanto na vigília como no sonho. Que gaste nisso alguma coisa de seu tempo: o mais importante que disso lhe possa resultar, por escrever o que há em sua mente, é reunir tudo relativo a este tipo de adivinhação cujo elogio fizemos e mais útil do que ela não se encontraria nada[110].

Ante tais dificuldades não pode surpreender a multiplicação, durante o Império, dos intérpretes de sonhos. Estes não foram objeto de especial vigilância por parte das autoridades romanas; só quando as consultas oníricas implicavam o imperador eram detidos e castigados, como sabemos que ocorria ainda nos tempos de Constâncio II[111].

Na Itália nunca se desenvolveu a arte da interpretação dos sonhos tanto como no mundo grego; só temos notícias do prestígio alcançado pelos *galeotai* na Sicília e, segundo Festo, da habilidade dos sabinos nesta arte[112]. Não obstante, durante o Império os *coniectores* ou *interpretes somniorum* não parecem ter tido uma pátria definida; eram adivinhos que exerciam sua atividade de modo itinerante, vagando de um lugar a outro e acudindo de forma muito particular a lugares onde se produzia certa concentração humana (santuários, feiras e mercados, praças, etc.). Em um ambiente escassamente alfabetizado, realizavam suas interpretações de forma oral, ou que lhes permitia chegar a uma ampla e variada clientela.

Carecemos, desgraçadamente, de informação suficiente sobre este tipo de consultas, mesmo que com muita freqüência o *interpres (*o *coniector)* é acusado de charlatão e embrulhão e devia gozar, portanto, de escassa estima social. Mesmo assim, o forte arraigo popular deste tipo de consultas explica que o exercício destes adivinhos estivesse muito difundido na Itália e nas províncias ocidentais do Império. Às mulheres, inquietas por um sonho estranho, bastava entregar-lhes uma modesta quantidade de dinheiro em troca de ver imediatamente esclarecido seu significado.

Por ser uma arte livremente exercida, na qual cada um destes profissionais se guiava por tratados cuja utilidade era discutida por Sinésio de Cirene *(De somn.* 17*)*, as respostas eram, quase sempre, muito contraditórias. Neste sentido Cícero narra, indignado, em sua *De divinatione* (II, 145), que uma matrona que desejava ter filhos, insegura por estar ou não grávida, sonhou "ter a natureza selada" *(visa est in quiete obsignatam habere naturam)*. Consultado um intérprete, ele lhe respondeu que, como estava selada, não havia podido conceber *(negavit eam, quoniam obsignata fuisset, concipere potuisset)*, enquanto outro, pelo contrário, lhe disse que estava grávida "porque não se sela nenhum recipiente vazio" *(nam inane obsignare nihil solere)*.

Ainda me parece que Apuleio reflete melhor a contradição ou a ambigüidade das interpretações oníricas e a conseguinte confusão que estas provocavam nas mulheres. No chamado *Conto de Psiquê* a jovem tem um horrível sonho em que se viu arrancada violentamente por uns homens e correr por paragens solitárias e intransitáveis sobre umas pernas que não eram as suas, ao mesmo tempo que seu marido, após pedir socorro, era morto de uma pancada por um dos ladrões *(Met.* IV, 27, 14). O pesadelo é narrado a uma velha, que, compadecida pelas lágrimas da jovem, lhe diz:

> Tenha confiança... e não te deixes assustar pelas várias ilusões dos sonhos. Pois, dizem, são enganosas as visões que temos quando sonhamos de dia; e inclusive as que temos de noite anunciam às vezes o contrário do que representam. Assim, chorar, levar uma surra e, às vezes, ser degolado são augúrios de prosperidade e boa sorte nos negócios; e, ao contrário, rir, fartar-se de guloseimas ou se entregar às delícias do amor significará que vamos ser vítimas da tristeza, da enfermidade ou de qualquer outra desgraça[113].

No entanto não podemos considerar a atividade destes *interpretes* à margem da literatura oniromântica que foi se divulgando em Roma especialmente fora dos ambientes populares. Já desde a época helenística foi chegando ao Ocidente uma literatura específica destinada a interpretar de forma conveniente os signos que proporcionavam os sonhos. Esta literatura grega podia se apresentar sob formas muito diversas[114] mas sempre – como já vimos – estava destinada a satisfazer a curiosidade ou a necessidade de um público de cultura média ou alta.

A literatura onirocrítica foi escassamente cultivada no mundo latino, mesmo que talvez devamos ter presente as páginas do *De divinatione,* de Cícero, e a obra sobre a interpretação dos sonhos de Nigídio Fígulo. No entanto, como assinalava antes, os tratados de origem grega foram pouco a pouco se difundindo pelas cidades ocidentais, onde acabaram por se impor. Entre eles figura – já no século II d.C. – um manual ou prontuário oniromântico, intitulado *A interpretação dos sonhos*, cujo método se baseava "no postulado de que os sonhos em seu complexo constituem um sistema semiótico e, portanto, se podem decodificar igual a qualquer outra linguagem"[115]. Que os tratados de Artemidoro de Daldis eram conhecidos pelos círculos culturais latinos pertencentes aos grupos sociais mais elevados, é sabido por vários fatos que não se exporão aqui. Interessa-nos, pois, saber – como fizemos com o *Tetrabiblos* de Ptolomeu – qual é o tratamento que recebe a mulher, especialmente porque as interpretações dos adivinhos ou *coniectores* dependiam de tratados deste tipo.

Como no caso da mencionada obra astrológica, também *Onirocriton*, de Artemidoro, é dirigida preferentemente ao homem, a quem é revelado o significado não só de seus sonhos, mas também dos da mulher.

As alusões a esta poderíamos reuni-las em dois grupos diferentes. O significado que tem a aparição da mulher nos sonhos e o que tem o varão não é o mesmo; em I, 14 se insiste em que ao sonhar com varões o desenlace é positivo; se se trata de fêmeas "adverte um dano". Idêntica sorte comporta a menina diante do menino: "Dentre as crianças, as que são de sexo masculino constituem um bom augúrio e as do feminino, um mau" (IV, 10). De igual forma "uma anciã que aparece em sonhos a um enfermo constitui para este um símbolo da morte" (IV, 24).

O mau augúrio que anuncia a aparição do feminino em sonhos aconteceria e está confirmada por sua freqüente associação à esquerda (de mau presságio), enquanto a direita costuma simbolizar o varão[116].

Também são significativos os objetos concretos que, aparecidos em sonhos, simbolizam a mulher. Alguns deles pertencem ao âmbito doméstico: o candelabro (I, 74); a cama, o colchão e tudo o relativo ao leito (I, 74; V, 8); o lar e a estufa (II, 10: a centelha que se produz neles indica o estado de gravidez da mulher); a frigideira, e o pilão (II, 41). Outros, aos trabalhos do campo, onde a participação da mulher não devia de ser pouca, como o próprio campo (I, 51: as sementes e as plantas representam os filhos) ou o machado e a enxada (II, 24).

Certos animais aparecidos em sonhos podem simbolizar igualmente a mulher; entre os quadrúpedes, o cavalo (IV, 46), a raposa (II, 12: sonhar com uma raposa as mais das vezes indica que as pessoas hostis são mulheres) e, sobretudo, o javali:

> Não é nada estranho o fato de que o javali simbolize o sexo feminino. Mesmo que possa parecer de mau gosto, o direi de qualquer maneira, como demonstração das particularidades que com freqüência observei. Este animal é chamado também "porco" e verossimilmente indica uma mulher, pois assim são denominadas as que se arrastam de um lado para outro [quer dizer, as prostitutas] (II, 12).

Das aves, o gavião (II, 20) e a pomba:

> As pombas bravas e as domesticadas se relacionam com o sexo feminino. As primeiras simbolizam as prostitutas da pior espécie; as segundas, às vezes, as donas de casa, cumpridoras de seus deveres familiares (II, 20).

Mas passemos a outro tipo de citações: o significado dos sonhos femininos. Estes, que, apesar de serem às vezes idênticos ao dos homens nunca são coincidentes em seu significado, poderíamos dizer que "em linhas gerais" obedecem a uma destas duas classes: à chegada de filhos ou à celebração de um próximo matrimônio (ainda que, às vezes, ambos os anúncios andem juntos).

Assim, se uma mulher sonha estar envolvida em panos, a visão lhe anuncia que terá uma menina (I, 16). Sonhar que tem leite nos seios significa: para uma mulher jovem, que conceberá um filho, para uma anciã, boa situação econômica, para uma rica, gastos, para uma donzela na flor da vida, anuncia seu casamento, mas se é pequena e de tenra idade, a morte (1, 16). Quando uma mulher vê em sonhos que dispõe de uma longa e densa barba, contrairá matrimônio se é viúva, a não ser que esteja grávida ou pendente de julgamento, neste caso a primeira parirá um varão e ao vê-lo – quando este já se tenha tornado um homem – crerá ter ela mesma uma barba (I, 30).

Se a mulher sonha que se converte em homem, e é solteira, se casará; no caso de que careça de filhos, conceberá uma criança (I, 50). Se sonhar que dá à luz um filhote de águia, terá um varão (II, 20); e por último:

> Colares, correntes, brincos, pedras preciosas e qualquer tipo de pingente feminino que penda do pescoço supõem um bom augúrio para as representantes deste sexo. Com efeito, anunciam bodas às solteiras, descendência às que não têm filhos, e para as restantes, ganhos e abundância de bens (II, 5).

A Mulher

O fato de que Artemidoro, inclusive em uma obra pensada preferentemente para varões, recolha grande quantidade de significados de sonhos de mulheres grávidas põe em relevo a especial importância que este tipo de visões oníricas persistia também durante o Império. Assim, em II, 17, se diz:

> Se uma mulher grávida sonha dar à luz um peixe, terá um filho mudo segundo os antigos; pois bem, de acordo com minhas observações terá vida breve. Muitas engendraram criaturas mortas, pois todo peixe morre fora de seu próprio ambiente.

E em III, 32:

> Sonhar com uma parteira prediz em muitas ocasiões uma doença à mulher que não está grávida; porém esta visão carece de significado se se trata de uma pessoa que está grávida, por causa da expectativa de parto.

Também adverte:

> unicamente o morcego é um bom presságio para as mulheres grávidas, pois este animal não põe ovos [...] porém é vivíparo, produz leite em suas mamas e alimenta suas próprias crias (III, 65).

Além destes dois tipos de anúncios, o dos filhos e o do matrimônio, alguns outros sonhos anunciam "bons signos" ou "bons sinais" para as mulheres, mas sem que Artemidoro especifique quais deles(I, 18; I, 25; I, 28).

Mas sem dúvida o mais interessante "e inadvertido até agora" é que também a interpretação dos sonhos é posta a serviço da moralidade e dos bons costumes da mulher. De forma análoga a que vimos que ocorreu com os prodígios ou com as previsões astrológicas, muitos sonhos advertem assim do possível perigo de adultério feminino ou de práticas de prostituição. Com relação ao adultério as alusões são as seguintes:

a) I, 41: "Apresentar muitas mamas [...] para uma esposa supõe também um adultério".

b) I, 75: "Perfumar-se é um bom indício para todas as mulheres, com exceção das adúlteras".

c) II, 13: "A mulher que oculta em seu regaço qualquer espécie de réptil e se compraz disto, será seduzida, na maioria das ocasiões, pelo inimigo de quem teve o sonho".

d) II, 27 [Sonhar com um curso d'água que flui fora de casa] "a um homem pobre adverte que sua mulher, seu filho ou alguém de sua família será seduzido e se comportará de forma vergonhosa".

e) III, 25 [Sonhar que se escreve da direita à esquerda] "com freqüência significa que, após ter cometido um adultério, se engendrarão em segredo filhos ilegítimos".

E com respeito à prostituição da mulher:

a) II, 36 [Sonhar com Afrodite Pandemos] "às donas de casa lhes prediz desonra e danos e dissuade os que têm a intenção de se casar ao prognosticar que a futura esposa se entregará a todos".
b) I, 56: ... "para as jovens pobres o fato de montar a cavalo para prova supõe a prostituição".
c) III, 16 [Caminhar sobre o mar] "anuncia a uma mulher que terá uma vida de hetera (prostituta). De fato, o mar se assemelha a uma puta porque oferece em um primeiro momento um trato agradável, porém, em troca, depois se comporta mal com a maioria dos homens".
d) III, 23: "Uma mulher que [sonha que] se nutre com suas próprias carnes se prostituirá e desta forma ganhará seu sustento graças ao corpo".
e) IV, 66: [Sonhar com uma ponte] "Da mesma forma, uma mulher ou um adolescente na flor da idade poderiam ter este sonho e, de fato, tolerar que muitos lhes passassem por cima por se entregarem à prostituição".
f) IV, 83: [Uma mulher grávida sonha que dá à luz um ganso] "A não ser por essa condição da mãe [ser esposa de um sacerdote], se a criatura era uma menina, viveria, mas exerceria a prostituição por causa da grande beleza destas aves".

Em IV, 67 Artemidoro apresenta o caso de uma mulher grávida que sonhou ter dado à luz uma serpente; seu filho foi um homem dissoluto e sem-vergonha que seduziu muitas mulheres da cidade. Artemidoro nos oferece uma dupla explicação: a serpente penetra através de grades muito estreitas e passa inadvertida aos que tentam localizá-la; além disso – acrescenta – "a mãe era impudica e praticava a prostituição". Este parágrafo é de enorme interesse, pois põe em destaque que o caráter ou o comportamento do filho é anunciado não só pelo sonho da mãe, como também pelo comportamento moral da mulher. O filho de outra mulher que teve este mesmo sonho foi decapitado por agir como bandido; a serpente, quando é capturada, é golpeada até morrer mas, "por outro lado – nos diz também Artemidoro – a mãe tampouco era de muito boa conduta".

A Mulher

Por último, dentro desta mesma associação dos sonhos à corrupção de costumes morais e sexuais da mulher, cabe citar os vagos conceitos de desonra ou má conduta. O boi, a murta e a oliveira prognosticam "mulheres de vida fácil e desordenada, enganos aos que se dispõem realizar alguma coisa..." (II, 25); as perdizes correspondem "às representantes do sexo feminino carentes de princípios religiosos e de piedade, e que nem sequer apreciam os que as mantêm" (II, 46). Sonhar que se dança em um teatro, maquiado e com a vestimenta adequada e que se tem sucesso e se recebe parabéns anuncia uma mulher, poderosa ou necessitada, "que cometerá grandes e comentadas indecências" (I, 46). Por último, sonhar com enfermidades tais como a sarna e a lepra supõe que o homem será gravemente desonrado devido às ações da esposa. A esta relação de significados teria que acrescentar os que se recolhem no livro V sobre as relações da mulher com seus amantes.

Não deixa de ser surpreendente até que ponto práticas tão diversas da adivinhação antiga como são a oniromancia, a aruspicina ou a astrologia coincidem em um aspecto tão concreto como é o da moralidade feminina. Em tratados tão diferentes como o calendário brontoscópico de Nigídio Fígulo e o *Onirocriton* de Artemidoro, a mulher aparece como perigo não só para o homem[117] como também para a ordem social constituída.

Em I, 30 se diz que quando uma mulher "pendente de juízo" vê em sonhos que dispõe de barba longa e densa, "gozará de consideração como se fosse uma pessoa de sexo masculino". E ainda é mais significativa a seguinte interpretação: "Se uma mulher crê ocupar uma magistratura ou um sacerdócio que não lhe é permitido desempenhar em razão de seu sexo, isso lhe vaticina a morte". Também no calendário brontoscópico vimos como boa parte dos fenômenos fulgurais anunciavam que as mulheres teriam poder superior aos da sua natureza, pressagiando, portanto, uma ameaça para os direitos masculinos.

A semelhança entre ambos os tratados se dá inclusive em aspectos ainda mais concretos. Artemidoro adverte que quando as jovens sem recursos econômicos sonham deslocar-se em carro através da cidade, "supõe a prostituição". Recordaremos o *responsum* aruspicino ditado quando Hélvia foi ferida por um raio quando viajava a cavalo: o prodígio significava a desonra para as virgens *(infamiam virgines)*.

De Lívia a Serena (38 a.C. - 384 d.C.)

As coincidências entre arúspices, astrólogos e *interpretes somniorum* no âmbito da moralidade feminina explicam que Artemidoro chegue a afirmar o seguinte:

> Unicamente restam como verazes os vaticínios feitos pelos que analisam os sacrifícios ou o vôo das aves, os observadores de estrelas e prodígios, os decifradores de sonhos e os examinadores do fígado das vítimas (II, 69).

Artemidoro proclama, pois, a validez dos prognósticos oferecidos pelos arúspices e astrólogos, com quem partilha a aplicação de suas respectivas técnicas adivinhatórias à moralidade feminina.

Pensemos, portanto, nas conseqüências familiares e sociais de tratados oniromânticos como o de Artemidoro. Os que levaram tais interpretações à prática não podiam ser outros senão os *patresfamilias* e os *interpretes somniorum*[118]; um sonho podia constituir uma excelente ocasião para manter a mulher dentro das normas do comportamento social que tradicionalmente se esperava dela.

A continuidade existente entre os compêndios de oniromancia e ou exercício dos *interpretes somniorum* ou *coniectores* explica que a denuncia artemidoreana da imoralidade feminina reapareça também nas interpretações destes adivinhos. Ovídio narra a um *interpres* um sonho no qual tinha visto que uma vaca branca picada por uma gralha abandonava seu touro: "Dizei-me, quem quer que sejas, intérprete dos sonhos, o que querem dizer estas visões". O intérprete *(imaginis augur* e *interpres* o chama Ovídio) lhe prediz que sua amada, após a intervenção de uma alcoviteira, vai ser-lhe infiel:

> A vaca é tua amada e a cor da vaca é apropriada a ela. Tu és o amante, e tratando-se de uma vaca, tu és o touro. Posto que a gralha cisca com seu agudo bico em teu peito, a velha alcoviteira fará mudar os sentimentos de tua dona; posto que o touro foi abandonado pela vaca, sua companheira, depois de algum tempo de dúvida te encontrarás abandonado, aterrado em um leito solitário. As machucaduras e as manchas negras que lhe apareceram no peito indicam que seu coração não está livre do delito de infidelidade *(pectus adulterii labe carere negant)* (Ovid., *Amor*. III, 5, 35-44).

Mas vamos ao sonho simbólico feminino; o desconhecimento de seu significado, a sensação de ter acreditado advertir nele algum elemento perigoso suscitava na mulher um profundo temor. A mensagem que este encerrava rara vez podia ser decifrada pessoalmente por ele nos livros ou prontuários de oniromancia, vendo-se obrigada assim a recorrer "quando era possível" a um intérprete.

Em muitas ocasiões os sonhos havidos cobravam o aspecto de um prodígio. Conhecendo a incapacidade feminina para a interpretação dos fenômenos sobrenaturais, não pode surpreender-nos que estes aumentassem a confusão, o medo e a preocupação entre quem pertencia a esse sexo.

Porém, dentro da literatura, quem melhor soube captar este especial estado de ânimo feminino foi, sem dúvida, Sêneca[119]. A protagonista de sua *Octavia* é Popéia, casada primeiro com Rufo Crispino (de cujo matrimônio teve um filho), a quem abandonou enamorada de Otão; através deste conheceria seu segundo esposo, o imperador Nero.

Popéia aparece "transtornada" *(confusa)*, "com a mente turbada" *(mente turbata)*, "desvairada e privada de sentido" *(defecta sensu)* após o sonho que ela mesma nos descreve da seguinte forma:

> Pois quando o dia alegre nos deu passagem às estrelas da escuridão, e o céu claro à noite, estreitada entre os braços de meu Nero, me entrego ao sono. E não pude gozar muito tempo de um descanso aprazível. De fato, me pareceu que estava em minha alcova uma aflita turba: com a cabeleira solta, umas mães latinas, entre lamentos, se trocavam dolorosos golpes; em meio a um insistente e terrível som de trombetas, a mãe de meu esposo, com semblante ameaçador, segurava cruel uma tocha salpicada de sangue. Enquanto vou atrás dela, forçada pelo medo do momento, separando-se de súbito a terra ante meus pés, ficou aberta uma enorme fenda; quando por ali me precipitei, vejo, assombrada, meu próprio leito conjugal e nele me joguei extenuada. Vejo vir, acompanhados de uma turba, aquele que foi meu marido e meu filho. Corre Crispino, ansioso de me abraçar e de beber meus beijos como antes, quando irrompeu em minha morada, excitado, Nero afundou no pescoço sua cruel espada (*Oct.* 715-734)[120].

A inquietação de Popéia é causada pelo desconhecimento do significado do sonho, para o qual não encontra explicação, se bem que percebe seu sentido premonitório. Incapaz de reconhecer nele o próximo assassinato de toda sua família, sua intranqüilidade se traduz, sobretudo, em medo:

> No fim, um enorme medo me despertou do sonho; um horrível estremecimento faz tremer meu rosto e todos os meus membros e dá pancadas em meu peito (*Oct.* 735-737).

Dirigindo-se depois a sua babá, pergunta: "Por que me ameaçam os Manes do inferno? O que significa esse sangue que avistei em meu esposo?"

(738-739: *Heu, quid minantur inferum manes mihi/aut quem cruorem coniugis vidi mei?*). A tradicional incapacidade feminina na interpretação de signos ou presságios explica que a babá de Popéia não interprete corretamente nenhuma das imagens do sonho, nem sequer as mais evidentes (vv. 740 ss.).

Impossibilitada para decifrar o sentido do sonho, a reação de Popéia, como a de qualquer outra mulher de seu tempo, não é outra que a de recorrer aos templos e aos altares e aplacar com sacrifícios a majestade dos deuses; ela mesma diz que age assim "para conjurar as ameaças de meu sonho noturno e para que o terror que me aturde se volte contra meus inimigos *(ut expientur noctis et somni minæ terroque in hostes redeat attonitus meos)*" (vv. 758-759). E ainda termina ordenando à *nutrix* que adore com preces piedosas os deuses para que se desvaneça "o medo presente" *(præsens metus)*[121].

Uma reação se não idêntica mas muito parecida, tem – na *Tebaida*, de Estácio – Atalanta. Trata-se, na verdade, de um poema ambientado no mundo grego e consideravelmente influenciado por Homero; mas quando o poeta latino, em fins do século I d.C., se vê obrigado a desvendar o sonho premonitório de Atalanta não pode se subtrair à psicologia da mulher romana de seu tempo, nem ao peso da tradição literária nacional. Turbada durante o sono por tristes visões (IX, 570: *tristibus interea somnum turbata figuris*) carregadas de simbolismo em que crê prevenir o perigo que corre seu filho Partenopeu, se dirige ao amanhecer às frias margens do Ladão "para apagar na límpida corrente o infausto presságio do sonho" (IX, 574: *purgatura malum fluvio vivente soporem*). Para isso submergiu três vezes seus cabelos no rio *(mero ter crine)*, ao mesmo tempo que pronunciava palavras aptas para acalmar as apreensões maternas (IX, 603-604: *verbaque sollicitas matrum solantia curas addidit*). Finalmente – como Popéia – se deteve diante do templo de Diana a quem dirigiu uma prece; mas Estácio adverte já que esta súplica se produziu *nequiquam*, quer dizer, "em vão", "inutilmente", dando a entender que nem o anúncio do sonho (incompreensível, de ouro lado, para a mãe) nem suas palavras à deusa iriam a mudar o destino ditado por Júpiter.

b) A visão onírica feminina

À diferença dos sonhos simbólicos, as "visões" oníricas não requeriam interpretações. O latim as registra geralmente como *visio, oraculum*, e a epigrafia recolhe com certa freqüência a fórmula *ex visu, ex imperio*, etc., que parece fazer alusão a este tipo de sonho. Tais visões devem ter impressionado também a mulher romana, já que costumavam se caracterizar pela "aparição" de uma divindade ou de familiares geralmente desaparecidos. Com razão F. Cumont advertiu que a oniromancia era uma forma de adivinhação emparentada com a necromancia, pois ambas estavam estreitamente condicionadas pela crença na sobrevivência das almas [122].

Sêneca, na tragédia a que antes aludi, descreve magnificamente o sonho de Otávia, filha de Cláudio e Messalina e esposa de Nero; diversamente do de Popéia, no qual as imagens são confusas e carecem de significado, o de Otávia é claro:

> Quantas vezes a lúgubre sombra de meu irmão se apresenta a minha vista, quando o descanso relaxa meus membros e o sonho domina meus olhos fatigados de chorar! [...] Outras vezes, em troca, se refugia tremendo em meu leito; ou persegue o inimigo e, enquanto eu me aperto contra ele, afunda violentamente a espada em meu lado. Então um calafrio e um imenso pavor me despertam bruscamente do sonho e renovam o pranto e o medo desta desafortunada (Sen., *Oct.* 115-124).

A adivinhação antiga não devemos entendê-la como um anúncio de acontecimentos futuros, mas também – e este é o caso – como revelação do passado. O ódio de Nero fazia Britânico e o assassinato deste aparecerem claramente manifestados no sonho de Otávia. De qualquer maneira, também este tipo de sonhos, que não precisa de interpretações, suscita na mulher, em muitos casos, uma reação de temor.

Se da tragédia passamos à novela, encontramos casos análogos. Apuleio narra a história de um moleiro que se suicida pendurando-se em uma viga, em misteriosas circunstâncias. No dia seguinte sua filha, que vivia numa aldeia na cercania, acudiu ao lar paterno. O autor especifica que ela chegou angustiada, dando puxões em sua cabeleira solta e golpeando-se o peito com ambas as mãos; e acrescenta:

> Ninguém lhe havia dado notícias da catástrofe familiar, mas estava ao corrente de tudo porque, em sonhos, lhe havia aparecido seu pai em lamentável estado "todavia estava com o nó atado ao pescoço" e lhe havia revelado em detalhe a conduta criminal de sua madrasta, com suas infidelidade e seus malefícios; além disso também lhe explicou que havia sido ele mesmo vítima de um fantasma e conduzido aos infernos (*Met.* IX, 31, 1-2).

De Lívia a Serena (38 a.C. - 384 d.C.)

Poucos anos antes, Quintiliano recolhia em *Declamationes maiores* um caso ainda mais interessante. A uma mulher começou lhe aparecer em sonhos seu filho morto; após a impressão do primeiro momento, a visão, longe de aterrorizá-la, lhe proporcionava a oportunidade de se reencontrar com ele. O dramatismo do caso se intensifica quando o orador latino recolhe as palavras da mãe:

> De repente a escuridão desaparecia e ele estava diante de mim, não como a pálida figura consumida por sua espantosa enfermidade *(nom ille palens nec acerbo languore consumptus)*, não como estava na pira flamejante *(nec qualis super rogos videbatur et flammas)*, mas era saudável e tinha bom aspecto físico *(sed viridis et sane)*... seu cabelo não estava chamuscado pelo fogo, seu rosto não estava enegrecido pelo carvão ardente da pira funerária; tinha, espantosa, uma marca de restos feios do fogo sobre seu fresco espírito, cujas cinzas jaziam devidamente para descansar. No princípio ele só se deteve permitindo ser reconhecido. Neste momento eu estava incrivelmente impressionada; não o pude beijar nem o abraçar *(ego tunc plurimum stupui; nam ausa oscula dare, nom iungere amplexus)*... A segunda noite chegou e, imediatamente, com os primeiros sinais da escuridão, meu filho estava me esperando não como no dia anterior, a distância e só para ser visto, mas agora se aproximou mais, como um corpo vivo até se aproximar das mãos de sua mãe *(ed ad matris manus tamquam corpus accedans)(Decl. maior. X, 5)*.

Em seu relato, a mãe assinala que mais tarde, quando se acercava já a luz do dia e as estrelas se apagavam, seu filho desapareceu de sua vista, amiúde olhando para trás e prometendo-lhe voltar a ela na noite seguinte[123]. Após esperar esse momento com impaciência, uma vez que ficou dormindo e ele lhe apareceu novamente "saciei minha sede" – diz a mãe – com seus beijos e abraços. Conversei com ele e escutei sua voz" *(satiabar osculis, satiabar amplexibus et colloquebar et audiebam)* (X, 6).

A mulher não tardou em contar a seu marido as visões do filho morto:

> Alegra-te, marido, alegra-te *(gaude, marite, gaude)*; quiçá amanhã pela noite poças ver a teu filho, o jovem que queimaste nas implacáveis chamas, de quem só sobrevivem fisicamente cinzas e ossos. Tu poderás ver nosso jovem filho e quiçá escutá-lo e tocá-lo. De qualquer forma eu sou sua mãe todas estas noites; o vejo, desfruto de sua companhia e ainda lhe conto muitas coisas *(ego certe totis noctibus mater sum, video, fruor, iam et narro)(Decl. maior. X, 6)*.

Mas o marido, seja porque, nos diz, "não tinha sentimentos de emoção com respeito à perda de seu filho", seja por inveja diante da felicidade de sua mulher, decidiu contratar os serviços de um mago, que, circundando a tumba do jovem e nela fazendo feitiços mágicos, conseguiu "diante do desespero da mãe" que cessassem suas visões noturnas[124].

A mulher, finalmente, acusou seu marido, em um julgamento, de tratá-la com crueldade: "Ninguém – declarou ao tribunal – é mais infeliz do que uma mãe que, depois de enterrar seu filho, além disso perdeu outro, neste caso, pela oportunidade de poder voltar a vê-lo *(nihil est infelicius matre, quæ perdidit aliquid in filio, postquam extulit)*"(X, 8).

Uma inscrição do século III d.C. demonstraria – se a leitura é correta – que este tipo de aparições oníricas era particularmente freqüente com a mulher. Trata-se de um epitáfio de Sagunto onde a mãe esperava inclusive em sonhos *(etiam somno)* ver a sua filha *(ore videri mei)*[121].

Como já se disse, as inscrições latinas recolhem com freqüência fórmulas estereotipadas que dão a entender uma visão: *ex imperio, ex monitu, es iussu, somnio admonita, somnio monita, (ex) visu, ex visu iussu*, etc. Geralmente se trata de aparições de familiares mortos e, sobretudo, de deuses, que não requerem interpretações de nenhum tipo.

Assim, uma inscrição hispânica, também do século III d.C., diz: *Dibvs M / Ygino Ne / Oria Avita / Con Ex Visu / Consulenti* F[126]. Sobre a inscrição, gravada, está destacada a figura do defunto aparecido, com os cotovelos estendidos horizontalmente e os antebraços e mãos elevados para o céu. Segundo a interpretação mais difundida, Neória descumpriu o testamento de seu defunto esposo até que este lhe recordou sua obrigação.

As aparições ou advertências eram recebidas, em geral, durante o sonho diário, mas não podemos descartar que algumas delas tenham tido lugar nos pórticos dos santuários ou – fora das cidades – em meio aos bosques sagrados. Em tais casos a mulher – como o homem – buscava algum tipo de revelação divina.

Neste sentido, uma primeira impressão dos testemunhos epigráficos permite pensar que as divindades aparecidas à mulher são, sobretudo, femininas[127], mas na falta de um estudo monográfico sobre o tema é perigoso adiantar qualquer conclusão.

O que sim parece mais seguro é, nas províncias, a freqüente aparição de divindades locais[128]. Na África, por exemplo, este tipo de fórmulas epigráficas estão especialmente ligadas ao culto de Saturno, que com freqüência fazia suas revelações aos fiéis durante os sonhos; em troca, o deus recebia uma oferenda, um sacrifício ou um altar[129]. Em Aïn Dar foi achado um marco votivo consagrado por Faustina em comemoração de um *molchomor*, como cumprimento de um voto que foi precedido de uma aparição da cabeça de Saturno (*sacrum solvit ex viso capit[e][m]orcomor...*)[130]. Na África proconsular aparecem as fórmulas *viso capite* e *viso moniti* que não temos registradas em Hispânia.

Outra divindade especialmente arraigada nas províncias africanas, que aparece com freqüência nos sonhos, é Liber Pater.. Na antiga *Cuicul* (Djemila) foi achada uma inscrição, datada em 237 d.C., em que Q. *Cominius Successus* (junto a seus dois filhos) diz cumprir a promessa feita por sua mulher, *Iulia Urbana* (*reddere curaverunt*)[131]. Esta tinha recebido em um sonho a ordem ou a advertência (*somnio præmonita*) de consagrar a Liber Pater e Libera a estatuinha de um pequeno sátiro (*signum Saturisci*), membro obrigatório do cortejo dionisíaco. Ambas as divindades põem uma vez mais em evidência a poderosa atração que elas prosseguiam exercendo sobre as mulheres quatro séculos depois das célebres Bacanais. A Saturno e Liber Pater poderíamos somar também *Nutrix* como divindade especialmente propensa a suas aparições noturnas entre as devotas africanas[132].

Não podemos, por último, omitir, em relação à visão onírica feminina, o tema da terapia através do sonho. Neste sentido conviria observar alguma coisa análoga ao que vimos quanto à distribuição geográfica dos centros oraculares. Sabemos, pelos cálculos de Beaujeau, que no século II d.C. existiam cerca de 320 *Asklepieia* em que se praticava o rito da *incubatio*: o deus aparecia em sonhos aos consultantes para indicar-lhes o tratamento que deviam seguir para sair de sua enfermidade; às vezes, os sacerdotes do *Asklepieion* ajudavam os clientes a interpretar essas visões. Mas a maior parte destes santuários se concentrava na Grécia (Epidauro, Atenas, Cós), Ásia Menor (Pérgamo) ou Egito, quer dizer, na parte oriental do Império e só pessoas de boa situação (magistrados, oficiais, literatos) estavam em condições de ter acesso a eles[133].

É verdade que desde o ano 293 a.C. Roma contava com um templo a *Esculapius* na ilha Tiberina; atendido por sacerdotes que praticavam ritos gregos era, como assinalou Bouché-Leclercq[134] um fragmento da pátria grega incrustado no centro do Lácio. Mas como o *græcus ritus* e a prática da *incubatio* eram alheios à tradição romana, não pode nos surpreender que o *Asklepieion* de Roma fosse freqüentado só por escravos e estrangeiros.

A Mulher

A situação de Roma e, em geral, das províncias ocidentais do Império era bem distinta, neste aspecto, da do Oriente. Naquelas, as mulheres recorreram aos sonhos – quase sempre solitário – como meio para conhecer a forma de lutar contra uma enfermidade, mas não através da prática da *incubatio*, que exigia um santuário e um sacerdócio especializados. Recentemente J. Scheid advertiu que a fórmula epigráfica *somno iussus* não prova de forma alguma a prática da *incubatio*[135], mas somente que a ordem de dedicar alguma coisa ou de efetuar uma promessa votiva foi comunicada por meio de uma visão onírica.

O testemunho da literatura latina é, além disso, concludente: as mulheres enfermas não costumam se dirigir aos templos oraculares na espera de um sonho, mas o recebem privadamente, em suas casas, procedendo logo, conforme as instruções do deus, cumprir o que foi ordenado. Em *Satiricon* (17, 7), uma mulher de bem acomodada situação social, Quartila, confessa aos protagonistas da obra ter sentido uns calafrios tão mortais, que temia sofrer um acesso de febre terçã. Quartila dispõe de meios econômicos suficientes para recorrer à prática da *incubatio*, mas a quase total ausência deste tipo de centros oraculares na Itália e a distância dos grecoorientais explica que o remédio lhe seja revelado durante o sonho:

> Por isso pedi minha cura ao sonho: me foi ordenado procurá-lo *(et ideo medicinam somnio petii iussaque sum vos perquirere)* e me foi indicado certo ardil para acalmar a virulência do mal *(atque impetum morbi monstrata subtilitate lenire)* (Petrônio, *Satiricon* 17, 7).

Com o cinismo que o caracteriza, Encolpio lhe responde que se um deus lhe havia indicado algum outro remédio para sua terçã *(et si quod prætera aliud remedium ad tertianam deus illi monstrasset)*, ele e seu companheiro estavam dispostos a secundar a divina providência, inclusive expondo a própria vida *(Satiricon* 18, 3).

Mais interessante, por sua pretendida historicidade, resulta ser o testemunho de Plínio, que em duas ocasiões *(Naturalis historia, VIII,* 152 e XXV, 17) diz que curar a mordida de um cão raivoso parecia impossível até que "há pouco, a mãe de um soldado da guarda pretoriana teve um sonho *(mater vidit in quiete)* em que ela mandava seu filho apanhar a raiz de uma rosa selvagem chamada cinorrodo"; a visão dessa mãe salvou a vida do filho.

De Lívia a Serena (38 a.C. - 384 d.C.)

Parece lógico supor que, entre as enfermidades, a mulher buscasse nos sonhos o remédio para a esterilidade. De *Aquis Aponis* (Régio, na Gália Cisalpina) procede um ara* consagrado por *Prima Minucia* a *Vênus Victrix*: *Veneri Vic / trici Prima / Minucia visu / iussa / posuit (CIL* V, 2805). Alguns autores pensam que poderia se deduzir disso a ânsia de maternidade que teve seu anúncio com a aparição de Vênus[136].

Mas do texto citado por Plínio se deduz alguma coisa que deve ter sido freqüente neste tipo de sonhos femininos: o remédio que a mulher pede ao deus não é para ela, mas para seu filho. A epigrafia deixou testemunho de dedicatórias femininas feitas, após uma visão onírica, para sua própria saúde ou a dos seus. Assim: *Perpetuæ Quiti, visu monita, ob salute sua et suorum posuit (CIL* XII, 6415).

Por último, os testemunhos literários e epigráficos sugerem que foram, sobretudo, divindades de caráter salutares – inclusive de origem greco-oriental – as que com maior freqüência apareciam nas visões noturnas das mulheres e que prescreviam nestas o remédio a seu males. À Teletusa (*Ovídio, Metamorfosis* IX, 684 ss.) lhe aparece a deusa Isis (acompanhada pelo cortejo de seus mistérios) durante um sonho (*sub imagine somni)* quando vinha "carregando e segurando um ventre cheio por um peso já chegado à maturação". O motivo de tal aparição não era outro senão o de dissuadir a mulher de abortar, assim como o de anunciar sua ajuda – como *dea auxiliaris* – no momento do parto. Na Hispânia o na Gália são freqüentes as dedicatórias de mulheres às ninfas após algum tipo de visão; estas encobrem em muitas ocasiões divindades locais protetoras de águas salutares, portanto podemos pensar numa hidroterapia recomendada em sonhos para curar alguma enfermidade. No museu de Santosse, na França, se conserva uma estátua mutilada do século II d.C. que representa, segundo J.J. Hatt, uma mulher enferma à qual aparece – em sonhos – o deus Apolo acompanhado dos Dióscuros[137].

De forma não muito diferente a como sucedia entre as mulheres pagãs, também as enfermas cristãs recebem a mensagem divina em sonhos para obter sua cura. Agostinho (*CD* XX, 8, 3 a) recolhe o caso de Inocência, uma das primeiras damas de Cartago (*primariis... civitatis)* e mulher religiosíssima. Tinha, nos diz, um câncer no seio *(in mamilla cancrum);* os médicos lhe haviam dito que teriam de tirá-lo, ou seguindo a doutrina

---
* N. do T.: altar gentílico onde se faziam sacrifícios.

A Mulher

hipocrática, não empregar tratamento algum para não prolongar inutilmente sua vida. Inocência se voltou ao Senhor com a oração; ao se aproximar a Páscoa

recebe em sonhos o aviso *(admonetur in somnis)* de que, ficando no batistério na parte destinada às mulheres, lhe fizesse o sinal da cruz no peito a primeira mulher batizada que a encontrasse[138].

Depois de fazer isso, recuperou a saúde. Mas com esta personagem feminina já saímos dos limites cronológicos e, sobretudo, temáticos de nosso trabalho.

c) Instrumentalização política do sonho feminino

Uma certa quantidade de testemunhos historiográficos permitem afirmar que, com muita freqüência, as visões oníricas femininas, especialmente as referidas ao nascimento ou à infância dos futuros imperadores, foram – como os *omina* – utilizadas com fins políticos. A crença romana na capacidade dos sonhos para anunciar o porvir[139] e os numerosos *exempla* da época helenística[140] animaram destacados políticos dos finais da República a se servir deles como se se tratasse de um tipo a mais de presságio que anunciava sua ascensão às magistraturas supremas.

Nas famílias patrícias romanas era a babá (*nutrix*) quem, com mais freqüência inclusive do que a mãe, recebia sonhos que anunciavam o tamanho da criança que estava gerando; quiçá por isso o prestigioso ginecologista grego Soranos de Éfeso recomenda a seus leitores escolher *nutrices* a quem os sonhos e as palavras fatídicas não as turbasem[141]. Não podemos esquecer, neste sentido, que os antigos atribuíam à lactância virtudes essenciais para o desenvolvimento do organismo, mas também para a orientação de seu porvir.

Cícero, segundo nos diz Plutarco, confessou que sua babá teve uma visão na qual foi-lhe anunciado que gerava um grande bem para todos os romanos[142]. Por sua parte Dião Cássio *(Epit.* 77, 8, 1) narra que a *nutrix* de *Popilius Pedo Apronianus,* pretor da Ásia no fim do século II d.C., havia visto em sonhos que ele chegaria a ser imperador. É possível que este tipo de predições tenham sido intencionalmente difundidos, inclusive entre os meios políticos e militares, entre os que aspiravam ao poder supremo. O próprio

De Lívia a Serena (38 a.C. - 384 d.C.)

Dião Cássio nos diz que *Apronianus* foi acusado pelo Senado de ter organizado práticas mágicas para provocar a visão da babá. O que neste caso preocupava, nos meios oficiais, não era tanto a celebração de ritos mágico-adivinhatórios como o temor a que tal predição fosse acreditada e se desestabilizasse politicamente o regime do imperador no poder, Septimio Severo; de fato, sabemos que *Apronianus* foi condenado após ser acusado de lesa-majestade[143].

Mas um dos casos melhores conhecidos deste tipo de manipulação política do sonho feminino é o de Átia, mãe de Otávio (Augusto), o primeiro imperador de Roma. Em Suetônio *(Aug.* 94, 4-5) e em Dião Cássio (XLV, I, 2-3) figuram duas versões do mesmo episódio tomado dos *Theolegumena* de Asclepíades de Mendes; nele se apresentava Otávio ao mesmo tempo como filho de Apolo, como réplica de Alexandre e como faraó egípcio. Trata-se, provavelmente, de um texto elaborado entre os anos 30 e 27 a.C. para justificar ideologicamente a conquista romana, mas que foi igualmente utilizado na Itália, por volta do ano 28 a.C., como propaganda política[144]. O texto de Suetônio diz:

> Leio nos livros de Asclepíades de Mendes [...] que Átia foi à meia-noite a uma solene cerimônia em honra de Apolo *(ad solemne Apollinis sacrum)* e que, tendo dado ordem de que depositassem no pavimento sua liteira, e a deixassem no templo, adormeceu nela enquanto as restantes matronas iam para suas casas e que, de repente, deslizou dentro da liteira uma serpente *(draconem repente irrepsisse)* para sair pouco depois; ao despertar, Átia se purificou como se acabasse de sair dos braços de seu marido e de imediato apareceu em seu corpo uma mancha como se lhe tivessem pintado uma serpente e já não pôde apagar jamais, ao extremo de que se viu obrigada a deixar de freqüentar para sempre os banhos públicos *(Aug.* 94, 4).

A fecundação de Átia pela serpente obedece a tradições orientais e, particularmente, a uma *imitatio* de Alexandre Magno[145]. Por isso, um imperador conhecido por sua admiração pelo herói macedônio, que foi Alexandre Severo, retoma esta mesma fábula alguns séculos depois; a *Historia Augusta* assinala que a mãe de Alexandre "na véspera do parto sonhou que estava dando à luz uma pequena serpente de cor púrpura"[146].

Mas voltemos à narração de Suetônio. Este, seguindo sempre Asclepíades de Mendes, recolhe um segundo sonho da mãe de Otávio:

A Mulher

Aos dez meses nasceu Augusto e foi tido como filho de Apolo. A mesma Átia, antes de dar à luz *(prius quam pareret)*, sonhou que suas entranhas eram transportadas ao céu e que se esparramavam por todo o firmamento e pela terra*(somniavit intestina sua ferri ad sidera explicarique per omnem terrarum et coeli ambitum* (Aug. 94, 4).

P. Grandet demonstrou há anos que este sonho corresponde bem à representação egípcia do céu, a deusa Nut, cujos pés e mãos se apoiavam sobre o solo e cujo corpo constelado de estrelas se distribuía sobre toda a extensão da terra e do céu, como as entranhas de Átia[147].

Põe-se, portanto, claramente em evidência que, em princípio, tal versão era dirigida a um povo não romano, "o egípcio", cujas mulheres dispunham de maiores facilidades para ter acesso aos santuários oníricos, que apenas existiram no ocidente do Império. Pelo contrário, o *Conto de Satni*, escrito em demótico na segunda metade do século I d.C., narra que a mulher deste passa a noite no templo de Imhotep "para receber um remédio para sua esterilidade", motivo, pois, idêntico ao de Átia; durante sua permanência escuta em sonhos a voz do deus que lhe ensinava o remédio desejado[148]. As aparições noturnas dos deuses durante o sonho e sua interpretação por um sacerdote especializado (o *oneirocritico*) são próprios do Egito greco-romano, onde tinham uma longa tradição; tal popularidade não foi desaproveitada por Roma, que fez circular esta lenda para atrair a população indígena[149].

A instrumentalização dos sonhos da mulher (e, especialmente, o sonho da mãe grávida) prossegue com idênticos fins políticos ao longo do Império. Por volta do ano 138 d.C., nos últimos meses de vida de Adriano, segundo nos diz o biógrafo da *Historia Augusta*, se apresentou uma mulher *(quædam mulier)* "que dizia que havia recebido durante um sonho um aviso *(quæ diceret somnio se monitam)* para que induzisse Adriano a que não se suicidasse, pois ia se restabelecer da enfermidade" (*Vita Adr.* 25). Com efeito, o imperador, vitima de uma grave doença, tinha tentado inutilmente, em várias ocasiões, tirar-se a vida. A biografia acrescenta que como a mulher não havia realizado o encargo divino, havia ficado cega[150].

Mas a notícia continua: a mulher recebeu pela segunda vez a ordem de lhe dar o mesmo aviso e de beijar seus joelhos[151], com a promessa de recuperar a vista se assim o fizesse. Quando isso aconteceu, "de acordo com a repetição do sonho" *(quod cum insomnium implisset)*, recuperou a vista depois de ter lavado seus olhos com a água de um santuário (*Vita Adr.* XXV, 2-3).

O duplo sonho desta mulher romana mostra, antes de tudo, a sacralidade do imperador, cujos dotes milagrosos – a cura da cegueira por contato – o acercam da esfera do sobrenatural. Ao mesmo tempo, o sonho feminino manifesta também o contínuo desvelo dos deuses por Adriano que o utilizavam como via de comunicação para dar a conhecer sua vontade. Este, como já vimos, atendia de forma muito especial aos possíveis remédios para curar as enfermidades.

Não há dúvida, pois, de que se trata de uma manipulação política destinada a apresentar o imperador Adriano como um homem divino *(theios anér)*. A biografia imperial assinala que o escritor Mário Máximo havia considerado o acontecimento como uma *simulatio*, mas a estudiosa Cracco Ruggini crê, acertadamente, que a notícia deve se inserir numa tradição exaltada por obra da *pubblicistica* dos Antoninos[152].

Com efeito, a tradição hostil a Adriano surgiria quando, pouco antes de morrer, seus colaboradores iniciaram gestões para arrancar do Senado – durante muitos anos contrário a ele – o decreto de *apoteosis*. Seriam, na opinião de Gracco Ruggini, os sacerdotes egípcios (e particularmente o pessoal de Serapeion de Alexandria) os interessados em adular o soberano moribundo, infundindo para isso confiança em seu carisma como divindade salutar e milagreira; foram eles, pois, que recorreram ao duplo sonho da matrona romana. Em minha opinião, esta hipótese não só está plenamente justificada, como encontra um excelente apoio – por sua analogia" no sonho de Átia, também recriado, como vimos, em ambientes sacerdotais egípcios[153].

Mas nem sempre o sonho se instrumentalizou para consolidar as aspirações políticas de um imperador ou para reforçar seu carisma. A *Vita Commodi*, que por seu caráter pró-senatorial apresenta um retrato sumamente negativo deste imperador[154] se inicia recordando os sinais que anunciavam, quando ainda não tinha nascido, sua futura *ferocitas*; entre eles, novamente, o sonho de sua mãe:

> Quando Faustina estava grávida *(prægnans)* de Cômodo e seu irmão viu em sonhos que paria serpentes *(visa est in somnis serpentes parere)*, mas uma delas mais cruenta *(Vita Comm.* 1, 3).

O sonho de Faustina é utilizado, pois, pela historiografia senatorial para "corroborar a condição perversa gravada indelevelmente *ab origine* na alma do *nasciturus* Cômodo"[155]; tal caráter é advertido aos homens pelos deuses servindo-se uma vez mais das especiais faculdades da mulher para a adivinhação natural. Mas esta mesma biografia se compraz em recordar o erro dos astrólogos, sem dúvida presentes também no momento do parto, que anunciaram que segundo o curso dos astros, Antonino seria igual a Cômodo *(Vita Comm.* 1, 4), sendo que, como sabemos, morreu com a idade de quatro anos[156].

Um último caso, de especiais características, é o de Serena, sobrinha do imperador Teodósio e mulher de Estilicão. O historiador Zózimo (V, 3 8,4) relata que esta mulher (entre os anos 389 e 407 d.C.), conhecida por seus reiterados atos de impiedade sobre a religião pagã, tirou do templo de Cibele, no Palatino, as jóias que adornavam sua estátua, não sem que uma antiga vestal lhe anunciasse que todos os castigos dignos de sua impiedade se abateriam sobre ela, seu marido e seus filhos. Pouco depois, segundo nos diz Zózimo, "um sonho e uma visão *(ánar kai hypar)* em estado de vigília a visitaram anunciando-lhe sua morte próxima", ou que vinha coincidir assim com a imprecação da vestal.

É provável que o comportamento de Serena obedeça mais a uma demonstração do zelo cristão destinado a ofender intencionalmente o sentimento religioso dos últimos pagãos, do que a um simples roubo. Os autores pagãos viram na morte de Serena (por estrangulamento, quer dizer, coincidindo com a parte do corpo em que usava o colar da deusa) uma prova da providência dos deuses, que valendo-se de um velho recurso – a visão onírica feminina – tinham anunciado seu fim[157].

Até os anos anteriores ao saque de Roma pelos bárbaros puseram-se, pois, em evidência as especiais faculdades femininas para a adivinhação intuitiva e, especialmente, para os sonhos premonitórios. A luta contra estas formas de adivinhação natural por parte do Senado, em colaboração com os sacerdotes masculinos, alcançou alguns êxitos, especialmente durante a República, como a desaparição das divindades proféticas femininas ou as constantes denúncias de *impudicitia* e imoralidade das *virgines* e as matronas. Mas nem magistrados nem sacerdotes conseguiram impedir as livres manifestações do êxtase profético, a emissão de *omina,* as visões oníricas nem, em geral, as consultas adivinhatórias da mulher que, ao menos a julgar pelo que se deduz nas fontes antigas, eram destinadas mais a se interessar pelo futuro e a saúde dos seus do que a satisfazer a simples *curiositas divinandi.*

Notas

1. Sobre o processo de emancipação da mulher romana durante o Império, cf. G. Fau, *L'émancipation féminine dans la Rome antique,* Paris, 1978; R. Mac Mullen, "Woman in public in the Roman Empire": *Historia* 29 (1980) 208-218; E. P. Fortis, "Women's public image in Italian honorary inscriptions": *AJPh* 114 (1990) 493-512; M. T. Boatwright, "The imperial women of early second century A. C.": *AJPh* 115 (1991) 513-540.
2. L. Halkin, grande estudioso do ritual da *supplicatio,* assinala que durante o Império foram celebradas só duas *supplicationes* propiciatórias; segundo este autor, existiram duas tentativas de restaurar a *supplicatio expiatoria* nos reinados de Cláudio e de Nero. Cf. L. Halkin, *La supplication d'action de grâces chez les Romains,* Paris, 1953.
3. Filóstr., *Vita Apol.* V, 13. Sobre Apolônio de Tiana, citaremos só os trabalhos de E. L. Bowie, "Apolonius of Tyana: Tradition and Reality", *ANRW* II, 16.2, 1652-1699; M. Dzielska, *Apollonius of Tyana in Legend and History,* Roma, 1986. Sobre a presença de Apolônio em Roma: J. M. André, "Apollonios et la Rome de Néron", em *Le monde du Roman Grec,* Paris, 1992, 113-124.
4. A interpretação de que a Sicília pereceria se suas cidades não se punham de acordo e viviam em paz recorda muito um *responsum* aruspicinal, já que os arúspices, desde a época dos Graco, anunciavam *dissensiones in populo.* De qualquer maneira Damis propõe uma interpretação também política do prodígio ao relacioná-lo com os futuros acontecimentos do ano 69 d.C.
5. Sobre Fedro y e a mulher: Laura de Maria, *La femina in Fedro. Emarginazione e privilegio,* Lecce, 1987. Sobre os aspectos religiosos da fábula, cf. J. Cascajero, "Lucha de clases e ideología: aproximación temática a las fábulas contenidas en las colecciones anónimas": *Gerión* 10 (1992) 23-63.
6. Plínio, *NHVII* ,34. O desaparecimento do *monstra* e de *androgyna* deve ter ocorrido de forma paulatina, pois poucos anos antes de Plínio, Sêneca *(De ira* I, 54) se lamenta de que "destruímos os partos monstruosos e mesmos nossos filhos, se nascem inteiros e deformes, os afogamos". Talvez em meados do século I d.C. se recorria, à *procuratio prodigiorum* em casos de extrema gravidade.
7. Soranus, *Gynec.* IV, 3. Cf. Gourevitch 1984, 77.
8. Nardi, 1971. Plínio, *Naturalis historia,* XXVII, 70, recorda a crença de que os fetos eram despedaçados e utilizados como remédios ou como fonte de milagres: *Quæ ex mulierum corporibus traduntur ad portentorum miracula accedunt, ut sileamus divisos membratim in scelera abortus, mensum piacula quæque alia non obstretices modo, verum etiam ipsæ prodidere.* Também os *crimenes incesti* das vestais desaparecem praticamente durante este novo período. No geral, cf. J. W. Drijvers, "Virginity and ascetism in the Late Roman Western elites", em *Sexual Asymmetry,* Amsterdam, 1987, 241-273.
9. Sobre os *arúspices* em época imperial: Montero, 1991. Sobre a *Etrusca Disciplina* em época augusta, cf. os dois volumes já citados de *Cæsarodonum, 1991* (suppl. 60) e 1993 (suppl. 63). Sobre a condenação de Tibério: *Haruspices secreto et sine testibus consuli vetuit* (Suetônio, *Tib.* 63).
10. Suetônio, *Vesp.* 5, 2: *Quare patrem Sabinum ferunt, haruspicio insuper confirmatum...* Cf. H. Graf, *Kaiser Vespasian. Untersuchungen zu Suetons Vita,* Stuttgart, 1937.
11. Antigo *comes domesticorum* de Gallus, que sucedeu a Silvano como *magister peditum præsentalis.* Cf. Desanti, 1990, p. 171; Montero, 1991, 88-89.
12. Am. Marc., XVIII, 3, 1. Cf. N. Santos Yanguas, "Presagios, adivinación y magia en Amiano Marcelino": *Helmantica,* 30 (1979) 5-49.
13. Sobre a magia durante este período: A. A. Barb, "The Survival of Magic Arts" em *The Conflict between Paganism and Christianity in the fourth century,* Oxford, 1963, 100-125; J. Annequin, *Recherches sur l'action magique et ses représentations (I-II siècles après J.*

C.), Paris, 1973; P. Brown, "Sorcery, demons and the rise of Christianity: from late Antiquity into the middle ages" em *Religion and Society in the Age of Saint Augustine*, Londres, 1972.
14. A acusação se baseia melhor na realização de práticas de magia negra, sem que exista relação alguma com a adivinhação. Cf. Desanti, 1990, 69-70. Esta informação vem a confirmar uma vez mais a dedicação das mulheres à magia, tema que se afasta de nosso trabalho.
15. No ano 66 d.C. Cf. Tácito, *Annales*, XVI, 21-29.
16. J. Annequin, *Recherches sur l'action magique et ses représentations* (*I et II siècles après J. C.*), Paris, 1973, 55.
17. Cramer, 1954, 265 n. 179, crê que foi um filósofo estóico, *Egnatius Celer*, cliente de Soranus, que induziu sua pupila Servília "to undertake the forbidden consultations".
18. Apuleio, *Metamorfosis*, IX, 29, 4.
19. Montero, 1991, 77.
20. Teod., *HE* III, 26 = GCS 19, p. 205. Sobre as consultas aruspicinas do imperador Juliano, cfr. Montero, 1991 (cap. VI) cf. bibliografia.
21. No geral continua sendo útil a velha monografia de F. Schwenn, *Die Menschenopfer bei den Griechen und Römern*, RVV, XV, 3, Giessen, 1915. Estrabão denomina esta prática *anthropomancia* (III, 3, 6; XI, 4, 7) e diz que era conhecida entre os lusitanos, os habitantes do Cáucaso, etc: também se consideram antigas, a julgar pelas notícias de Lívio, XX, 57; Dião Cássio, XLII, 24; XLVII, 19; XLVIII, 14, se bem que não cabe dúvida de que se intensificaram no Império.
22. *HA, Vita Heliog.,* VIII, 2: *... cum inspiceret exta puerilia excruciaret hostias ad ritum gentilem suum.* Segundo Tupet, 1986, 2265 dois foram os usos dos cadáveres infantis: por uma parte, na magia de execração, para procurar ajuda demoníaca; por outra, familiarizar-se com as entranhas do morto a fim de conhecer o porvir mediante seu exame. Outras notícias sobre sacrifícios de crianças: Sócrates, *HE* III, 13, acusa os pagãos de época de Juliano de "imolar crianças para a inspeção das entranhas e consumir sua carne". Eusébio de Cesaréia (*HE* VII, 10, 4) diz que Macriano, "mestro e chefe supremo dos magos do Egito", sugeria ao imperador Valeriano "realizar iniciações impuras, sortilégios abomináveis e ritos de mau auspício, assim como degolar as míseras crianças, imolar filhos de pais desafortunados, abrir entranhas de recém-nascidos e cortar e despedaçar criaturas de Deus". Sobre a acusação de tais práticas entre diferentes seitas cristãs, cf. F. J. Dölger, "Sacramentum infanticidii": *Antike und Christentum* 4/3 (1934) 188. Sobre a acusação a Pedro de dar morte a uma criança de um ano para assegurar à Igreja uma duração de 365 anos: Aug., *CD* XVIII, 53-54. Cf. J. Hubeaux, "L'Enfant d'un an", em *Hommages à J. Bidez et F. Cumont,* Bruxelas (coll. Latomus), 1949, 143-148, que considera que a acusação tinha partido dos *homines docti* do círculo de Juliano.
23. Apuleio, *Apol.*, 42. Contemplando a imagem de Mercúrio na água, "anunciava em uma profecia de 160 versos o que ia acontecer. O célebre mágico Nigídio Fígulo provocava, por encantamento, a inspiração nas crianças que proporcionavam a resposta do que os clientes queriam saber" *(ibid.)* Cf. D. Meroli, "Una magia di Nigídio (Apuleio, Apol. 42)": *Studi di filologia e letteratura* 2 (1992) 117-125, que considera provável o uso da hipnose com fins adivinhatórios aplicada às crianças.
24. Apuleio, *Apol.*, XLII, 7, diz que a alma humana "sobretudo a alma simples de uma criança *(praesertium puerilem et simplicem)* pode, evocada por alguns cantos ou sob a ação de perfumes, ser absorvida e exteriorizar, até o ponto de esquecer a realidade, perder por um momento a memória de seu corpo e... como em uma espécie de sonho, predizer o porvir".
25. Não obstante, A. M. Tupet, 1976, 208 advertiu a crença de que uma morte prematura engendrava um *daimon* ávido de vingança (em grego um *áoros*) que o mago ou feiticeiro podia utilizar a seu serviço.
26. Plat., *Tim.* 71 c. Sobre este tema, além do recolhido em Bouché-Leclercq 1879-1882, I,

167 ss., cf. meu artigo "Neoplatonismo y haruspicina: historia de un enfrentamiento": *Gerión*, 6 (1988) 70-71.
27. Aquiles Tácio, que nos últimos séculos do Império deu a conhecer sua novela *Leucippe e Clitofonte*, descreve em um ambiente egípcio como após ter sido aberto o ventre de uma jovem com uma espada, os sacerdotes extraíram suas vísceras com as mãos, "as puseram em um altar e quando foram assadas e despedaçadas, cada um comeu sua parte" (III, 15). Clitofonte se lamenta de que o ventre destes fora "o túmulo de suas vísceras".
28. Seguimos a introdução e edição de C. Calvo Decan, *Anónimo. Lapidário Órfico*, Madri, 1990. Que o *Lapidário* circulava no Ocidente fica demonstrado pela alusão à execução dos mágicos *(Lap. Órf.* 75).
29. *Damigeron-Evax*, XXXIV, 27-28. Seguimos a edição de Halleux-Schamp, *Les Lapidaires Grecs*, Paris, 1985.
30. *Damigeron-Evax*, LXVII. Sobre a utilização de animais na mântica: D. Krekoukias, *Gli animali nella meteorologia popolare degli antichi greci, romani e bizantini*, Florença, 1970.
31. É o critério de Bouché-Leclercq, 1889, 550-551: "Sous le principat d'Auguste, l'astrologie est décididément à la mode. Tout le monde se pique d'en avoir quelque teinture, et les écrivains multiplient des allusions qu'ils savent devoir être comprises même des gens du monde". Cf. W. Gundel-H. G. Gundel, *Astrologumena. Die astrogische Literatur in der Antike und ihre Geschichte*, Wiesbaden, 1966, 177 ss.; W. Knappisch, *Geschichte der Astrologie*, Frankfurt, 1967; Cramer, 1954, 81 ss.
32. J.F. Bará, *Vettius Valens d'Antioche. Anthologies, Livre I*, Leiden, 1989, assinala com acerto que "l'astrologie romaine se développe donc à l'école des savants alexandrins, et sous cette égide, donne prépondérance à l'Orient. Second siècle étrange que, dans une atmosphère encore hellénisée, voit s'imposer aussi l'influence syrienne et avec elle s'affirmer une nouvelle mystique". Sobre a astrologia egípcia, cf. F. Cumont, *L'Égypte des astrologues*, Bruxelas, 1937; R.A. Parker, "Ancient Egyptian Astronomy": *Philosophical Transactions Royal Society London Academy* 276 (1974) 51-65.
33. A genitura viria a ser uma "instantânea" do céu no momento do nascimento. Cf. A. Le Boeuffle, *Astronomia. Astrologie. Lexique latin*, Paris, 1987. Em geral: R. Montanari Caldini, "La terminologia latina dei corpi celesti": *A&R* (1979) 156-171.
34. Em II, 19, 13 volta a insistir na mesma idéia: *Sane patrem et in viri et in mulieris genitura Sol ostendit, matrem Luna, uxorem Venus, Mars maritum*.
35. Vettius Valens, *Anth*. I, 2. Cf. J.F. Bará (*op. cit.* n.32), p.75, n. 55. Proclo, *Republ. Plat.* II, 136 ss., recolhendo a opinião de seu antecessor, *Amelius*, diz que Capricórnio era, por exemplo, um signo propício para a concepção já que "marca o ponto de partida da ascensão da luz solar".
36. Censor., *De die nat.* VIII, 10. Sobre Censorino, além de V. Armin, *s.v. Censorinus*, em *RE* III, 2, coll., 1908-1910, cf. a edição de G. Rocca-Serra, *Censorinus. Le jour natal*, Paris, 1980.
37. O pitagorismo determinava também, sob a influência da astrologia, com base em complicados cálculos numéricos, a duração da gravidez, assinalando que a criança que sobrevivia nascia sempre no sétimo ou nono mês, mas nunca no oitavo. Cf. F. Cumont, *Lux Perpetua*, Paris, 1949, p. 313.
38. Cf. Proclo, *Republ. Plat.* II, 138 seguindo, uma vez mais *Amelius*.
39. Por exemplo, se a concepção tem lugar sob a conjunção do Sol e da Lua, o parto se produziria durante o plenilúnio: Proclo, *Republ. Plat.* II, 140.
40. *CD* V, 5: *aut si fata valetudinis in conceptu sunt aliarum vero rerum in ortu esse dicuntur*.
41. Sobre Sexto Empírico, cf. *s.v. Sextus Empiricus, RE* II A, coll. 2057-2062. Seu *nome* é latino, o que faz pensar em algum tipo de relação com Roma, cujas leis demonstra conhecer e onde deve ter vivido algum tempo.

42. Sext. Emp., *Adv. mathem.* 27-28.
43. Suetônio, *Aug.* 94, 5. Sobre Augusto e a astrologia, cf. K. Kraft, "Zum Capricorn auf den Münzen des Augustus": *JNG* 17 (1967) 17-27; G. Geraci, "Publio Petrônio, il genetliaco di Augusto e il faraone Cesare": *ZPE* 19 (1983) 57-66; J.H. Abry, "Auguste: la Balance et le Capricorne": *REL* 66 (1988) 103-121; G. Brugnoli, "Augusto e il Capricornio" em *L'Astronomia a Roma nell'età augustea*, Galatina, 1989,17-32.
44. Nardi, 1971, 320.
45. S. Feraboli, *Cláudio Tolomeo. Le previsione astrologiche*, Milão, 1989, X-XI. Sobre a obra de Ptolomeo: W.J. Tucker, *L'Astrologie de Ptolémée*, Paris, 1981.
46. S. Feraboli (*op. cit.*, n. 45), XI.
47. Em *Tetrab.* III, 4 adverte para a necessidade de ter em conta os dados dos pais: o Sol e Saturno por sua natureza se relacionam com a figura paterna, enquanto a Lua e Vênus com a materna.
48. O Egito é, durante o século II d.C., uma província romana mas com um marcado processo de helenização tanto na língua como em outros costumes. Sobre o Egito desta época: A. K. Bowman, *Egypt after the Pharaons*, Londres, 1986.
49. P. Liviabella Furiani, "La donna nella Tetrabiblos di Cláudio Tolomeo": *GIF* 3 (1978) 310-321, e no que segue, Liviabella, 1978.
50. Liviabella, 1978, 312.
51. IV, 5, 188, 12 ss. Também a afeminação psíquica dos homens: II, 3, 72; 5.
52. Cf. *Tetrab.* II, 3, 68 ss.; IV, 5, 183, 14-17; IV, 5, 183, 20.
53. *Tetrab.* III, 13, 162, 14; IV, 5, 184, 7.
54. *Tetrab.* III, 4, 116, 18; III, 12, 149, 27 ss.; 152, 6; IV, 9, 199, 3.
55. *Tetrab.* III, 12, 151, 8; III, 13, 159, 16; IV, 9, 201, 10, etc.
56. Cramer, 1954, 144. Quase toda nossa informação procede novamente de Tácito. Os principais trabalhos sobre a mulher em sua obra foram recolhidos por K. Gilmartin Wallace, "Women in Tacitus 1903-1986", em *ANRW* II, 33.5 (1991), 3556-3574 ao qual me remeto. Posteriormente: J. L. Posadas, "Mujeres en Tácito: retratos individuales y caracterización genérica": *Gerión* 10, 1992, 145-154.
57. Cf. E. Groag, A. Stein, *Prosopographia*, vol. I, Berlim, 1933 *s.v. Aemilia Lepida* (n.420); Desanti 1990, 68. Sobre o decreto de Augusto, cf. Desanti 1990, 46-48 com bibliografia.
58. Tácito, *Annales*, I, 13. Cramer, 1954, 256 qualifica esta possibilidade de "untenable", dado que foi autorizado à defesa pública de sua irmã.
59. Cramer, 1954, 256 recorda que *Scaurus* foi acusado de *maiestas* quatorze anos depois, mas na data do julgamento de sua mulher (20 d.C.) já estava à sombra das suspeitas imperiais.
60. Sobre Lólia Paulina, cf. E. Groag, A. Stein, *Prosopographia*, vol. V, 1, Berlim, 1970, 88 ss.; Desanti, 1990, pp. 70-71. Sobre seu matrimônio com Calígula, cf.: Suetônio, *Calig.* 25, 2.
61. Tácito, *Annales*, XII, 22, 3. Segundo Cramer, 1954, 260 a consulta de Lólia aos astrólogos teria como objeto conhecer a morte não do imperador, mas de Agripina: "dreaming perhaps, of succeeding then in marrying Claudius"; o estudioso se baseia em que esta foi a primeira mulher que obteve o título de Augusta. No entanto, para admitir uma consulta de *salute Augustæ* teria que recusar as datas e as circunstâncias das consultas astrológicas de Lólia Paulina, o que não se justifica facilmente.
62. Martin, 1983, 63 advirtiu que "toute sa vie, Aggripine la jeune montre une tendance profonde pour la recherche divinatoire, tout particulièrement astrologique. Elle lui servit de guide et de moyen politiques". Agripa se serviu de acusações de magia para desfazer-se de outros rivais como *Statilius Taurus* e *Domitia Lepida*, que foi processada por praticar votos contra a própria Agripina. Sobre esta personagem feminina: M. Kaplan, "Agrippina semper atrox: a study in Tacitus' characterization of women", em *Studies in Latin Literature and Roman History*, vol. I, Bruxelas, 1979, 410-417; J. I. McDougall, "Tacitus and the

De Lívia a Serena (38 a.C. - 384 d.C.)

portroyal of the Elder Agrippina": *Echos du Monde Classique*, 30 (1981) 104-108.
63. Tácito, *Annales*, XII, 68, 3: ... *in spe ageret tempusque prosperum ex monitis Chaldeæorum adventaret*.
64. Martin, 1983, 64.
65. Tácito, *Annales* XIV, 9,5-6. Cf. *Dião Cássio* LXI, 2. Sobre sua morte: R.T. Scott, "The Death of Nero's Mother (Tacitus, Annals, XVI, 1-13)": *Latomus* 33 (1974) 105-115; M. Seita, "Seneca e il matricidio di Nerone: analisi d'una drammatica notte": *RSC* 27, (1979) 447-453.
66. Martin, 1983, 65.
67. Cf. P.W. Van der Horst, *Chæremon, Egyptian Priest and stoic philosopher. The fragments and translated with explanatory notes*, Leiden, 1987.
68. Martin, 1983, 65; Gagé, 1968, 109. Tácito, *Annales* XIII, 22, 1, assinala que como compensação pela colaboração prestada, *Baibillus* recebeu a prefeitura de Egito. Cf. F. Cumont, "Astrologues romains et byzantins. I: Balbillus": *MEFR* 37 (1918-1919) 34-54.
69. Tácito, *Annales XII*, 52, I: *quasi finem principis per Chaldæos scrutaretur*.
70. Cramer, 1954, 159. Em geral sobre Verânia, E. A. Gordon, *s.v. Veranius, RE* VIII A1, coll. 966-967; Le Boeuffle, 1989, 69. Sobre a mulher em Plínio, o Joven, cf. nota 56.
71. Sobre Régulo, cf. Plínio, *Epist.* I, 5 e 20; IV, 2 e 7; II, 11; VI, 2. Em geral, P.V. Rohden, *s.v. Aquilius, RE II*, 1, coll. 331. Sobre as *Cartas* de Plínio, cf. A. N. Sherwin-White, *The Letters of Pliny: A Historical and Social Commentary*, Oxford, 1966; Id., "Pliny, the man and his letters": *G&R* 16 (1969) 76-90.
72. Sobre Juvenal e a mulher romana selecionaremos: J.P. Bond, "Anti-feminism in Juvenal and Cato", em *Studies in Latin Literature and Roman History*, vol. I, Bruxelas, 1979,77-109; E. Joan Carr, "The view of women in Juvenal and Apuleius": *Class. Bull.* 58 (1982) 61-64. S.A. Cechi, "Letteratura e realtà. La donna in Giovenale (analisi della VI satira)", em *Atti del II Convegno nazionale di Studi sulla donna nel mondo antico*, Turim, 1989, 141-164; S.H. Braund, "Juvenal Misogynist or Misogamist?": *JRS* 82 (1992) 71-86. Em geral: R. Maraché, "Juvénal, peintre de la societé de son temps", em *ANRW* II, 33.1 (1989), 592-639. Em geral, sobre a mulher na sátira latina: Amy Richlin, "Invective against women in Roman satire": *Arethusa* 17 (1984) 67-80; Niall Rudd, *Themes in Roman Satire*, Londres, 1986; A. López López "La mujer en la sátira romana", em *La mujer en el mundo mediterráneo antiguo*, Granada, 1990,169-192.
73. Cf. G. Luck, *Magic and Occult in the Greek and Roman Worlds*, Londres, 1987, 318 ss.
74. A *Historia Augusta* insiste repetidamente nesta notícia: SS 3, 9; *Geta* 3, 1; *AS* 5, 4 citando sempre como fonte Mário Máximo. Cf. F. Ghedini, *Guilia Domna tra Oriente e Occidente. Le fonti archeologiche*, Roma, 1984, 151; B. Comucci Biscardi, *Donne di rango e donne di popolo nell'età dei Severi*, Florença, 1987, 15. No horóscopo de Adriano, conservado no *Catalogus Codicum Astrologorum Græcorum* (vol. VI, pp. 680-701), se oferecem explicações astrológicas sobre o matrimônio do imperador com Sabina e a ausência de filhos.
75. A maior parte dos historiadores admite a historicidade da notícia. Para A. Birley, *Septimius Severus*, Londres, 1971, 123. Sétimo Severo pode ter notícia do horóscopo de Júlia durante sua estada na Síria, onde foi legado da IV Scythica. Birley sugere (p. 127) que o nome de Domna lhe foi dado por causa de sua genitura. Cf. a discussão em R. Syme, "Astrology in the Historia Augusta", em *Historia Augusta Papers*, Oxford, 1983, 87 ss. e, anteriormente, J. Gagé, "L'horoscope de Doura et le culte d'Alexandre sous les Sévères", *BFacLett Strass* 33 (1954) 151-158. Da abundante bibliografia sobre o amor em Roma, destacaremos P.
. Veyne, *La elegia erótica romana. El amor, la poesía y el Occidente*, México, 1991.
76. Hist. Aug., *Vita Marcus Ant.*,19, 2-4: ... *illorum fuisse consilium, ut occiso gladiatore sanguine illius sese Faustina sublavaret ataque ita cum viro concumberet*.
77. F. Cumont, *Les religions orientales dans le paganisme romain*, Paris, 1929, 173, assinala que "les Chaldaéens aussi étaient de grands maîtres en sorcellerie, à la fois versés dans la

A Mulher

connoissance des présages et expertes à conjurer les maux que ceux-ci annonçaient".
78. Hist. Aug., *Diad.*5, 1: *His diebus quibus ille natus est mathematici accepta genitura eius exclamaverunt et ipsum filium imperatoris esse et imperatorem, quasi mater eius adulterata esse, quod fama retinebat.* Cf. Macróbio, 14, 2 sobre este último aspecto.
79. Apuleio, *Apol.* 97, 4. Os astrólogos lhe responderam que o primeiro marido morreria no prazo de alguns meses; Apuleio conclui dizendo que com respeito à herança os astrólogos inventaram, seguindo seu costume, uma previsão conforme os desejos do cliente: *cetera enim de hereditate, ut adsolent, ad consulentis votum confixerunt.*
80. Por exemplo, o desejo da mulher de saber o vencedor das corridas de carros, talvez com o propósito de apostar: "...a mulher percorrerá o espaço existente entre as duas metas do circo, buscará sorte e entregará a fronte e a mão ao caldeu que a pede com freqüência com um reiterado silvo de lábios" (*Saturnalia* VI, 582-584). Sobre a relação entre o circo e a astrologia, Wuilleumier, "Cirque et astrologie": *MEFR* 44 (1927) 184-209; B. Lyle, "The Circus as Cosmos": *Latomus* 43 (1984) 827-841.
81. Cf. Prop., *Eleg.* IV, 2, 99-102, põe na boca do astrólogo Horo as seguintes palavras: "Eu sou o mesmo que quando Lucina alargava as dores da Cinara e a carga de suas entranhas demasiado lenta se retardava, disse: "Faz a Juno um voto que a aplaque" e ela deu à luz, e uma palma de triunfo foi dada a meus livros [de astrologia que guiam sua arte]".
82. Am. Marc. XXVIII, 4, 25: "... Muitos não se atreveriam a sair de casa, nem a se sentar à mesa, nem a tomar um banho sem consultar detidamente o calendário; porque é necessário determinar previamente a exata posição do planeta Mercúrio; saber em que ponto se encontra naquele momento a lua no signo de Câncer".
83. Am. Marc., XXVIII, 4, 26: *inde ad exequias virorum iam adventantes necesaria parari oportere iubentes.*
84. Sobre o *omen*: R. Bloch, "Liberté et déterminisme dans la divination étrusque" *Studi L. Banti*, Roma, 1965, 63-68; J. Bayet, "La croyance romaine aux: présages determinantes: aspects littéraires et chronologiques" em *Croyances et rites dans a Rome antique*, Paris, 1973, 73-8 8.
85. Bouché Leclercq, 1879-1882, vol. IV, 159-160.
86. Valério Mássimo I, 5, 4. Cf. Cícero, *De divinatione*, I, 102-104. Esta é a razão por que os auspícios matrimoniais – os *nuptiarum auspices* – recaíssem sempre sobre a mulher. Estes consistiam essencialmente na busca de signos ou presságios dos quais pudesse se decidir a vontade dos deuses para que uma jovem contraisse ou não matrimônio. Outros *omina* femininos: Cícero, *De divinatione*, I, 103 (o *omen* da filha de Paulo Emilio), Cícero, *De divinatione*, 11, 84 (o *omen* da vendedora a Craso). Como estudos particulares sobre o *omen*: Cg. Gulick, "Omens and Augury in Plautus": *HSPh* 7 (1986) 235-247, que melhora o antigo trabalho de S. G. Oliphant em *CJ* 7 (1911-1912) 165-173; G. Gasparotto, *Presagi, previsioni e predizioni nel lessico di Virgilio*, Verona, 1987; Viden 1993, 72 observa, referindo-se às biografias de Suetônio, que, "in general, fathers were not the recipients of omens to the same degree as mothers".
87. *Annales*, XI, 21, 1. A *Historia Augusta, Vita AP* 3, 3, recolhe a notícia de que uma *sacerdos femina*, originária de Trales, saudou Antonino Pio, como imperador quando ainda era procônsul. Tal episódio figura entre os *omina imperii* de Antonino.
88. *HA, CIA 5, 9: accesit omen quod, cum pueri eius familiæ russulis fasciolis inligarentur quod forte lotæ atque udæ essent russulæ fasciolæ, quas mater prægnans paraverat, purpurea matris inligatus est fascea; unde illi ioco nutricis etiam Porphyrii nomen inditum est.* O biógrafo diz que este e outros foram, "signos de sua futura soberania": *hæc atque alia signa imperii futuri fuere*. Sobre *omina* na *Historia Augusta*, cf. Kisch, 1974. Naturalmente esta especial intuição feminina que se manifesta nos *omina* se coloca em relevo, especialmente, nos momentos de perigo. Durante a grande invasão de Sapor (253-254 d.C.), no transcurso de uma representação teatral em Antioquía, uma mulher que atuava

na encenação, gritou de repente: "se não estou sonhando os persas estão aqui" (*nisi somnus est... en Persæ*. Am. Marc., XXIII, 5, 3). No momento em que o público voltou a cabeça, uma nuvem de flechas caiu sobre o teatro. Histórico ou não, o episódio põe em relevo a "visão" da mulher, que, evidentemente de onde estava, não podia ver o inimigo.
89. *HA, AD* 5: *die qua natus est, quod Antonini esset natalis mulier quædam propinqua dicitur exclamasse "Antoninus vocetur", sed Macrinus...*
90. *HA*, Vita Aur. 4, 3: *habuisse quin etiam non nihilum divinationis*. A biografia de Aureliano recolhe outros *omina imperii* relacionados com sua mãe, como o bezerro de dimensões surpreendentes que nasce na casa, as rosas de cor púrpura que brotam em seu jardim, ou o manto de púrpura que ela confecciona para seu filho (*Vita Aur.* 4-5). Sobre o culto de *Sol Invictus* e seu sacerdócio: G.H. Halsberghe, *The cult of Sol Invictus*, Leiden, 1972; Id., "Le culte de Deus Sol Invictus à Rome au III siècle ap. J. C.", em *ANRW* II, 17.4, 2181-2201.
91. Am. Marc. XV, 8, 22.
92. H. M. Schenke, "Orakelwesen im Alten Aegypten": *Das Altertum* 9 (1963) 71.
93. Y. Hajjar, "Divinités oraculaires et rites divinatoires em Syrie et en Phénicie à l'époque gréco-romaine" em *ANRW* II, 18.4, 2240.
94. H.W. Parke, *Greek Oracles*, Londres, 1967; Id., *The Oracles of Zeus. Dodona, Olimpia, Ammon*, Cambridge, Mass. 1967; Levin, 1990, com toda a bibliografia. Cf. também J. Rodríguez Somolinos, "Relaciones entre santuarios oraculares en época imperial", em *Actas del VII Congreso Español de Estudios Clásicos*, Madri, 1989, III, 287-293.
95. *Ex responso deæ Iononis*: Hajjar (cf. n.93), 2262.
96. Plut., *De Edelphico*, 385f-386. O fato de que Augusto dedicara também sua arma ao mesmo santuário (Georgius Syncellus, *Chronographia*, p. 307 Dindorf) parece obedecer só ao desejo de exercer um "imperial patronage" na opinão de Levin, 1989, 1605. Cf. M. Guarducci, "Dai gioco letterale alla crittografia mistica", em *ANRW* II, 16.2, 1752-1753.
97. Tácito, *Annales*, XV, 23, 2: na ocasião "foram colocadas imagens de ouro das Fortunas no trono de Júpiter Capitolino". Sobre Agripina: Tácito, *Annales,* XIV, 3, 1 e 4, 2.
98. As inscrições foram recolhidas por E. Bernard, *Les inscriptions grecques et latines du Colosse de Memnon*, Paris, 1960, n.31. Cf. as considerações de Cramer, 1954, 173 e, sobretudo, as belas páginas que dedica à imperatriz, Martin, 1982, 288 ss.
99. E. Bernand, "Pèlerins dans l'Égypte grecque et romaine", em *Mélanges P. Lévèque*. I: *Religion*, Paris, 1988, 53. Em geral, sobre as "peregrinaciones" na antiguidade: *Les pèlerinages, de l'antiquité biblique et classique à l'Occident médiéval*, Paris, 1973; J. Chélini, H. Branthomme, *Histoire des pèlerinages non-chrétiens*, Paris, 1987.
100. Macróbio, *Saturnalia* I, 23, 14. Cf. J. Gagé, "Trajan em Syrie et l'oracle d'Héliopolis", em *Basiléia. Les Césars, les rois d'Orientet et les mages*, Paris, 1968, 173-212.
101. Cf. Levin 1989, 1630.
102. Desde os tempos de Augusto. Cf. Ovídio., F I, 20: *Clario missa legenda deo*. Oráculo de Bes: Am. Marc. XIX, 12.
103. O poeta suspeita – apoiando-se em rumores "nada favoráveis" que circulavam na cidade – que Cintia o evita: *Eleg*. II, 32, 21 ss. Pelo contrário, em fins do século I d.C., o poeta Estácio (*Silvas*, III, V, 97), para animar a sua esposa a ir com ele à baia de Nápoles e abandonar Roma, diz que não lhe faltará "o inspirado oráculo da profetisa Sibila" (*enthea fatidicæ seu visere tecta Sibyllæ / delci sit*). Mas, como vimos, o oráculo já não existia no Império e esta parece, portanto, uma recreação poética de Estácio. Ele emprega, por outra parte, a expressão *enthea* para se referir à inspiração da Sibila, o que G. Laguna (Estácio, *Silvas* III. *Introducción, edición crítica, traducción y comentario*, Sevilla, 1992, 388) considera uma transliteração do grego *éntheos para o* latim pós-clássico (sobre o termo, cf. Iriarte, 1990, 85-86).
104. Sinésio de Cirene, *De Somnio*, 12, 144a-b. Seguimos a edição de F. A. Garcia Romero,

Himnos. Tratados, Madri, 1993, com a bibliografia a respeito.
105. Sobre o estoicismo e os sonhos: P. Grimal, "La religion des stoiciens, de Sénèque à Marc-Aurele", em *Religión, superstición y magia en el mundo romano,* Cádiz, 1985, 35-48; A. Cappelletti, *Las teorías del sueño en la filosofia antigua,* Caracas, 1987.
106. Sobre o cristianismo e os sonhos premonitórios, cf. os numerosos trabalhos sobre o tema recompilados em *Sogni, visioni e profezie nell'antico Cristianesimo, Augustinianum* 29 (1989) 379-391; J.S. Hanson, "Dreams and Visions in the Græco-Roman World and Early Christianity", em *ANRW* II, 23-2, 1405-1411. Sobre os sonhos no Antigo e Novo Testamento, cf. N. Fernández Marcos, *Los Thaumata de Sofronio. Contribución al estudio de la incubatio cristiana,* Madri, 1975. O próprio Tertuliano, *De anima,* 46, 11, recorda que o Deus dos filósofos estóicos, atento à instrução do homem, entre todas as artes e ciências adivinhatórias escolheu também os sonhos que constituíam um extraordinário recurso da adivinhação natural (... *peculiare solacitum naturalis oraculi*).
107. Suetônio, *Claud.* 37, 1-2, alude ao crédito outorgado pelo imperador Cláudio aos sonhos premonitórios tanto dos cidadãos romanos como dos membros de sua família ou da corte. Segundo o biógrafo latino, Messalina tramou – de acordo com Narciso – um complô para se livrar de Ápio Silano; ela revelou ao imperador que há muitas noites tinha um pesadelo (a mesma coisa acontecia com Narciso) em que via Ápio atentando contra sua vida. Cláudio não hesitou em executar Ápio Silano quando este entrou no palácio. O sonho ou a visão de Messalina era o mesmo que o de Narciso, mas Suetônio diz que a imperatriz o narrou a Cláudio "adotando um ar de assombro" *(admiratione formata).*
108. Macróbio, *Comm. in Somnium Scipionis* I, 3, 7. Cf. a edição comentada de M. Regali, *Macrobio. Commento al Somnium Scipionis,* Pisa, 1983. Sobre os sonhos e sua classificação: D. Del Corno, "Ricerche sull'onirocritica greca": *RIL* 96 (1960) 334-378; A.H. Kessels, "Ancient system of dream classification": *Mnemosyne* 22 (1969) 394-424; Id., *Studies on the* Dream *in Greek Literature,* Utrecht, 1978. Para Roma: B. Segura Ramos, "Los sueños en la literatura latina": *Durius* 2 (1974) 299-3 10; J. Amat, *Songes et visions. L'au-delá dans a littérature tardive,* Paris, 1985; J. S. Hanson, "Dreams and Visions in the Græco-Roman World and Early Christianity", em *ANRW* II, 212, 1405-1411.
109. Sinésio de Cirene, *De Somnio,* 14-15.
110. Sinésio de Cirene, *De Somnio,* 20, 155a-b. Elio Aristides, um homem de acomodada condição social e econômica, escrevia este tipo de diário que lhe permitia, mediante um processo de *anamnesis* reconstruir o significado da mensagem onírica.
111. Estes *interpretes* aparecem mencionados entre os réus de pena capital por tal motivo. Cf. CTh IX, 16,4-6:...*aut certe augur vel etiam mathematicus aut narrandis somnis occultans artem aliquam divinandi... cruciatus et tormenta non fugiat.*
112. Esíquio, *s.v. Galeotai;* Pausan. V, 23. Sobre os sabinos, Festo, 434L.
113. Apuleio, *Met.* IV, 5-8. Sobre este trecho: *Apuleius. Cupid and Psyche* (ed E.J. Kenney), Londres, 1990, 113 ss.
114. Guidorizzi, 1985, 151, menciona como "chave dos sonhos", compilações de sonhos célebres, diários pessoais de sonhos, crônicas dos santuários de incubação, textos populares mágico-adivinhatórios, etc.
115. Guidorizzi, 1985, n. 111, 156. Sobre ela, cf. as edições e os trabalhos de D. Del Corno, *Artemidoro, il libro dei sogni,* Milão, 1975; R. J. White, *The Interpretation of Dreams,* New York, 1975; R. J. White, *The Oneirocritica of Artemidorus,* Ann Arbor, 1977. Seguimos a edição espanhola de E. Ruiz García, *Artemidoro. La interpretación de los sueños,* Madri, 1989. Em tal obra, dedicada a Cássio Máximo, mestre de retórica, Artemidoro assinala que esteve na Itália e nas ilhas do Mediterrâneo e recolhe sonhos de mulheres itálicas.
116. Assim, os dentes da esquerda equivalem "às mulheres, salvo exceções como, por exemplo, um proxeneta que só alberga mulheres ou um camponês que unicamente tem trato com

varões" (I, 31). A mesma coisa acontece com as mãos: "A direita se refere ao pai, ao filho, ao amigo ou a qualquer pessoa a quem possamos chamar "mão direita" de alguém... A esquerda está relacionada com a mulher, a mãe, a irmã, a filha ou a escrava" (I, 42). Não surpreende que para Artemidoro sonhar com a bílis signifique "a cólera, a fazenda e a mulher" (I, 44).
117. Cf. II, 65: "Se é a esposa que vê no sonho celebrando sua boda com outro homem, segundo a interpretação dos antigos, ela levará ao túmulo o seu marido ou será separada dele de alguma outra maneira".
118. Especialmente em uma época na qual se começava a praticar uma política de divulgação cultural. Cf. E. Ruiz Garcia (*op. cit.*, 52), que assinala que a obra de Artemidoro "reunia todos os requisitos para se converter em um livro de ampla circulação".
119. Sobre a mulher em Sêneca: C. E. Manning, "Seneca and the Stoics on equality of the sexes": *Mnemosyne* ser. IV, 26 (1973) 170-177; F. Loretto, "Das Bild der Frau in Senecas philosophischen Schriften": *Ziva Antika*, 27/1 (1977) 119-128. Sobre o medo de Popéia, E. Mastellone Iovane, *Paura e angoscia in Tacito. Implicazioni ideologiche e politiche*, Nápoles, 1984.
120. Sobre a tragédia: F. Giancotti, *"L'Octavia" attribuita a Seneca*, Turim, 1954; C. J. Herington, "Octavia praetexta: a survey": *CQ* (1961) 18 ss.; P. Maas, "Die Prophezeiungen in Senecas Octavia", em *Kleine Schriften*, Munique, 1973, 606 ss. Seguimos a edição espanhola de J. Luque Moreno, *Sêneca, Tragedias II*, Madri, 1988.
121. Sêneca, *Oct.* 4 761. De forma análoga, um dos personagens de Plauto reprova Alcmena, quando esta desperta de um mau sonho, por não ter invocado Júpiter *Prodigialis* oferecendo-lhe farinha salgada e incenso (*Amph.*, 740).
122. F. Cumont, *Lux Perpetua*, Paris, 1949,97.
123. X, 6: ... *et quise promitteret etiam proxima nocte venturum*.
124. *Decl. maior.* X, 7. Em Ae*neida* o mágico Umbrão aparece infundindo o sonho mediante salmos; aqui o mágico os desfaz.
125. Cf. F. Roca, "Epígrafe de Sagunto": Arse 21, 1986; J. Corell, "Dos epitafios poéticos de Saguntum": *Faventia 12-*13 (1990-1991). Cf. *Carmina latina epigrafica*, 1184,7-8.
126. *CIL* II 6338; Fernández, 1950, 280, nº1 de seu catálogo.
127. Por exemplo: *CIL* VI, 784 oferenda a Vênus *ex viso*, VIII, 105856: ara a Juno *visio capite*, etc.
128. Impossível recolher todos os casos transmitidos pela epigrafia. Recordaremos a inscrição *CIL* II 3386, achada na Hispânia, dedicada por *Fabia Fabiana* a Isidi *puel[lar(i)]* por ordem (*iussu*) do deus Neto (?) (*dei Ne[tonis]*) e na Gália, outra, a uma divindade feminina local *Au(gustæ) d(eæ) Sequan(a)e e[x] monitu*. C. Bourgeois, *Divona.* I. *Divinités et ex-voto du culte callo, romain de l'eau*, Paris, 1991, que recorda na p. 42 que os celtas praticavam a *incubatio* oracular passando a noite perto das cinzas dos mortos.
129. M. Le Glay, *Saturne africain. Histoire*, Paris, 1966, 74 ss.
130. Também as divindades femininas: *Diana Aug(usta), Anta Novella somno admonita en Numi*dia (*CIL* VIII, 8201)
131. Sobre Liber Pater, em geral: A. Bruhl, *Liber pater. Origine et expansion de culte dionysiaque à Rome et dans le monde romain,* Paris, 1953. Sobre a inscrição: J. Carcopino, "Deux dédicaces religieuses de Djemila": *Libyca* 2 (1954) 419-433.
132. Cf. M. Renard, "Nutrix Saturni": *BAF* (1959) 27-52; M. Le Glay, *Saturne Africain. Histoire*, Paris, II, 1966, 292. Uma inscrição achada em Roma (*CIL* VI, 3413) diz: *Ulpiæ M(arcii) l(iberta)Dmoidi. Dis M(anibus) ne quis hic urina/ faciat ex viso nutricis*. O nome de *M(arcus) Ulpius* aparece com muita freqüência na epigrafia africana, o que seria um argumento para reconhecer nesta inscrição à deusa *Nutrix*, muito vinculada a Saturno e com traços de Tanit-Cælestis. Seria, pois, a deusa que, aparecendo em sonhos, recomenda levantar a esteira com a advertência de não se urinar *(ne quis hic urina faciat)* nas proximidades do túmulo. As visões da *dea N*utrix não são raras e assim temos a dedicatória de um *C(aius) Hostilius Felix,* sacerdote de Saturno que ergueu um templo a

A Mulher

Nutrix Augusta por ordem dela: *f(ecit) i(ussu) d(eæ)*. *Cf. CIL* VIII, 8245; Le Glay, *op. cit.*, II, 64.

133. O melhor trabalho sobre a *incubatio* segue sendo o de A. Taffin, "Comment on rêvait dans les temples d'Esculape": *BAGB* (1960) 325-366. Cf. a célebre estância de Elio Arístides em um deles: F. G. Welcker, "Inkubation: Aristeides der Rhetor", em *Kleine Schriften*, III, Bonn, 1950, 89 ss.; G. Michenaud, *La rêve dans les "Discours Sacrés" d'Aelius Aristide*, Bruxelas, 1972.

134. Bouché-Leclercq 1879-1882, 111, 295. Sobre o *Asklepieion*, de Roma, cf. J. Le Gall, *Recherches sur le culte du Tibre*, Paris, 1953. Em geral, sobre o deus: E. Edeistein, *Asclepius*, Baltimore, 1945, 2 vols.; G. Solimario, *Asclepio. Le aree del mito*, Milão, 1976.

135. J. Scheid, "Épigraphie et sanctuaires guérisseurs en Gaule", *MEFRA* 104/1(1992) 31 e n. 26. Scheid se refere às fórmulas dos achados epigráficos no santuário terapêutico de Grand, na Gália, mas estende à generalidade seu critério a respeito.

136. Fernández 1950, 286

137. Em Relação às ninfas, em Orense: *Nympheys / Calpurn / ia Abann / Aeboso / ex visv / vs I* (*CIL* II, 2527). Cf. Fernández, 1950, 282 n. 40 que a datou no século II d.C. não parece difícil supor que *Calpurnia Abanna* teve durante seus banhos medicinais (os mananciais medicinais são muito abundantes nesta província) algum tipo de visão em que lhe apareceram as Ninfas. No entanto, não compartilho em absoluto a hipótese de Fernández, 1950, de que pudesse se tratar de uma "ninfeta não sacerdotisa nem profetisa, mas *medium*, oniroctita, intermediária entre os seres vivos e os mortais". Sobre a esteira do Musée de Beaune, em Santosse: J.J. Hatt, *Mythes et dieux de la Gaule*, Paris, 1989, 217. Na Gália aparece com certa freqüência uma Minerva Vusicia (*CIL* XIII, 6384) cujo epíteto, segundo este autor, deriva de *visu-vissu*, "qui voit", e portanto está relacionado com as capacidades proféticas e adivinhatórias da deusa.

138. Sobre Agostinho e os sonhos: M. Dulæy, "Songe et prophétie dans les Confessions d'Agustin. Du rêve de Monique à la conversion au jardin de Milan", em *Sogni, visioni e profezie nell'antico cristianesimo. Augustinianum* 29 (1989) 583-599. Em *CD* XXII, 8 menciona também o caso de uma mulher enferma que tocou a borda da capela de um mártir e caiu como um sonho (*velut in somnum*) e se levantou curada. Sobre este aspecto, cf. P. Maraval, *"Songes et visions comme mode d'invention des reliques"*, em *Sogni, visioni e profezie*, cit. *supra*, 583-599; J.M. Sansterre, "Apparitions et miracles a Menouthis: de l'incubation païenne a l'incubation chrètienne", em *Apparitions et Miracles*, Bruxelas, 1991, 177-191.

139. Tertuliano, *De anim.*46,7-8: *summarum prædicatrix potestatum*.

140. Cícero, *De divinatione*, I, 20, seguindo Filisto, narra que a mãe de Dionísio, o tirano de Siracusa, sonhou quando ainda estava grávida, que dava à luz a um sátiro; incapaz, como acontece às matronas romanas, de encontrar significado para o sonho, os intérpretes lhe disseram que a criança que nascesse seria por muito tempo o homem mais ilustre e afortunado de toda Grécia.

141. Soranus, *De morb. mulier.* 2. Cf. O. Temkin, *Soranu's Gynecology*, Baltimore, 1956. Sobre a figura da *nutrix*: K. R. Bradley, *"Wet-nursing at Rome: a Study in Social Relations"*, em *The Family in Ancient Rome. New Perspectives*, New York, 1986, 201-229; J. Del Hoyo, "La primera alimentación del hombre", em *Alimenta. Estudios en Homenaje al Dr. Ponsich*, Madri, 1991,195-204

142. Plutarco, *Cic.* 2. Evidentemente muitos destes anúncios ou não eram acreditados ou eram elaborados *a posteriori*. No primeiro caso, Plutarco acrescenta: "Isto, que comumente deve ter sido considerado delírio ou quimera, fez logo ver a Cícero que havia sido uma verdadeira profecia". Cf. Tertuliano, *De anim*. 46, 9: *Ciceronis denique dignitatem pervuli etiam nunc gerula iam sua inspexerat*.

143. Desanti, 1990, 80. Lesa majestade: F. H. Cramer, "The Cæsars and the Stars": *Seminar* 9 (1951)27.

De Lívia a Serena (38 a.C. - 384 d.C.)

144. Sigo as conclusões de Grandet, 1986.
145. Sobre Augusto e a *imitatio Alexandri*, D. Kienast, "Alexander und Augustus": *Gymnasium*, 76 (1969) 431-456. Sobre Augusto e os deuses egípcios, P. Lambrechts, *Augustus en de Egyptische Goodsdient*, Bruxelas, 1956. Em geral, P. Zanker, *The Power of Images in the Age of Augustus*, Ann Arbor 1990.
146. *HA, Vit. AS* 13. Sobre a *imitatio* de Alexandre por este imperador, cf. C. Bertrand-Dagenbach, *Alexandre Sévère et l'Histoire Auguste*, Bruxelas, 1990. É interessante observar que enquanto a mãe sonha dar à luz uma serpente purpúrea, o pai sonha que era transportado ao céu sobre as alas da *Victoria* romana: *AS*, 14.
147. Grandet, 1986, 371.
148. Cf. G. Maspero, *Les contes populaires de l'Égypte ancienne*, Paris, 1954,154.
149. Ch. Duriand, *Religion populaire em Égypte romaine*, Leiden, 1985, 124 ss.
150. XXV, 1: *quod cum non fecisset, esse cæcatam*. A semelhança com o que aconteceu a Tito Latinio é, do meu ponto de vista, grande. Sobre a saúde de Adriano, M. Le Glay, "Hadrien et l'Asklépieion de Pergame": *BCH* (1976) 348-372. Sobre o suicídio em Roma, Y. Grisé, *Le suicide dans la Rome antique*, Paris, 1982.
151. XXV, 2: *iussam tamen iterum Hadriano eadem dicere atque genua eius osculare*.
152. L. Cracco Ruggini, "L'imperatore, il Serapeo e i filosofi", em *Religione e politica nel mondo antico*, Milão (CISA 7), 1981, 203-204.
153. Um elemento interessante é, sem dúvida, o santuário em que a mulher recobra sua vista e "do que vinha". Cracco Ruggini (*op. cit.*, n. 152, 202-203) se inclina a identificá-lo com o templo de Esculápio, na ilha Tiberina, mas creio que o Serapeion romano, precedente quiçá de Caracalla construirá sobre as encostas do Quirinal, parece mais ajustado ao ambiente sacerdotal do episódio.
154. A fonte principal dessa biografia foi, provavelmente, Mário Máximo, contemporâneo de Dião Cássio, Cf. U. Espinosa Ruiz, "El reinado de Commodo: subjetividad y objetividad en la antigua historiografia": *Gerión* 2 (1984) 113-149 sem dúvida o melhor trabalho sobre este imperador.
155. U. Espinosa Ruiz, *op. cit.* (n.154),125.
156. A presença dos astrólogos no círculo de Faustina a constatamos por ocasião da consulta de Marco Aurélio. Põe-se assim em evidência a rivalidade entre astrólogos e *coniectores* ou *interpretes somniorum* que se reflete abertamente na obra de Artermidoro (*Oneir.* IV, 59 onde distingue entre *asteroskópis* ou "observadores de estrelas" e os astrólogos que realizaram horóscopos e de dos quais é preciso desconfiar).
157. Sobre os fatos, cf. as reflexões de F. Pashoud, "Raisonnements providentialistes dans l'Histoire Auguste", em *Historia-Augusta Colloquium*, 1977-1978, Bonn, 1980,165-180; Id., *Zosime. Histoire Nouvelle*, Paris, 1986, 266.

BIBLIOGRAFIA

A presente bibliografia não pretende recolher os estudos publicados sobre a mulher romana, já incorporada em diversos repertórios (S.B. Pomeroy, "Selected Bibliography on Women in Antiquity": *Arethusa*, 6 (1973) 125-157; L. Goodwater, *Women in Antiquity. An Annotated Bibliography*, Metuhen, 1975; E. Garrido, "Problemática del estudio de la mujer en el mundo antiguo. Aportación bibliográfica", em *La mujer en el mundo antiguo*, Madri, 1986; A.M. Vérilhac-C. Vial, *La Femme dans le monde mediterranéen. II. La femme grecque et romaine. Bibliographie*, Paris, 1990: D. Mirón Pérez, *Las mujeres en la Antigüedad I*, Granada, Cuadernos Bibliográficos, 1992, mas só os relacionados com a religiosidade feminina e, particularmente, com a adivinhação.

Alföldi, A., "Redeunt Saturnia regna. IV: Apollo und die Sibylle in der Epoche der Bürgerkriege": *Chiron* 5 (1975) 165-192.

Alföldy, G., "Die Krise des Imperium Romanum und die Religion Roms", em *Religion und Gesellschaft in der Römischen Kaiserzeit*, Wien, 1989, 53-102.

André, J.M., "La notion de pestilentia à Rome: du tabou religieux à l'interprétation préscientifique": *Latomus*, 39 (1980) 3-16.

Arcellaschi, A., *Médée dans le théatre latin d'Ennius à Sénèque*, Paris, 1990.

Aune, D.E., *Prophecy in Early Christianity and the Ancient Mediterranean World*, Michigan, 1983.

Balsdon, J.P.V.D., *Roman Women. Their history and habits*, Londres, 1963 (XII: "Holy Women, Religious Women and Divine Women").

Bardon, H., "Rome et l'impudeur": *Latomus* 24 (1965) 495-518.

Beard, M., "The sexual status of vestal virgins": *JRS* 70 (1980) 12-27.

Beard, M., "Cicero and divination: the formation of a Latin discourse": *JRS* 76 (1986) 33-46.

Berther, J.F., "L'Etrusca Disciplina dans les élégies de Properce, Tibulle et Lygdamus", em *Les éscrivains du siècle d'Auguste et l'Etrusca Disciplina. Cæsarodonum*, suppl., 60 (1991) 89-99.

Bevilacqua, M., "Gli Indigitamenta": *Invigilata Lucernis* 10 (1988) 21-33.

Blaive, F., "Le mythe indo-européen du guerrieur impie et le péché contre la vertu des femmes": *Latomus* 46 (1987) 169-179.

Bloch, R., "La adivination romaine et les livres sibyllins": *REL* (1962) 118-120.

Bloch, R., "La liberté et le determinisme dans la divination romaine", em *Hommage à J. Bayet*, Bruxelas (coll. Latomus 70), 1964, 89-100.

Bloch, R., *Los prodigios en la Antigüedad clásica* (trad. esp), Buenos Aires, 1968.

Bloch, R., *La adivinación en la Antigüedad* (trad. esp), México, 1985.

Bloch, R., "Réflexions sur le destin et la divination haruspicinale en Grèce et en Étrurie", em *Iconographie Classique et identités régionales*, Paris, *BCH*, suppl., XIV (1986) 77-85.

Boatwright, M.T., "The imperial Women of the early second Century a.C": *JRPhil* 112 (1991) 513-540.

Böels-Janssen, N., "Le statut religieux de la Flaminica Dialis": *REL* 51 (1973) 77-100.

Böels-Janssen, N., "La prêtresse aux trois voiles": *REL* 67 (1989) 117-133.

Bouché-Leclercq, A., *Histoire de la divination dans l'Antiquité*, Paris, 1879-1882, 4 vols.

Bouché-Leclercq, A., *L'astrologie grecque*, Paris, 1889 (Bruxelles, 1963).

Bouché-Leclercq, A., "Divinatio", em DS, *DA* II, 1, 292-319, Paris, 1892.

Bradley, KR., "Wet-Nursing at Rome: a Study in Social Relations", em *The Family in Ancient Rome. New Perspectives* (ed. B. Rawson), New York, 1986, 201-229.

Briquel, D., "Le prophétisme en Etrurie ou les dangers de la parole inspiré", em *Puissance de la parole* (ed. N. Fick), Dijon, 1986, 33-44.

Briquel, D., "Le paradoxe étrusque: une parole inspirée sans oracles prophétiques": *Kernos* 3 (1990) 67-75.

Briquel, D., "Virgile et l'Etrusca Disciplina", em *Les écrivains du siècle d'Auguste et l'Etrusca Disciplina. Cæsarodonum*, suppl., 60 (1991) 33-52.

Brown, P., "Sorcery, Demons and the Rise of Christianity: from Late Antiquity into the Middle Ages", em *Religion and Society in the Age of Saint Augustine*, Londres, 1972, 119-146.

Caerols Pérez, J.J., *Los libros sibilinos en la historiografía clásica*. Tese de doutorado, Madri, 1991.

Callan, T., "Prophecy and ecstasy in Graeco-Roman religion and 1 Corinthians": *Novum Testamentum*, 27 (1985) 125-140.

Cantarella, E., *Tacita Muta. La donna nella città antica*, Roma, 1985.

Cantarella, E., "Tanaquilla tra diritto materno e diritto paterno", em *La mujer en el mundo mediterráneo antiguo*, Granada, 1990, pp. 84-96.

Cantarella, E., *La calamidad ambigua*, Madri, 1991.

Cantarella, E., *La mujer romana*, Santiago de Compostela, 1991.

Capdeville, G., "Les sources de la connaissance de l'Etrusca Disciplina chez les écrivains du Siècle d'Auguste", em *Les écrivains du siècle d'Auguste et l'Etrusca Disciplina. II. Cæsarodonum*, suppl., 63 (1993) 2-30.

Bibliografia

Carcopino, J., "Rome et les immolations d'enfants", em *Aspects mystiques de la Rome païenne*, Paris, 1941, 39-48.

Carnoy, A., "Les noms grecs des devins et magiciens": *LEC* 24 (1956) 97-106.

Casevitz, M., "La femme dans Diodore de Sicilie", em *La femme dans le monde mediterranéen*, Paris, 1985, 113-135.

Castagnoli, F., "Il culto della Mater Matuta e della Fortuna nel Foro Boario": *StudRom*, 27 (1979) 145-159.

Castagnoli, F., "Albunea", em *Enciclopedia Virgiliana*, I, Roma, 1984, 84-85.

Cazanove, O., "L'incapacité sacrificielle des femmes à Rome (à propos de Plut. QR 85)": *Phoenix* 41 (1987) 159-174.

Clark, G., "Roman Women", *G&R* n.s. 38 (1981) 193-212.

Coarelli, F., *Il Foro romano. Periodo repubblicano ed augusteo*, Roma, 1985.

Coarelli, F., *Il Foro Boario. Dalle origini alla fine della Repubblica*, Roma, 1988.

Colin, J., "Les vendages Dionisiaques et la légende de Messaline (48 ap. J.C.) (Tácito, *Annales*, XI, 25-38)": *LEC* 24 (1956) 25-39.

Cordischi, L., "La Dea Caelestis ed il suo culto attraverso le iscrizioni": *ArchClass* 42 (1990) 161-200.

Coulter, C.C, "The Transfiguration of the Sibyl": *CJ* 46 (1950-1951) 65-71 y 121-126.

Cousin, J., "La crise religieuse de 207 av. J.C.": *RHR* 126 (1943) 15-41.

Cramer, F.H., *Astrology in Roman Law and Politics*, Philadelphia, 1954.

Cremades, I, *Dos et virtus. Devolución de la dote y sanción de la mujer romana por sus malas costumbres*, Barcelona, 1983.

Cumont, F., *Astrology and Religion among the Greeks and Romans*, Londres, 1912.

Chamoux, F., "La prophétesse Martha", em *Mélanges offerts à W. Seston*, Paris, 1974, 81-86.

Champeaux, J., *Fortuna. Recherches sur le culte de la Fortune à Rome et dans le monde romain des origines à la mort de César. I. Fortuna dans la religion archaïque*, Paris, 1982.

Champeaux, J., "Oracles institutionnels et formes populaires de la divination italique", em *La divination dans le monde étrusco-italique (II)*. *Cæsarodonum*, suppl., 54 (1986) 90-113.

Champeaux, J., Fortuna. *Le culte de la Fortune dans le monde romain. II: Les transformations de Fortuna sous la Republique*, Paris, 1987.

Champeaux, J., "Sur trois passages de Tite-Live (21, 62, 5 et 8; 22, 1, 11). Les sorts de Caere et de Faleries": *Philologus* 133 (1989) 63-74.

Champeaux, J., "Sors Oraculi: les oracles en Italie sous la République et l'Empire": *MEFRA* 102 (1990) 271-302.

Champeaux, J., "Les oracles de l'Italie antique: hellénisme et italicité": *Kernos* 3 (1990) 103-111.

Champeaux, J., "Horace et la divination étrusco-italique", em *Les écrivains du siècle d'Auguste et l'Etrusca Disciplina*. *Cæsarodonum*, suppl., 60 (1991) 53-72.

Charlesworth, "Livia and Tanaquil": *CR* 41 (1927) 55-57.

D'Anna, G., "Profezie", em *Enciclopedia Virgiliana, IV,* Roma, 1988, 299-302.

Davreux, J., *La légende de la prophétesse Cassandra d'après les textes et les monuments,* Paris, 1942.

Deismann, M.L., "Aufgaben, Rollen und Räume von Mann und Frau im antiken Rom", em *Aufgaben, Rollen und Räume von Frau und Mann II,* München, 1989, 501-564.

Del Corno, D., "I sogni e la loro interpretazione nell'età dell'impero", *ANRW* II, 16.2, (1978), 1605-1618.

Delcourt, M., *Stérilités mysterieuses et naissances maléfiques dans l'antiquité classique,* Liège, 1938.

Delcourt, M., *L'oracle de Delphes,* Paris, 1981.

Della Corte, F., "Numa e le streghe": *Maia* n.s. 16 (1974) 3-20.

Desanti, L., *Sileat omnibus perpetuo divinandi curiositas. Indovini e sanzioni nel diritto romano,* Milão, 1990.

Desideri, P., "Catone e le donne (il dibattito liviano sull'abrogazione della lex Oppia)": *Opus,* 3 (1984) 63-74.

Develin, R., "Religion and Politics at Rome during the Third Century B.C.": *JRH* 10 (1978) 3-19.

Dietrich, B.C., "Oracles and divine inspiration": *Kernos* 3 (1990) 157-174.

D'Ippolito, F., "Gli Ogulnii e il serpente di Esculapio", em *Ricerche sulla organizzazione gentilizia romana,* Napoli, II, 1988, 157-165.

Dixon, S., *The Roman Mother,* Londres, 1988.

Dobson, E.S., "Pliny the Younger's Depiction of Women": CB 58 (1982) 81-85.

Dumezil, G., *La religione romana arcaica. Con una appendice su La Religione degli etruschi* (trad. ital.), Milão, 1977.

Dunand, F., "Une interpretatio romana d'Isis. Isis déesse des naissances": *REL* 40 (1962) 83-86.

Eichenauer, E., *Untersuchungen zur Arbeitswelt der Frau in der römischen Antike,* Frankfurt, 1988.

Ethelbert Stauffer, "Antike Madonnenreligion", *ANRW* II, 17.3 (1984), 1426-1493.

Fabre-Serris, J., "Ovide et l'Etrusca Disciplina", em *Les écrivains du siècle d'Auguste et l'Etrusca Disciplina, Cæsarodonum,* suppl., 60 (1991) 73-88.

Fasce, S., "Carmenta", em *Enciclopedia Virgiliana,* I, Roma, 1984, 666-668.

Fayer, C., "L'ornatus della sposa romana": *StudRom* 34 (1986) 1-24.

Fernández Fuster, L., "La fórmula ex visu en la epigrafía hispánica": *AEA* 23 (1950) 279-291.

Finley, M.I., "The silent women of Rome": *Horizon* 7 (1965) 57-64 *(=Aspects of Antiquity,* Londres, 1968, 129-142).

Fontenrose, J., *The Delphic Oracle: Its Responses and Operations with a Catalogue of Responses,* Berkeley, 1978.

Fraschetti, A., "Le sepolture rituali del Foro Boario", em *Le délit religieux,* Paris, 1981, 51-115.

Frigione, F., "Sulla condizione della mulier furiosa": *Labeo* 3 (1957) 359-363.

Bibliografía

Gabba, E., "P.Cornelio Scipione Africano e la leggenda": *Athenæum* fasc. I-II (1975) 3-17.

Gage, J., *Apollon Romain. Essai sur le culte d'Apollon et le développement du "ritus Græcus" à Rome dès origines à Auguste*, Paris, 1955.

Gage, J., *Matronalia. Essai sur les dévotions et les organisations cultuelles des femmes dans l'ancienne Rome*, Bruxelas (coll. Latomus 6O), 1963.

Gage, J., *Basiléia. Les Césars, les rois d'Orient et les "mages"*, Paris, 1968.

Gage, J., "Les femmes de Numa Pompilius", em *Mélanges offerts à P. Boyancé*, Roma, 1975, 281-289.

Gallego Franco, M.H., *Femina dignissima. Mujer y sociedad en Hispania Antígua*, Valladolid, 1991 (V., "La mujer hispanorromana y su participación en el ámbito de lo religioso").

Gallego Franco, M.H., "La consideración en torno a la mujer y su proyección en la sociedad de Hispania Antigua", *Hispania Antiqua* 16 (1992) 345-362.

García Bellido, M.P., "Altares y oráculos semitas en Occidente: Melkart y Tanit": *RSF* 15/2 (1987) 135-158.

Gaudemet, J., "La législation anti-païenne de Constantin à Justinien", *CrSt* 11 (1990) 449-468.

Ghiron-Bistagne, G., "Le cheval et la jeune fille ou de la virginité chez les anciennes grecs", *Pallas* 30 (1985) 105-121.

Gimbutas, M., *The Language of the goddess*, Londres, 1989.

Gourevitch, D., *Le mal d'être Femme*, Paris, 1984.

Graillot, D., *Le culte de Cybèle*, Paris, 1912.

Grandet, P., "Les songes d'Attia et d'Octavius. Note sur les rapports d'Auguste et de l'Égypte": *RHR* 203 (1986) 365- 379.

Grillone, A., *Il sogno nell'epica latina. Técnica e poesia*, Palermo, 1967.

Grimal, P., "Vierges et virginité," em *La première fois ou le roman de la virginité perdue*, Paris, 1981.

Grimal, P., "Matrona (les lois, les moeurs et le langage)", en *Hommage à J. Granarolo*, Nice, 1985, 195-204.

Grodzinski, D., "Par la bouche de l'empereur", em *Divination et Rationalité*, Paris, 1974, 267-294.

Grodzinski, D., "Supertitio": *RFA* 76 (1974) 36-60.

Grotanelli, C., "Servio Tullio, Fortuna e l'Oriente": *Darch* 5 (1987) 71-110.

Guarducci, M., "Veleda": *RPAA* 21 (1945) 163-176.

Guarducci, M., "(Nuove osservazioni sull'epigrafe ardeatina di Veleda",: *RPAA* 25/26 (1950-1951) 75-87.

Guerra, M., *El sacerdocio femenino (en las religiones greco-romanas y en el cristianismo de los primeros siglos)*, Toledo, 1987.

Guidorizzi, G., "L'interpretazione dei sogni nel mondo tardoantico: oralità e scrittura", en *I sogni nel Medioevo*, Roma, 1985, 149-170.

Guillaumont, F., *Philosophe et augure. Recherches sur la théorie cicéronienne de la divination*, Bruxelas, 1984.

Guillaumont, F., "Ciceron et le sacré dans la religion des philosophes": *BAGB* 3 (1989) 56-71.

Guittard, CH., "La tradition oraculaire étrusco-latine dans les rapports avec le vers saturnien et le "carmen" primitif", em *La divination dans le monde étrusque-italique. Cæsarodonum* 52 (1985) 33-55.

Guittard, Ch., "Tite-Live et l'Etrusca Disciplina", em *Les écrivains du siècle d'Auguste et l'Etrusca Disciplina*. II. *Cæsarodonum*, suppl., 63 (1993) 115-131.

Halleux, R., "Fécundité des mines et sexualité des pierres dans l'Antiquité greco-romaine", *RBhH* 49, 1970, 16-25.

Halsberghe, G.H., "Le culte de Dea Caelestis", *ANRW* II, 17.4 (1984) 2203-2223.

Hano, M., "Le témoignage de Velleius Paterculus et de Valère Maxime sur la divination à Rome", em *Les écrivains du siècle d'Auguste et l'Etrusca Disciplina*. II. *Cæsarodonum*, suppl., 63 (1993) 132-153.

Hanson, J.S., "Dreams and Visions in the Graeco-Roman World and the Early Christianity", *ANRW* II, 23.2 (1980) 1405-1411.

Haury, A., "Une année de la femme à Rome: 195 a.C.", em *L'Italie Preromaine et la Rome républicaine. Mélanges offerts à J. Heurgon*, Paris, 1976, 427-436.

Hemeirijk, E.A., "Women's Demonstrations in Republican Rome", em *Sexual Asymmetry. Studies in Ancient Society* (ed. J. Block-P. Mason), Amsterdam, 1987, 217-240.

Heyob, S.K., *The Cult of Isis among women in the Græco-Roman World*, Leiden (EPRO, 51), 1975.

Hidalgo, M.J., "El profetismo femenino en la tradición cristiana": *Studia Historica*"(1991) 115-128.

Ibarra, M., *Mulier Fortis. La mujer en las fuentes cristianas* (280-313), Zaragoza, 1990.

Iriarte, A., *Las redes del enigma. Voces femeninas en el pensamiento griego*, Madri, 1990.

Jeanmaire, H., *La Sybille et le retour de l'âge d'or*, Paris, 1939.

Jeanmaire, H., *Dionysos. Histoire du culte de Bacchus*, Paris, 1975.

Kisch, Y. De, "Sur quelques omina imperii dans l'Histoire Auguste": *REL* 51 (1974) 190-207.

Kolenkow, A.B., "Relationships between Miracle and Prophecy in the Greco-Roman World and Early Christianity", em *ANRW* II, 23.2 (1980) 1472-1482.

Kolney, D.M., "Dionysus and Women's Emancipation": CB 50 (1973-74) 1-5.

Kötzle, M., *Weibliche Gottheiten in Ovids Fasten*, Frankfurt, 1991.

Köves-Zulauf, Th., *Römische Geburtsriten*, München, 1990.

Kraemer, R.R., "Ecstasy and Possession: The Attraction of Women to the Cult of Dionysus": *HThR* 72 (1979) 55-58.

La Penna, A., "Didone" em *Enciclopedia Virgiliana*, II, Roma, 1985.

Lanzoni, F., "Il sogno presagio della madre incinta nella letteratura medievale e antica": *AB* 45 (1927) 225-261.

Bibliografia

Latte, K., *s.v.* "Orakel", em *RE* XVIII, 1 (1939), coll. 854-866.

Lavagne, H., *Operosa antra. Recherches sur la grotte à Rome de Sylla à Hadrien*, Paris, 1989.

Le Boeuffle, A., *Le ciel des romains*, Paris, 1989.

Le Boniec, H., *Le culte de Céres à Rome des origines à la fin de la République*, Paris, 1958.

Le Corsu, F., *Plutarque et les femmes dans les Vies parallèles*, Paris, 1981.

Le Gall, M., "Successeurs d'Auguste mais descendants d'Antoine": *BAF* (1987) 223-240.

Le Glay, M., "Magie et sorcellerie à Rome au dernier siècle de la République", em *Mèlanges offerts à J. Heurgon. L'Italie Préromaine et la Rome Républicaine*, I, Paris, 1976, 525-550.

Lefkowitz, M. R., *Heroines and Hysterics*, Londres, 1981.

Levin, S., "The old Greek Oraclesin Decline", em *ANRW* II 18.2 (1989)1599-1649.

Liviabella Furiani, P., "La donna nella Tetrabiblos di Claudio Tolomeo": *GIF* 3 (1978) 310-321.

Luisi, A., "L'autorità di Catone il censore nei riti e culti romani (in margine a Livio 39, 8-20),": *Invigilata Lucernis* 3/4 (1981-1982) 161-186.

Lloyd-Morgan, G., "Roman Venus: public worship and private rites", em *Pagan Gods and Shrines of the Roman Empire*, Oxford, 1986.

MacBain, B.N, *Prodigy and expiation: a study in religion and politics in Republican Rome*, Bruxelas, 1982.

Mac Mullen, R., *Paganism in the Roman Empire*, Londres, 1981.

Mac Mullen, R., "Social History in Astrology", em *Change in the Roman Empire. Essays in the Ordinary*, Princeton, 1990, 218-224.

Maenads, *Mænads, Martyrs, Matrons, Monastics. A Sourcebook on Women's Religions in the Græco-Roman World*, Philadelphia, 1988.

Malaise, M., "À propos de l'iconographie "canonique" d'Isis et des femmes vouées à son culte": *Kernos* 5 (1992) 329-361.

Manuli, P., *Madre Materia* (III: "Donne mascoline, femmine sterili, vergini perpetue: la ginecologia greca tra Ippocrate e Sorano"), Torino, 1983.

Martin, J.P., *Providentia Deorum. Aspects religieux du pouvoir romain*, Paris, 1982.

Martin, J.P., "Néron et le pouvoir des astres": *Pallas* 30 (1983) 63-73.

Martin, P.M., "Le témoignage de Denys d'Halicarnase sur l'Etrusca Disciplina", em *Les écrivains du siècle d'Auguste et l'Etrusca Disciplina*. II. *Cæsarodonum*, suppl., 63 (1993) 93-114.

Martínez-Pinna, J., *Tarquinio Prisco. Ensayo histórico sobre Roma arcaica*, Madri, 1996.

Massa-Pairault, F.H., "La rivalité Rome-Véies et la mantique", em *La divination dans le monde étrusque-italique (II)*. *Cæsarodonum*, suppl., 54 (1986) 68-89.

Massa-Pairault, F.H., "De Préneste à Volsinii: Minerve, le Fatum et la constitution de la societé": *PP* 234 (1987) 200-235.

Mazzucco, C., *"E fui fatta maschio"*. *La donna nel cristianesimo primitivo*, Torino, 1989.

Megow, R., "Antike Physiognomielehre": *Das Altertum* 9 (1963) 213-221.

Moine, N., "Augustin et Apulée sur la magie des femmes d'aubergue": *Latomus* 34 (1975) 350-361.

Momigliano, A., "Tre figure mitiche: Tanaquilla, Gaia Cecilia e Acca Larenzia", em *IV Contributo Storia Studi Classici*, Roma, 1969, 455-485.

Momigliano, A., "Dalla Sibilla pagana alla sibilla cristiana: profezia come storia della religione": *ASNP* 17/2 (1987) 407-428.

Monaco, L., "Veneficia matrorurn. Magia, medicina e repressione", *Sodalitas. Scritti in onore di A. Guarino*, Napoli, 1984, 2013-2024.

Montanari, E., "Carmen", em *Enciclopedia Virgiliana*, I, Roma, 1984, 665-666.

Montanari, E., "Divinatio", em *Enciclopedia Virgiliana*, II, Roma, 1985, 111-113.

Montanari, E., *Identità culturale e conflitti religiosi nella Roma Republicana*, Roma, 1988.

Montero, S., *Política y adivinación en el Bajo Imperio: emperadores y harúspices (193-408 d. C.)*, Bruxelas, 1991.

Montero, S., "Los harúspices y la moralidad de la mujer romana": *Athenæum* 71 (1993) 647-658.

Montero, S., "Mántica inspirada y demonología: los harioli": *AC* 62 (1993) 115-129.

Montero, S., "Plauto, *Mil*. 694 y los primeros *metoposcopi* latinos": *Dioniso. Istituto Nazionale del Drama Antico*, 63, 1994, 555-560.

Montero, S., "Libres y esclavos en las listas romanas de prodigios", em *Homenaje al prof. Presedo*, Sevilla (en prensa).

Mora, F., *Prosopografia isiaca. I. Corpus prosopographicum Religionis Isiacæ. II. Prosopografia storica e statistica del culto isiaco*, 2 vols., Leiden (EPRO 113), 1990.

Moussy, C., "Esquisse de l'historire de monstrum": *REL* 55 (1977) 345-369.

Nardi, E., *Procurato aborto nel mondo greco e romano*, Milão, 1971.

Neri, V., "Del Fato e divinazione nella letteratura latina del I sec. a.C.", em *ANRW* II, 16.3 (1986) 1974-2046.

Nielsen, M., "Sacerdotesse e associazioni cultuali femminili in Etruria: testimonianze epigrafiche ed iconografiche": *Analecta Romana* 19 (1990) 45-67.

North, J., "Diviners and Divination at Rome", em *Pagan Priest, Religion and Power in the Ancient World*, Ithaca, 1990, 51-71.

Oriverjs, J.W., "Virginity and Ascetism in Late Roman Western Elites", em *Sexual Asymmetry*, Amsterdam, 1987, 241-274.

Pagnota, M.A., "Il culto di fortuna Virili e Venere Verticordia nei ritti delle calende di aprile a Roma": *AFLPer* 16/17 (1978-1980) 143-156.

Paillier, J.M., "Raptos a Diis Homines dici... (Tite-live, XXXIX, 13): Les Bacchanales et la possesion par les nymphes", em *L'Italie préromaine et la Rome républicaine. Mélanges offerts à J. Heurgon*, Roma, 1976, 731-742.

Paillier, J.M., "Les Matrones romaines et les empoisonnements criminels sous la République": *CRAI* (1987) 111-128.

Bibliografia

Paillier, J.M., *Bacchanalia, La repression de 186 av. J.C. à Rome et en Italie*, Roma, 1988.

Palmer, R.E.A., "Juno in Archaic Italy", em *Roman Religion and Roman Empire. Five Essays*, Philadelphia, 1974, 5-56.

Palmer, R.E.A., "Roman shrines of female chastity from the caste struggle to the papacy of Innocent I": *RSA* 4 (1974) 113-159.

Parke, H.W., *Sibyls and Sibylline Prophecy in Classical Antiquity*, Londres, 1988.

Pettazzoni, R., "Carmenta": *SMSR* 17 (1941) 3-18.

Pfiffig, A.J., *Religio Etrusca*, Graz, 1975.

Picard, G.C.H., "Pertinax et les prophètes de Caelestis": *RHR* 160/1 (1959) 41-62.

Piccaluga, G., "Vegoia", em *Minutal. Saggi di storia delle religioni*, Roma, 1974, 133-150.

Pichon, R., "Le rôle religieux des femmes dans l'ancienne Rome": *Annales, Musée Guimet* 39 (1912) 77-135.

Piganiol, A., "Sur le calendrier brontoscopique de Nigidius Figules", em *Studies in Roman economy and history in honour of Allan Chester Johnson*, Princeton, 1951, 79-87.

Pigeaud, J., "Le rêve érotique dans l'Antiquité gréco-romaine", em *Littérature, médicine, societé* 3, 1981, 10-23.

Pomeroy, S.B., *Diosas, rameras, esposas y esclavas. Mujeres en la antigüedad clásica*, Madri, 1987 (X: "El papel de la mujer en la religión de los romanos").

Pomeroy, S.B., "The Study of Woman in Antiquity: Past, Present and Future": *JRPhil* 112 (1991) 263-268.

Porte, D., "Le devin, son bouc et Junon (Ovide, Fastes, II, 425-452)": *REL* 51 (1974) 171-189.

Potter, D., "Sibyls in the Greek and Roman world": *AJArq* 3 (1990) 471-483.

Potter, D., *Prophecy and History in the crisis of the Roman Empire. A historical commentary on the Thirteenth Sibylline Oracle*, Oxford, 1990.

Pouilloux, J., "Delphes et les romains": *REA* 73, 3/4 (1971) 374-381 (= *D'Archiloque à Plutarque*, Paris, 1986, 201-207).

Puiggali, J., "Rhéa et le démon": *RPhil* 58 (1984) 93-96.

Pulci Doria, L.B., *Oracoli sibillini tra rituali e propaganda (Studi su Flegonte di Tralles)*, Napoli, 1983.

Radke, G., *Die Götter Altitaliens*, Münster, 1965.

Rallo, A., *Le donne in Etruria* (a cura di), Roma, 1989.

Rawson, E., "Religion and Politics in the Late Second Century B. C. at Rome": *Phoenix* 28 (1974) 193-212.

Rouselle, A., *Porneia. Del dominio del cuerpo a la privación sensorial*, Madri, 1989.

Sabbatucci, D., *La religione di Roma antica dal calendario festivo all'ordine cosmico*, Milão, 1988.

Salvatore, G., "Inmoralité des femmes et decadence de l'empire selon Tacite": *LEC* 22 (1954) 254-265.

Santini, C., "Letteratura prodigiale e sermo prodigalis in Giulio Ossequente": *Philologus* 132 (1988) 210-226.

Santos Yanguas, N., "Presagios, adivinación y magia en Ammiano Marcelino": *Helmantica* 30 (1979) 1-23.

Scheid, J., "Le délit religieux dans la Rome tardo-republicaine", em *Le délit religieux*, Paris, 1981, 117-171.

Scheid, J., "Indispensabili "straniere". I ruoli religiosi delle donne a Roma", em *Storia delle donne* (a cura di P. Schmitt: Pantel), Bari, 1990, 424-464.

Scuderi, M., "Mutamenti nella condizione femmenile a Roma nell'ultima età repubblicana": *Civiltà classica e cristiana* 3 (1982) 41-84.

Scullard, H.H., *Festivals and Ceremonies of the Roman Republic*, Londres, 1981.

Shepard, K.R., *Ecstatics and Ascetics: Studies in Functions of Refigious activities for women in the Græco-Roman World*, Ann Arbor, 1990.

Sirago, V.A., *Femminismo a Roma nel Primo Impero*, Soveria, 1983 (IV: "Potere Religioso").

Sordi, M., "La donna etrusca", em *Misoginia e maschilinismo in Grecia e in Roma. VII giornate fiologiche genovesi*, Genova, 1981, 49-67.

Syme, R., "Astrology in the Historia Augusta", em *Historia Augusta Papers*, Oxford, 1983, 80-97.

Tels De Jong, L.L., *Sur quelques divinités romaines de la naissance et de la prophétie*, Amsterdam, 1960.

Thulin, C.O., *Die Etruskische Disziplin*, Göteborg, 1905-1909.

Torelli, M., *Lavinio e Roma. Riti iniziatici e matrimonio tra archeologia e storia*, Roma, 1584.

Tupet, A.M., "Didon magicienne": *REL* 48 (1970) 229-258.

Tupet, A.M., *La magie dans la poésie latine. I Des origines à la fin du régne d'Auguste*, Paris, 1976.

Tupet, A.M., "Rites magiques dans l'Antiquité romaine", em *ANRW* II, 16.3, (1986) 2591-2675.

Tupet, A.M., "La mentalité superstireuse à l'époque des Julio-Claudiens": *REL 62 (1984) 206-235.*

Turcan, R., "Littérature astrologique et astrologie littéraire dans l'Antiquité classique": *Latomus* 27 (1968) 392-405.

Turcan, R., "Pour en finir avec la femme fouettée", *Revue Arqueologique*, 1982, 2. Homm. à H. Metzger, 291-302.

Turcan, R., *Les cultes orientaux dans le monde romain*, Paris, 1989.

Turpin, J., "Cynthia et le dragon de Lanuvium, une élégie cryptique (Properce IV, 8)": *REL* 51 (1973) 159-171.

Valvo, A., "Termini moti, domini e servi in Etruria nel I secolo A.C.": *Athenæum* 65 (1987) 427-451.

Valvo, A., *La profezia di Vegoia*, Roma, 1988.

Vernant, J.P., "Parole et signes muets", em *Divination et Rationalité*, Paris, 1974, 9-24.

Vernière, Y., "La théorie de l'inspiration prophétique dans les Dialogues Pythiques de Plutarque": *Kernos* 3 (1990) 359-366.

Bibliografia

Veyne, P., "Une évolution du paganisme gréco-romain: injustice et pitié des dieux, leurs ordres ou "oracles": *Latomus* 45/2 (1986) 259-283.

Viden, G., *Women in Roman Literature. Attitudes of Authors under the Early Empire*, Göteborg, 1993.

Vinagre Lobo, M.A., "La literatura onirocrítica griega hasta el siglo II d.C. Estado de la cuestión": *Estudios Clásicos* 34 (1992) 63-75.

Wallinger, E., *Die Frauen in der Historia Augusta*, Wien, 1990.

Waszing, J.H., *"Carmena"*: *C&M* 17 (1956) 139-148.

Weinstock, S., "Libri Fulgurales": *PBSR* 19 (1951) 122-153.

Yoshimura, T., "Italische Orakel, Livius 5, 33, 4-35, 3", em *Mélanges C. Courtois et W. Marçais*, *NClio* 7-9, 1955-1957, 397-432.

Zecchini, G., "Il santuario della dea Caelestis e l'Historia Augusta", em *Santuari e politica nel mondo antico*, Milão, 1983, 150-167.

Zecchini, G., *I druidi e l'opposizione dei celti a Roma*, Milão, 1984.

Ziolkowski, A., "Q. Lutatius Cerco cos. 241 and the "Sortes Fortunae Primigenieae"": *Civiltà Classica e Cristiana* 8 (1987) 319-322.

ÍNDICE DAS FONTES

AGOSTINHO
De Civitate Dei
III, 17, 3 p.84
IV, 11 p.15
V, 5 p.190
VI, 1, 9 p.110
XX, 8, 3a p.228

Confessiones
VII, 8 p.192

AMIANO MARCELINO
Res Gestae
XV, 8, 22 p.207
XVIII, 3, 1 p.181
XXI, 1 p.161
XXVIII, 4, 26 p.205
XXIX, 2, 17 p.184

APULEIO
Metamorfosis
I, 8, 4 p.160
VIII, 27 p.153
VIII, 29 p.153
IX, 31, 1-2 p.223
IV, 27, 14 p.214

ARISTÓTELES
Historia Animalorum
10, 4, 636b p.84

ARNÓBIO
Adversus Nationes
III, 10 p.99
V, 18 p.50

ARTEMIDORO
Onirocriton
I, 16 p.216
I, 30 p.216, 219
I, 41 p.217
I, 46 p.219
I, 56 p.218
I, 75 p.217
II, 5 p.216
II, 12 p.215
II, 13 p.217
II, 17 p.217

II, 20 p.216
II, 25 p.219
II, 27 p.218
II, 36 p.218
II, 46 p.219
II, 69 p.220
III, 16 p.218
III, 23 p.218
III, 25 p.218
III, 32 p.217
III, 65 p.217
IV, 66 p.218
IV, 67 p.218
IV, 83 p.218

CÉSAR
De Bello Gallico
I, 50, 4 p.167

CÍCERO
Ad Atticum
8, 11, 3 p.114

Catilinariæ
IV, 2 p.147

De Divinatione
I, 4 p.59; 115
I, 30 p.46
I, 66 p.112
I, 79 p.75
I, 98 p.80
I, 132 p.43
II, 41 p.30
II, 85 p.29; p.116
II, 86 p.30
II, 110 p.58
II, 117 p.63
II, 145 p.214

De Legibus
II, 15, 37 p.109

De Natura Deorum
III, 5 p.89

Tuscolanæ
II, 23 p.103

II, 24 p.103
III, 26 p.103
III, 29 p.103

CENSORINO
De Die Natali
8, 1-8, 5 p.192

CIL
I, 60 p.29
II, 6338 p.225
V, 2805 p.228
VI, 3, 19747 p.184
VIII 8201 p.226
XII, 6465 p. 228

COLUMELA
De Re Rustica
X, 375ss p.85
XI, 1, 22 p.44

Damigeron-Evax
XXXIV, 27-28 p.187
LXVI p.187

De Physiognomia Liber
125 p.160

DIÃO CÁSSIO
Historia Romana
VII, 11, 1-4 p.56
XLV, I, 2-3 p.230
XLVIII, 43, 4 p.152
XLVIII, 43, 6-8 p.101
LI, 32, 2-3 p.152
LXII, 22, 3 p.182
LXIII, 6 p.168
LXXVII, 8, 1 p.229

DIODORO
Bibliotheca Historica
I, 20 p.111
III, 65 p.111

DIONÍSIO DE

HALICARNASO
Antiquitates Romanæ
II, 15, 2 p.77
II, 67, 2 p.87
III, 47, 4 p.49
IV, 2, 2 p.50
II, 68, 1 p.73
VII, 68, 4 p.116
IX, 4, 2 p.83

ELIANO
Historia Animalorum
VII, 25 p.188
XI, 15 p.188
XI, 16 p.27

ÊNIO
Alexander
fr. 18 p.112
fr. 19 p.113
fr. 20 p.113
fr. 21 p.123
fr. 28 p.113
fr. 29 p.113
fr. 30 p.114

Annales
24 p.122

ESTÁCIO
Tebaida
IX, 570 p.222
IX, 574 p.222
IX, 603-604 p.222

ESTRABÃO
Geographiká
V, 3, 3 p.16
VII, 2, 3 p.167

EUSÉBIO
Ekklesiatiké história
XIV, 5 p.183

FEDRO
Fabulae
III, 3 p.178

FESTO
De Verborum Significatu
85, 3 p.50

FILÓSTRATO
Tà eis tòn Tyanéa Apollonion
IV, 45 p.178
V, 13 (nota 3 p.??) p.177
VII, 11 p.185

FÍRMICO MATERNO
Mathesis
II, 14, 4 p.189

FLEGONTE DE TRALES (FGH)
Peri thaumasíon
257 FGH 10 p.81
257 FHG 36 p.145
257 FHG 36, 10 p.90
257 FHG 37, 5 p.54 ; 90

FLORO
Epitoma
I, 2 p.21
II, 12, 8 p.147

FOCAS
Vita Virgilii
37-43 p.124

FRAGMENTA VATICANA
148 p.151

FRONTÃO
Epistulae
174, 4 p.32

AULO GÉLIO
Noites Áticas
I, 12 p.86; 105
II, 16, 9-11 p.17
III, 16, 11 p.17
XIV, 18 p.148
XVI, 16, 2-4 p.14

GRANIO LICIANO
Annales
33 p.117

GROMATICI VETERES
I, 35 p.150

HISTORIA AUGUSTA
Vita Adriano 25 p.231
Vita Alexandre Severo, 60, 6 p.171
Vita Ant., 19, 2-4 p.203
Vita Aurel. 4, 3 p.207
  44, 3 p.172
Vita Car. Numer. Carin. 14 p.172
Vita Clod. Albin. p.207
Vita Comm. 1, 3 p.232
  1, 4 p.233
Vita Diad. 5, 1 p.207
Vita Get. 3, 3 p.207
Vita Macr. 3, 1 p.165
Vit. Max. 31, 5, 1 p.208

HORÁCIO
Satiræ
I, 8 p.46
I, 9, 29-34 p. 45
XI, 3 p. 45

Espodos
V, 50-53

ILLRP, 10, 11, 12 p.17

ILS
4166

JUSTINO
Epitoma
43, 1, 8 p.18

JUVENAL
Saturæ
I, 3, 12 p.22
VI, 77 ss. p.179
VI, 82-113 p.203
VI, 508 p.161
VI, 548-552 p.179
VI, 553-556 p.200
VI, 557-564 p.201
VI, 565-568 p.201
VI, 577-579 p.204
VI, 580-581 p.201
VI, 588-591 p.204

LACTÂNCIO
Institutiones Divinæ
I, 6, 6-14 p.56, 59

Índice das Fontes

I, 6, 12 p.55
I, 22, 9 p.19
I, 22, 11 p.19
IV, 15, 27-8 p.59

Líthica Orfeos
318-325 p.186
754 p.186
764-766 p.186

LÍVIO
Ab Urbe Condita
I, 19, 5 p.21
I, 34, 9 p.49
I, 39, 1-3 p.50
I, 41, 3 p.50
III, 7, 8 p.92 (n. 100)
V 22, 4-6 p.26; p.33
V, 47 p.24 (n.67)
VIII, 6 p.116
X, 31, 8 p.93 (n. 103)
XX, 1, 17 p.100
XXI, 62, 4 p.100
XXII, 1, 18 p.92 (n. 99)
XXII, 7, 13 p.104
XXII, 57, 5 p.61; p.62; p.87
XXIII, 11, 1-6 p.62
XXIII, 31, 15 p.100
XXV, 2, 9 p.93 (n.102)
XXV, 10 p.62
XXVI, 9, 7-8 p.102
XXVII, 11, 4 p.81
XXVII, 11, 5 p.78
XXVII, 37, 5-7 p.81 ; p.95
XXVII, 37, 4-15 p.90
XXIX, 10, 4-6 p.61
XXIX, 14, 2 p.100; 145
XXXI, 12, 6-8 p.81 ; p.100
XXXIII, 26, 6 p.100
XXXIV, 45, 7 p.78
XXXIV, 53, 5-6 p.31
XXXV, 21, 3 p.78
XXXVII, 3, 1 p.100
XXXIX, 3 p.107
XXXIX, 13, 8 p.107
XXXIX, 13, 10 p.109
XXXIX, 13, 11 p.107
XXXIX, 13, 12 p.108
XXXIX, 15, 3 p.108
XXXIX, 15, 9 p.107

XXXIX, 16, 7 p. 109
XXXIX, 22, 2 p. 81
XL, 19,1 p.100
XLI, 9, 5 p.78
XLI, 21, 12 p.78

LUCANO
Farsalia
I, 589 p.78
I, 563 p.78
I, 674-695 p.74
II, 29-34 p.103
III, 8-40 p.121
III, 38 p.116
V, 99-118 p.64
V, 165-214 p.64
VI, 590-3 p.47
VI, 599-600 p.48
VI, 620-622 p.48
VI, 629-231 p.48
VI, 672 p.48
VI, 770-3 p.48
VII, 7-24 p.121
VII, 764-789 p.121
VIII, 43-49 p.121

LYDO
De ostentis
27-28 p.96

MACRÓBIO
Saturnalia
I, 18, 1 p.108
I, 6, 18 p.102
I, 23, 13 p.32
III, 9, 9 p.26

MARCIAL
Epigrammata
V, 1, 3 p.32

MARCIANO CAPELLA
De Rhetorica
II, 67 p.22

NÉVIO
Lycurgus
fr. 18, 19, 24 p.111
fr. 35 p.111

OBSEQUENS
Prodigiorum liber
1 p.100
6 p.100
12 p.78
20 p.78
22 p.81
27 p.100
27a p.81, 100
29a p.90
32 p.81
34 p.81, 90
36 p.82, 90
37 p.95
41 p.96
43 p.82
46 p.82, 100
48 p.82
49 p.79
50 p.78, 82, 97
51 p.78
52 p.78
53 p.78, 79, 82
55 p.118
67 p.118

Origo gentis Romæ
5, 2 p.14

ORÓSIO
Historiae adversus paganos
VI, 21 p.95

OVÍDIO
Amores
I, 8, 5ss p.46
I, 8, 17 p.47
I, 8, 23-26 p.47
I, 8, 29 p.47
III, 5, 35-44 p.220

Fasti
I, 366 ss. p.14
I, 461ss p.15
II, 425-440 p.23
II, 440-449 p.24
II, 538-616 p.22
III, 9, 40 p.122
IV, 157ss p.94
VI, 627 ss. p.50

259

Metamorfosis
IX, 684 ss. p.228
X, 452ss p.75
XIV, 136-139 p.53; p.55
XV, 637-40 p.63

Tristes
129 p.110

PETRÔNIO
Satyricon
17, 7 p.227
18, 3 p.227
39, 9 p.196
48, 8 p.54
77, 1-2 p.203
126 p.160
137, 10 p.161

PLATÃO
Fedro
244-a-b p.65

PLAUTO
Amphitruo 703 p.110

Miles Gloriosus
693 p.51; 694 p.159

Truculentus
602 p.44

PLÍNIO, O VELHO
Naturalis historia
II, 137 p.96
II, 145 p.100
II, 208 p.22
VII, 34 p.178
VII, 63 p.84
VII, 64 p.84
VII, 68-69 p.79; p.84
VII, 119 p.60
VIII, 152 p.227
VIII, 194 p.50
XI, 55 p.180
XXV, 17 p.227
XXVII, 107 p.20
XXVIII, 77 p.96
XXVIII, 81 p.85
XXVIII, 168 p.48
XXXII, 49 p.187
XXXIV, 22 p.53; p.57
XXXVI, 139 p147
XXXVI, 142 p.188
XXXVI, 204 p.50

PLÍNIO, O JOVEM
Epistulæ
II, 20 p.199

PLUTARCO
De defectus oraculorum
432E p.108

De fortuna Romanorum
10, 323 p.50
12 p.24

Quæstiones Romanæ
56 p.16
83 p.95

Vitæ Paralelæ
Cæs. 19 p.168
    47, 3-6 p.148
    63, 8 p.119
    63, 9 p.119
    63, 10 p.119
    63, 11 p.120
    63, 12 p.120

Camil. 6 p.26
Cic. 2 p.229
Mar. 17, 4 p.163
Numa, synkr. 3, 10-11 p.93
Pomp, 78 p.121
Popl. 21, 1 p.83
Syll. 17 p.147
    28, 8 e 12 p.147
    37, 3 p.147

POLÍBIO
Historiæ
III, 12 p.80

PORFÍRIO
De Abstinentia
II, 51, 1 p.185

PROPÉRCIO
Elegiæ
II, 2, 15-16 p.53
II, 4, 15-16 p.48
II, 32, 3 p.210
IV, 1, 89-99 p.202
IV, 8, 3-4 p.26

PRUDÊNCIO
Ad Simmachum
II, 893 p.55

PTOLOMEU
Tetrabiblos
III, 2, 20 ss p.193
III, 2, 6 p.190
III, 13 p.194
III 14 p.194
IV, 4 p.195
IV, 5 p.194
IV, 9 p.195

QUINTILIANO
Declarationes Maiores
X, 5 p.224
X, 6 p.224
X, 8 p.225

Rhetorica ad Herennium
IV, 49, 62 p.44

SALÚSTIO
De Catilinæ Conjuratione
31, 3 p.103

SÊNECA
Octavia
115-124 p.223
715-734 p.221
735-737 p.221
738-739 p.222
758-759 p.222

Oedipus
301-302 p.51
328 p.52
353 ss p.52

SÉRVIO
Ad Æneida
II, 140 p.83

Índice das Fontes

II, 247 p.114
II, 683 p.49
VI, 107 p.183
VII, 81 p.18
VII, 763 p.22
VIII, 336 p.14
VIII, 337 p.15

Ad Georgicas
I, 10 p.19

SEXTO EMPÍRICO
Adversus mathematici
27-28 p.191
55 p.192
62 p.191

SINÉSIO DE CIRENE
De somnio
11, 143d p.211
12, 144d p.212
13, 145d p.211
20, 155a-b p.213

SUETONIO
De vita duodecim Cæsarum
Aug. 94, 4-5 p.230
Cæs. 81, 3 p.118
Cal. 57, 3 p.32
Claud. 1, 2 p.170
Galb. 9 p.165
22 p.165
Tib., 14, 2 p.123
Tit., 2,1 p.160
Vesp. 5, 2 p.180
Vitel. 3, 2 p.202
14, 5 p.171
Vita Vergilii,
1 p.124
11-19 p.123

TÁCITO
Annales
XI, 21, 1 p.206
XII, 1 p.197
XII, 22, 1 p.197; p.210
XII, 52, 1 p.198
XIV, 9, 5-6 p.198
XIV, 12, 2 p.96

XIV, 32, 1 p.74
XV, 23, 1 p.209
XV, 23, 2 p.32
XV, 44, 1 p.101
XVI, 8, 2-3 p.203
XVI, 30, 2 p.182
XVI, 31, 1 p.182

Germania
VIII, 2 p.168
VIII, 3 p.170

Historiæ
I, 22 p.199
I, 47 p.199
IV, 61 p.169
IV, 65, 3 p.169

TERTULIANO
Apologeticum
23 p.161

TIBULO
Elegiæ
I, 3, 9-13 p.211
I, 6, 45-50 p.152
II, 5, 17-18 p.54
II, 5, 65-66 p.55 (n. 50)
II, 5, 69 p.55
III, 4, 1-9 p.120

VALÉRIO FLACO
Argonantica
VIII, 164 p.65

VALÉRIO MÁXIMO
Facta et dicta memorabilia
I, 2, 1 p.21
I, 3, 2 p.31
I, 4, 7 p.116
I, 5, 4 p.206
I, 5, 5 p.163
I, 7, 2 p.119
I, 8, 2 p.63
I, 8, 10 p.65
VIII, 15, 12 p.93

VARRÃO
Lingua Latina
VI, 52 p.43

VII, 36 18
VII, 87 p.23

VIRGÍLIO
Æneis
III, 182-187 p.113
III, 188-189 p.114
III, 433 p.54
III, 441-446 p.92
IV, 60-64 p.51
V, 659-660 p.117
VI, 10 p.53
VI, 53 p.54
VI, 77-78 p.55
VI, 81-82 p.57
VII, 81-84 p.16
VII, 580 p.54
VIII, 43 p.115
VIII, 339-441 p.15

VITRÚVIO
De architectura
I, 7 p.99
IX, 6 p.190

ZÓZIMO
Nea Historia
V, 38, 4 p.233

ÍNDICE DOS AUTORES

Abascal, J.M., 175 n. 23
Abry, J.H., 237 n. 43.
Addabbo, A. M., 35 n. 17.
Alföldi, A. 155 n. 24.
Amandry, P., 65; 70 n. 77; 72 n. 98; 72 n. 103.
Amat, J., 241 n. 108.
André, J. M., 174 n. 8; 234 n. 3.
Annequin, J., 66 n. 9; 234 n. 13; 235 n. 16.
Arcellaschi, A., 137 n. 172.
Arredondo, J., 67 n. 26.
Aune, D. E., 34 n.7.
Aymard, J., 154 n. 15.

Bachofen, J. J., 67 n. 27.
Balasch, M., 127 n. 27.
Baldini Moscadi, L., 67 n. 26.
Balsdon, J. P. V. D., 125 n. 7.
Bandelli, G., 39 n. 67.
Bará, J.F., 236 n. 32; 236 n. 35.
Barb, A. A., 234 n. 13.
Baroin, J., 69 n. 51.
Basanoff, V., 40 n. 75.
Bayet, J. 33; 42 n. 111; 72 n. 100; 107; 135 n. 150; 239 n. 84.
Beard, M., 125 n. 7; 129 n. 65; 129 n. 66.
Beaujeau, J. 226.
Becati, G., 39 n. 72; 134 n. 140.
Berger, K., 124 n. 1.
Bernand, E. 209; 240 n. 98; 240 n. 99.
Berthet, J. F., 69 n. 50.
Bevan, E., 68 n. 35.
Bickel, E., 34 n. 5.
Birley, A., 238 n.75.
Bloch, R. 34 n.7; 39 n. 64; 40 n. 75; 57; 69 n. 58; 69 n. 59; 124 n. 1; 125 n. 8; 125 n. 9; 125 n. 12; 239 n. 84.
Bloedow, E.F., 133 n. 129.
Boatwright, M. T., 234 n. 1.
Boethius, A., 132 n. 120.
Bömer, F., 71 n. 89.
Bond, J.P., 238 n.72.
Bonfante Warren, L., 67 n. 27.
Bouché Leclercq, A., 11; 13; 33; 34 n. 3; 34 n.7; 42 n.100; 64; 72 n. 101; 138 n. 193; 151; 156 n. 46; 205; 226; 235 n. 26; 236 n. 31; 239 n. 85; 242 n. 134.

Bourgeois, C., n. 128 242.
Bourgery, A., n. 25 67.
Bowie, E. L., n. 3 234.
Bowman, A. K., n. 48 237.
Boyancé, P., 21; n. 51 37; n. 54 38; n. 41 68; n. 20 154; n. 16 175.
Bradley, K. R., 243 n. 141.
Braund, S.H., 238 n. 72.
Breemer, S., 36 n. 37.
Brelich, A. 31; 42 n. 97, n. 104, n. 105.
Brind D'Amour, A., 131 n. 100.
Briquel, D., 125 n. 10.
Broughton, T. R. S., 40 n.74.
Brouwer, H. H. J., 37 n. 49.
Brown, P., 235 n. 13.
Brugnoli, G., 138 n. 197.
Bruhl, A., 242 n. 131.
Bruhl, A., 134 n. 146.
Büchner, K., 154 n. 20.
Burkert, W., 156 n. 42.

Cærols, J. J. 69 n.58; 130 n. 94; 130 n. 96; 144; 154 n. 3; 154 n. 8; 154 n. 10; 155 n. 31.
Calame, C., 130 n. 90.
Calderini, A., 34 n. 8.
Calvo Decan, C., 236 n. 28.
Cantarella, E. 50; 67 n. 27; 68 n. 31; 135 n. 155.
Carcopino, J., 137 n. 182; 242 n. 131.
Carr, E. Joan, 238 n. 72.
Cascajero, J., 234 n. 5.
Castagnoli, F., 41 n. 87.
Castillo Pascual, M.J., 156 n. 38.
Cavaignac, E., 156 n. 40.
Cazanove, O., 135 n. 153.
Cechi, S.A., 238 n. 72.
Chamoux, F. 164; 175 n. 19.
Champeaux, J. 17, 29, 31; 36 n. 35; 36 n. 37; 41 n. 92; 41 n. 93; 42 n. 94; 42 n. 100; 42 n. 106; 42 n. 107; 42 n. 110; 42 n. 112; 66 n. 12; 68 n. 31; 71 n. 85; 71 n. 88; 133 n. 126; 155 n. 26.
Chélini, J., 240 n. 99.
Chevallier, R., 132 n. 120.
Chirassi Colombo, I., 37 n. 51.

Deusas e Adivinhas

Coarelli, F. 28, 36 n. 29; 39 n. 72; 40 n. 80; 41 n. 83; 41 n. 85; 41 n. 87; 41 n. 89; 41 n. 93; 42 n. 99; 55; 69 n. 52; 69 n. 54; 70 n. 64.
Coccaneri, G., 69 n. 51.
Coccia, M., 173 n. 1.
Cohen, H., 155 n. 29.
Comucci Biscardi, B., 238 n. 74.
Corcelle, P., 72 n. 97.
Corell, J., 242 n. 125.
Cornell, T. 87; 129 n. 71; 129 n. 72. 130 n. 84.
Corssen, P., 68 n. 35.
Cracco Ruggini, L., 232
Cracco Ruggini, L., 244 n. 152.
Cracco Ruggini, L., 244 n. 153.
Cramer, H. 199; 235 n. 17; 236 n. 31; 237 n. 56; 237 n. 58; 237 n. 59; 237 n. 61; 238 n. 70; 240 n. 98.
Crawford, M. H. 53; 68 n. 37; 68 n. 38.
Cumont, F., 236 n. 32; 236 n. 37; 238 n. 68; 238 n. 77; 242 n. 122.
Cupaiuolo, G., 133 n. 133.

Dahlmann, H., 34 n. 5.
Davraux, J., 137 n. 171.
Davreux, J., 136 n. 164
De Angeli, S., 37 n. 39.
De Coster, R., 42 n. 109.
De Maria, Laura, 234 n. 5.
Del Basso, E., 129 n. 64.
Del Corno, D., 241 n. 108.
Del Hoyo, J., 243 n. 141.
Delcourt, M., 72 n. 98; 80; 124 n. 1; 126 n. 17; 127 n. 24; 127 n. 25.
Della Corte, F., 38 n. 56; 68 n. 35; 69 n. 50; 132 n. 117.
Delorez, R., 176 n. 41.
Denyer, N., 70 n. 68.
Desanti, L., 235 n. 14; 243 n. 143.
Deschamps, L., 38 n. 63.
Desideri, P., 132 n. 117.
Diels, H., 130 n. 92.
Dodds, E. R., 72 n. 98; 72 n. 102; 175 n. 16.
Dölger, F. J., 235 n. 22.
Drijvers, J. W., 157 n. 57; 234 n. 8.
Dulæy, M., 243 n. 138.
Dumézil, G. 12, 20
Dumézil, G., 34 n. 1; 34 n. 5; 34 n. 9; 41 n. 90; 133 n. 131.
Duriand, Ch., 244 n. 149.
Durry, M., 135 n. 153.
Dury-Moyaers, G., 39 n. 64.
Duval, Y. M., 39 n. 65.
Dzielska, M., 234 n. 3.

Edeistein, E., 242 n. 134.
Eitrem, S., 37 n. 39.
Eliade, M., 127 n. 26.
Ernout, A., 129 n. 59.
Ernout, A., 38 n. 61.
Espinosa Ruiz, U., 244 n. 154; 244 n. 155.
Evans, E.C., 173 n. 3; 174 n. 8.

Fabian, K. D., 39 n. 64.
Fantar, M. Hassine, 41 n. 81.
Fasciano, D., 34 n. 2.
Fau, G., 234 n. 1.
Fauth, W., 67 n. 26.
Favez, Ch., 174 n. 12.
Feraboli, F., 193; 237 n. 45; 237 n. 46.
Fernández Fuster, L., 242 n. 126; 243 n. 136; 243 n. 137.
Fernández Marcos, N., 241 n. 106.
Finley, M., 133 n. 129.
Firer, B.W., 125 n. 12.
Flacière, R., 72 n. 98.
Fontenrose, J. 61; 70 n. 77; 70 n. 78; 70 n. 79; 71 n. 80; 71 n. 81; 71 n. 82; 71 n. 84; 71 n. 87; 71 n. 92; 71 n. 95.
Fortis, E. P., 234 n. 1.
Foucher, L., 135 n. 146.
Fraschetti, A., 131 n. 110.
Fraschetti, A., 130 n. 82.
Frier, B.W., 155 n. 22.
Fuertes Lanero, M., 175 n. 14.
Fugier, H., 34 n. 2.
Fusillo, M., 136 n. 167.

Gabba, E., 67 n. 28; 146; 154 n. 10; 154 n. 16.
Gacia López, J., 69 n. 50.
Gagé, J. 20; 21; 22; 25; 27; 37 n. 50; 38 n. 55; 38 n. 62; 39 n. 71; 40 n. 73; 41 n. 84; 89; 129 n. 56; 129 n. 70; 130 n. 88; 130 n. 90; 133 n. 137; 137 n. 180; 137 n. 181; 149; 155 n. 35; 238 n. 68; 238 n. 75; 240 n. 100.
Garcia Romero, F. A., 240 n. 104.
Gardner, J.F., 132 n. 116.
Garnier, A., 34 n. 2.
Gascó, F., 71 n. 89.
Gasparotto, G., 239 n. 86.
Gauger, Jörg-Dieter, 154 n. 16; 154 n. 17.
Geraci, G., 236 n. 43.
Gérarard, J., 71 n. 89.
Ghedini, F., 238 n. 74.

Índice dos Autores

Giannelli, G., 69 n. 56.
Giannini, A., 130 n. 92.
Ginouvés, Juno. R. 101; 133 n. 127
Gordon, A. E., 40 n. 77.
Gourevitch, D., 85; 129 n. 59; 129 n. 62; 133 n. 134, 234 n. 7.
Graf, H., 234 n. 10.
Graillot, H. 145
Grandet, P. 231; 243 n. 144; 244 n. 147.
Granet, J., 135 n. 146.
Gras, M., 135 n. 153.
Grillone, A. 121; 137 n. 175; 138 n. 187; 138 n. 189; 138 n. 191.
Grimal, P., 129 n. 68; 136 n. 162; 154 n. 12; 174; 240 n. 105.
Grisé, Y., 244 n. 150.
Groag, E., 237 n. 57; 237 n. 60.
Grodzinski, D., 133 n. 133.
Guarducci, M., 28; 36 n. 30; 170; 171; 176 n. 35; 176 n. 37;
176 n. 38; 176 n. 39; 176 n. 42; 240 n. 96.
Guerra, M., 134 n. 142; 134 n. 144.
Guidorizzi, G., 241 n. 114; 241 n. 115.
Guillaumont, F., 13; 34 n. 11; 66 n. 2; 70 n. 67; 137 n. 170.
Guizzi, F., 129 n. 64.
Gulick, Cg., 239 n. 86.
Gundel, W., 236 n. 31.

Haijar, Y. 164; 175 n. 21; 208; 240 n. 93.
Halkin, L., 234 n. 2.
Halleux-Schamp, 236 n. 29.
Halsberghe, G. H., 176 n. 26; 240 n. 90.
Hampl, F., 130 n. 82.
Hankinson, R. J., 174 n. 12.
Hanson, J.S., 241 n. 106; 241 n. 108.
Hatt, J.J., 176 n. 31; 228; 243 n. 137.
Heckenbach, J., 129 n. 63.
Helm, K., 176 n. 41.
Henrichs, A., 135 n. 147.
Hermann, L. 60
Herrmann, L., 70 n. 75; 70 n. 76.
Heurgon, J., 125 n. 10; 156 n. 40.
Hildebrant, J. A., 154 n. 4
Hofkes-Brukker, C., 40 n. 77.
Holdermann, S., 35 n. 12.
Hommel, H., 129 n. 64.
Hopkins, MK, 128 n. 45.
Hörig, M., 157 n. 57.
Hoyle, P., 72 n. 98.

Hubeaux,, J., 125 n. 10; 235 n. 22.
Jaczynowska, M., 154 n. 12.
Janda, J., 154 n. 16.
Jiménez, E., 35 n. 20.
Jocelyn, H. D., 13; 34 n. 10.

Kaplan, M., 237 n. 62.
Keaveney, A., 155 n. 22.
Kisch, Y., 239 n. 88.
Knappisch, W., 236 n. 31.
Koch, K., 99; 132 n. 120.
Kolney, D. M., 135 n. 147.
Köves Zulauf, Th., 71 n. 89; 128 n. 49.
Kræmer, R., 135 n. 147.
Krauss, F. Brunell, 126 n. 15.
Krekoukias, D., 236 n. 30.
Krenkel, W.A., 128 n. 45.
Krikos-Davis, K., 37 n. 39.
Kurfess, A., 175 n. 14.

La Penna, A., 68 n. 32; 137 n. 175.
La Rocca, E., 39 n. 64; 41 n. 81.
Laguna, G., 240 n. 103.
Lallier, R., 137 n. 168.
Latte, K., 72 n. 98.
Lavagne, H., 57; 69 n. 63; 155 n. 26.
Le Boeuffle, A., 236 n. 33; 238 n. 70.
Le Bonniec, H., 40 n. 75; 72 n. 100; 110; 131; 136 n. 161.
Le Gall, J., 130 n. 87.
Le Glay, M. 46; 67 n.17; 242 n. 129; 242 n. 132; 244 n. 150.
Le Roux, G., 176 n. 46.
Levi, M.A., 155 n. 26.
Levin, S., 71 n. 91; 155 n. 25; 240 n. 94; 240 n. 96; 240 n. 101.
Lewy, H., 175 n. 16.
Linderski, J., 34 n. 8 ; 70 n. 68.
Liviabella Furiani, P., 194; 237 n. 49; 237 n. 50.
López López, A., 238 n. 72.
Loreaux, N., 125 n. 5.
Loretto, F., 137 n. 175; 242 n. 119.
Luck, G., 238 n. 73
Luque Moreno, J., 68 n. 34; 242 n. 120.
Luterbacher, F., 125 n. 13.
Lyle, B., 239 n. 80.

Maas, P., 242 n. 120.
MacBain, B. N., 70 n. 71; 77; 124 n. 1; 125 n. 14; 126

n. 19; 127 n. 39; 130 n. 86; 130 n. 87; 132 n. 125.
Mac Douglas J. I., 237 n. 62.
Mac Mullen, R., 234 n. 1.
Mackie, C.J., 137 n. 175.
Maggiani, A., 67 n. 29.
Manning, C. E., 242 n. 119.
Maraché, R., 238 n. 72.
Maraval, P, 243 n. 138.
Marcos Caspero, M. A., 35 n. 20.
Mariner, S., 72 n. 99.
Marioni, E., 155 n. 23.
Martin, J. P., 197; 198; 237 n. 62; 238 n. 64; 238 n. 66; 238 n. 68; 240 n. 98.
Martin, R., 129 n. 63.
Martinelli, E., 154 n. 16.
Martínez López, C., 129 n. 68.
Martínez-Pinna, J., 34 n. 1; 67 n. 27; 67 n. 30; 128 n. 46.
Maspero, G., 244 n. 148.
Massa Pairault, F.H., 138 n. 185; 156 n. 37.
Massoneau, E., 66 n. 9.
Mastandrea, P., 131 n. 112.
Mastellone, E., 242 n. 119.
Mattingly, H.B., 136 n. 163.
Mazzarino, S., 156 n. 41.
McDougall, J. I., 237 n. 62.
Merkelbach, R., 134 n. 146
Meroli, D., 235 n. 23.
Michenaud, G., 242 n. 133.
Momigliano, A. 50; 67 n. 27; 68 n. 31.
Montanari Caldini, R., 236 n. 33.
Montanari, E. 109; 134 n. 146; 135 n. 149; 135 n. 151; 135 n. 154.
Montero, S., 66 n. 7; 125 n. 10; 126 n. 21; 128 n. 47; 131 n. 101; 136 n. 166; 138 n. 190; 155 n. 33; 234 n. 9; 235 n. 19; 235 n. 20.
Mora del Baño, F., 67 n. 26.
Moralejo, J. L., 124 n. 3.
Morani, M., 34 n. 2.
Morini, T., 68 n. 41.
Moure Casas, A., 127 n. 32.
Müller, G., 68 n. 33.
Muth, R., 34 n. 2.

Nardi, E., 126 n. 16; 128 n. 45; 130 n. 87; 234 n. 8; 237 n. 44.
Néher, A., 175 n. 14.
Newman, J. K., 34 n. 5.
Nilsson, M. P., 72 n. 98; 134 n. 146.

Noailles, P., 40 n. 73.
Ogilvie, R. M., 71 n. 90.
Otto, W. F., 37 n. 48.

Pabón, J.M., 134 n. 143.
Pack, R.A., 174 n. 4.
Pagnotta, G., 71 n. 93.
Paillier, J. M., 134 n. 146; 135 n. 147.
Pallottino, M., 34 n. 1.
Palmer, R. E. A., 39 n. 64; 39 n. 65; 39 n. 70.
Paoletti, L., 67 n. 25.
Paratore, E., 136 n. 162.
Parke, H. W. 56
Parke, H. W., 68 n. 35; 69 n. 60; 70 n. 65; 70 n. 66; 70 n. 70;
70 n. 77; 72 n. 98; 154 n. 18; 240 n. 94.
Parker, R.A., 236 n. 32.
Pashoud, F., 244 n. 157.
Pérez Largacha, A., 138 n. 190.
Petersmann, H., 39 n. 66.
Pettazzoni, R., 15; 35 n. 13.
Pfeffer, F., 34 n. 7; 174 n. 11.
Pfiffig, A., 40 n. 75; 51; 156 n. 39; 156 n. 40.
Picard, G. Ch. 166; 176 n. 28; 176 n. 29.
Piccaluga, G., 135 n. 155; 156 n. 40.
Piganiol, A., 132 n. 113; 132 n. 114.
Piñero Sanz, A., 72 n. 98.
Pociña, A., 133 n. 133.
Poetscher, W., 34 n. 2.
Posadas, J. L, 237 n. 56.
Potter, D. 53; 68 n. 35; 68 n. 36; 68 n. 39.
Pouilloux, J., 70 n.77.
Pulci Doria, L. B., 69 n. 58; 80; 90; 92; 127 n. 28; 130 n. 90; 130 n. 92; 130 n. 93; 130 n. 97; 132 n. 122; 138 n. 194 146; 154 n. 19; 155 n. 21.

Quilici, L., 34 n. 1.
Quiter, R. J., 68 n. 35.

Radke, G., 37 n. 51; 38 n. 61; 66 n. 8.
Rallo, A., 67 n. 27; 155 n. 37
Rawson, E., 125 n. 12; 138 n. 185.
Renard, M., 39 n. 64; 133 n. 131; 242 n. 132.
Richlin, Amy, 238 n. 72.
Riebl, A., 133 n. 136.
Roca, F., 242 n. 125.
Rocca-Serra, G., 174 n. 12, 236 n. 36.
Rodríguez Somolinos, J., 240 n. 94.

Índice dos Autores

Rougemont, G., 65 ; 72 n. 105.
Roux, G., 72 n. 98.
Ruiz García, E., 241 n. 115; 242 n. 118.
Runes, M., 34 n.5.
Rutz, W., 138 n. 186.

Sabatucci, D., 16; 20; 30; 34 n. 8; 35 n. 19; 36 n. 24; 37 n. 45; 37 n. 47; 42 n. 96; 70 n. 73; 70 n. 74; 135 n. 151.
Saint-Denis, E., 126 n. 15.
Sancery, J., 175 n. 22.
Sandbach, F.H., 136 n. 162.
Sansterre, J.M., 243 n. 138.
Schaublin, C., 70 n. 68.
Scheid, J., 129 n. 65; 129 n. 66; 135 n. 153; 153 n. 1; 227; 243 n. 135
Schenke, H. M., 208; 240 n. 92.
Schields, E. L., 39 n. 64.
Schilling, R., 135 n. 151.
Scholfield, M., 70 n. 68
Schröder, E., n. 41 176
Schumacher, L., 153 n. 1.
Scullard, H. H., 35 n. 19; 154 n. 12
Seager, R., 138 n. 190.
Seguin, R., 154 n. 12.
Segura Moreno, M., 138 n. 191.
Segura Ramos, B., 241 n. 108.
Sherwin-White, A. N., 238 n. 71.
Shields, E. L., 39 n. 64.
Solimano, G., 242 n. 134.
Solís, J., 71 n. 89.
Sordi, M., 155 n. 36.
Speyer, W., 34 n. 4.
Steiner, H. R., 137 n. 175.
Sutherland, C.H.V., 175 n. 25.
Syme, R., 238 n. 75.
Szemler, G. J., 154 n. 2; 154 n. 4.

Taffin, A., 35 n. 13; 35 n. 19; 36 n. 30; 242 n. 133.
Temkin, O., 243 n. 141.
Tennant, P. M. V., 39 n. 65.
Thiele, G., 66 n. 7.
Thomas, Yam, 132 n. 116.
Thulin, C. O., 38 n. 61; 125 n. 10; 156 n. 39.
Thummer, E., 68 n. 33.
Timpanaro, S., 34 n.4.
Torelli, M. 16, 18, 36 n. 28; 36 n. 33; 36 n. 35; 37 n. 38; 55, 69 n. 55; 69 n. 57.
Tosi, C., 132 n. 120.

Tucker, W.J., 237 n. 45.
Tupet, A. M. 46; 66 n. 9; 67 n. 19; 67 n. 20; 67 n. 22; 67 n. 25; 129 n. 62; 135 n. 151; 235 n. 22; 235 n. 25.
Turcan, R., 37 n. 49; 106; 135 n. 146; 135 n. 148; 152; 156 n. 40; 156 n. 42; 156 n. 53; 156 n. 55; 164; 175 n. 20.
Turpin, J., 40 n. 78.

Ulf, Ch, 39 n. 65.

Valvo, A., 150; 156 n. 40; 156 n. 41.
Van der Horst, P.W., 36 n. 30; 238 n. 67.
Vara Donado, J., 40 n. 78.
Vernant, J.-P., 34 n. 7.
Versnel, H. S., 37 n. 49.
Veyne, P., 238 n. 75.
Viden, G., 239 n. 86.
Villar Vidal, J.A., 132 n. 117.
Volpihac, J., 67 n. 26.

Wallace, K. Gilmartin, 237 n. 56.
Waszink, J. H., 36 n. 37; 68 n. 41
Weinstock, S., 36 n. 30; 132 n. 113.
Welcker, F. G., 242 n. 133.
West, G. St., 133 n. 136.
White, R. J., 241 n. 115.
Wisowa, G., 87; 130 n. 81; 130 n. 90.
Wood, J.R., 125 n. 10.
Wormell, D. E. W., 70 n. 77; 71 n. 86.
Wüllker, L., 124 n. 1; 125 n. 13; 131 n. 100.

Zecchini, G. 173; 176 n. 26 ; 176 n. 35; 176 n. 43; 176 n. 46; 176 n. 49.
Zevi, F., 42 n. 99.
Zielinski, T., 67 n. 20.
Ziolkowski, A., n. 100 42 n. 100; 42 n. 102; 39 n. 68.
Zuntz, G., 128 n. 47.

Sumário

Prólogo 7

De Tanaquil a Lívia (612-38 a.C.)

1- A DEUSA
I. Introdução 11
II. Carmenta 13
III. As Parcas 16
IV. Fauna 18
V. Egéria e as ninfas 20
VI. Juno 23
VII. Fortuna 27

2- A ADIVINHA
I. *Vates, Hariolæ e sagæ* 43
II. Tanaquil, Dido e Manto 49
III. A Sibila de Cumas e os Livros Sibilinos 52
IV. Roma e a Pítia de Delfos 61

3- A MULHER
I. A MULHER E A ADIVINHAÇÃO INDUTIVA 73
  1. Introdução 73
  2. A mulher e o prodígio 76
    a) A mulher, geradora de *monstra* 76
    b) A mulher e o andrógino 79
    c) O aborto como fenômeno religioso 82
    d) Caráter prodigioso da menstruação 84
    e) O *crimen incesti* das vestais, como prodígio ... 86
    f) A mulher e a expiação do prodígio 88
    g) Prodígio e moralidade feminina: decênviros e arúspices 93
    h) Reflexos divinos do prodígio feminino 99

II. A MULHER E A ADIVINHAÇÃO NATURAL 101
  1. Introdução 101
  2. A mulher e a *sortitio* 104
  3. A profecia extática feminina: do *thiasos* ao teatro 106
  4. O sonho feminino 115
    a) Introdução 115
    b) Oniromancia cultural 117
    c) Sonhos premonitórios femininos: Calpúrnia e Cornélia ... 118
    d) O sonho da mãe grávida 123

De Lívia a Serena (38 a.C.- 384 d.C.)

4- A DEUSA
    I. A *gens cornelia* e a adivinhação natural 143
    II. A profecia de Vegóia 149
    III. Os cultos orientais e a adivinhação 151

5- A ADIVINHA
    I. Velhas e novas adivinhas 159
    II. As adivinhas e os chefes militares 162
        1. Clúnia 165
        2. Cartago 165
        3. As profetisas germânicas: Véleda 167
        4. As druidesas 171

6- A MULHER
    I. A MULHER E A ADIVINHAÇÃO INDUTIVA 179
        1. A mulher e as consultas aruspicinas 179
        2. A mulher e a magia adivinhatória 181
            a) os julgamentos de *maiestas* 181
            b) Antropomancia 183
            c) A mulher no Lapidário 186
        3. A mulher e a astrologia 188
            a) A mulher nos tratados astrológicos 189
            b) A mulher e as consultas astrológicas 196
    II. A MULHER E A ADIVINHAÇÃO NATURAL 205
        1. A mulher e os *omina imperii* 205
        2. A mulher e os santuários oraculares 208
        3. A mulher e os sonhos 211
            a) O sonho simbólico feminino 213
            b) A visão onírica feminina 222
            c) Instrumentalização política do sonho feminino 229

Bibliografia 245
Índice das Fontes 257
Índice de Autores 263

Este livro acaba de ser composto em
Garamond para a Musa Editora, em abril
de 1999 e impresso pela Hamburg Gráfica
Editora, em São Paulo, SP-Brasil, com
filmes fornecidos pelo Editor.